Siedler

Buch

Marc Sautet gründete 1992 an der Pariser Place de la Bastille ein philosophisches Café und löste damit eine beispiellose Bewegung aus. Eine neue Lust am Denken und Diskutieren erfaßte Frankreich und ganz Europa. Wie einst Sokrates will Sautet uns dazu anregen, unsere Gedanken in der Öffentlichkeit, im Dialog zu entwickeln. Und so treffen sich Woche für Woche Menschen aller Altersstufen und Bevölkerungsschichten, um zu debattieren: Philosophie für jedermann, nicht nur für Eingeweihte.
»Ein Café für Sokrates« ist Sautets Plädoyer für ein lebensnahes Denken und Philosophieren. Das Buch gibt neue Antworten auf Grundfragen der Menschheit und unternimmt eine provokante Umdeutung der abendländischen Geistesgeschichte. Der Weg aus der Krise unserer Gesellschaft heißt für Sautet: Philosophie.

»Marc Sautet ist der Sokrates von der Bastille.«
La Stampa

Autor

Marc Sautet, geboren 1947, Doktor der Philosophie, gründete 1992 in Paris die erste philosophische Praxis. Sautet ist Lehrbeauftragter am Pariser Institut des Études politiques. Sein Spezialgebiet ist die Philosophie Friedrich Nietzsches.

Marc Sautet

Ein Café für Sokrates

Philosophie für jedermann

Aus dem Französischen von Eva Moldenhauer

Siedler

Die Originalausgabe erschien 1995 unter dem Titel
»Un café pour Socrate« bei Éditions Robert Laffont, S.A., Paris.

*Veröffentlicht mit Unterstützung des Ministére Français
de la Culture, Paris.*

Umwelthinweis:
Alle bedruckten Materialien dieses Taschenbuchs
sind chlorfrei und umweltschonend.

Siedler Taschenbücher erscheinen im Goldmann Verlag,
einem Unternehmen der Verlagsgruppe Bertelsmann.

2. Auflage
Vollständige Taschenbuchausgabe März 1999

Satz: Josefine Urban – KompetenzCenter, Düsseldorf
Umschlaggestaltung: Design Team München
Umschlagabbildung: Archiv für Kunst und Geschichte, Berlin
Made in Germany 1999
ISBN 3-442-75545-X

Inhalt

Vorrede

Sonntag, 13. Dezember 1992, Place de la Bastille, gegen 11.00 Uhr. Die Cafés haben sich allmählich gefüllt. Doch in einem von ihnen haben sich etwa dreißig Personen an hufeisenförmig angeordneten Tischen niedergelassen. Ruhig schlürfen sie ihre Getränke, bis jemand sagt: »Ist Gewalt eine Besonderheit des Menschen oder findet sie sich überall in der Natur?« Ein gutes Thema, über das man zwei Stunden lang sprechen wird. Denn es geht um die wichtige Frage, ob der Mensch dem Verhängnis der Gewalt entrinnen kann, die offenbar alle seine Beziehungen zu seinen Mitmenschen kennzeichnet. Doch zuvor muß man sich auf das Feld der Diskussion begeben, und unterwegs wird man gewahr, daß es grenzenlos ist, denn man muß nicht nur alles in Betracht ziehen, was auf der Erde lebt, die Fauna wie die Flora, nicht nur alles, was auf ihr geschieht, alle Naturereignisse, sondern die ganze Welt, das Universum, den Kosmos in all seiner Ausdehnung und seiner Geschichte ...

Und so vergeht der Vormittag im »Café des Phares« in einem ständigen Austausch mehr oder weniger triftiger Argumente, die sich auf mehr oder weniger treffende Beispiele stützen, mit denen man mehr oder weniger voreilige Schlüsse untermauern will. Um 13.00 Uhr wird die Sitzung geschlossen. Und ein nächstes Treffen für die folgende Woche vereinbart.

Seit über zwei Jahren wird nun schon auf diese Weise an der Place de la Bastille Philosophie betrieben. Manche werden den philosophischen Wert einer solchen Kneipendiskussion anzweifeln. Andere nur Verachtung übrig haben für dieses kleine Vergnügen, das sich einige Pariser in Ermangelung einer anderen Tribüne leisten. Wieder andere werden die Initiative vielleicht begrüßen und mehr darüber wissen wollen.

Dieses Buch antwortet sowohl den einen wie den anderen. Möglicherweise sind diese Treffen völlig unwichtig und bereiten allenfalls müßigen Einzelgängern ein sonntägliches Vergnügen.

Es könnte aber auch ein Zeichen dafür sein, daß die Philosophie (zum Mißfallen derer, die ihr Grab geschaufelt haben) noch eine Zukunft hat und daß das Denken, ungeachtet der Pessimisten, noch keine Niederlage erlitten hat.

Denn genau dies ist der Kern der Sache. Seit über einem Jahrhundert von den Fortschritten der Wissenschaft aus dem Feld der Erkenntnis vertrieben, wurde die Philosophie in jüngster Zeit auf dem Gebiet des Handelns auch von den Humanwissenschaften verdrängt. Einerseits von den Erfolgen der Quantenphysik und der Biochemie lächerlich gemacht in ihrer Anmaßung, den Schlüssel zùr Wahrheit zu besitzen, mußte sie andererseits der Soziologie, der politischen Ökonomie und der Psychologie gerade dort das Feld räumen, wo es darum ging, zum Kern der Welt der Menschen vorzustoßen, um mit realen Übeln fertigzuwerden. Sie leistete Widerstand, aber es half nichts. Weder Frankreich noch Deutschland, die beiden Nationen, in denen der Geist der Aufklärung am stärksten in Erscheinung getreten war, konnten ihren Niedergang verhindern: weder die Frankfurter Schule noch Camus. Auch Sartre nicht, dessen spätes politisches Engagement das Ansehen ausschöpfte, das sie in der Gesellschaft noch bewahrte; nach seinem Tod blieb den Erben nur noch die Alternative zwischen großartiger Marginalität und mondänem Opportunismus: auf der einen Seite Deleuze, Foucault, Baudrillard und andere, auf der anderen Seite die »neuen Philosophen«. Ohne Licht und ohne Wärme gilt die Philosophie heute als ein toter Stern, eine veraltete Gottheit, die dasselbe Los ereilt, das sie einst der Religion bereitet hatte: es scheint an der Zeit, die Dahingeschiedene dem heiligen Kult der Schar ihrer Funktionäre zu überlassen.

Mag sein, daß die Philosophie unfruchtbar geworden ist. Aber ist sie deshalb tot? Und ist diese Unfruchtbarkeit schicksalhaft? Man spricht in letzter Zeit viel von Ethik und Moral, man klagt über die Korruption der Politiker und Geschäftsleute, man ist entsetzt über das Ausmaß des Drogenhandels, die Barbarei der interethnischen Kriege, den religiösen Fanatismus, man beruft sich auf die Solidarität, auf die Pflicht zur Einmischung, man macht sich Sorgen wegen der Laborarbeiten auf dem Gebiet der chemischen Waffen und der Genetik ... Vor allem versucht man, nicht den Kopf zu verlieren, kaltes Blut zu bewahren. Und was tut man, um dies zu erreichen? Befaßt man sich mit Astrophysik oder Mikrobiologie? Mit Anthropologie, Soziologie, Psychopathologie? Mit politischer Ökonomie? Oder treibt man Philosophie? Wenn man herauszufinden sucht, was die Gerechtigkeit, die Freiheit, die Gleichheit, kurz, die Beziehungen zwischen den Bürgern gefährdet, was die Menschen dazu treibt, einander zu hassen und zu töten, wenn man die Untersuchung auf alle Nationen ausdehnt und sogar das Schicksal der gesamten Menschheit in Betracht zieht, was tut man dann? Fürwahr, hat man jemals so viele Gründe gehabt, zu philosophieren?

Die folgenden Seiten versuchen zu zeigen, daß diese spontane Anwendung der Philosophie in der Stadt nicht dem Zufall zu verdanken ist. Sie schlagen vor, ein wenig Abstand von der derzeitigen Krise zu gewinnen, um ihre Ursache zu ergründen. Mehr noch, sie fordern dazu auf, die Krise der heutigen Welt mit der der griechischen Polis zu vergleichen, in welcher die Philosophie entstanden ist. Denn die Philosophie entstand vor zweitausendfünfhundert Jahren in einer Krisensituation, die erstaunlich derjenigen ähnelt, die wir heute erleben: die Krise der Demokratie Athens. So unglaublich es erscheinen mag, wir befinden uns heute, in großem Maßstab, in einer ähnlichen Sackgasse ...

Zunächst werde ich eine Praxis der Philosophie beschreiben, die von ihrer Frische, ihrer Kraft, ja sogar ihrer Jugend zeugt! Natürlich denke ich dabei an die Debatte im Café des Phares. Inzwischen ist der Saal an jedem Sonntag gedrängt voll, mit fünfhundert und mehr Teilnehmern. Böse Zungen sprechen von einer Mode, einem typisch pariserischen Snobismus; sie führen die mißlichen Bedingungen, an einem solchen Ort nachzudenken, ins Feld, um das Experiment zu verurteilen. Es stimmt, der Ort ist laut: in Anbetracht seiner Lage und des Lärms seiner Kaffeemaschine scheint dieses Café für metaphysische Meditationen nicht eben geeignet zu sein. Und damit diejenigen, die sprechen, auch von allen verstanden werden, mußte man Mikrophone anschaffen und den Saal sowie die Terrasse beschallen. Aber wo steht geschrieben, daß die Ausübung der Philosophie Stille und Einsamkeit erfordert?

Ich behaupte nicht, daß sie Lärm und Menschenmassen verlangt. Ich sage lediglich, daß das eine das andere nicht ausschließt und daß man auch in einem Café, sogar mit hundertfünfzig Personen, eine Reflexion in Gang setzen kann, die »philosophisch« genannt zu werden verdient. In Gang setzen heißt nicht, zu einem guten Ende zu bringen. Es heißt – in Gang setzen. Danach steht es jedem frei, das Thema zu vertiefen, sich in die spontan erwähnten Werke zu versenken, mit einem der im Lauf der Diskussion genannten Autoren einen Dialog zu führen, unter vier Augen und in absoluter Stille.

Im übrigen bin ich davon überzeugt, daß die Philosophie auch Stille verlangt. Sie impliziert Konzentration, Aufmerksamkeit, Strenge, Gelassenheit, Intimität. Noch bevor die Debatte im Café Gestalt annahm, hatte ich eine Praxis aufgemacht, wo ich anfing, »Klienten« zu empfangen. Ich war fest davon überzeugt, daß viele Menschen den Wunsch hatten, eine Pause einzulegen – eine Pause in ihrem hektischen Alltag, eine Pause in ihrem Berufsleben, in ihrem Gefühlsleben, in ihren Denkgewohnheiten – und daß ein angemessener Ort dafür fehlte.

Gewiß, zum großen Teil übernehmen die psychotherapeutischen Praxen diese Rolle. Aber es ist nicht sicher, daß diese Funktion ihnen zukommt. Wenn das Unbehagen des Patienten seinen Ursprung in seiner Psyche hat, ist es völlig normal, einen Therapeuten aufzusuchen. Doch wenn das nicht der Fall ist? Es mag ja noch angehen, wenn es um seine Angehörigen, sein familiäres Umfeld geht. Aber wenn es sich nicht um das Subjekt handelt, sondern um die Stadt oder die Nation oder den Staat, oder um die Staaten, um die Nationen, seien sie nun vereint oder nicht, oder um die ganze Menschheit? Welche Legitimität hat das Eingreifen des Therapeuten, wenn das Unbehagen der Person, die ihn konsultiert, von einer verzweifelten Gesamtsituation herrührt? Wenn überhaupt, müßte hier nicht eher der Philosoph eingreifen?

Bisher war das nicht üblich. Die Psychotherapeuten hatten also freie Hand. Dies ist einer der Gründe ihres Erfolgs. Bleibt die Frage, ob es ein guter Grund ist. Vom schlechten Ruf der Priester und Pastoren profitierend, stehen die Seelenärzte heute in heilloser Konkurrenz mit den Astrologen, den Numerologen, den Kartenlegerinnen, den Wahrsagerinnen, den Marabuts, den Yogis und anderen Gurus des *new age*. Auch wenn die Psychotherapie nicht unbedingt »leistungsfähiger« ist als alle Spielarten der »okkulten Wissenschaften« und magischen Praktiken, so kann sie sich zumindest für die Ernsthaftigkeit ihrer theoretischen Grundlagen verbürgen. Doch mit welchem Nutzeffekt kann sie sich schmücken, um sich einer Sache anzunehmen, die nicht in ihr Ressort fällt? Wenn man es recht bedenkt, überschreiten die Therapeuten bei weitem ihre Kompetenz, sobald sie sich auf das Terrain des menschlichen Abenteuers in seiner Gesamtheit begeben, in seiner Geschichte, seiner Entwicklung, seinen Risiken, seinen Regressionen, seinen Verheißungen, seinen enttäuschten Hoffnungen, seinen Perspektiven, samt den Auswirkungen all dieser Faktoren auf die Person, die sie aufsucht.

In dieser Hinsicht ist die Legitimität der okkulten Wissenschaften nicht geringer als die der Therapien aller Art, ganz im Gegenteil, denn sie verstehen sich als Antwort auf die Frage nach dem Schicksal. »Werde ich glücklich sein?« Oder: »Werde ich einer verwandten Seele begegnen? Reich werden? Gesund bleiben oder werden?« Genau dies ist Gegenstand einer derartigen Konsultation. Man weiß, daß viele Politiker – und nicht die unbedeutendsten – vor einer Wahl oder einem wichtigen Termin ihren Astrologen konsultieren; der gewöhnliche Bürger dagegen fürchtet, einen Unfall zu haben oder zu sterben, und will mehr darüber wissen. Es kommt auch vor, daß man anderen Böses wünscht, sich einen Feind vom Hals schaffen will, und es gibt einige Praktiker, die solchen Wünschen Vorschub leisten.

Trotzdem! Was die Leute zu den Praktikern der okkulten Wissenschaften treibt – ganz unabhängig von den naiven Formulierungen der »Nachfrage« und den makabren Folgen, die sie zeitigen können –, ist die Frage, welchen Platz das Individuum im Ganzen einnimmt: Glück, Liebe, Macht, alles, was der Einzelne vom Dasein erwarten darf, steht im Mittelpunkt ihrer Konsultationen, kurz, die Frage nach dem Schicksal. Mit allen Zufällen und Notwendigkeiten, die es enthält. Denn der Astrologe bürdet seinem Klienten für das, was ihm widerfährt, nicht die volle Verantwortung auf; er informiert ihn über Strömungen, die für seine Handlungen günstig oder ungünstig sind, und rät ihm, seine Entscheidung dem derzeitigen Stand der Sterne anzupassen. Von Anfang an sieht sich der Ratsuchende in ein großes Ganzes eingebettet, das ihn bei weitem übersteigt, was a priori nicht weniger richtig ist, als wenn man das gesamte Schicksal des Individuums auf seine persönliche Vergangenheit polarisiert und auf seine Schwierigkeit, sie zu akzeptieren.

Im Bewußtsein ihrer Fähigkeit, die Ratsuchenden von jeder Schuld freizusprechen, teilen sich die Praktiker der okkulten Wissenschaften die Gewinne, deren unerschöpfliche Quelle in der Not des Individuums angesichts seines Schicksals zu suchen ist. Viele ihrer Stammkunden entziehen sich auf diese Weise der »Schuld«, die sie im Sprechzimmer des Psychotherapeuten oder auf der Couch des Psychoanalytikers erwartet: alles in allem ziehen sie es vor, von einer »Wissenschaft« getäuscht zu werden, die wenigstens der Umwelt, der kollektiven Natur der Menschheitsgeschichte, dem kleinen Spielraum Rechnung trägt, der jedem Individuum bleibt, den Lauf der Dinge umzukehren. Viele Menschen, die dunkel die Idee eines Subjekts als Mittelpunkt des Universums von sich weisen, greifen auf die alte Volksweisheit zurück, die einräumt, daß es auf den Einzelnen recht wenig ankommt.

Zumal die Philosophen schweigen. Wenn sie wenigstens ihre Arbeit machten. Wenn diejenigen, die Philosophie lehren, nicht unentwegt wiederholten, was sie von ihren Meistern gelernt haben, sondern in den Kreis einträten und sich die wichtigen Fragen stellten: »Stimmt es, daß jeder Mensch der Mittelpunkt der Welt ist? Ist es möglich, daß jeder für sich mit dem, was uns alle quält, allein fertig wird? Ist die Lösung all unserer Übel, zumindest all unserer Schwächen, in einer vollständigen Beherrschung unserer Kindheitsenttäuschungen zu suchen?« Würden diese Fragen von denen gestellt, deren Beruf es ist, die Leute zu befragen, die zu wissen behaupten, warum die Dinge so verlaufen, wie sie verlaufen, dann würden sicherlich viele, die ihr Geschick den Astrologen und Marabuts anvertrauen, es sich zweimal überlegen.

Und wenn die Berufsphilosophen, deren Zahl beträchtlich ist, die Astrologen und Marabuts mit aller gebotenen Naivität fragen würden, woher sie ihr Wissen beziehen, was sie unter »Schicksal« verstehen, welcher Art die Kräfte sind, denen sie ihr Talent widmen, dann wäre es vielleicht möglich, die Dinge zu klären, das, was in ihrer Kunst auf realem Wissen beruht, von dem zu unterscheiden, was nur Trick ist, und in den Motivationen ihrer Klienten zu erkennen, was von dem Wunsch herrührt, vor der Verantwortung zu fliehen, indem sie sich auf das Schicksal berufen, oder aber von dem Wunsch, durch eine Vertiefung ihrer Persönlichkeit diese Verantwortung auf sich zu nehmen.

Nein, der Philosoph ist nicht zum Schweigen berufen. Nicht im Rückzug auf sich selbst hat er seine Rolle zu spielen. Sondern auf der Straße, in der Stadt, indem er sich in das Leben jedes Einzelnen einmischt, auf dem Marktplatz umhergeht, in der Menge der Händler und Spaßmacher. Und Fragen stellt. Nicht, weil er weiß, weil er über ein höheres Wissen verfügt, sondern weil er im Gegenteil diejenigen beneidet, die wissen oder zu wissen vorgeben. Er will wissen, aber nicht hinters Licht geführt werden. Und wenn er etwas zu lehren hat, dann dies. Das erfordert Aufmerksamkeit, Methode, Konzentration, Ruhe, aber auch das Gegenteil: Konfrontation mit dem Wirklichen, Umgang mit der Menge, Auseinandersetzung mit denen, die andere zu täuschen trachten. Meditation und Kampf. Stille und Lärm. Einsamkeit und die agora.

Zwar haben einige ihre Stimme erhoben. Doch um was zu sagen? Daß die Vernunft am Ende sei, daß die Würfel gefallen seien, daß das Zeitalter der Aufklärung zu Ende gehe. Im zweiten Teil dieses Buchs werde ich diese Behauptung einer genauen Prüfung unterziehen. So mutig diese Diagnose auch sein mag, sie beruht in meinen Augen auf einem groben Irrtum. Wie die Ideengeschichtler so meinen auch die »Pessimisten«, daß der menschliche Geist über große Autonomie verfüge, daß er sich frei in der Geschichte entfalte und daß seine Fortschritte, insbesondere im Abendland, den Lauf der Ereignisse bestimmt hätten. Ich fürchte, sie erliegen hier einer optischen Täuschung (im wörtlichen Sinne). Ich werde zu zeigen versuchen, daß diese Ansicht unmittelbar den Tatsachen und, mehr noch, dem Geist der Aufklärung widerspricht. Es hätte keinen Sieg der Vernunft über den Aberglauben gegeben, wenn Kopernikus nicht gezeigt hätte, daß der Mittelpunkt der Welt nicht die Erde, sondern die Sonne ist. Nun hätte es aber keine kosmologische Revolution gegeben ohne die Umwälzung der gesellschaftlichen Verhältnisse durch die Handelswirtschaft. Der Motor der »Moderne« war nicht die Vernunft, sondern die Verallgemeinerung des Warenaustauschs.

Damit werde ich meinen Beitrag zu der Frage leisten: »Woher kommen wir?« Um dann im dritten Teil auf die Frage zu antworten, die uns in erster Linie beschäftigt: »Wohin gehen wir?« Daß die Pessimisten sich irren, beweist nicht, daß die Optimisten recht haben. Die Zukunft unserer Zivilisation als Rückkehr zur Barbarei zu beschreiben, mag widersinnig sein. Es rechtfertigt in keiner Weise die uneingeschränkte Herrschaft der Marktgesetze über das Schicksal der Menschheit. Es könnte nämlich sein, daß diese Herrschaft heute hinfällig ist. All denen, die versichern, wir hätten keine Wahl, jede andere Möglichkeit habe Bankrott gemacht, wir müßten uns mit diesem System abfinden, wenn wir nicht in die Schrecken des Totalitarismus zurückfallen wollen, es bliebe uns nichts übrig, als auf den Erfindergeist zu setzen, den der Konkurrenzdruck wecke, den Individuen falle es zu, Unternehmergeist, Wagemut und Innovationskraft zu zeigen, um ihre Niedergeschlagenheit zu überwinden, die Zukunft liege in der weltweiten Digitalisierung der Informationen, die wertvollsten Waren seien immateriell geworden, der Weltmarkt berge ein ungeheures Entwicklungspotential und man rüste sich gewiß nicht durch das Wiederkäuen der Vergangenheit für die Zukunft – all denen schlage ich vor, ihr Urteil für eine Weile aufzuschieben. Denn ohne es zu wissen, befinden sie sich in der gleichen Lage wie einige Gesprächspartner des Sokrates vor zweitausendfünfhundert Jahren. Ihre Unfähigkeit, über das Übel, das die Gesellschaft zerfrißt, Rede und Antwort zu stehen, treibt sie zu einer voluntaristischen Flucht nach vorn. Dabei springt die Ähnlichkeit dieses Übels mit dem, welches Athens Untergang beschleunigte, in die Augen. Falls man die Katastrophe nicht um jeden Preis herbeiführen will, ist es dann nicht der Mühe wert, dem Aufmerksamkeit zu schenken?

In den folgenden Kapiteln werde ich also zunächst die Debatten im Café des Phares sowie die Philosophie-Praxis vorstellen, aus der sie hervorgegangen sind und die die latente Nachfrage nach Philosophie in der Stadt zu befriedigen versucht. Auf diesem Wege werde ich die Anfänge meiner praktischen Erfahrung beschreiben: die ersten Konsultationen, das erste Seminar und die erste Reise. Sodann werde ich meinen Eindruck über die Gründe dieser Nachfrage darlegen, die in der Krise liegen, die wir heute durchleben. Ich werde zwei Hypothesen vorbringen: erstens, daß wir den Ursprung der Plagen, die uns bedrücken, deshalb nicht verstehen, weil wir den Motor unserer Geschichte nicht genau kennen; zweitens, daß die Philosophie anfangs mit ähnlichen Plagen konfrontiert war. Es sieht nämlich ganz so aus, als wiederholten die modernen Nationen blindlings den Irrtum, der den griechischen Stadtstaaten vor zweitausendfünfhundert Jahren zum Verhängnis wurde. So unpassend es klingen mag, mir scheint, daß das Stück, das wir heute spielen, in Griechenland schon einmal gespielt worden ist, zur Zeit der Geburt der sokratischen Philosophie.

Wo sind wir?

Ein Sonntag, Place de la Bastille

Sonntag, der 13. Dezember 1992, im Café des Phares, Place de la Bastille in Paris. Es ist Mittag. Im Saal herrscht eine merkwürdige Atmosphäre. Dreißig bis vierzig Personen stecken die Köpfe zusammen, statt die chronische (manchmal freilich nur gespielte) Gleichgültigkeit gegeneinander an den Tag zu legen. Worum geht es? Wahrscheinlich um Politik? Oder um ein *fait divers*? Einen neuen Skandal? Ein Gerücht? Wer in diesem Moment lauschen würde, könnte eine junge Frau sagen hören, daß sie einem Stück Papier weh tut, wenn sie es zerreißt! Ist sie verrückt? Es sieht nicht danach aus: sie ist sehr ruhig, gut gekleidet, und nimmt sich Zeit, sich verständlich zu machen. Seit einer Stunde denkt sie in dieser Versammlung über die *Gewalt* nach. Auch sie fragt sich, wo die Gewalt anfängt und wo sie aufhört. Wenn wir einen Schlag erhalten, tut man uns »Gewalt« an; wenn wir einen Schlag austeilen, tun wir dem anderen »Gewalt« an, ob nun einem anderen Menschen oder einem Tier, zum Beispiel einem Hund, der uns im Weg ist und den wir mit einem Fußtritt verjagen oder dem wir weh tun, weil es uns Spaß macht. Tun wir aber einem Stück Holz »Gewalt« an, wenn wir ihm einen Fußtritt versetzen? Oder einem Stück Papier, wenn wir es zerreißen? Diese junge Frau bejaht es ...

Und das ist gar nicht so töricht, wie es scheint. Denn zu Beginn der Diskussion lautete die Frage, ob die Gewalt universell oder nur menschlich sei. Alle sind übereingekommen, daß Gewalt in den Beziehungen zwischen den Menschen existiert, heute wie in der ganzen Geschichte der Menschheit; es fragt sich also, ob das ein Verhängnis ist, ob das menschliche Leben Gewalt impliziert und, wenn ja, warum. Sollte im Universum die Gewalt herrschen, dann ist kaum vorstellbar, wie sich der Mensch von ihr befreien könnte. Aber auch wenn das nicht zutrifft, kann es sein, daß der Mensch dazu verurteilt ist, Gewalt anzuwenden, um leben zu können: auch wenn er darauf verzichten kann, seinem

Nächsten Böses anzutun oder dem Hund aus Spaß weh zu tun, wie kann er es vermeiden zu töten, um sich zu ernähren? Kann er leben, ohne seiner Umgebung Gewalt anzutun? Früher schlugen die Menschen Holz, hackten und verbrannten es, um sich zu wärmen: Taten sie damit den Bäumen nicht Gewalt an? Noch heute heizen Millionen Menschen mit Holz, und obwohl wir das heute nicht mehr nötig hätten, fahren wir fort, immer mehr Wälder zu zerstören, um andere Bedürfnisse zu befriedigen: entweder dezimiert man die Bäume, um aus ihnen Möbel oder Papier herzustellen, oder man rodet sie, um Kaffee anzupflanzen oder Rinder zu züchten. Diese der Natur angetane Gewalt hat zur Folge, daß der Pflanzenteppich des Planeten verschwindet. Wie lange noch werden wir die Augen verschließen?

Diese Worte sind nicht belanglos. Einige Anwesende stimmen leidenschaftlich zu, andere äußeren Zweifel. Ein Engel geht durch den Raum. Berechtigt uns das ökologische Argument dazu, den Dingen eine Seele zuzuschreiben? So notwendig es ist, nach dem Zustand unserer großen Nische zu fragen: Liegt die Zukunft des Menschen wirklich im Animismus? Angenommen, ich tue dem Papier *Gewalt* an, wenn ich es zerreiße, so fragt sich doch, ob ich ihm *weh* tue. Wenn ich dem Hund einen Fußtritt versetze, tue ich ihm weh, denn er fühlt den Schmerz. Aber fühlt das Papier irgend etwas? *Die Schmerzempfindung setzt Bewußtsein voraus:* man begreift, daß Menschen und Tiere Schmerz empfinden. Aber ein Stück Papier? Ist es nicht absurd, ihm Schmerzempfindung zuzubilligen, da das darauf hinausliefe, ihm auch Bewußtsein zuzubilligen? Warum dann nicht auch dem Zucker, der furchtbar leiden muß, wenn er sich in heißem Kaffee auflöst?

Der Disput erreicht einen Höhepunkt. Einer der Teilnehmer verlangt, man solle zum gesunden Menschenverstand zurückkehren, der Gewalt nur dann anerkennt, wenn sie einem *Lebewesen* gilt! Die immer noch sehr selbstsichere junge Frau beharrt auf ihrer Position: Woher wissen wir eigentlich, daß *leblose* Dinge kein Bewußtsein haben?

Sie insistiert zu Recht. Denn wenn man zugibt, daß Gewalt sich nur gegen Lebewesen richten kann, gibt man zu, daß sie auch einem Baum gelten kann, der – wie der gesunde Menschenverstand einräumt – ein Lebewesen ist; wer weiß also, ob er nicht leidet, wenn man ihn fällt? Wer weiß, ob der Zweig nicht leidet, wenn man ihn mit der Axt oder der Säge abtrennt, wobei der Saft aus dem Baum fließt wie das Blut aus einem abgeschnittenen Arm? Wer weiß infolgedessen, ob das »tote« Holz nicht leidet, wenn man es hackt, oder das aus dem noch lebenden Baum gewonnene Papier, wenn man es zerreißt? Natürlich bedeutet das eine völlige Umkehrung der Perspektive, einen Verzicht auf den gesunden Menschenverstand, wenn man den Dingen ein Bewußtsein unterstellt wie die Menschen der Antike oder die Primitiven, die überall in der Natur Elfen, Geister, Götter am Werk sahen. Von der Welt des Menschen bis zum Tierreich, vom Tierreich bis zum Pflanzenreich, vom Pflanzenreich bis zur mineralischen Welt, von der Erde bis zum Himmelsgewölbe wird alles wieder »beseelt«, das ganze Universum füllt sich mit einem göttlichen Atem, und wir fühlen uns, und sei es nur für einen Augenblick, als Kinder der Sterne …

Diejenigen, die lieber auf der Erde bleiben, da sie den Mystizismus oder den Anthropomorphismus, die Rückkehr zu den schlimmsten Archaismen im Namen des Rationalismus, des Materialismus oder ganz einfach der Weltlichkeit ablehnen, müssen zumindest folgender Schwierigkeit ins Auge sehen: Wenn sie die Gewalt auf das Bewußtsein beschränken, werden sie kaum definieren können, was in der Natur vor sich geht, wenn ein Vulkan ausbricht, wenn ein Erdbeben oder eine Springflut eine ganze Stadt zerstört. Oder was soll man zu einem einfachen Gewitter mit Blitz und Donner sagen, wenn es sich nicht um Gewalt handelt? Der gemeine Verstand steckt hier in der Falle, da er der erste ist, der bei solchen Ereignissen und Mißgeschicken von Gewalt redet. Wenn Gewalt ein Bewußtsein voraussetzt, darf man nicht sagen, ein Gewitter, ein Taifun oder ein Orkan seien gewalttätig! Oder soll man behaupten, daß ihre Gewalt von Opfern abhängt, von Menschen oder Tieren, die ein Bewußtsein haben? In diesem Fall dürfte man von Gewalt nur bei Phänomenen sprechen, deren Zeugen Lebewesen sind!

Wie man sieht, ist die Sache nicht einfach. Nachdem ich beiden Lagern die Möglichkeit gegeben habe, ihre Gedanken zu erläutern und zu veranschaulichen, scheint es mir angebracht, die Initiative zu ergreifen. Ich zeichne eine Kurve in die Luft und frage, ob ich mit meinem Handrücken der Luft weh getan habe. Ungläubigkeit der Anwesenden ... Ich gehe also in die Offensive, denn so schnell lasse ich mir nicht einreden, daß das Gesetz der Gewalt die Menschheit regiert. Ich bezweifle nicht, daß sich dieser Gedanke großer Beliebtheit erfreut. Ein kurzer Blick auf die Vergangenheit der Menschheit bestätigt ihn – eine ununterbrochene Folge von Kriegen, Eroberungen und Massakern. Und wer sich von den subtileren Formen der Unterdrückung – früheren oder heutigen – nichts vormachen läßt, kann sich ihm kaum entziehen.

Dennoch fürchte ich, daß dieser Gedanke auf einer Täuschung beruht. Daß die Gewalt universell ist, daß man sie in der gesamten Geschichte der Menschheit und auch in der gesamten Tierwelt antrifft, daß sie in den Vulkanausbrüchen und den Verschiebungen der tektonischen Platten am Werk ist, die das Profil unseres Planeten gestaltet haben, daß sie sich in der Sonnentätigkeit verbirgt, daß sie der Entstehung unserer Galaxie, ja des Kosmos (durch den »Urknall«) zugrunde liegt, will ich gerne einräumen. Aber daß die Gewalt *überall* ist, bedeutet nicht, daß sie es *immer* ist.

Damit der Kosmos zum Kosmos werde, muß die Gewalt ihrem Gegenteil weichen: das griechische Wort *kosmos* heißt »geordnetes Gebiet«, folglich Ende des Chaos. Die Entstehung des Kosmos ist Anordnung chaotischer Elemente. Unser Sonnensystem ist das Ergebnis einer begrenzten Pazifizierung des Chaos: Satellitenplaneten begeben sich auf eine regelmäßige Umlaufbahn um die Sonne, und diese Regelmäßigkeit ermöglicht es der Erde, sich abzukühlen und Leben zu tragen. Weil die natürliche Gewalt also in gewisser Weise abnimmt, sogar aufhört, haben sich unsere Planeten und die Biosphäre herausgebildet.

Das gleiche gilt für die Geschichte der Menschheit. Natürlich sind wir nur eine Tierart unter anderen, und unsere Vorgeschichte ist vom Kampf gegen die natürlichen Plagen, darunter auch die rivalisierenden Arten gekennzeichnet. Trotzdem ist die Gewalt nicht das Gesetz, das diese Geschichte bis heute bestimmt. Zur Kategorie der Gewalt kann man auch die Invasionen der Barbaren zählen, die das Zeitalter des Feudalismus eingeleitet haben, ebenso die räuberische Lebensweise der Lehnsherren. Aber es ist unmöglich, den Motor der modernen Zivilisation auf diese Weise zu charakterisieren. Im Mittelpunkt des Fortschritts der letzten Jahrhunderte steht nicht der Raub, sondern der Handel; und der Handel beruht auf dem genauen Gegenteil von Gewalt: Handel treiben heißt gleichwertige Waren austauschen, entweder in direkter Form oder mit Hilfe des Geldes, insbesondere des Goldes. Das setzt voraus, den anderen nicht Gewalt anzutun.

Entgegen dem Augenschein beruht der Kapitalismus im wesentlichen nicht auf Gewalt. Im Gegenteil, er mußte mit dem Verhalten der Grundherren und der Räuber fertigwerden, um allen das Gesetz des Marktes aufzuzwingen. Daß er sich zu diesem Zweck kriegerischer Mittel bediente, ändert daran nicht das Geringste: er stellte das Programm einer Ordnung auf, in der die Gewalt dem Handel weichen mußte. Der Handel aber impliziert die Verhandlung. Daß schließlich die handeltreibende Gesellschaft selbst nicht in der Lage ist, ihr Programm vollständig zu verwirklichen und daß die Verhandlungen nicht zu dem von Kant erhofften ewigen Frieden führen, sondern allzuoft die Tendenz haben, sich in mörderische Kriege zu verwandeln, ist zwar nicht nebensächlich, beweist in Wahrheit aber nur eines, nämlich daß dieses System Grenzen hat, über die nachzudenken ratsam wäre.

Denn genau das steht auf dem Spiel: sich nicht täuschen zu lassen! Auch wenn die Grenzen des herrschenden Systems die Gewalt begünstigen, darf man die Gewalt nicht zum wahren Motor der Menschheitsgeschichte und damit zu einem Verhängnis erklären. Und darum geht es uns hier: Wenn die Anziehung und Abstoßung der Himmelskörper und Materieteilchen für den Übergang vom Chaos zum Kosmos sorgen, ist der Gedanke nicht abwegig, daß die gesellschaftlichen Verhältnisse eines Tages den gleichen Verlauf um das Gold nehmen, den die Planeten um die Sonne genommen haben; den einer sanften und regelmäßigen Kurve, ebenso harmonisch, ebenso großzügig wie die Liebkosungen der Liebenden.

Die Philosophie im Café

Jeden Sonntag beginnt es von neuem. Das Thema wechselt, aber der Dialog geht weiter. Zur selben Zeit, am selben Ort. In einem Bistrot. In einer ein wenig kitschigen, altmodischen, ziemlich lauten Kneipe, in der die Espressomaschine und vor allem die Kaffeemühle den Austausch von Worten lange behindert haben – ganz zu schweigen vom Autoverkehr auf dem Platz. Dennoch kommen seit nunmehr über zwei Jahren Leute, die sich nicht kannten und meist nichts miteinander gemein hatten, immer wieder in dieses Café, um zu »philosophieren«. Und es werden immer mehr.

Beim erstenmal waren es nur etwa ein Dutzend. Das war im Juli 1992. An jenem Tag sprachen wir über den Tod. Das war nicht vorgesehen, sondern hatte sich ganz spontan ergeben. In einer kurzen Kultursendung von France Inter hatte ich beiläufig erwähnt, daß ich jeden Sonntag ein paar Freunde im Café des Phares träfe, um mit ihnen über die Eröffnung meiner Praxis in der Rue de Sévigné zu sprechen. Daraus hatten einige Zuhörer geschlossen, daß ihnen sonntagmorgens im Café des Phares an der Place de la Bastille ein »Philosoph« zur Verfügung stehe, um sich mit ihnen zu unterhalten ... Einige waren also gekommen, hatten sich ein wenig auf der Terrasse herumgedrückt und mich schließlich gefunden. Eine Diskussion hatte begonnen. Jemand hatte die N.D.E. *(near death experiences)* erwähnt, Erfahrungen eines nahen Todes, die in Sensationsbüchern von verunglückten oder im letzten Augenblick wiederbelebten Personen erzählt wurden: Sollte man sie kritisieren oder ihnen im Gegenteil Aufmerksamkeit schenken? Zur Sprache kamen die Frage nach dem Jenseits, der Untergang der Zivilisationen, der prognostizierte Tod der Sonne, der mögliche Tod des Universums ... Die Zeit war sehr schnell vergangen.

In der Woche darauf waren einige wiedergekommen und neue dazugekommen: man sprach über die ephemäre Kunst. Ein kurioses Thema, das aus Anlaß einer befremdlichen Vernissage gestellt wurde: eine Künstlerin schuf Skulpturen aus Zucker, die sie abends mit Wasser besprengte ... War das Kunst oder nicht? Im allgemeinen trachtet der Künstler danach, seinen Namen zu verewigen, indem er Werke schafft, die so dauerhaft wie irgend möglich sind und ihn im Idealfall unsterblich machen: wie soll man diese Kunst nennen, die auf Vergänglichkeit abzielt? Die Statuen waren jedoch so schön, daß sie, nachdem sie sich aufgelöst hatten, ein tiefes Glücksgefühl hinterließen, wie jene Theateraufführungen, die man nur ungern verläßt. Der Kunst das Recht abzusprechen, vergänglich zu sein, hieße, dem Schauspieler oder dem Regisseur den Titel eines Künstlers abzusprechen und ihn allein dem Autor vorzubehalten! Das gleiche gilt für die Oper. Ist das Theater nicht der Ort der ephemären Kunst schlechthin? Auf diese Weise verlief, recht holprig, die zweite Debatte im Café des Phares.

Wer waren diese Menschen? Ich weiß es nicht. Aus bescheidenen Verhältnissen, zurückhaltend, sogar schüchtern, kamen sie nicht, um sich aufzuspielen, sondern um Gedanken auszutauschen. Ich erinnere mich an ein junges Paar, das sich gerade in die Kreation von »Events« gestürzt hatte, um Unternehmen bei ihren Kommunikationsproblemen zu helfen: sie wirkten wie zwei Turteltauben, die wissen, daß sie sich lieben werden, auf der Suche nach gutem Material, um sich ein solides Nest zu bauen, jedoch verwirrt durch den Schall und den Wahn all dessen, was um sie herum vorging. Ich erinnere mich auch an eine ältere Dame, Sekretärin in einer Kosmetikfirma, mit einer langen gewerkschaftlichen Vergangenheit, abgespannt, aber geistig sehr rege, die noch nicht alle Hoffnung aufgegeben zu haben schien, die Welt gerechter und brüderlicher zu gestalten. Die anderen verschwimmen in meiner Erinnerung ...

Auch wenn ich das Bild der allerersten Gesichter nicht mehr vor Augen habe, so entsinne ich mich doch noch deutlich der folgenden Debatte. Es war herrliches Wetter an jenem Herbstsonntag, so schön, daß die Terrasse des Cafés vollbesetzt war. Schließlich hatten sich etwa vierzig Gäste der anfänglich kleinen Gruppe genähert, bis ein beachtlicher Kreis entstanden war, in dem einer nach dem anderen das Wort ergriff und versuchte, sich trotz des Verkehrs auf dem Platz verständlich zu machen ... Das Thema »Was ist ein Außenseiter?« war von einem Gymnasiasten gestellt worden. Es inspirierte nicht alle und bereitete mir einige Schwierigkeiten. Denn es betraf all jene, die sich weigern, sich nach den Regeln dessen zu richten, was die anderen die »Norm« nennen und den Menschen oft dazu verleitet, für den Menschen zum Wolf zu werden. In einem nicht zu unterdrükkenden und ansteckenden poetischen Eifer hatte ein Redner für die von ihrer Zeit verfluchten Künstler Partei ergriffen und sie zu dem notwendigen Ferment einer zukünftigen Gesellschaft erklärt, in welcher der Mensch endlich kein Wolf, sondern ein Gott für den Menschen würde! Er stand aufrecht und wirkte wie ein alter Professor, sehr elegant in seinem Wollanzug, mit seinem Stock, seinem Bart und seiner Brille, fest entschlossen, eine allzu konformistische Existenz in Schönheit zu beenden, wie eine schöne Frucht, die niemand gepflückt hat und die von selbst herunterzufallen sucht, bevor es zu spät ist.

Diese Debatte war ein wahres Glück. Unerwartet, unvorhersehbar, unerhört. Einige Freunde, viele Unbekannte im Kreis auf der Terrasse des Café des Phares, gegenüber der neuen Oper, die milde Luft des Altweibersommers, die Komplizenschaft der Sonne ... Aber das Glück ist immer launisch: wie es festhalten, wenn das Wetter trübe wird? Das war in der nächsten Woche der Fall: unmöglich, draußen zu bleiben! Man mußte sich damit abfinden, hineinzugehen. Ganz am Ende des Saals stand eine Bank, und eine Art Zwischenwand trennte ihn vom übrigen Raum: wir flüchteten uns also dorthin, um ein anderes Thema anzuschneiden. Würde das Glück ebenso groß sein?

Narzißmus. Das Thema entsprang der Situation, denn in diesem Hinterzimmer, dessen Wände mit Spiegeln verkleidet waren, waren wir unmittelbar dem Vergnügen ausgesetzt, das einige daran fanden, sich in ihnen zu betrachten, so daß sie die anderen vergaßen. Eine der Frauen, die gekommen waren, um »nachzudenken«, fand es also ganz natürlich, mehr über den berühmten Mythos von Narziß erfahren zu wollen. Sie hieß Martine. Sie war schön, lebhaft und besorgt. Sie suchte Kontakt zur Philosophie, fürchtete jedoch offensichtlich, erneut enttäuscht zu werden. Ich behielt sie im Auge. Zum Glück kam sie regelmäßig, und wir haben uns nicht mehr getrennt... Unser Dichter war nicht da, aber sein Platz wurde sofort von einem kleinen Mann mit zarter Stimme eingenommen, tadellos hinter seiner Krawatte, gut frisiert, bedächtig, sogar affektiert, Beamter von Beruf (ich glaube im Finanzministerium). Er war in unserer kleinen Versammlung unvergleichlich gebildet und berief sich auf eine Lehre, die heute für veraltet gilt, zu ihrer Zeit jedoch vielen Leuten den Eindruck vermittelt hatte, sie besäße die Schlüssel zur Zukunft: die Lehre von Auguste Comte, der Positivismus! Im übrigen verfügte er über die Schlüssel zu einem erstaunlichen Lokal mitten im Marais, wo der Positivismus noch heute Anhänger hat (dank eines brasilianischen Mäzens) und das er uns eines Tages, als das Vertrauen hergestellt war, besichtigen ließ. Seine Gestalt wurde uns bald vertraut, und während jede Woche neue Gesichter auftauchten, gehörte »Auguste Comte« zu den ersten Stammgästen.

Später kamen noch andere »Stammgäste«, um sich im Lauf der Sitzungen zu behaupten. Weniger gelehrt als »Auguste Comte«, weniger genau bei der Darlegung eines Standpunkts, weniger streng im Gebrauch der Sprache, aber ebenso anhänglich. Männer, von denen wir nur den Vornamen kannten, die sich indes eifrig bemühten, die Debatte voranzubringen, wie Jacques, ein kleiner dicker Mann, der sich jedesmal so herrlich ereiferte, daß er für die gute Laune rasch unentbehrlich wurde; Frauen, junge oder ältere, die, nicht weniger leidenschaftlich, ihre Worte gern durch persönliche Erfahrungen veranschaulichten, wie Antoinette, Rechtsanwältin, deren Offenheit allen Achtung abverlangte. Jede Woche änderte sich die Gruppe, da niemand gezwungen war zu kommen. Aber der Anstoß war gegeben, und als die Sonne ihr Winterquartier bezog, versetzte sie die Debatte im Café des Phares doch nicht in Winterschlaf.

Im Gegenteil! Die kleine Gruppe, die ins Hinterzimmer des Cafés geflüchtet war, nahm ständig Neulinge auf. Manchmal mischten sich zur Stunde des Aperitifs Thekenstammgäste in die laufende Debatte ein. Nachdem sie anfangs nur zerstreut zugehört hatten, sicherlich erstaunt, an einem so ungeeigneten Ort derartige Worte zu vernehmen, kamen sie näher und ergriffen, als sie nicht mehr an sich halten konnten, selbst das Wort. Noch lange werde ich mich an jene vier *Blacks* erinnern, die eines Tages Spaß an der Sache fanden und einander mit einer beeindruckenden Fülle hochrangiger Zitate überboten. Sie waren Musiker, hatten die ganze Nacht gespielt und wollten an diesem frühen Morgen nur noch ein letztes Glas trinken, bevor sie sich schlafen legten ... Das Thema? »Die Macht der Wörter«, glaube ich; ich sehe die Szene noch genau vor mir, diese vier Burschen im Reggae-Stil, todmüde und dennoch entzückt, sich in die Debatte einzumischen und eine Rede voll klassischer Anspielungen zu improvisieren.

Dennoch war die Fortdauer der Debatte keineswegs gesichert. Ihre freie und gutmütige Form ließ viele Versuchungen aufkommen, die, hätten sie sich durchgesetzt, ihr rascher Tod gewesen wäre. Als erstes der Intellektualismus: die Tendenz zur »Ernsthaftigkeit«. Da es um »Philosophie« ging, komme es darauf an, wie manche meinten, nur mit Begriffen dieser Disziplin zu arbeiten, seine Rede mit den entsprechenden Quellenhinweisen zu spicken und sich auf Kant, Hegel und Heidegger zu berufen, wolle man nicht in die Trivialität der Kaffeehausdiskussion versinken. Von hier aus zu der Forderung, nur denen das Wort zu erteilen, die diese Art Wissen beherrschten, war es also nur ein kleiner Schritt, und sie schickten sich munter an, ihn zu tun. Mehrere Redner kamen immer wieder darauf zurück und warfen mir vor, jeden Beliebigen alles Beliebige sagen zu lassen ...

Es galt also, diesen Clan zu verprellen, um den anderen Geschmack an der Philosophie beizubringen. Die Themen wurden an Ort und Stelle ohne vorherige Absprache gewählt, und ich hatte weder die Absicht noch Lust, sie selbst vorzuschlagen. Man suchte mich auf, um aus dem Stegreif nachzudenken; daher kam es für mich nicht in Frage, im voraus zu wissen, worüber ich sprechen sollte. Der Tod, die ephemäre Kunst, der Narzißmus, die Macht der Wörter – nichts von alledem war vorgesehen, und das war sehr gut. Bald wetteiferten mehrere Themen miteinander, und man mußte sich wohl oder übel für eines davon entscheiden. Das war ein ausgezeichnetes Mittel, die Tendenz einiger Teilnehmer zu untergraben, die Debatte sofort auf ein »höheres« Niveau zu heben, ohne sich darum zu scheren, daß ihre Nachbarn schnell den Boden unter den Füßen verloren. Ich brauchte lediglich das Thema auszuwählen, das eine solche Situation am wenigsten aufkommen ließ. Auch wenn es die anwesenden »Intellektuellen« erboste, bat ich sie, sich mit alltäglichen Worten auszudrücken, und entschied mich oft für ein in der klassischen Philosophie ungewöhnliches Thema: für einen banalen Satz, einen trivialen Ausdruck. So kam es zur Debatte über »Das erste Mal«.

Das erste Mal! Am Tag, als dieser Ausdruck vorgeschlagen wurde, fühlte ich mich ein wenig verwirrt, da mir spontan nichts dazu einfiel. Aber ich muß zugeben, daß ich mit gewissem Vergnügen die Bestürzung derer beobachtete, die gekommen waren, damit das »Gute«, das »Recht«, der »Staat« erörtert werde... Als ich die Verschämtheit der einen wie der anderen bemerkte und mir winzige Erinnerungen durch den Kopf gingen, fiel mir auf, daß in diesem Ausdruck etwas Paradoxes lag. Denn auf den ersten Blick gibt es nichts Erregenderes als eine erste Erfahrung. Es ist ein Augenblick, der zählt und als solcher das Leben interessant macht: der erste Schultag, der erste Kuß, die erste Auslandsreise... Welche Aufregungen! Wieviel Herzklopfen, das es zu bezwingen, welche Begierde, die es zu mäßigen, wie viele Ängste, die es zu ersticken, welcher Widerwille, den es zu überwinden gilt! Dieses »erste Mal« enthält indes im Keim bereits die Verurteilung dessen, was es suggeriert, denn nach dem ersten Mal kommt das zweite, dann das dritte Mal: schließlich zählt man nicht mehr; so ist das Leben... Und es zeichnet sich eine traurige Perspektive ab: mit der Wiederholung des ersten Mals wird die Erfahrung banal, und letztlich packt der Tod das Leben; denn was ist ein Einmal, das nicht mehr zählt? Also macht das Leben das, was beim ersten Mal wichtig war, unbedeutend: die Wiederholung tötet das Interesse am Dasein. Folglich ist das Leben der Tod!

Dieser paradoxe Ausdruck erweist sich überdies als widersprüchlich. Was zum ersten Mal geschieht, ist nämlich einmalig.

So wurde der erste Kuß, den man gegeben hat, nur ein einziges Mal gegeben: statt eine Reihe ähnlicher Erfahrungen einzuleiten, ist er eine Ausnahme, die nur in bezug auf die Vergangenheit einen Sinn hat, nicht aber in bezug auf die Zukunft. Man hat etwas getan, was man noch nicht getan hatte. Die Geschichte teilt sich. Es gibt ein Vorher und ein Nachher. Es ist also eine Erfahrung, die sich nicht wiederholen läßt; es kann kein »zweites Mal« geben. Man kann einen ersten Kuß nicht zweimal geben, ebensowenig wie man zweimal zum ersten Mal auf dem Mond landen kann. Daher ist »das erste Mal« streng genommen ein absurder Ausdruck, da er unterstellt, ihm könne etwas folgen, was er unmöglich gemacht hat.

Eine solche Feststellung, die auf dem Weg durch die Erinnerungen jedes Einzelnen getroffen wurde, genügte mir an jenem Tag für mein Glück. Diejenigen, die sich an der Diskussion beteiligten, merkten, daß ein harmloser Ausdruck zu erstaunlichen Reflexionen führen kann. Ich selbst war verwirrt und entzückt: verwirrt, in eine solche, bisher ungeahnte Sackgasse zu geraten; entzückt, sie entdeckt zu haben, als ich mit vielen Unterbrechungen in einem Café redete – zumal mir, als ich über diese Gedanken grübelte, klar wurde, daß sie die Alten amüsiert hätten. Zumindest einige von ihnen hätten sofort aus der Sackgasse herausgefunden. Wie? Indem sie annahmen, daß alles, was auf der Erde geschieht, schon unendlich viele Male stattgefunden habe. Das dachten insbesondere einige Stoiker. Ihnen zufolge entstand, erblühte und verschwand der Kosmos in einer Feuersbrunst, die eine neue Geburt einleitete: auf der Erde war also jedes Wesen dazu bestimmt, genau das gleiche zu erleben wie im vorausgegangenen Zyklus. Und das würde sich unaufhörlich wiederholen. Für sie war dies das beste Mittel, bei einem Unglück nicht in Verzweiflung zu geraten oder, wenn das Schicksal ihnen hold war, sich nicht zu früh zu freuen, kurz, angesichts des Laufs der Dinge ruhiges Blut zu bewahren: Wenn sich alles bis in die kleinsten Einzelheiten ewig wiederholt, dann ist kein Verlust mehr irreparabel, kein Sieg endgültig. Das erste Mal? Für die Stoiker gibt es so etwas nicht, denn die Zeit ist nicht linear: gleich einem Kreis berührt sie unablässig immer wieder dieselben Punkte, so daß sich in ihren Augen ganz gewiß niemand je einen ersten Kuß gegeben hat...

Dennoch war die Partie nicht gewonnen. Denn sobald sich die Schleusen der persönlichen Erfahrung geöffnet hatten – einer Erfahrung, die nötig ist, um eine Behauptung zu rechtfertigen und das, was man vorbringt, dergestalt zu untermauern, daß die anderen entweder ihr zustimmen oder sie aufgrund einer gegenteiligen Erfahrung zurückweisen können –, hätte die Diskussion im Café des Phares schnell im Auspacken persönlicher Probleme versacken können: das »aber ich« hätte zur Regel werden können, was ebenso fatal gewesen wäre wie die Tendenz der Begriffsfetischisten zur Cliquenbildung. Die Diskussion über die »Abhängigkeit« bot die Gelegenheit, die Parade zu finden.

Bei diesem Thema hatte natürlich das »aber ich« freie Bahn. Die Person, die es gestellt hatte, litt ganz offensichtlich darunter, daß sie sich vom Einfluß des »anderen« nicht hatte befreien können. Es lag Pathos in der Luft, und es herrschte eine höchst psychologische Stimmung. Für die meisten Teilnehmer verstand es sich von selbst, daß die »Abhängigkeit« in den Bereich der Pathologie fiel: es bedeutete, daß das Ich nicht zur Reife gelangt war oder sich aus Angst vor der eigenen Freiheit in eine krankhafte Beziehung zum anderen flüchtete. Gewiß gab es dafür eine Menge von Gründen und unendlich viele Beispiele; fest stand jedenfalls, daß es sich hier um eine Krankheit handelte, für deren Behandlung die Zunft der Ärzte und Psychologen zuständig war!

An diesem Tag hielt ich es für angebracht, mich auf Hegel zu berufen, um diesen Konsens aufzubrechen. Unschwer läßt sich anmerken, daß sich die Abhängigkeit eines Menschen von einem anderen als eine Phase betrachten läßt, in der sich die Emanzipation des »Abhängigen« vorbereitet, der ohne dieses Moment der Unterordnung die für seine Autonomie nötigen Kräfte nicht sammeln könnte. Man denke hier nur an die Beziehung des Kindes zu seinen Eltern: das Kind muß die Phase des Gehorsams und der Unterwürfigkeit durchlaufen, um eines Tages seinerseits mündig zu werden. Auf diese Tatsache hatte Kant sich bezogen, um seinen Zeitgenossen die Botschaft der

Aufklärung zu übermitteln[1]: es ist an der Zeit, daß die modernen Völker mündig werden, da sie seit Jahrhunderten unter der Fuchtel der Kirche und der Monarchie stehen ... Doch Hegel geht noch weiter. Er zeigt, daß sogar die Beziehung zwischen Herr und Knecht »dialektisch« ist, d. h. an sich schon einen Faktor des Fortschritts birgt, daß sie eine treibende Kraft für die Entwicklung der gesellschaftlichen Verhältnisse ist. Damit verleiht er Kants moralischem Imperativ den Status eines der Menschheitsgeschichte innewohnenden Gesetzes: es ist nicht nur an der Zeit, daß die unterdrückten Völker sich von jeglicher Vormundschaft befreien, der Lauf der Ereignisse ist ihnen auch günstig.

Der Hinweis auf Hegel ermöglichte es, das Gebiet der klinischen Pathologie zugunsten einer historischen Sicht des Schicksals der menschlichen Gemeinschaften zu verlassen. Es kommt vor, daß Abhängigkeit wirklich etwas Gutes ist, da sie es bei einer Konfrontation ermöglicht, am Leben zu bleiben: wenn der Besiegte auf seine Ehre pfeift und einverstanden ist, sich in den Dienst des Siegers zu stellen, hat er große Chancen, davonzukommen. Dies ist das berühmt gewordene Szenario der »Dialektik von Herr und Knecht«, das Hegel im Jahre 1807 in der *Phänomenologie des Geistes* darlegt.[2] Hier sieht man, daß derjenige, dessen Leben bewahrt wurde, dieses Leben der Freiheit vorzieht und zum Knecht desjenigen wird, der ihn besiegt hat; umgekehrt sieht man, daß der Sieger zum Herrn desjenigen wird, den nicht zu töten er vorgezogen hat. Doch dabei bleibt es nicht. Wie vereinbart beginnt der Knecht für seinen Herrn zu arbeiten und erweist sich bald als unentbehrlich, indem er die Kontrolle über die Dinge erwirbt. Da der Herr nicht arbeitet, um zu leben, wird er sehr schnell von der Arbeit seines Knechts abhängig, in eben dem Augenblick, da letzterer, von nichts ausgegangen, zum Schöpfer der Lebensbedingungen wird, da er es ist, der sie gewährleistet. Und so kommt der Tag, an dem der Knecht den Herrn für überflüssig hält und sich seiner entledigt ...

Die Frage der Abhängigkeit ist also sehr viel ergiebiger und komplexer als alles, was die klinische Psychologie uns zu begreifen erlaubt. Im übrigen bleibt die Geschichte hier nicht stehen: die Theorie hatte nicht nur zu Hegels Zeiten selbst einen ungeheuren Erfolg, da sie die *Aufklärung* um ein Zehnfaches legitimierte, sie wurde wenig später auch von anderen Denkern übernommen, die damit ihre eigene Geschichtsauffassung rechtfertigten. Marx zum Beispiel benutzte sie, um die Emanzipation des Proletariats zu verkünden: da die Arbeiterklasse der Definition nach die arbeitende Klasse ist, diejenige, welche die Lebensbedingungen ihres Herrn (der Bourgeoisie, des Kapitals) gewährleistet, müsse Hegels Schema in erster Linie auf sie angewandt werden. Was sehr schnell so manche ernüchterte, die Hegel Beifall gezollt hatten. Die Sozialisten, die »Fortschritt« und Arbeit gleichsetzten, machten sich seine Dialektik zu eigen, zum Schaden der Wohlhabenden und Neureichen, die geglaubt hatten, sie würde sie vor jeder konservativen Kritik bewahren, und die nun versucht waren, in Pessimismus zu verfallen. Das Problem der Abhängigkeit stellen heißt infolgedessen, vom Besonderen zum Allgemeinen überzugehen, von meinem persönlichen Gebrauch der Freiheit zu dem der ganzen Menschheit. In dieser Verlagerung des Schwerpunkts durchläuft die Fragestellung eine historische Phase: man muß sich nämlich fragen, ob es in der Geschichte der Menschen einen Moment gibt, wo sich die ganze Menschheit für mündig halten kann, ob dieser Moment hinter uns oder noch vor uns liegt. Und bei dieser weitgespannten Untersuchung ist es ratsam, die Prüfung stellenweise einzugrenzen, um herauszufinden, ob nun der »Moment« Hegels gilt oder der, den Marx bestimmte.

Man sieht, daß man der Sache bei weitem nicht gerecht wird, wenn man sich im »aber ich« gefällt, und daß die freie Meinungsäußerung bei einer Kaffeehausdebatte nicht die Diktatur des Pathos zur Folge hat, sofern die Vernunft wachsam ist. Dennoch zwingt uns das nicht, diejenigen um Verzeihung zu bitten, die den »theoretischen« Gehalt einklagen. Nicht weil ich Hegel kenne, müssen alle anderen, die ihn nicht kennen, schweigen und sich damit begnügen, zuzuhören. Hegel zu zitieren, bedeutet nicht, den anderen abzublocken, sondern ihm im Gegenteil einen Weg zu zeigen, ihn aufzufordern, sich in die *Phänomeno-*

logie zu vertiefen, jedoch auf einfache, adäquate Weise, indem er dem Philosophen die Fragen stellt, über die an jenem Morgen im Café debattiert wurde. Es bedeutet auch nicht, daß man durch eine Anspielung dem Kenner zuzwinkert, um damit seine Zugehörigkeit zu einem Clan zu erkennen zu geben. Zumal in diesem Fall kein Konsens besteht. Eine Anspielung genügt nicht. Die meisten Philosophieprofessoren folgen Marx, ohne die Nase zu rümpfen, wenn er »Herr« mit »Bourgeois« und »Knecht« mit »Arbeiter« übersetzt und damit Hegels Fabel zum verschlüsselten Bericht der modernen Geschichte macht; andere meinen, es fehle ihm an Urteilsfähigkeit, und versuchen, dieser Geschichte einen sehr viel unhistorischeren Sinn zurückzugeben, und behaupten sogar, sie habe rein gar nichts mit den gesellschaftlichen Kategorien zu tun, alles spiele sich im »Geist« ab, dessen Metamorphosen Hegel erzählte. Wenn man sich dieser »Dialektik« bedient, kann man also nicht so tun, als verstehe sich ihre Bedeutung von selbst.

Diese Debatte über die Abhängigkeit gab mir zum erstenmal Gelegenheit, meine Sicht der Dinge öffentlich zu testen. Ich erinnerte daran, daß Hegel deutsch sprach ... Was wir Franzosen mit *maître* übersetzen, bezeichnet Hegel mit dem Wort »Herr«, was vor allem »Grundherr« bedeutet; und was wir mit *esclave* übersetzen, nennt Hegel »Knecht«, d. h. *serviteur* oder gar *serf* (Leibeigener). Damit befinden wir uns in einem Kontext, der weit historischer ist als der, den Marx vorschlug: meiner Meinung nach schildert Hegel in der *Phänomenologie* den Übergang vom Feudalismus zum Kapitalismus. Der »Herr«, derjenige, der das Leben des Besiegten verschont, ist der aus der Völkerwanderung hervorgegangene Feudalherr, der sich den Boden angeeignet hat samt denen, die ihn bebauen; der »Knecht« ist der Hörige, der Besiegte in diesem gigantischen Chaos, der unter dem Ansturm der germanischen Horden seine Freiheit verloren hat: so ist der Leibeigene in den Dienst des Herrn getreten, der ihn als Gegenleistung vor neuerlichen Invasionen schützt (Skandinavier im Norden, Mauren im Süden, Hunnen im Osten). Was man die »Dialektik von Herr und Knecht« nennt, ist also der Prozeß, in dem der abendländische

Leibeigene das Joch seines Beschützers, des germanischen Grundherrn abschüttelt.

Diesem Prozeß liegt die Arbeit und vor allem die Zirkulation der aus der Arbeit hervorgegangenen Waren zugrunde. Denn der Leibeigene, der anfangs bedingungslos an die Scholle und die Schutzmauern des Grundherrn gebunden war, verfügt nach und nach über die Mittel, seine Freiheit zu erobern. Mit den Jahrhunderten beginnt nämlich erneut das Geld zu zirkulieren. Der Handel, der sich lange auf einem toten Punkt befunden hatte, reaktiviert den Fluß der Waren und des Geldes; die anfangs machtlosen Kaufleute profitieren von der (höchst unsicheren) Ordnung, die das Feudalsystem schafft, um sich zu bereichern und sich aus eigener Kraft zu schützen, in den von Mauern umgebenen Marktflecken, wohin ihnen die entflohenen Leibeigenen folgen, die nun Handwerker werden und ihrerseits den Umfang des Warenaustauschs erhöhen. Kurz, die Arbeit siegt über die Stärke. Der Schwerpunkt der Beziehungen zwischen den Menschen verlagert sich unmerklich vom Schloß (des Grundherren) auf die Stadt (der Bürger), bis zu dem Tag, an dem der Herr in den Augen seines ehemaligen Knechts ein unnützer Parasit wird, dessen er sich entledigen muß, um zu Wohlstand zu gelangen.

Die Philosophie als Geisteshaltung

Die Debatte im Café des Phares – weder ein Kreis für Eingeweihte noch eine Therapiegruppe – fand im Lauf von Wochen und Monaten ihre »Marktlücke«. Die beiden Tendenzen koexistierten, neutralisierten sich jedoch gegenseitig. Ihr Konflikt läßt nunmehr den Weg für etwas völlig anderes frei: man redet nicht, um die anderen zum Schweigen zu bringen, sondern um mit ihnen nachzudenken; man spricht nicht von sich, um von sich selbst zu erzählen, sondern um eine Meinung zu vertreten und sie allen zur Prüfung vorzulegen. Die Neuen, jene, die »zum ersten Mal« kommen (wie verdächtig dieser Ausdruck jetzt klingt!), neigen natürlich dazu, in den einen oder anderen Fehler zu verfallen. Aber sie begreifen recht schnell, daß sie auf dem falschen Dampfer sind, und passen sich an oder bleiben fort.

Viele kommen mit einem Thema, aber niemand weiß im voraus, ob man darüber debattieren wird. Manche mögen auch hierin einen Mangel an Ernsthaftigkeit sehen, nämlich jene, für die die Philosophie eine »Arbeit« ist, die sich nicht improvisieren läßt, will man nicht in Stammtischgespräche abgleiten. Meiner Meinung nach ist genau das Gegenteil der Fall. Vor allem weil die »Arbeit« der Berufsphilosophen Vergnügen nicht ausschließt. Ernsthaft nachdenken, vernünftig denken, Platon, Descartes und Hegel kennen, sich zur Strenge der Begriffe zwingen, tut wohl. Ob er andere nun daran teilhaben läßt oder nicht, der Berufsphilosoph findet Vergnügen an der Disziplin, die er sich auferlegt, und das entschädigt ihn für die Mühe, die er sich bei der Arbeit macht. Aber die anderen? Jene, die schon lange nicht mehr wissen, wie man an einem Text arbeitet? Jene, die es nie oder noch nicht gelernt haben? Ihnen muß man den Anstoß geben, der sie veranlaßt, sich zu engagieren. Und die Unsicherheit, die jeden Sonntag dadurch entsteht, daß das Thema nicht im voraus bekannt ist, sorgt mit Sicherheit für Vergnügen, da sie eine gewisse Spannung erzeugt, wie vor einem Examen (dessen »Thema«

man im Prinzip ebenfalls nichts kennt), während man gleichzeitig genau weiß, daß man nicht »wirklich« eine Prüfung zu bestehen hat, und zumindest weiß, daß man nicht von den anderen isoliert und auf sich allein gestellt ist, um die vorgegebene Aufgabe zu lösen, sondern auf die anderen zählen kann.

Außerdem, und das ist das Wesentliche, lassen sich alle Themen philosophisch behandeln. Die Philosophie hängt nicht von Themen ab. Sie ist weder ein »Stoff«, der gelehrt, noch ein Acker, der bestellt werden muß, sondern eine Geisteshaltung, eine Art und Weise, den eigenen Verstand zu gebrauchen. Der Philosoph hat keinen ihm eigenen Gegenstand. Er geht von Gemeinplätzen aus, von den Allerweltsmeinungen, den herrschenden Ideologien, den religiösen Offenbarungen, den Antworten der Wissenschaft, um sie der Prüfung zu unterziehen. Folglich ist alles Gegenstand seiner Reflexion. Philosophieren heißt, das, was bereits als Antwort vorliegt und in Wirklichkeit nicht taugt, in Frage zu stellen. Und es wimmelt von Antworten, die einander widersprechen. Der Philosoph versucht, sich darüber klar zu werden, Ordnung in diesen Wirrwar zu bringen, die Vernunft entscheiden zu lassen.

Die sonntägliche Debatte veranschaulicht diese Universalität. Daß das »Thema« unerwartet ist, bedeutet, daß die Philosophie genaugenommen »bei jeder Gelegenheit« betrieben werden kann und daher jedem vernunftbegabten Individuum offensteht. Das Risiko, daß es ihr an Ernst mangeln könnte, ist nur die Kehrseite dieser grenzenlosen Offenheit. Der Philosoph muß es eingehen. Ihm fällt die Aufgabe zu, ihm nicht zu erliegen.

4. April 1992. An jenem Morgen schickte ich mich wie jeden Sonntag an, auf der Terrasse einen Kaffee zu trinken, bevor ich eine neue Debatte in Gang brachte. Ich liebe diesen Augenblick der Einsamkeit, der Oper gegenüber, im gedämpften Lärm des noch schläfrigen Platzes. Auch bei schlechtem Wetter setze ich mich gern an einen Tisch und koste die verrinnenden Augenblikke aus, wie ein Kind vor Schulbeginn ... Nun waren an jenem Morgen aber schon alle im Saal: die Tische waren schon aufgestellt; das Café des Phares war schon ziemlich voll! Ich hatte einfach vergessen, daß in der Nacht die Sommerzeit begonnen hat-

te. Ich kam also zu spät. Ich war ganz einfach »verschoben«. Damit stand das Thema fest...

Ich hatte meine Uhr nicht wie die anderen auf die richtige, die offizielle Uhrzeit gestellt. Ich mußte Abbitte leisten und zugeben, daß es geboten war, über diese *Verschiebung* zu sprechen. War dies nicht ein seltsames Phänomen? Zwar fühlt man sich oft in bezug auf seine Umgebung, auf andere, auf seine Verpflichtungen »verschoben«; aber wie ist das möglich, wenn die Zeit für alle dieselbe ist? Soll man das Gegenteil vermuten und annehmen, daß jeder in seiner eigenen Zeit lebt? Wie aber kommt es dann, daß man für gewöhnlich in der Zeit der anderen lebt und nicht immer »verschoben« ist? Und wenn die Zeit von jedem Einzelnen abhängt, welche Grenzen sind diesem »Einzelnen« gesteckt? Denn normalerweise bin ich in bezug auf mich selbst verschoben: wieviel von mir ist in mir? Wenn ich doppelt bin, läuft dann mein Leben in zwei verschiedenen Zeiten ab? Und wenn es mich nun dreifach gibt, in drei Zeiten? Wie viele Zeiten gibt es außerhalb von uns und wie viele in uns? Ist diese Pluralität, sollte es sie tatsächlich geben, eine gute oder eine schlechte Sache? Müßte ich mich für meine Zerstreutheit nicht entschuldigen? Konnte etwas, was in diesem Fall keine ernsten Folgen hatte, unter anderen Umständen dramatisch werden? Kommt es meist nicht darauf an, pünktlich zu sein?

Wahrscheinlich um die verlorene Zeit aufzuholen, wurde von einigen der hellwachen Anwesenden sofort eine radikale Lösung vorgeschlagen: Da es eine Verschiebung nur in der Zeit geben kann, kann es sie nur dann geben, wenn die Zeit existiert, sagten sie; nun ist die Zeit aber lediglich eine subjektive Größe des Bewußtseins (wie Kant gezeigt hat): in Wirklichkeit, d. h. in den Dingen selbst existiert sie nicht (seit Einstein zweifelt die Wissenschaft nicht mehr daran, und Planck hat es nachgewiesen); also gibt es keine Verschiebung. Damit war ich von vornherein freigesprochen – und zwar dank einer »harten Wissenschaft«, mehr noch, dank der ausgeklügeltsten wissenschaftlichen Disziplin: der Quantenphysik! Leider konnte ich mich nicht so billig aus der Affäre ziehen. Zum einen, weil nicht jedermann – vor allem nicht sonntags zu so früher Stunde – in der Lage war, die

Virtuosität dieses Arguments angemessen zu goutieren, und weil unser gemeiner Verstand, durch Einsteins Theorien über die Raumzeit schon einigermaßen verwirrt, rasch den Boden unter den Füßen verliert, sobald man versucht, ihm die Ideen von Max Planck zu erschließen; und zum anderen, weil die Zeit, auch wenn sie in der Realität selbst nicht existiert, doch für uns existiert. Nun war ich aber an jenem Tag nicht mit der Realität an sich verabredet, sondern mit Menschen, mit Leuten wie ich, die den Eindruck hatten, in der Zeit zu leben, und die alle meine Verspätung bemerkt hatten, da sie sich zur selben Zeit am selben Ort befanden. Die »Verschiebung« war also, und sei es als subjektives Phänomen, ein unumgängliches Faktum, und deshalb blieb meine Gedankenlosigkeit ein Fehler, für den ich hier sicherlich würde büßen müssen.

Was ist eine Verschiebung? Ein Faktum, zugegeben, aber ist dieses Faktum häufig oder selten, belanglos oder wichtig? Betrifft es nur die Menschen, oder ist es universell? Und soll man es bekämpfen oder pflegen? Wenn man Epikur glauben soll, entstand die Welt aus der leichten Verschiebung eines einzigen Atoms; während nämlich alle Atome seit jeher ganz gerade herabfielen, genügte es, daß eines Tages ein Atom schräg zu fallen begann (die Deklination), um unzählige Zusammenstöße mit den anderen Atomen herbeizuführen und die Welt, wie wir sie kennen, entstehen zu lassen. Das führt uns zumindest zu der Frage, ob die Verschiebung nicht sehr viel wichtiger – und fruchtbarer – ist, als es den Anschein hat. Wie aber läßt sich Epikurs schöne Geschichte verifizieren?

Zunächst einmal müßte man über das, was sich in unserer Reichweite befindet, Einvernehmen erzielen. Ich stoße diese Tasse hier auf dem Tisch weg: verschiebe ich sie oder verrücke ich sie? Ich verschiebe sie, sofern sie Teil einer Anordnung ist, aus der ich sie ausschließe, wenn ich sie verrücke. Aber wenn sie allein auf dem Tisch steht? Ich stelle sie an einen anderen Platz, ohne daß dies irgend etwas durcheinanderbringt. Ich »verrükke« sie, ohne sie zu verschieben. Nichts verbietet mir, das zu tun, nichts weist mich darauf hin, daß ich damit etwas in Unordnung bringe: der Platz, an dem sie stand, war völlig unerheblich, und ich kann die Operation unendlich oft wiederholen, ohne damit der Ordnung des Tisches etwas wegzunehmen oder hinzuzufügen. Freilich bleibt das Verb »verrücken« *(déplacer)* hier suspekt: indem ich die Tasse bewege, vollziehe ich eine Handlung, die nicht nur Platz, sondern auch Zeit braucht; das Verb »verschieben« *(décaler)* hat den Vorteil, daß es dem Raum kein Vorrecht vor der Zeit einräumt, und wäre in dieser Hinsicht angemessener.

Die sprachliche Unschlüssigkeit hat ihr Gutes: wenn wir nun Tassen wären? Die Tasse hat keinen vorherbestimmten Platz auf dem Tisch; und wir, haben wir einen vorherbestimmten Platz im Leben? Wir können an einen anderen Platz gestellt, abgedrängt, verschoben werden, aber steht das von vornherein fest? Gibt es eine Ordnung, die die Plätze der Menschen festlegt und uns den unsrigen zuweist, oder fällt es im Gegenteil uns zu, unseren Platz selbst zu bestimmen? Sind wir nicht Tassen, die ihr Schicksal selbst in die Hand nehmen müssen, im Gegensatz zu den armen Tassen in diesem Café? Sollte man uns eine Anordnung aufzwingen, die uns nicht behagt, können wir sie dann nicht zerstören oder zumindest unterlaufen? Es sei denn, wir möchten manipuliert werden, den anderen dienen und warten nur darauf, in die Spülmaschine zu kommen? Die Verschiebung kann also als Symbol der Freiheit dienen, über die wir verfügen, um unser eigenes Schicksal zu gestalten in einer Welt, in der nichts unabänderlich ist und der Platz jedes Einzelnen nicht von vornherein auf dem großen Schachbrett des Lebens festgelegt ist.

Außerdem könnte dies eine große Quelle der Freude sein. Wenn ich zwei Tassen aufeinanderstelle, besteht kaum Aussicht, daß sie in Ekstase geraten: ihre regungslosen Lippen mögen sich noch so stark berühren, sie lassen es dabei bewenden. Umschlingen sich dagegen zwei menschliche Körper, dann erzeugt das Hin und Her ihrer Berührungen eine ständig wachsende Spannung, die schließlich in der Lust kulminiert. Aber resultiert diese Lust nicht gerade aus der Verschiebung? Das Vorspiel, die höchste Erregung der Lust und schließlich ihre Befriedigung: Setzt das alles nicht eine Reihe von Reibungen voraus, bei denen es darauf ankommt, daß die beiden Körper nicht exakt aneinanderkleben, sondern im Gegenteil leicht verschoben sind – zeitlich wie räumlich –, damit der »richtige Abstand« entsteht? Kurz, die Verschiebung zeigt sich als das Mittel schlechthin, das Begehren in Lust zu verwandeln. Ist sie somit nicht das Wichtigste im Leben?

Diese Feststellung hat den Nachteil, daß sie das Vorhergehende kompromittiert. Wenn sich nämlich die Verschiebung letztlich als das Gesetz der sinnlichen Lust darstellt, dann handelt es sich genau um ein Gesetz. Doch bisher meinten wir, daß die Verschiebung für das Fehlen einer transzendenten Ordnung sprach, der wir gehorchen müßten, um unser Menschsein zu erfüllen: So wie nichts diese Tasse hier dazu prädestinierte, eher hier als dort zu sein, so wird dem Individuum, so sagten wir, nicht dieser oder jener Platz aufgezwungen, vielmehr muß es sein Schicksal selber schmieden. Wenn nun aber die Verschiebung die Voraussetzung der Lust ist, dann wird sie zu einem äußeren Zwang und nicht zum Symbol der Freiheit; zu einem Gesetz, dem sich jeder unterwerfen muß, der seine Lage nicht nur akzeptieren, sondern auch genießen will.

An diesem Beispiel sieht man, daß die Improvisation nicht Bequemlichkeit bedeutet. Zum einen natürlich, weil eine solche Übung für diejenigen, die zu »lehren« gewohnt sind, nicht »natürlich« ist, da sie dafür geschult wurden, ihr Wissen oder ihre Gedanken zu vermitteln, und die darüber entscheiden, was sie behandeln. Wie jeder Lehrende zwingt der Philosophieprofessor seinen Zuhörern sein eigenes Thema auf. Nur selten entgleitet ihm seine Vorlesung. Auf diese Weise hat er sich als Pädagoge aufgebaut, genau deswegen wird er beauftragt, genau das wird von ihm verlangt – und genau das tut er auch. Bittet man ihn, aus dem Stegreif einen Begriff, der nicht auf dem Programm steht, zu vertiefen, ihn hier und jetzt, spontan und unvorbereitet auszuloten, so ist er schlicht überfordert: unwillkürlich entzieht er sich, um nicht in »Stammtischgeschwätz« zu verfallen, es sei denn, er ist geistig noch rege genug, um auf das Spiel einzugehen. Da er weder seinem analytischen Vermögen noch seiner Fähigkeit vertraut, all seinen Vorrat an Quellen parat zu haben, wird der normale Professor darum bitten – nachdenken zu dürfen.

Denn jemand, der die Debatte über ein »Thema« zuläßt, auf das er sich nicht vorbereitet hat, geht das Risiko ein, ins Unrecht gesetzt zu werden. Unversehens kann er von jemandem in die Enge getrieben werden oder sich auf ein Terrain wagen, das er nicht kennt. Und so kann er in eine Falle gehen, in eine Sackgasse geraten, zur Umkehr genötigt werden, sich in Widersprüche verwickeln, kurzum, sich in der Lage eines normalen Sterblichen befinden.

Zugegeben, diese Schwierigkeit ist psychologischer, ja ontologischer Art, und die improvisierte Debatte als solche garantiert nicht, daß die Philosophie mit dem erforderlichen Ernst und der nötigen Sachkunde betrieben wird. Doch gerade in diesem Punkt halte ich das Experiment im Café des Phares für besonders aufschlußreich. Ich behaupte nicht, daß diese Form des Austauschs es erlaubt, fortwährend die Gipfel der metaphysischen Spekulation zu erklimmen; ich wehre mich nur gegen die gegenteilige Behauptung, die von vornherein jede Möglichkeit ausschließt, ein Thema ohne vorherige »Arbeit« an diesem Thema zu vertiefen.

In Wirklichkeit ist jemand, der sich »Laien« zur Verfügung stellt, um ein Thema ihrer Wahl zu erörtern, in einer guten Position. Hinsichtlich seines Berufs als »Lehrender« befindet er sich natürlich in einer mißlichen Lage, dafür aber auf einer Stufe mit all denjenigen, denen in der Stadt – außerhalb der Stätte, wo die Lehre erteilt wird – irgendeine Behauptung, eine Verneinung, eine Ansicht, eine Überzeugung, ein Glaube keine Ruhe läßt, mit all denen, die ein Freund, ein Feind, ein Kollege, ein Geliebter, ein Verwandter, ein Ereignis, eine Information, eine Lektüre nachdenklich macht. Das ist die normale Situation des Nachdenkens! Im allgemeinen wählen wir uns die Themen, über die wir nachdenken, nicht aus: sie werden uns vom Leben, vom Zeitgeschehen, von unseren Angehörigen aufgenötigt. Oft quälen sie uns, ohne daß wir es wissen. In dieser Hinsicht ist die Position des Lehrenden nicht natürlich. Er ist es, der schief liegt und in bezug auf die Realität *verschoben* ist. Seine »Natur« ist nicht natürlich. Sie ist eine zweite Natur. Eine Gewohnheit, eine zweite Haut, ein Kunstgriff, der zwar notwendig, aber dennoch ein Kunstgriff ist, wenn nicht gar eine Verkleidung, die es ihm erlaubt, nicht mündig zu werden. Im Café bin ich wie jedermann: die nachdenkenswerten Themen dringen von außen auf mich ein, werden mir gewissermaßen aufgedrängt, wie sie sich den anderen in ihrem Alltag aufdrängen.

Eine merkwürdige Prüfung! Nehmen wir zum Beispiel die »Einmischung«. Kein Wunder, daß dieses Thema im April 1993 vorgeschlagen wurde, als in den Medien von Somalia die Rede war und einige die humanitäre Pflicht zur Einmischung in Betracht zogen. Wie es ablehnen, darüber nachzudenken? Wie leugnen, daß der Philosoph wie jedermann dazu gezwungen ist? Und warum nicht laut, in aller Öffentlichkeit, das heißt gemeinsam darüber nachdenken? Wenn die Wörter sprechen könnten, dann würde uns das Wort »Einmischung« in diesem Fall sicherlich sagen, wie unglücklich es ist. Man mag es nicht. Seit es existiert, schmollt man mit ihm, es sei denn, man benutzt es, um auf negative Weise irgend etwas Verdammenswertes zu bezeichnen. Wenn jemand seine Nase in fremde Angelegenheiten steckt, ohne dazu aufgefordert zu sein, oder wenn ein Land in das politische Leben eines anderen Landes eingreift, fällt dieses Wort und reicht aus, das, wovon man spricht, zu diskreditieren.

Selten hat man Gelegenheit, das Los dieses armen Wortes zu bemitleiden, so unantastbar – und einträglich – scheint das Prinzip zu sein, auf dem es beruht. Denn es geht um die Achtung jedes Menschen gegenüber jedem: jedes volljährige Individuum verfügt im Rahmen der Gesetze über Meinungs- und Handlungsfreiheit, und jede Nation ist souverän. Man kann auf dieses Prinzip nicht verzichten, ohne die Grundlagen der Demokratie, ja der Zivilisation aufs Spiel zu setzen.

Dennoch fordern uns viele Situationen dazu auf, dieses Grundprinzip zu verletzen. Kann man zum Beispiel passiv bleiben, wenn in der U-Bahn ein Mann eine Frau tätlich angreift oder wenn eine Regierung ihr Volk tyrannisiert? Gibt es nicht ein höheres moralisches Prinzip, das uns einzugreifen befiehlt? Müssen wir nicht alles tun, ihnen aus dieser gefährlichen Situation herauszuhelfen, auch wenn uns die Opfer nicht ausdrücklich darum ersuchen?

Es könnte sein, daß dieses unglückliche Wort unser Unbehagen ausdrückt, in einem »Rechtsstaat« zu leben. Allerdings darf man, will man dieses Unbehagen richtig einschätzen, die Idee der Einmischung nicht falsch bewerten. Es handelt sich dabei um einen ganz neuen Begriff, der erst seit kurzem Bedeutung gewonnen hat. Solange die menschliche Gattung nur eine räuberische Gattung unter anderen ist, aufgeteilt in Myriaden von Horden, Dörfern, Clans, Ethnien, die sich unaufhörlich gegenseitig ausplündern, hat dieses Wort keinen Sinn: hier gibt es Krieg, Eroberung, Kolonisierung, Unterdrückung und andere Äußerungen der natürlichen Güte des Menschen – aber keine »Einmischung«.

Damit von Einmischung die Rede sein kann, muß die Gruppierung, die der anderen diesen Vorwurf macht, sich auf die Gleichheit ihres Status berufen können. Jede Art von Hierarchie unter ihnen muß verschwunden sein. In der Antike konnte man erst mit der Geburt der griechischen Demokratie diese leider so ephemäre Möglichkeit heraufdämmern sehen. In der modernen Welt bedurfte es dazu des Zerfalls des Heiligen Römischen Reichs deutscher Nation: erst die Entstehung der »Nationen« lieferte den Rahmen, innerhalb dessen jedes »Individuum« seine »Angelegenheiten« selbst regelte, nachdem es von der Vormundschaft seines Grundherrn und seines Pfarrers befreit war. Und es bedurfte mehrerer Jahrhunderte, bis Europa und danach die ganze Welt nach diesem Modell organisiert waren, wie es die Philosophen der Aufklärung empfahlen.

Im übrigen ist nicht gewiß, daß sich dieses Modell überall durchgesetzt hat. Was also kann bedenklicher sein, als das Wort »Einmischung« zu verwenden? Was für ein Individuum oder eine Nation das »Interventionsrecht« begründen mag – die Wahrung der eigenen Interessen außerhalb seiner Grenzen -, nimmt dem Ausdruck »Recht auf Einmischung« noch lange nicht seine Absurdität; sich einmischen heißt, dort einzudringen, wo man kein Recht dazu hat; das Recht, sich einzumischen, wäre demnach das Recht, kein Recht dazu zu haben. Auch um die »Pflicht« zur Einmischung ist es nicht besser bestellt, da man sich auf sie beruft, um dort einzugreifen, wo der Rahmen der modernen Zivilisation noch nicht oder nicht mehr gilt, folglich dort, wo sie gegenstandslos ist.

Zuhören und in Frage stellen

Diese Debatte im Café, eine harte Prüfung für den Philosophen, ist auch ein Test für die Philosophie: ein Experiment, das es ermöglicht herauszufinden, ob die Philosophie der Sache dient, der zu dienen sie behauptet. Sie behauptet, ihre Anhänger über die Vorurteile hinwegzuheben. Abgesehen von der persönlichen Herausforderung, der sich der Philosoph verpflichtet fühlt, ist es für ihn die Gelegenheit, den Beweis dafür anzutreten, daß seine Disziplin etwas taugt und daß man ihr folgen sollte, statt sich mit den herrschenden Meinungen zu begnügen. Mit den Sorgen aller befaßt, muß die philosophische Methode beweisen, daß sie die *doxa,* die Meinung, sei sie nun öffentlich oder nicht und mit allen Trümpfen der Ethik ausgestattet, tatsächlich zu überwinden vermag.

Das heißt nicht, daß sich die Philosophie ständig in der Defensive befindet, daß sie auf jede Anmaßung einer Oberhoheit über die Geister immer reagieren muß. Im Gegenteil! Philosophieren heißt zuallererst zuhören. Der Philosoph ist nicht jemand, der auf alle Fragen eine Antwort hat, sondern jemand, den die bereits erteilten und vorherrschenden Antworten beschäftigen. Jemand, der prüft, der, was als Lösung gilt, erneut in Frage stellt. Wenn er seine Kunst wirklich ausübt, muß er auf alles horchen, was gesagt wird. Daher kann ihn eigentlich nichts unvorbereitet treffen. Er zieht in Zweifel, was offenkundig und unanfechtbar zu sein scheint oder was sich als leistungsfähiger erweist oder vorgibt, der herrschenden Meinung überlegen zu sein. Selbst wenn er von den Ereignissen überrollt wird und dem Druck der Medien ausgesetzt ist, kann er ohne große Mühe den Gedankenaustausch wieder zu Ehren bringen, da er jedenfalls nicht behauptet, im Besitz der Wahrheit zu sein. Er schwört auf nichts. Er kennt keine Gewißheit. Oder er will provozieren und nimmt die Herausforderung an. Und so kam es, daß selbst dann, wenn ich mich in der Falle meiner Zerstreutheit verfing (wie beim Thema der »Verschiebung«) oder mit einer dringenden Frage konfrontiert war (wie beim Thema der »Einmischung«) und somit Gefahr lief, eine jämmerliche Figur abzugeben, daß selbst dann die Beiträge der »anderen«, all derer, die an der Debatte teilnahmen, es mir ermöglichten, mich in der richtigen Position wiederzufinden. Denn die richtige Position des Philosophen besteht nicht darin, etwas zu behaupten, sondern Fragen zu stellen.

Es erweist sich, daß zu allen Themen viele Leute viel zu sagen haben. Im Café mehr als anderswo. Es ist also ein idealer Ort, um die verbreitetsten und verschiedenartigsten Meinungen dem Urteil der Vernunft zu unterziehen; indem ich sie zur Sprache bringe, begebe ich mich in die adäquate Position. Und dies ist unbedingt erforderlich, wenn die Reflexion über den Glauben siegen soll. Philosophieren heißt Abstand nehmen von dem, was getan oder gesagt wird. Für den Philosophen ist es also sehr viel *natürlicher,* als zweiter und nicht als erster einzugreifen. Sein Eingreifen setzt voraus, daß etwas bereits gesagt und getan worden ist. Und daher achte ich darauf, daß jene, die ein Thema vorschlagen, auch als erste darüber sprechen, und wenn sie wenig zu sagen haben, wende ich mich an andere Befürworter dieses Themas. Denn bei jedem Thema gibt es zumindest einen Aspekt, der erörtert zu werden verdient, folglich müssen alle, die ihn vertreten, zu Wort kommen. Oft ergeben sich die Schwierigkeiten ganz von selbst, da sich die verschiedenen Redner unweigerlich in die Haare geraten. Dann ist es an mir, diese Gegensätze zu verdeutlichen, die Anwesenden darauf einzustimmen und sie aufzufordern, eine Lösung zu finden, oder aber einzuräumen, daß es sich hier um einen im Rahmen unserer Diskussion unlösbaren Widerspruch handelt.

Zur Veranschaulichung einige Beispiele.

Debatte vom 9. Mai 1993: »Treffe ich selbst eine Entscheidung oder wird sie für mich getroffen?«

Eine gute Frage. Es könnte nämlich sein, daß ich mich täusche, wenn ich glaube, eine Entscheidung zu treffen. Entscheiden heißt ja gemeinhin, zwischen mehreren Handlungsmöglichkeiten zu wählen, und zwar in Kenntnis der Sachlage, d. h. daß man gute Gründe dafür hat: man beschließt, wählen (oder angeln) zu gehen, zu heiraten (oder nicht), ein Kind zu haben (oder nicht), zu töten (oder sich zurückzuhalten). Was aber garantiert uns, daß die Entscheidung nicht bereits getroffen wurde, noch bevor wir sie bewußt treffen? Ist sie nicht vielmehr das Ergebnis unserer Eingebung, unserer Wünsche, unserer Triebe, unserer Instinkte, wie schon Freud meinte? Werden wir in Wirklichkeit nicht von unseren Entscheidungen getroffen? Die Autonomie der Entscheidung ist um so problematischer, als wir von Kindesbeinen an von einer Fülle äußerer Kräfte bedrängt werden: von unserem Platz in der Familie, unserer Erziehung, unserer gemeinsamen Geschichte. Wie können wir behaupten, nach unserem freien Willen zu handeln, wenn wir uns entscheiden? Fügen wir noch dunklere Mächte hinzu, die, unter verschiedenen Namen wie »Zufall«, »Verhängnis«, »göttlicher Wille«, ohne unser Wissen den Lauf unseres Schicksals beeinflussen können! Was bleibt dann letztlich von jener Fähigkeit, aus eigenem Antrieb zu entscheiden?

Sartre würde hier protestieren. Und er hätte völlig recht: es ist nämlich wichtig, daß unser freie Wille keine Täuschung ist, wenn wir nicht der Verantwortungslosigkeit, dem Aberglauben und der Animalität verfallen wollen. Doch worin besteht diese kostbare Fähigkeit? Gibt es in uns einen Schiedsrichter, der im Aufeinanderprallen der Kräfte innerhalb und außerhalb von uns Vernunft bewahrt? Die größten Namen der christlichen Tradition bestreiten es: Paulus, Augustinus, Luther leugnen den freien Willen, da sich alle ihre Bemühungen, den Trieben, insbesondere den sexuellen, zu widerstehen, ohne die Hilfe der göttlichen »Gnade« als vergeblich erwiesen hätten. Was die griechische Tradition betrifft, so vermitteln ihre Dichter die Überzeugung, daß der Mensch nichts gegen das Schicksal vermag, das die Götter und die Moiren ihm bereiten.

Wir werden die Frage also nicht so schnell lösen können: zuvor gilt es, sich an diesen alten Vorstellungen zu messen. Nichts anderes heißt philosophieren. Auch wenn wir dabei von tierischen Trieben oder dem Druck der Transzendenz bestimmt werden, wollen wir zumindest diese Entscheidung treffen!

Debatte vom 5. Mai: »Hat man das Recht, die Evidenz zu leugnen?«

»Eppur si muove!« soll Galilei nach seinem ersten Prozeß gesagt haben: »Und sie bewegt sich doch!«

Er meinte die Erde und ihre Bewegung – ihre Bewegungen – im Raum. Auf eindringliches Ersuchen der römischen Kurie hatte er gerade der heliozentrischen Lehre abgeschworen, der zufolge die Erde nicht der Mittelpunkt der Welt, sondern ein Planet wie die anderen ist, der sich täglich um seine Achse und jährlich um die Sonne dreht.

Galilei leugnete die Evidenz. Evident ist, daß die Erde sich nicht dreht. Lassen wir die biblischen Texte beiseite, auf die sich die Inquisition unversöhnlich berief (wie könnten sie uns täuschen, da sie von Gott selbst offenbart wurden?). Bleibt die unstreitige Erfahrung jedes Sterblichen: wir *sehen* nicht, daß die Erde sich bewegt. In den Fußstapfen von Kopernikus mußte Galilei also nicht nur dem Wort Gottes entgegentreten, sondern auch der *Evidenz.* Er mußte dem unmittelbaren Zeugnis der Sinne entgegentreten, insbesondere dem bevorzugten Sinn der Menschen, dem Gesichtssinn. Er mußte leugnen, was jedermann sieht, nämlich daß die Sonne sich bewegt, wie die anderen Sterne, und daß die Erde stillsteht.

Doch so einfach ist die Sache nicht! Auch wenn man bisweilen die Evidenz leugnen muß, um die Unwissenheit zu überwinden, ist dieses Recht (das eine Pflicht sein kann) denn absolut? Muß man den Augenschein immer leugnen? Wenn ich der Tradition mißtrauen soll, muß ich dann leugnen, daß 2 und 2 gleich 4 ist? Wenn ich das Zeugnis der Augen verwerfen soll, kann ich dann leugnen, daß ich in diesem Augenblick vor einem Fenster, das auf einen Hof geht, sitze und arbeite? Im ersten Fall würde es mir unmöglich werden, mich mit meinesgleichen auch nur über die kleinste Berechnung zu einigen; im zweiten würde ich mich des Vergnügens ihrer Gesellschaft nicht lange erfreuen, wenn ich, der ich im sechsten Stock wohne, Lust bekäme zu erklären, mein Fenster sei eine Tür...

Und auch wenn ich jede Tätigkeit und jede Bewegung einstelle und an allem zweifeln wollte, so gelänge es mir doch nicht, an der Tatsache zu zweifeln, daß ich zweifle. Dies ist eine wahrhaft unzweifelhafte Evidenz. Ich kann nicht daran zweifeln, daß ich zweifle, zumindest nicht in dem Augenblick, da ich zweifle. Schon seit langem fordert Descartes uns in seinen *Meditationen* auf, diese Erfahrung zu machen: es ist die Entdeckung des *cogito*. Was der Evidenz ihren einfachsten und stärksten Sinn zurückgibt: evident ist, was nicht geleugnet werden kann.

In Wahrheit steckt etwas davon sogar in der Erfahrung der Täuschung selbst. Wenn ich sehe, daß die Sonne untergeht, mag ich zwar genau wissen, daß die Drehung der Erde mir diesen Eindruck vermittelt, aber ich kann nicht verhindern, daß ich sie untergehen sehe. Jeder befindet sich in der gleichen Lage: auch Descartes und Galilei sahen nicht mit eigenen Augen, was sie wußten, nämlich daß die Erde sich dreht.

Das heißt, daß wir mit unseren Mühen noch nicht am Ende sind. Gewiß, man muß die Evidenz leugnen können, um zur Wahrheit zu gelangen, aber man kann diese Maxime nicht zur absoluten Forderung erheben. In der Erfahrung erweist sich das als unmöglich: ich kann nicht leugnen, daß ich sehe, was ich sehe. Logisch wäre dies zudem ein Widerspruch in sich: ich kann nicht leugnen, was sich nicht leugnen läßt. Und überdies würde das jedem böswilligen Dummkopf erlauben, steif und fest zu bestreiten, daß die Erde sich bewegt.

Debatte vom 30 Mai: »Gibt es eine Pflicht zur Wut?«

Nichts ist scheinbar weniger moralisch als ein wütender Mensch. Er handelt blindlings und läßt seiner Gewalt freien Lauf. Noch deutlicher wird dies, wenn es sich um eine Menschenmenge handelt: wenn sie in Wut gerät, vergißt sie jeden Begriff von Gut und Böse und entfesselt sich bis zur Bestialität, die gewöhnlich im Menschen *schlummert*. Es scheint also nicht in Frage zu kommen, die Wut zu einer »Pflicht« zu erklären. Zumal die Wut eine Leidenschaft ist: nichts vermag sie zu zügeln. Ich werde wütend, weil etwas mich außer mir geraten läßt. Descartes würde sagen, dies spiele sich im Körper ab und nicht im Geist. Die Leidenschaften zeugen davon, daß wir zum Tierreich gehören: in Wut zu sein hat buchstäblich nichts Menschliches und kann daher kein moralisches Gebot werden.

Bleibt die Frage, was aus uns würde, wenn es uns gelänge, unsere Wutanfälle systematisch zu beherrschen. Höchstwahrscheinlich verdienten wir dann den Namen Mensch nicht mehr. Seine Wut unterdrücken, wenn Ungerechtigkeit um sich greift, wenn die Dummheit herrscht, wenn das Absurde sich durchsetzt, hieße, die Toleranz auf die Spitze zu treiben: im Namen der Selbstbeherrschung riskiert man, ein Feigling oder ein Krüppel zu werden. Dann ist nicht derjenige »blind«, der seinem Zorn freien Lauf läßt – auf die Gefahr hin, schlecht zu handeln, grausam und unmoralisch zu sein –, sondern derjenige, der ihn zurückhält.

Debatte vom 20. Juni: »Woran erkennt man den Schatten eines Zweifels?«

Die Geschworenen eines Prozesses haben häufig nicht den Schatten eines Zweifels: der Angeklagte wird für schuldig erklärt ... Wie oft wurde dieses Urteil schon gefällt? Wie oft fällt man es täglich? Um nur die demokratischen Nationen zu nennen, wo der Angeklagte sich verteidigen kann: Was ist normaler, als jemanden zu verurteilen, den die Last der Beweise erdrückt? Ob er nun nur wegen Veruntreuung oder wegen eines Verbrechens angeklagt ist, das Urteil wird gefällt, wenn die Beweise dafür vorliegen.

Ebenso häufig aber taucht der Zweifel auf. Nicht jeder Angeklagte ist schuldig: die äußeren Umstände können ihm einen bösen Streich gespielt haben; in diesem Fall wird ein gewöhnlicher Anwalt die Sache schnell klären. Aber auch ein tatsächlich schuldiger Angeklagter kann im Zweifel freigesprochen werden, wenn die Sache komplex, die Beweislage heikel und der Anwalt hervorragend ist. Dann spricht der Zweifel für den Angeklagten. Im Zweifel müssen die Geschworenen den Schuldigen für unschuldig erklären.

Die Frage stellt uns also vor ein juristisches Problem. Doch handelt es sich lediglich um eine Frage für Juristen? Man darf es bezweifeln. Drei bis vier Jahrhunderte haben ausgereicht, daß die Fabel von Adam und Eva in den Augen der Römer zum überzeugendsten Beweis für die Schuld des Menschen wurde. Das

Christentum machte so große Fortschritte, daß seine Sündenlehre sich durchsetzte und die Sache feststand: die menschliche Natur galt als böse, das »Fleisch« als Quelle aller Sünden und das Unglück, das über die Völker des Abendlands hereinbrach, als Sühne. Erst in der Renaissance wurde die Akte erneut geöffnet: es kamen Zweifel an der Schuld auf, und die Untersuchung wurde ernsthaft wieder aufgenommen. Seither haben sich so viele Philosophen der Aufklärung für den Menschen ausgesprochen, daß seine Unschuld bald offen zutage lag: »Die Menschheit ist nicht schuldig!« haben also auch wir gerufen. Aber es schwebt ein so bedenklicher Schatten über unserem Planeten, daß wir noch heute unsere »Sündlosigkeit« beweisen müssen …

Welche Zukunft haben diese Debatten? Handelt es sich um eine flüchtige, räumlich wie zeitlich begrenzte Erscheinung? Hundert, hundertzwanzig oder hundertfünfzig Personen ist viel für ein Café. Absolut gesehen ist es recht wenig verglichen mit den Messen von Notre-Dame oder den Popkonzerten in Bercy. Im übrigen locken jeder beliebige Gottesdienst und das kleinste Vorstadtkonzert unvergleichlich mehr Leute an als die Philosophie im Café des Phares.

Daher zögern bestimmte Journalisten nicht, das Phänomen zu den amüsanten Neuigkeiten zu rechnen, ohne es gegenüber denen, die das Bedürfnis haben, sich dorthin zu begeben, an Ironie fehlen zu lassen. »*Marc Sautet hat eine Mode kreiert: die Kleinhirngymnastik*«, las man.[3] »*Nach dem Sport auf dem Trottoir, der Liebe im Boudoir ist jetzt die Zeit der Philosophie an der Theke gekommen*«, hieß es in einem Artikel über den »Sokrates des Kunstleders«. »*Was ist von diesen unauffälligen Versammlungen zu halten?*« las man unter der Rubrik »Mode« in einer Wochenschrift.[4] »*Zeugen sie von einer Revanche der Geisteswissenschaften, einer Art durchdachtem Gegengift gegen den Konsum der Einschaltquoten* [sic]*? Oder sind es modische Cliquen für irregeleitete Privilegierte? Oder, noch trauriger, eine schmerzlose Gruppentherapie auf der Couch?*« Als die Journalisten dann Initiativen erwähnten, die »*dieser wöchentlichen philosophischen Plauderei*« ähneln, wie die in der Taverne de la Victoire in Straßburg, schienen sie zu zögern: »*Sicherlich ein wenig von alledem.*« Am Ende entschieden sie sich, gleichsam verstohlen: »*Der Beginn der Selbstbedienungskultur. Sie bedarf keiner anderen Gebrauchsanleitung als der, die ihr die eigenen Existenzfragen diktieren. Sehr bequem.*«

Als wäre das gemeinsame Nachdenken über die Geschicke unserer Zivilisation ein Verbrechen gegen die Kultur! Als wäre die Kultur nicht bereits ein Selbstbedienungsladen! Als wäre die

Plauderei in dieser Hinsicht etwas Neues! Was bedeutet, ins Theater, ins Kino oder ins Museum zu gehen, denn anderes, als eine Auswahl zu treffen in dem großen Angebot von Teilantworten, die gegeben werden, um dem Schicksal des Menschen einen Sinn zu verleihen? Sogar wenn die Menge zu Notre-Dame drängt, verläßt sie den Selbstbedienungsladen nicht, zumindest nicht seit dem Sieg der Aufklärung über den mittelalterlichen Obskurantismus. Und wenn sich Tausende von Fans in Bercy für ihren lebenden Gott begeistern, wenn sie glauben, sich der alten Welt zu entziehen, dann genau deshalb, weil sie sich selbst bedienen. Jede gewöhnliche Provinzmesse, jedes noch so bescheidene Konzert, jede Gruppentherapiesitzung, ja sogar jede Fernsehsendung gehört zur Selbstbedienungskultur: ob ich in einer Herde von Gläubigen, in einem Zug von Bacchantinnen, in einer kleinen Gruppe Eingeweihter aufgehe oder ob ich zu Hause meine kleine Pille schlucke, ob ich ins Café des Phares gehe oder ob ich mich damit begnüge, eine Illustrierte zu lesen – immer nutze ich die Kultur, die mir geboten wird, für meine Zwecke. Schon die Tatsache, daß ich ein Buch, und zwar das Buch meiner Wahl kaufe, setzt sich dieser bösartigen Kritik aus; denn wenn ich es kaufe, bediene ich mich selbst, je nach meinen augenblicklichen Bedürfnissen. Oder soll ich vom Verkäufer erwarten, daß er mir sagt, was ich kaufen soll? Was für eine Krämernostalgie hat die Worte gefunden, um darüber zu nörgeln, daß die Philosophie die Läden verläßt, wo sie bisher verkauft wurde?

Die Gesprächsteilnehmer im Café haben im allgemeinen den Wunsch, einen Standpunkt darzulegen, und sie wollen wissen, was er taugt. Meine Anwesenheit ist für sie eine Gelegenheit, ihre Meinung dem Feuer einer Kritik auszusetzen, die über die Hilfsmittel der philosophischen Tradition verfügt. Man traut mir zu, Überzeugungen zu testen, und ich tue mein Möglichstes, meiner Aufgabe gerecht zu werden. Diese Debatte stellt also ein Verfahren dar, durch das die Philosophie ihre ursprüngliche Funktion wiedererlangt: sie trägt dazu bei, die Widersprüche in der öffentlichen Meinung aufzudecken. Folglich könnten die Journalisten mehr gewinnen, wenn sie selbst in die Diskussion eingreifen würden, als wenn sie sie anschwärzen.

Zumal dieses Verfahren der Aufdeckung höchst spannend ist. Worum es geht, ist einfach, präzise, aber entscheidend: es handelt sich um die Frage, ob man der Vernunft noch immer oder nicht mehr vertrauen soll. Ob man noch immer oder nicht mehr auf die Demokratie setzen soll. Es bestehen Zweifel an unserer Fähigkeit, den verheißenen Wohlstand zu erreichen, und die Versuchung, aufzugeben, ist groß. Wie kann man hier von Mode sprechen? Auch ich stelle mir Fragen. Auch ich will wissen. Auch ich muß mir Gewißheit verschaffen. Und die »wöchentliche philosophische Plauderei« ermöglicht es mir. Offensichtlich hat die Resignation noch nicht die Oberhand gewonnen. Und gelegentlich, wenn sie Schleichwege nimmt, scheint es mir noch möglich, sie in Schach zu halten.

So beim Thema des *Spottes* und seiner nahezu einhelligen Verherrlichung. Zu meiner großen Verwunderung sahen die meisten der an jenem Tag Anwesenden im Spott ein ausgezeichnetes, wenn nicht das einzige Mittel, dem Trübsinn unserer Zeit zu entrinnen. Wenn man uns allerdings selbst beleidigt oder weh tut, möchten wir gern kalt bleiben, so tun, als sei nichts geschehen, und den Unverschämten mit Verachtung strafen. Allenfalls eine möglichst geistreiche Bemerkung machen, um ihn mit unserer Ironie zu vernichten, gleich jenem Stoiker der Antike: Während man ihm den Arm verdreht, weist er seinen Folterer darauf hin, daß sein Arm brechen werde – was auch passiert; da sagt er einfach: *»Ich hatte es dir ja gesagt!«*[5] Ohne allen Zweifel ist hier der Henker der Verlierer und das Opfer moralisch der Sieger: indem der Stoiker die Gewalt, die ihm angetan wird, verspottet, stärkt er unser Vertrauen in die Überlegenheit des Menschen über die Bestie. Der Spott samt seinen Sarkasmen und seinem sprudelnden Humor könnte also, wenn wir uns zu ihm bekennen würden, den Weg für die Herrschaft des Verstandes über die Dummheit freimachen.

Ungeachtet einer alten Liebe zu den Stoikern erlaubte ich mir, einige Vorbehalte zu äußern. Ich zweifelte keinen Augenblick daran, daß wir alle bereit wären, uns in Stücke reißen zu lassen, um den fetten Rohlingen in unserer Umgebung eine Lektion in höherer Menschlichkeit zu erteilen, aber ich wollte auf die Voraussetzungen jener Konfrontation zurückkommen. Wer sich des Spottes bedient, befindet sich in einer Position der Schwäche: das Kräfteverhältnis ist ihm – vorläufig oder langfristig – nicht günstig. Der oben erwähnte Philosoph war ein Sklave: sein Herr hatte Gewalt über Leben und Tod. Voltaire, ein Meister des Spottes, war Untertan des Königs von Frankreich und der Allgewalt der »infamen« katholischen Kirche ausgesetzt; Victor Hugo mußte fast zwanzig Jahre auf den Zusammenbruch des zweiten Kaiserreichs warten. Ob man will oder nicht, der Spott ist also die Waffe des Schwachen. Nicht, daß er keinen Mut verlangt, aber er ist eine Kampfform, die derjenige wählt, der einem anderen unterworfen ist.

Damit ich bedingungslos »Es lebe der Spott!« rufe, muß man mir also zeigen, daß diese Waffe geeignet ist, das Kräfteverhältnis umzukehren. Denn von der Schwäche zur Kapitulation ist es nur ein Schritt. Der Spott scheint mir nun aber im allgemeinen von demjenigen eingesetzt zu werden, der nicht hofft, das Kräfteverhältnis so bald zu seinen Gunsten oder zugunsten der »Gerechtigkeit« oder des »allgemeinen Glücks« umzukehren, von demjenigen also, der faktisch zur Ohnmacht verurteilt ist und lediglich über den Biß der Wörter verfügt, um seine Überlegenheit kundzutun. Das mag ihn zwar trösten, aber die Dinge bleiben, wie sie sind: mit gebrochenem Arm blieb unser griechischer Philosoph Sklave wie zuvor. Er hatte sich von vornherein damit abgefunden, so wie Voltaire mit dem Fortbestehen des Ancien Régime und Hugo mit der Herrschaft Napoleons »des Kleinen«.

Gesetzt den Fall, daß heute die Dummheit, ja die Brutalität herrschen. Wer sich des Spotts als der besten Waffe bediente, würde also ihre Vormachtstellung anerkennen. Natürlich würde man damit das Erbe des Verstands und der Humanität bewahren, um es den künftigen Generationen weiterzugeben. Hier und heute jedoch würde er sich damit begnügen, sie verbal zu geißeln. Kurz: er würde kapitulieren. Nun bin ich mir aber nicht sicher, daß es soweit kommen muß. Alle Plagen, die das herrschende System uns auferlegt, als Hegemonie der Dummheit und der Brutalität zu bezeichnen, scheint mir bereits Resignation zu sein: eine Art Überdruß und Ermattung, wo es doch mehr denn je auf die Arbeit der Analyse ankäme – eine Resignation, der der Spott zwar zur Erhabenheit verhelfen mag, die jedoch in meinen Augen verfrüht ist.

Zweifellos wird man einwenden, daß der Spott mehr Beachtung verdiene, daß es zu wenige gebe, die ihn mit der gebotenen Virtuosität handhaben, und daß man sie bedingungslos unterstützen müsse. Aber das wäre ganz einfach ein Widerspruch. Die Verteidigung der Virtuosen des Spottes übernehmen? Ihnen recht geben? Ausgeschlossen: das hieße den Spott... ernst nehmen.

Angesichts eines solchen Einsatzes kann die »Theken-Philosophie« also einiges für sich haben. Viele Journalisten haben dies auch erkannt. Gegenüber den Skeptikern zeigten sich manche von ihnen sogar wirklich begeistert von dieser Erscheinung und trugen kräftig zur Fortsetzung des Abenteuers bei. Einige Radiosendungen, ein Artikel in *Telerama,* eine ganze Seite im *Nouvel Observateur* – und das Café des Phares war in aller Munde: man verglich es mit dem Café Flore, da es an die Tradition der Kaffeehausphilosophie anknüpfe. Die meisten Zeitungen trugen ihr Scherflein bei. Auf der einen Seite freute man sich: *»Die Philosophie verläßt den Elfenbeinturm der Universität und geht auf die Straße«* – wunderbar, es gibt einen Ort, wo *»Philosophen den Widerspruch von Leuten zulassen, die nicht Philosophie studiert haben!«* Auf der anderen Seite hieß es unter der Überschrift: »Paris entdeckt Platons Kuren«: *»Die Lehre der Weisheit ist auf den Marktplatz zurückgekehrt.«*

Fragt sich nur, warum diese Herangehensweise nicht einhellig gebilligt wurde. Während die Journalisten als erste den »Verlust an Anhaltspunkten am Ende des 20. Jahrhunderts« beklagen, empfanden einige das Bedürfnis, den Versuch, der dem Mann auf der Straße die Möglichkeit gibt, »sich die richtigen Fragen zu stellen«, und dem Philosophen die Chance bietet, sich auf seine Berufung zu besinnen, in ein schlechtes Licht zu setzen. Warum?

Die Antwort ist wahrscheinlich weniger in der Furcht vor einer neuen Form von Snobismus als vielmehr in der Angst vor einer merkantilen Entwicklung zu suchen. Denn sogar in den

Medien wollen einige sich nichts vormachen lassen. Man argwöhnte hinter der uneigennützigen Fassade der Debatte ein »gutes Geschäft«. In einer Beilage, die sich einzig mit meiner Person befaßte, meinte eine Journalistin des *Point*[6] den Schleier zu lüften. Zunächst erinnerte sie daran, daß ich mich vergeblich um eine Stelle an der Universität beworben hätte und daß »*das angesehene Institut d'études politiques de Paris*« mich im Jahre 1989 mit einem »*Kursus des dritten Zyklus über ›die großen Themen der politischen Diskussion‹*« betraut habe, daß ich bei dieser »*Begegnung mit den Dienern der Macht*«, wo ich erwartete, »*mit Zitaten vollgestopfte, aber im Zuhören wenig geübte Geister*« anzutreffen, ganz im Gegenteil einen »*phantastischen Dialog*« hätte eröffnen können, bei dem ich auf »*verwirrte Geister auf der Suche nach einem Sinn gestoßen*« sei; und sie fügte kurz und bündig hinzu: »*Da der Philosophieprofessor aber auch geschäftstüchtig ist und ein paar Kumpane in der Werbung sowie einen Freund im Marketing hat, sagt er sich: wenn man sich sogar hier Fragen stellt, gibt es vielleicht eine Marktlücke.*« Achtung – hinter dem Café des Phares verbirgt sich im Grunde ein rein kommerzielles Unternehmen! Es gibt nämlich ein Hinterzimmer, die *Philosophie-Praxis*, in die die Klienten strömen, um mich zu konsultieren und vor allem um mein Bankkonto zu füllen, denn mein »*Kalender platzt vor Terminen*«.

So gesehen konnten die Medien, die sich damit begnügten, die Neuheit der Café-Debatte und die an ihr teilnehmenden Personen zu würdigen, nur Naivlinge sein, die sich hinters Licht führen ließen. Sie sahen nicht, daß dieses ganze Theater lediglich den Zweck verfolgte, dem Sprechzimmer Kundschaft zuzuführen. Der Beweis: ich ließ mir für meine Privatkonsultationen 300 Francs zahlen – eine Goldgrube auf einem völlig neuen Gebiet! Im übrigen hatte man den Betrüger schon gewittert. Lange bevor die meisten Periodika auf die Sache hereingefallen waren, hatte *L'Autre Journal*[7], der sich nichts vormachen läßt, den Braten gerochen und bereits in den ersten Artikeln, im Oktober 1992, »*die Philosophie-Händler*« angeprangert. Nachdem er an meine »*Verbitterung darüber, noch immer keinen Ruf an die Universität bekommen zu haben*«, erinnert hatte, präsentierte der Artikel die Konsultation als *»ein neues Instrument, das geeignet ist, den meisten Ihrer Fragen Rechnung zu tragen; es verheißt der Sprechstunde eine sichere Zukunft«*, aber er ließ den Leser nicht lange darüber im Unklaren, in welchen Bereich diese neue Dialogform fiel: man hatte begriffen, daß diese Sprechstunde aus Worten Gold machte. Die Alchemisten versuchten, Blei in Gold zu verwandeln. Immerhin brauchten sie dazu ein erstes Metall, einen Rohstoff. Das Sprechzimmer machte es besser: es machte Gold aus Leere.

Wahnsinn! rief wenig später der damalige Moderator der Fernsehsendung »Cercle de Minuit« aus.[8] Das Mikrophon in der Hand stellte er mich vor und erklärte zunächst, er sei einigermaßen perplex, was mich nicht sonderlich wunderte, und nachdem er mit dem Gedanken gespielt hatte, die Eröffnung einer Philosophie-Sprechstunde in der Stadt könne *»die Praxis der Philosophie erneuern und ihr vielleicht aus ihrem universitären Siechtum heraushelfen«*, fragte er *ganz offen: »Ist die Philosophie etwa eines der letzten Opfer der Marktwirtschaft, von der sie bisher verschont geblieben war?«* Ich hätte das für einen Einstieg in das Thema halten können, wenn er mir Zeit gelassen hätte, zu antworten, meinen Standpunkt darzulegen und meine Tätigkeit vorzustellen, aber er kam ständig auf die Frage der Tarife zurück, als sei dies ein Skandal sondergleichen. Er versuchte, André Comte-Sponville und Jean-Marie Straub, die Stargäste seiner Sendung, für sich zu gewinnen, und verglich mich schließlich mit den griechischen Sophisten, die, wie jeder weiß, mit ihrer sogenannten Weisheit einen schändlichen Handel trieben und Unsummen scheffelten, statt sich, wie Sokrates, in der Kunst der Philosophie als Wahrheitssuche zu üben ... Der Gnadenstoß!

Eines zumindest stimmte. Ja, ich hatte in der Stadt eine Philosophiepraxis eröffnet. Ich hatte angefangen, Konsultationen zu geben, ich bereitete ein Seminar über das Thema der Authentizität vor und war im Begriff, eine Reise auf den Spuren von Sokrates in Athen zu organisieren. Diese Initiative erhielt die begeisterte Unterstützung einiger Anhänger, darunter einer kleinen Gruppe richtiger Fans, mit der ich jede Woche die Sache durchsprach. Aus dieser Initiative war die Debatte im Café entstanden ... Denn von Anfang an hatten sich der Eröffnung der Praxis einige Gefährten angeschlossen, die als Schnittstelle zur Außenwelt dienen sollten: ein Fotograf, Eric, sehr »pariserisch« (ein eifriger Besucher von Cocktailparties und Vernissagen); ein Rechtsanwalt, Bertrand, ein Philosophie-»Freak« (er arbeitete an einem bissigen Essay über die Trägheit der »Massen« in den Fußstapfen von Nietzsche); Pascal, der als Berater in einem Informatikunternehmen tätig war (auch er arbeitete an einem Essay, jedoch weit besonnener, über den Begriff der »Entwicklung«) und sehr schnell bei der Organisation der Außenkontakte die Hauptrolle spielte. Mit ihnen bewegten sich viele ihrer Bekannten im Umkreis des Sprechzimmers: Florence, die für Kunstzeitschriften schrieb und an der Sorbonne eine Dissertation über Ästhetik vorbereitete; Kris, ein Graphiker, dem ich das Logo des Sprechzimmers verdanke; und eine ganze Generation angehender junger Philosophen: Alix, der in seiner Habilitationsschrift soeben in der Person von Charles de Bovelles einen bislang vernachlässigten Vorfahren Hegels entdeckt hatte; Fleur, noch jünger, auch zögernder, aber vielversprechend; eine weitere Florence, die mehr dem Verlagswesen zuneigte und sich um die ersten Pressekontakte kümmerte; Caroline, die direkt aus Nizza zu uns kam, nachdem sie eine Diplomarbeit über Musils *Mann ohne Eigenschaften* beendet hatte, und die Rolle einer Assistentin übernahm. Etwas später schloß sich Anne der Gruppe an: sie unterrichtete bereits seit vielen Jahren, und ihre Erfahrung sowie ihre Dynamik ermöglichten es ihr, mich hin und wieder im Café zu vertreten. Und viele andere, mit denen ich hoffte, die Grundlagen für einen neuen Beruf erarbeiten zu können: Stadtphilosoph.

Es stimmte also! Hinter der Kulisse des Cafés steckte noch etwas anderes, da ich außerdem in einem alten Mietshaus im Marais praktizierte und Klienten empfing – und noch heute empfange. Fragt sich nur, ob das ein Skandal ist, ob es »wahnsinnig« ist, ob ich damit zum Schandfleck meiner Zunft werde, ob die Debatte im Café des Phares nur ein Marketingtrick ist, ob bei der Konsultation etwas geschieht, was dieses Stundenhonorar rechtfertigt, oder ob es nicht vielmehr an der Zeit wäre, weitere derartiger Orte zu schaffen, um der Philosophie wieder zu ihrer ureigenen Berufung zu verhelfen.

Befassen wir uns noch einen Augenblick mit den Angriffen, denen diese Initiative ausgesetzt war. »*Wir betreten das ›Zeitalter des Zweifels‹, und mittels des Sprechzimmers wird dieser Zweifel zu einem kommerziellen Gegenstand*«, behauptete der subtile Spürhund von *L'Autre Journal,* die Beute vor Augen. Und er gab dem rhetorischen Geschick meiner Tätigkeit den hübschen Namen »*fast*-philosophie«, wohl in Analogie zu »fast-food«, das den Kindern so gut schmeckt, aber so wenig Nährwert hat – ganz zu schweigen von der Hast, mit der man sie verschlingt –, »*denn die höchst einträgliche Konsultation ähnelt einem Spiel, bei dem man immer gewinnt*«. Da ich nämlich die Nachfrage befriedige, statt, wie an jedem anderen Ort, wo Philosophie gelehrt werde, zu bestimmen, wovon die Rede sein wird, glaubte der Schlauberger, seine Leser vor der Hohlheit der im Sprechzimmer erbrachten Leistungen warnen zu müssen. Da »*der Konsultent* [d. h. der Leistungserbringer] *sich die Sache des Klienten zu eigen macht*«, versteht es sich von selbst, daß »*es sich von Anfang an um eine Reflexion nach Maß handelt*«, aus der man so schnell nicht wieder herausfindet, denn der Sprechstunden-Philosoph »*verkauft seine Kunst zu zweifeln*« und ist stolz darauf, »*keine Botschaft zu haben*«. Ein Sophist also, weiter nichts ...

Diese Kritik setzte mich sehr in Erstaunen, denn im Lauf der Recherche hatte der Journalist wirkliche Begeisterung an den Tag gelegt, von der keine geschriebene Spur mehr übrig blieb. Er war mehrere Male ins Sprechzimmer gekommen, hatte sich jedesmal viel Zeit genommen, um mir alle Fragen zu stellen, auf die es ihm ankam, hatte einige meiner Klienten getroffen und befragt, hatte die meisten Mitglieder der Gruppe kennengelernt, mit ihnen sympathisiert und der Debatte im Café des Phares häufig beigewohnt ... Gewiß, er hatte Vorbehalte geäußert, besonders in bezug auf die Rolle, die das Geld bei meinem Unternehmen spielen mochte, aber dabei handelte es sich offenbar nur um eine Kleinigkeit, so wichtig schien es ihm zu sein, daß in der

Philosophie endlich ein neuer Wind wehe. Als sein Artikel erschien, konnte ich kaum glauben, daß ein so gewissenhafter Journalist diese Zeilen geschrieben haben sollte ... Ich lasse mir ja noch jenen Schreiberling vom *Quotidien du médecin* gefallen[9], der sich, ohne sich von der Stelle zu rühren, ohne mich anzurufen, dazu berufen fühlte, das Sprechzimmer als »Boudoir« zu bezeichnen, wo man eine *»erotisch-mystische Sprache«* zu hören bekomme, die *»Pierre Dac nähersteht als Zarathustra«*, um schließlich zu erklären, er sei *»überwältigt von einem so pfiffigen Projekt, wo die Philosophie auf ihren dümmsten Sinn reduziert ist: vage gelehrsame Antwort auf alle großen Probleme«*. Wie aber ist es möglich, daß man so gröblich alles leugnet, was man im Lauf der Recherche erklärt hat, und soviel Gift verspritzt?

Ich kann es mir nur zum Teil erklären. In diesem Fall weiß ich, daß der Artikel in *L'Autre Journal* umgeschrieben worden ist. Der Lohnschreiber hatte beabsichtigt, das Auftauchen des Sprechzimmers in die Krise des modernen Denkens einzubetten und abzuwägen, ob es zu ihrer Überwindung beitragen könne. Vielleicht war er seinem Ehrgeiz nicht gewachsen, vielleicht fand er nicht die richtigen Worte. Fest steht, daß sein Chefredakteur seinen »Aufhänger« in dem Anflug von Skepsis seines Rechercheurs fand, in den wenigen Vorbehalten, die dieser über die Bezahlung meiner Dienstleistung äußerte, und daß er diese Vorbehalte in den Mittelpunkt des Artikels stellte. Daher der reißerische Titel »Die Ethik-Händler«, welcher der ursprünglichen Erwartung wenig Chancen läßt und die Freude des Lesers im Keim erstickt: Nein, lieber Leser! Das Auftauchen der Philosophie in der Stadt ist keine gute Nachricht: es ist neu, aber nicht schön; es ist soeben herausgekommen, führt uns aber nicht aus dem Teufelskreis des Marktes heraus ... *»Sautet? ›Der neue Tapie der Philosophie‹!«*[10] Um seinen Text gebracht, traf den ersten Redakteur keine Schuld. Immerhin hätte er mich wissen lassen können, daß der mit seiner Signatur erschienene Text nicht der seine war.

Seltsame Moral dieser Leute, die Lektionen erteilen wollen! Der eine empört sich gegen den Sieg des Marktes über das Denken, wobei er sich nicht scheut, den Artikel, den man ihm zur

Imprimatur vorlegt, schamlos umzuschreiben, weil er die Leserschaft nicht genügend anlocke; der andere, der eine Art Prostitution der Philosophie fürchtet, willigt ein, seine Signatur zu prostituieren – um sein Honorar zu kassieren.

Kommen wir zum Kern der Sache! Denn es genügt nicht, die erstaunliche Produktionsweise dieser satirischen Analysen aufzudecken, um dem Unternehmen, das sie zu diskreditieren versuchen, seinen vollen Sinn zurückzugeben. Ist es also »Prostitution«, eine Philosophiepraxis zu eröffnen? Ist es in Zeiten kollektiver Verwirrung die freche Ausbeutung einer Goldgrube? Ist es für einen Philosophen unannehmbar, ja skandalös, sich seine Konsultationen bezahlen zu lassen? Ist die kostenlose Debatte im Café des Phares bloß ein Trick, um für Kunden zu werben?

André Comte-Sponville hatte im oben erwähnten »Cercle de Minuit« das Problem korrekt gestellt, wie mir scheint. Er meinte, es ändere nichts an der Sache, ob man sich nun für den Schulunterricht oder für Privatstunden bezahlen lasse; das Problem sei, was man dafür biete ... Er fragte nach dem Produkt: war es den verlangten Preis (300 Francs) wert? Steckte genügend Arbeit darin, um zu diesem Preis verkauft zu werden? Er für seinen Teil fürchte, daß dies nicht der Fall sei, denn in seinen Augen stelle sich die Konsultation weniger als ein vom Lehrenden sorgfältig vorbereiteter Unterricht dar, sondern eher als eine »gemütliche Diskussion«, die offensichtlich keine Vorarbeiten erfordere. Für ihn setze die Ausübung der Philosophie eine Arbeit an den Texten voraus, die dem Lehrenden sowie dem Schüler einiges abverlange: viel Fließ, Geduld, Hartnäckigkeit, Verstandesschärfe, Studium der Quellen ...

Ich danke André Comte-Sponville, daß er nicht versuchte, den Puritaner zu spielen. Wer einräumt, die Tatsache, als Lehrer vom Staat bezahlt zu werden, sei noch keine Garantie für moralische Reinheit, beweist bereits Hellsicht; denn entweder oder: wer einer Klasse gegenübersteht, muß sich für die Ordnung der Dinge – das heißt die herrschende Ordnung zwischen den Generationen, zwischen den Geschlechtern, zwischen den Klassen, zwischen den Nationen, zwischen den »Partnern« des Welthandels, zwischen Mensch und Natur, zwischen der menschlichen

Gattung und den anderen Gattungen – entweder verbürgen oder sie in Frage stellen. Stellt er nichts in Frage, dann sehe ich nicht, inwiefern der Philosophieprofessor diesen Namen verdient. Und wenn er es tut, dann ist seine moralische Rechtschaffenheit zweifelhaft, da er die herrschende Ordnung immerhin soweit respektiert, daß er sein Gehalt von ihr bezieht. Andererseits verkaufen viele Lehrende ihre Dienste nicht in öffentlichen, sondern in privaten Einrichtungen – wenn sie nicht gar auf beiden Klavieren spielen. Lehrt der Philosophieprofessor an einer Privatschule, befindet er sich in einer noch heikleren Situation. Da die meisten dieser Einrichtungen – zumindest in Frankreich – katholische Anstalten sind, die vertraglich jedoch dem Staat unterstehen, ergibt sich eine neue Alternative: entweder sind die Lehrenden gläubige Menschen, und dann müßte es ihnen widerstreben, den Preis für ihre Leistung vom weltlichen Staat zu erhalten, dem Erbe der Revolution, die die Vormundschaft der Kirche über die Seelen der Kinder Gottes abschaffte; oder sie sind ungläubig, und dann müssen sie große Rücksicht auf die Empfindlichkeit ihres Arbeitgebers nehmen oder gar Dinge lehren, an die sie nicht glauben. In all diesen Fällen kann ich nicht einsehen, inwiefern die Leistungen der Philosophieprofessoren »moralischer« sein sollten als meine Privatkonsultationen.

Kommen wir zur Universität! Gewiß, das Los der Akademiker scheint beneidenswerter zu sein. Abgesehen von den Arbeitsbedingungen als solchen (Zahl der Dienststunden, Höhe der Entlohnung, Zahl der Auszubildenden usw.) scheint mir, daß sich der Universitätsprofessor in ethischer Hinsicht in einer weniger mißlichen Situation befindet, da seine Handlungsfreiheit deutlich größer ist als die des Gymnasiallehrers: die Lehrpläne sind flexibler, er kann seinen Unterricht an seine persönlichen Forschungen anpassen und ist über seine Aussagen niemandem Rechenschaft schuldig... Doch seine Beziehung zum Staat, seinem Arbeitgeber, verändert sich dadurch nicht: weiterhin verkauft er seine Dienste. Ob er will oder nicht, er verkauft seine Lehre, und falls er es nicht ablehnt, sie als philosophisch zu bezeichnen, muß er wohl oder übel einräumen, daß er Philosophie verkauft und infolgedessen die Philosophie zur Ware macht.[11]

Trotzdem handelt es sich nicht um Prostitution, wird man einwenden: der Professor befriedigt keine Nachfrage; er unterrichtet Studenten, die ein Fach belegen müssen, und richtet die Tätigkeit seines Denkens nicht nach dem Wunsch eines *Klienten*. Gut, nehmen wir das – vorläufig – einmal an; nehmen wir an, daß er weder eine explizite noch eine *implizite* Nachfrage befriedigt. Freilich müßte man wissen, auf welche Weise er seinen Posten erhalten hat. Man befrage also jene, die es geschafft haben, in die Professorenschaft der Universität aufgenommen zu werden! Man befrage vor allem jene, die noch nicht aufgenommen worden sind, jene, die sich noch im subalternen Rang eines Dozenten befinden, und vor allem jene, die sich um einen Posten bewerben, jene, die nach vielen Jahren treuer Dienste im Gymnasium nicht länger auf eine Beförderung warten können. Man befrage sie alle, und man wird sehen, welcher Behandlung sie ihre Ethik unterziehen müssen, um das Hindernis zu überwinden. Wie viele Besuche sind nötig, um eine Kandidatur vorzubereiten! Wie viele Höflichkeiten! Wieviel Diplomatie! Wie viele Kompromisse müssen geschlossen werden, um in die Pläne derer Eingang zu finden, die über Macht verfügen! Ohne allen Zweifel heiligt hier der Zweck die Mittel.

Verstehen wir uns recht! Das heißt in keiner Weise, daß die glücklichen Auserwählten die mittelmäßigsten sind. Die Zahl der jährlich zu vergebenden Spitzenposten ist im Vergleich zur Zahl würdiger Kandidaten lächerlich gering. So daß diejenigen, die gewählt werden, von überaus seltenen Ausnahmen abgesehen, zu den Besten gehören. Darum geht es nicht. Doch niemand soll behaupten, es sei moralisch sauberer, an der Universität zu lehren, als Konsultationen zu geben.

Natürlich bleibt die Frage, was diese Konsultationen *taugen;* genau dies ist der Kern der Sache.

Konsultationen

Damit stehen wir vor einer ganz neuen Erfahrung: der philosophischen Konsultation. Wir wollen gleich darauf hinweisen, daß sie, obwohl neu in Frankreich, an sich so neu nicht ist. Die erste »Philosophiepraxis« wurde nämlich 1981 in Deutschland eröffnet, und anscheinend gibt es heute etwa hundert auf der Welt.[12]

Der erste Philosoph, der seine Dienste in der Stadt angeboten hat, ist Gerd Achenbach. Er hatte eine Dissertation über *Die Lust und die Notwendigkeit* vorgelegt. Als Doktor der Philosophie, der überzeugt war, daß er Besseres zu tun habe, als die Tradition der Universitätsphilosophie und ihrer ewigen »Seminare« für Kenner fortzusetzen, eröffnete er eine Praxis in Bergisch-Gladbach. Da er sich wunderte, daß die Berufsphilosophen systematisch allem ausweichen, was die meisten Menschen betrifft, ging er die Wette ein, daß er der Philosophie wieder zu einer Wirkung verhelfen würde, die derjenigen der Humanwissenschaften, insbesondere der Psychologie, zumindest gleichkäme. Indem er die Rolle des Ödipus übernahm, »desjenigen, der um jeden Preis die Wahrheit erfahren will«, schlug er eine Methode von Privatgesprächen vor, in deren Verlauf die Philosophie wieder heimisch werden könnte. Unerläßliche Voraussetzung: die Rede nicht mit Begriffen überladen, die den meisten Menschen unzugänglich sind, und den gesunden Menschenverstand nicht verachten; die persönliche Erfahrung zu Wort kommen lassen und den »Klienten« ermutigen, sich auf unbekannte Gebiete zu wagen, wobei man am besten die Sprache verwenden sollte, die ihm vertraut ist. Das heißt, daß der Philosoph bei diesem Gespräch mehr zuhört als spricht und Texte nur heranzieht, um seinen Gesprächspartner in dessen eigenem Rhythmus Fortschritte machen zu lassen.

Bei der Konsultation kommt es nicht darauf an, was der Beratende weiß, sondern was sein Klient *sagen kann.* Denn wozu Kenntnisse vermitteln, wenn sie nicht »sprechen«? Wozu sprechen, wenn man nicht verstanden wird? Was böse Zungen »Prostitution« nennen, ist zunächst diese Verfügbarkeit, diese Empfänglichkeit des Philosophen. Das heißt in keiner Weise, daß er um des Vergnügens des Klienten willen auf jede Strenge und auf jeden Quellentext verzichtet. Es heißt lediglich, daß die Übermittlung der philosophischen Tradition keine Vorbedingung, kein notwendiger Schritt ist, um »ein Problem korrekt zu stellen«. Dazu muß man es vor allem selbst benennen, auch wenn man es schlecht und ungeschickt oder mit widersinnigen Worten tut und dem Erlebten zuviel Platz einräumt. Und wenn dieses Problem ohne Stottern, präzise und geschickt gestellt wird, jedoch ohne Anleihen aus der Sphäre der in den modischen »Seminaren« gebräuchlichen Begriffe – weshalb sich darüber beklagen?

Nehmen wir ein Beispiel. Das meines allerersten Klienten. Wir wollen ihn Phil nennen. Er war ein Mann um die Fünfzig, leitender Angestellter in einem kleinen Unternehmen, und besaß alles, um glücklich zu sein: einen »guten Job«, eine wunderbare Frau, die, obwohl geistig unabhängig, sehr an ihm hing, zwei reizende Kinder ... Was wollte er mehr? Aber er langweilte sich. Tödlich. Genauer: zum Sterben. Und genau das war der Grund seines Besuchs: er kam, um mich zu fragen, ob ich einen Einwand gegen sein Verschwinden sähe. Immer wieder entschuldigte er sich, daß ihm die meiner Disziplin angemessenen Ausdrücke nicht zur Verfügung stünden. Aber was hätte er Präziseres sagen können? Und war seine Frage weniger philosophisch, nur weil sie in gewöhnlichen Worten formuliert wurde?

Ein Kranker! wird man vielleicht sagen. Tatsächlich könnte man versucht sein, in seinem Unbehagen etwas Pathologisches zu erkennen. Zumal er das Leben mit einem Wartesaal verglich – einem Wartesaal des Todes – und mich gefragt hatte, ob ich ihm sagen könne, aus welchem Grund er die Tür nicht aufstoßen sollte. Dennoch muß man sich davor hüten, voreilig eine solche Diagnose zu stellen. Denn dann müßte man Menschen wie Pascal, der dieselbe Lebensauffassung vertrat, oder Schopenhauer, den furchtbaren Pessimisten des 19. Jahrhunderts, für »krank« halten. Über den Fall Pascal läßt sich streiten, da er tatsächlich krank war und, wie es scheint, unter langen und entsetzlichen

Schmerzen starb, so daß man verstehen kann, weshalb seine *Pensées* dem Leben so feindlich gesinnt waren. Aber Schopenhauer? Er war voller Kraft und Energie, was ihn jedoch nicht davon abhielt, schon im Alter von zwanzig Jahren seinem Willen zum Leben den Krieg zu erklären, in einem erstaunlichen Werk, *Die Welt als Wille und Vorstellung,* das er vierzig Jahre lang immer wieder ergänzte, bis er tatsächlich starb. War er ein Kranker? Muß man dieser Krankheit die vier Bücher anlasten, die das Herzstück des Werks bilden, angefangen mit seinen bemerkenswerten Ausführungen zu Kants Denken über die Zeit, den Raum und das Kausalitätsprinzip, bis hin zu seinen Analysen über den Körper, den Wunsch, den Willen? Und wie steht es mit den beiden folgenden Büchern, mit der erschöpfenden Kritik an Kants Philosophie und der Fülle der Ergänzungen, die den Umfang des Werks verdoppeln und den Inhalt jedes Kapitels verfeinern? Ganz zu schweigen von seinen anderen Essays über die Grundlage der Moral oder den Willen in der Natur?

Wenn man alle für krank erklärt, die die *Tatsache* des Lebens nicht würdigen, muß man auf der Hut sein: denn in diese Kategorie fielen dann nicht nur viele Romantiker, sondern auch alle Philosophen des Absurden, die, gleich dem Buch der Weisheit, die Eitelkeit des Daseins darlegen. Auch Sokrates! Denn er war der erste, der behauptete, das Dasein sei ein Irrtum. Platon zufolge forderte Sokrates im Augenblick, da er den Schierling trank, seine Freunde auf, ihm sobald wie möglich nachzufolgen! Das steht schwarz auf weiß im *Phaidon.* Ein Gefährte, Kebes, überbringt ihm die Botschaft eines anderen Freundes, Euenos; Sokrates bittet nun Kebes, dem Euenos eine Antwort zu übermitteln, und fügt wie beiläufig hinzu: »*... und grüße ihn und wenn er vernünftig wäre, soll er mir so bald als möglich nachfolgen.*« So daß Kebes bestürzt erwidert: »*Wie meinst du das, Sokrates (...), der Philosoph soll dem Sterbenden folgen wollen?*«[13] Daher die Fortsetzung des Dialogs, in dem Sokrates seine Gefährten von der Richtigkeit seiner Worte zu überzeugen versucht, mit Hilfe eines doppelten Beweises: dem der Grenzen, die der Körper dem Vergnügen der Weisheitssuche setzt, und dem der Unsterblichkeit der Seele ...

Freilich können der Psychologe und mehr noch der Psychiater auf ihre Kosten kommen, wenn sie meinen, einige der größten Philosophen seien Kranke gewesen... Aber welcher Berufsphilosoph wäre bereit, diesen Preis zu zahlen? Phil für »krank« zu erklären, heißt auch Pascal, Schopenhauer, Camus, Cioran für krank zu halten... Schlimmer noch: es heißt, die gesamte Philosophie für krank zu erklären, denn sie beginnt, der bekanntesten Universitätstradition zufolge, mit Sokrates. Und wenn sie tatsächlich mit ihm beginnt, dann ist sie eine Aufforderung zum Sterben. »*Wer vernünftig ist, soll mir nachfolgen*«, sagt er im Augenblick des Todes. Wie könnten die Berufsphilosophen der Meinung sein, Phils Unbehagen sei nichts weiter als ein pathologisches Symptom? Phil hat den *Phaidon* nicht gelesen; er verwendet nicht genau dieselben Wörter wie der Begründer der abendländischen Philosophie. Doch ist er nicht mindestens ebenso philosophisch? Ist sein Unbehagen nicht ein wirkliches Unwohlsein, das auf sehr treffende Weise die Evidenz in Frage stellt, die uns alle ermächtigt, das Dasein als etwas Gutes anzusehen, und es insbesondere den Philosophen erlaubt, ihr Gehalt zu rechtfertigen? Sokrates hält den Körper für ein Gefängnis und freut sich, ihm endlich zu entrinnen. Phil hält das Leben für einen »Wartesaal«. Was ist philosophischer, als sich zu fragen, ob es nicht angebracht wäre, die Tür aufzustoßen?

Man wird zugeben, daß die Angelegenheit, sollte die philosophische Konsultation bestenfalls eine gemütliche Diskussion und schlimmstenfalls eine verschleierte Form der Prostitution sein, von vornherein schieflaufen müßte. Phil – mein erster Klient – fragte mich, ob ich einen Einwand gegen sein Verschwinden sähe. In Wahrheit hatte ich keinen – zumindest nicht auf Anhieb –, aber es war gar nicht so einfach, herauszufinden, ob ihm das wirklich Spaß machte. Beim ersten Gespräch ergab sich, daß Phil über die Frage bereits gründlich nachgedacht hatte. Er hatte einige Skrupel: er wußte, daß er, wenn er verschwände, seine Kinder und seine Frau schwer strafen würde. Aber er sah keinen anderen »Grund«, der ihn zurückhalten könnte. Er hatte genug Erfahrungen gemacht, um sein Herz nicht mehr an die Güter dieser Welt zu hängen, er hatte genug Freuden erlebt, um ihrer überdrüssig zu sein, und hatte keine Lust mehr, die Komödie ihrer Wiederholungen zu spielen; ohne jede Hoffnung, sie noch einmal zu erleben, verfiel er der Langeweile und fühlte sich im Recht, Schluß zu machen. War das einzig Neue, das ihm widerfahren könnte, nicht das Wissen um das, was danach käme – was »hinter der Tür« wäre, wie er es nannte? Auch wenn ich nicht die geringste Lust verspürte, ihm beizupflichten, stünde es mir schlecht an, ihm zu widersprechen – wenigstens nicht sofort –, da er mir gegenüber dieselbe Neugier auf das Jenseits zeigte wie zu seiner Zeit Sokrates. In der Stunde seines Todes hatte Sokrates, der Lehrmeister der Philosophie, versucht, seine Gefährten davon zu überzeugen, daß nichts dem Augenblick gleichkäme, da er durch diese Tür gehen werde, und daß sie, statt seinen Tod zu beweinen, besser daran täten, ihn um sein Schicksal zu beneiden. Hatte er nicht sein Leben lang nach der Wahrheit gesucht? Und war seine materielle Hülle, sein Körper, nicht ein Hindernis bei dieser Suche, schränkte sie ihn nicht erheblich ein, wurde sein Geist von der Last dieses störenden Panzers nicht behindert?

Angeklagt, nicht an die Götter der Stadt zu glauben und die Jugend Athens zu verderben, war Sokrates vor Gericht gestellt, verurteilt und eingekerkert worden; seine Freunde hatten nun seine Flucht organisiert, aber er hatte sich geweigert. Natürlich konnte dieser Weigerung sein Wunsch zugrunde liegen, seinen Mitbürgern zu zeigen, daß er weder sein Vaterland noch die Gesetze mißachte und lieber sein Leben hingäbe, als sich ihnen zu widersetzen, wie er im *Kriton* erklärt; im *Phaidon* jedoch bringt Platon eine andere Erklärung vor, indem er zeigt, wie sehr sich Sokrates freut zu sterben. Es ist keine Resignation, kein sich Fügen ins Unabänderliche, sondern ein wirkliches Glück, ja sogar eine Ungeduld, den Augenblick nahen zu sehen, wo alles klar wird ... Ich hielt es daher für gerechtfertigt, Phil darauf hinzuweisen, daß seine Ansicht derjenigen von Sokrates – wie Platon sie im *Phaidon* wiedergibt – ziemlich nahekomme, und ihn zu bitten, diesen Text zu lesen, um zu prüfen, ob es sich tatsächlich so verhalte: War er ebenso wissensdurstig wie Sokrates? War er wie jener der Überzeugung, daß der Körper ein Hindernis für die Befriedigung dieses Wunsches sei? Ließ sich der »Wartesaal«, von dem er sprach, als das »Gefängnis« bezeichnen, das zu verlassen eine Wohltat sei, wie Sokrates meinte? Phil ging auf meinen Vorschlag ein. Er machte sich an die Arbeit, d.h. er las den *Phaidon* und verglich seinen Lebensüberdruß mit der Freude, die Sokrates beim Nahen des Todes an den Tag legte. Doch schon bald geriet er in Konflikt mit dem Modell, mit dem sich zu vergleichen ich ihn aufforderte. Der Streit ging um die Unsterblichkeit der Seele. Ein Punkt, auf dem Sokrates beharrt: er ist deshalb so begeistert, weil er mit Bestimmtheit weiß, daß die Seele den Körper überlebt; die Vorbehalte seiner Freunde zwingen ihn, sich zu rechtfertigen. Daher gesteht er zunächst, er hoffe doch sehr, in der Unterwelt berühmten Toten zu begegnen, sich in guter Gesellschaft zu befinden und, falls nicht, zumindest zu den Göttern zu kommen. Denn wie könnte man sich der Wahrheit besser nähern, als wenn man sich vom Körper trenne, von den Täuschungen und Irrtümern, zu denen er verleite. Je mehr sich eine Seele folglich davon befreie, desto näher sei sie dem Wahren. Natürlich mag man fürchten, wie die meisten Menschen, daß sie, wenn sie sich vom Körper getrennt habe, nirgendwo sei, sich verflüchtige *»wie ein Lufthauch oder wie Rauch«*, wie Kebes betont.[14] Nun erinnert Sokrates an einen *»alten, wohlbekannten Spruch«*, der besagt, daß *»die Seelen, von hier kommend, dort weilen«*. Und er fügt hinzu, daß sie dann wieder hierher zurückkehren und *»wieder werden aus den Toten«*.[15] Der ganze weitere Dialog bezweckt, dieser Tradition recht zu geben, die, von den Griechen dem Orpheus zugeschrieben, von den Pythagoreern angenommen wurde und in den ehrwürdigsten Kulturen, in Ägypten und Indien, wurzelt. Zu diesem Zweck bedient er sich des Arguments der Wiedererinnerung[16], dem zufolge man nichts lernen könnte, wenn man nicht schon bei der Geburt über die Elemente verfügte, die es uns ermöglichen, zwischen den Dingen zu unterscheiden, sie zu vergleichen und zu identifizieren: daraus zieht er den Schluß, daß *»den Seelen schon ein Dasein zukam, ehe sie Menschengestalt annahmen«*, sie also *»vom Körper getrennt«* waren und *»Einsicht hatten«*.[17] Sodann zeigt er, daß sie zur göttlichen Welt, d.h. zur Sphäre der unvergänglichen Wesen gehören und man daher nicht zu befürchten brauche, daß die Seele, *»wenn sie sich vom Körper trennt, alsbald verweht und zugrunde geht«*.[18]

Phil war nicht überzeugt. Gleich Simmias, einem der Protagonisten des Dialogs, sah er nicht ein, inwiefern die im Vergleich zum Körper flüchtige Natur der Seele auf ihre Ewigkeit schließen läßt. Gesetzt den Fall, die Seele wäre vom Körper verschieden – woher wissen wir, daß ihr Unterschied nicht etwa derselbe ist wie zwischen der Harmonie und der Lyra oder zwischen der Melodie und der Flöte? Was geschieht, wenn die Lyra zerbricht? Dann hört die Harmonie auf! Sobald die Flöte zerbricht, setzt die Melodie aus. Wenn die Seele als Harmonie des Körpers betrachtet werden kann, liegt es auf der Hand, daß sie zusammen mit dem Körper vergeht. Sie vergeht sogar noch vor dem Körper, denn der Körper verwest langsamer, als die Harmonie verschwindet... Phil fand somit im Text selbst Argumente, um Sokrates zu widersprechen. Freilich versagen die Argumente von Kebes und Simmias im *Phaidon* vor der unerbittlichen Rhetorik des Sokrates, der sich sehr schnell zu zeigen bemüht, daß die Seele weder mit einem Lufthauch noch mit einer Harmonie zu vergleichen sei. Doch das genügt Phil, um seinerseits eine eigene, deutlich materialistisch geprägte Gegenargumentation zu entwickeln: ihm zufolge ist die Seele lediglich ein Terminus, mit dem man die *Beseeltheit* des Körpers bezeichnet; wenn ich denke, dann denkt in mir kein selbständiges Prinzip, keine unabhängige Kraft, sondern mein Körper. Wenn ich sterbe, so sagte er, höre ich auf, die Formen, die Gewichte, die Gerüche wahrzunehmen, zu fühlen, zu unterscheiden; ich höre natürlich auf, mich zu erinnern, und erst recht, zu denken. Kurz, er konnte Sokrates' Aufforderung nicht Folge leisten.

Das heißt, daß sich – dank Phil – mein Ehrgeiz, in der Stadt Philosophie zu praktizieren, als voll gerechtfertigt erwies. Ohne einen Augenblick ihre dramatische Dimension zu verlieren, da Phil von einem Tag auf den andern verschwinden konnte, hatten unsere Gespräche eine gute Wendung genommen. Einerseits entwickelten sie sich auf der Grundlage einer wirklichen Konfrontation mit einem der kraftvollsten Texte der philosophischen Tradition, und andererseits ermöglichten sie Phil, sich etwas Unerwartetes klarzumachen: auch wenn er seine Gründe, am Leben zu bleiben, weiterhin für schlecht hielt, mußte er doch einräumen, daß er selbst keinen guten Grund hatte, zu verschwinden! Sokrates hatte einen: seiner Seele die Möglichkeit zu geben, die Wahrheit zu finden, indem er sich seines Körpers entledigte. Da Phil die von Sokrates eröffnete Perspektive verwarf und beim Gedanken an das Jenseits keinerlei Freude empfand, mußte er einsehen, daß seine Neugier, die »Tür aufzustoßen«, doch nicht sehr groß war. Der Gedanke an ein Leben nach dem Tod konnte ihn nicht überzeugen, und so mußte er zu der Ansicht gelangen, daß man in seinem »Wartesaal« umsonst wartete. Er war sicher, daß es hinter der Tür nichts gab, und konnte also nicht frohlocken beim Gedanken, sie aufzustoßen, »um endlich Gewißheit zu haben«. Bleibt die Frage, ob sein Überdruß ausreichte, eine solch sinnlose Tat zu rechtfertigen, oder ob die Banalität seines täglichen Lebens, die Dürftigkeit seiner menschlichen Beziehungen unausweichlich waren und ob dies letztlich als Kriterium dienen mochte, das menschliche Dasein zu beurteilen.

Philosophie à la carte

Im allgemeinen kommt man hierzulande mit den philosophischen Fragen erst im Jahr vor der Reifeprüfung in Berührung: man geht einige Begriffe, einige Texte, einige Lehren durch, man lernt ein paar Zitate auswendig, man schreibt ein paar Aufsätze und stellt sich dann dem Examen. Nun ähneln aber die »philosophischen Fragen« nicht ganz den anderen Fragen: was wir auf der Erde tun, woher wir kommen, wohin wir gehen, ob es ein anderes Leben gibt, ob die Seele stirbt oder den Körper überlebt, ob das Universum einen Anfang hatte oder ein Ende haben wird, ob die Geschichte der Menschen einen Sinn hat, ob die menschliche Gattung die anderen beherrschen soll, ob es unter den Menschen Gerechtigkeit geben kann, ob sich das Böse abschaffen läßt, ob man sich der Gewalt beugen muß, ob das Geld die Welt regieren soll, ob es besser ist, Opfer als Henker zu sein, ob es besser ist, vernünftig als verrückt zu sein – alle diese Fragen sind nicht wie die anderen, denn im Gegensatz zu den Fragen der anderen Schulfächer bringen sie einerseits die Beweiskraft unserer Überzeugungen, den Sinn unserer Handlungen, die Richtigkeit unserer Beziehungen zu anderen, d. h. unsere ganze Existenz ins Spiel; andererseits läßt sich über ihre Antworten, anders als über die der anderen Fächer, kein Konsens erzielen, da sie aus dem Bereich der Erfahrung, d. h. des Beobachtbaren und Verifizierbaren herausfallen.

In Wahrheit quälen uns die meisten von ihnen von Kindheit an, und wir finden ein boshaftes Vergnügen daran, sie unseren ratlosen Eltern zu stellen. Wenn die Religion nicht einspringt, um unseren metaphysischen Hunger mit erbaulichen Geschichten zu stillen, verdrängen wir sie schließlich. Im Jahr der Reifeprüfung werden sie jedoch reaktiviert. Freilich ist die Art, wie sie behandelt werden, meistens frustrierend: wenn der »Philo-Prof.« gut ist, vergeht das Jahr viel zu schnell; ist er schlecht, dann wird der Philosophieunterricht zu einer solchen Strafe, daß man alle beneidet, die von ihm befreit sind. Dann tritt man ins Erwachsenenleben ein, und der Nebel verdichtet sich. Die Jahre vergehen. Man vergißt... Bis zu dem Tag, wo man den Kindern antworten muß, die lästige Fragen stellen...

Ein Todesfall, ein Unfall, eine Trennung, der Verlust des Arbeitsplatzes, das Zeitgeschehen, seine Schrecken und Skandale, die Gefahren, die dem Planeten drohen: nach und nach bringen so manche persönliche Schicksalsschläge und viele kollektive Tollheiten diese vom Alltag verdeckten Fragen wieder zum Vorschein. Oft sucht man irgendeinen Psychologen auf, manchmal konsultiert man einen Hellseher oder legt sich einen Guru zu. Ohne es zu wissen, sucht man nach einem Philosophen. Wenn man sich nach den Geschehnissen fragt, so deshalb, weil die bisher gegebene Antwort nicht richtig ist oder suspekt wird.

Ich gebe zu, daß a priori nicht deutlich zu erkennen ist, inwiefern die Philosophie außerhalb des üblichen Unterrichtsrahmens professionell praktiziert werden könnte. Ich kann sogar verstehen, wenn man befürchtet, diese Praxis ähnele womöglich derjenigen der Sophisten des Altertums. Und ich vermute, daß Phils Beispiel allein nicht ausreichen wird, alle Vorbehalte auszuräumen, auf die die Idee einer philosophischen Sprechstunde trifft, ganz zu schweigen von den engstirnigen Kritiken, die sie hervorruft. Daher halte ich es für sinnvoll, weitere Beispiele anzuführen, um zu zeigen, daß eine Beratung nicht nur eine Plauderei ist, in der man sich höflich über dieses oder jenes unterhält und sich in den Dienst seines Klienten stellt, um ihn in seinen Entscheidungen zu bestärken.

Hier zunächst die Geschichte einer Beratung, die unversehens eine ganz andere Wendung hätte nehmen können. Eines Tages kam eine sehr dynamische junge Frau namens Gabrielle G. in meine Praxis. Sie war um die Vierzig, klein gewachsen, sehr lebhaft und energisch und machte sich schöne Tage in einem kleinen Kommunikationsunternehmen, der Filiale einer großen Wasserversorgungsgruppe. Bei Verhandlungen war sie gefürchtet, da sie es verstand, ihren Charme einzusetzen, der mit einer ansteckenden Begeisterung und einer an Unschuld grenzenden Verschlagenheit einherging. Aber etwas trübte das Bild. Auf

Abendgesellschaften, zu denen sie eingeladen war oder die sie bei sich zu Hause gab, reichten diese Eigenschaften nicht aus, sich durchzusetzen, sobald die Diskussionen in eine Grundsatzdebatte umschlugen. Seit einiger Zeit geriet sie mit ausnehmend arroganten Gästen in Streit, immer denselben, die mit dem Rassismus liebäugelten. Und sie bat mich, ihr zu helfen, bei diesen unvorhergesehenen Wortgefechten die Oberhand zu gewinnen.

Eine solche Bitte hielt ich in keiner Weise für abwegig, und der Deal war eher vergnüglich: diese kleine Frau zu befähigen, einigen Wichtigtuern das Maul zu stopfen, gab meiner Wette, Philosophie à la carte zu servieren, eine besondere Würze. Daher forderte ich Gabrielle gleich bei der ersten Sitzung auf, die Argumente zu präzisieren, an denen sie scheiterte. Im großen und ganzen ging es um die Überlegenheit des Abendlands über den Süden. Damals lag die Frage des Einwandererwahlrechts in der Luft, und diese Aussicht empörte jene Herren, die in den Farbigen nichts als Taugenichtse und Schmarotzer sahen, die, wenn sie anständig wären, nur ein einziges Recht fordern dürften: das Recht auf Faulheit. Um diesen niederträchtigen Angriffen, die ihr Übelkeit bereiteten, entgegenzutreten, verbiß sich Gabrielle in endlose Streitereien über die jeweiligen Verdienste der Völker. Ich hielt es also für angebracht, ihr ein wenig historischen Abstand anzuraten. Dazu müßte sie sich lediglich daran erinnern, wie lange das Abendland gebraucht habe, das Mittelalter hinter sich zu lassen, vom Feudalismus zum Kapitalismus überzugehen. Zu der Zeit, als Europa noch ein riesiger dunkler Wald war, wo die Völker, an die Scholle gebunden, noch die meiste Zeit damit zubrachten, den Boden urbar zu machen und unter dem Schutz ihrer Herren, die aus den germanischen Barbarenhorden hervorgegangen waren – zu jener Zeit stand die arabische Kultur in solcher Blüte, daß an den südlichen Grenzen des christlichen Abendlands, in Kontakt mit den Ungläubigen, die Renaissance heraufdämmerte. Daß sich das Verhältnis inzwischen umgekehrt hat, ist zwar bedenkenswert, erlaubt es jedoch in keinem Fall, von der angeborenen Überlegenheit der Völker des Nordens zu sprechen!

Und wenn einem unbedingt daran liege, im Abendland eine ethnische Überlegenheit über die anderen Landstriche des Globus zu erkennen, dann solle man nicht päpstlicher sein als der Papst. Damit meinte ich Gobineau, den Apologeten der Ungleichheit der Rassen, der in seinem *Essai*[19] von 1850 von sich aus darauf verzichtet hatte, das moderne Europa zu verherrlichen. Ganz im Gegenteil! Gobineau, der von der Überlegenheit der »weißen Rasse« über die »schwarze Rasse« und die »gelbe Rasse« überzeugt war, verzweifelte an der Moderne. Er sah nämlich in der Hegemonie der handeltreibenden Gesellschaft die Verschärfung der Rassenvermischung und infolgedessen den Anfang vom Ende: ihm zufolge war es nicht mehr möglich, zu den glücklichen Zeiten zurückzukehren, als die weiße Rasse ihr Blut noch nicht mit dem der minderwertigen Rassen vermischt hatte. Eine solche Zeit habe es gegeben. Die germanischen Barbaren, die vor tausend Jahren Europa überfallen hatten, sowie ihre entfernten Vettern, die Dorer, die die griechische und italienische Halbinsel erobert hatten, standen dem Mutterstamm noch nahe, dem der Indogermanen, die aus den Hochebenen des Iran kamen und Indien ihren Stempel aufgedrückt hatten, indem sie unter dem Joch des Gesetzbuchs von Manu das Kastensystem einführten. Doch diese Zeiten seien vorbei, seit die beherrschten, unvergleichlich größeren Völkerschaften auf dem Wege widernatürlicher Ehen die Dorer verunreinigt hätten: durch den Zustrom von schwarzem Blut, dem Blut der immer zahlreicheren Sklaven, wurden sie semitisiert, und schließlich gewann im ganzen Mittelmeerraum die Plebs die Oberhand; als später die Germanen die Völker des Nordens unterjochten, erlagen auch sie bald der Semitisierung. Und nun machte die Heraufkunft der handeltreibenden Gesellschaft und der Demokratie jede Hoffnung auf eine Rückkehr zur Vormachtstellung des arischen Stamms zunichte. Mit anderen Worten, wenn man Gobineau aufmerksam las, verkehrte sich das, was a priori als beste Gewähr für die Überlegenheit des Westens gelten mochte, in Wirklichkeit in sein Gegenteil.

Bei ihren Wortwechseln mit den Neorassisten konnte Gabrielle nun auf beiden Klavieren spielen: ohne den Kontakt mit den

Arabern würden wir vielleicht noch heute Wildschweine mit dem Speer jagen, wir stehen also bei ihnen in historischer Schuld; will man jedoch unbedingt auf irgendeine rassische Überlegenheit pochen, dann muß man die handeltreibende Gesellschaft ablehnen, da man andernfalls unwissentlich eben diejenigen aufwertet, die man für minderwertig hält: die »Araber«, d. h. im strengen Sinne die »Semiten«, große Kaufleute vor dem Herrn ... Ich glaubte, daß Gabrielle mit unserer Unterredung zufrieden war, und empfahl ihr, zwei Werke zu Rate zu ziehen: den *Versuch über die Ungleichheit der Menschenrassen* von Gobineau, der dem mit Vorurteilen vollgestopften Leser so viele Überraschungen bereitet, sowie das Erste Buch des *Kapital* von Marx, das unser Gedächtnis auffrischt, was den Anbruch der Herrschaft der Ware im Abendland betrifft. Ich war sehr erstaunt, als ich bei der nächsten Sprechstunde feststellte, daß sie fast nichts gelesen hatte! Nicht, daß sie keine Gelegenheit dazu gehabt hätte, aber was ich ihr gesagt hatte, hatte ihr genügt, und da sie keine Zeit hatte, sich in die Texte selbst zu vertiefen, machte sie mit ihrer Rhetorik diesen Mangel wett. Im übrigen gefiel ihr diese Arbeitsweise sehr gut, und in Zukunft wollte sie es immer so halten: sie würde mir das Thema des Tages vorschlagen, und ich würde ihr die »wasserdichten« Argumente liefern, deren sie sich bei ihren chronischen Auseinandersetzungen bedienen würde. Im übrigen hatte sie Material für die Sitzung mitgebracht: da die Zeitung *Les Échos* viel Wind um einen »neuen Philosophen« machte, der gerade in Mode war, legte sie mir die Artikel vor, die über sein letztes Buch sprachen, und bat mich, ihr mehr darüber zu sagen. Es handelte sich um Gilles Lipovestsky, den Autor von *L'Ère du vide*, der sich zum Anwalt eines intelligenten Individualismus gemacht hatte und in seinem neuen Werk zwar nicht den radikalen und schrankenlosen Egoismus pries, der früher oder später an Zynismus grenzt, aber doch das »Zuerst komme ich«, in dem oft vergessenen Sinn des christlichen Satzes: *Liebe deinen Nächsten wie dich selbst*, der, wenn man es recht bedenkt, bedeutet: *Wenn ich mich selbst nicht liebe, kann ich auch die anderen nicht lieben.*

Mir war nun unbehaglich zumute! Zwar war ich gern bereit,

über Ethik zu sprechen und auf ihre letzten Metamorphosen einzugehen, mich sogar für Moden zu interessieren, aber es kam nicht in Frage, mich an die Stelle meiner Klienten zu setzen und ihnen ein vorgefertigtes Denken zu liefern. Ich hatte mir vorgenommen, den Dialog zu eröffnen, den Klienten dazu zu befähigen, sich so gut und so genau wie möglich auszudrücken, sich Texte anzueignen – aber gewiß nicht, an seiner Stelle zu denken. Daher kam es für mich nicht in Frage, bei diesem Spiel mitzuwirken. Ich hatte eine Praxis aufgemacht, um Dienste anzubieten – nicht, um zu Diensten zu sein. Das teilte ich Gabrielle mit. Und unsere »Arbeit« wäre beendet gewesen, hätte sie nicht, als sie in meiner Bibliothek viele Werke von Nietzsche entdeckte, ihre Studienzeit und einen kleinen Aufsatz erwähnt, den sie über den »Übermenschen« geschrieben hatte. Sie kramte in ihren Erinnerungen, sprach von jener Zeit, und es stellte sich heraus, daß wir uns kannten. Beide hatten wir an der Universität von Besançon studiert.

Und statt uns zu trennen, saßen wir nun da und versuchten, das Puzzel unserer Studentenerinnerungen zusammenzufügen. Natürlich hätten wir es, was die Sprechstunden betraf, dabei bewenden lassen können, um nach zwanzig Jahren die kameradschaftliche Beziehung von damals wieder aufzunehmen. Doch das Gegenteil war der Fall. Nicht, weil wir keine Kameraden wurden, sondern weil sich, fast natürlich, eine ganz andere Perspektive ergab: die der Genealogie von Gabrielles Denken. Ich fand es sehr verwunderlich, daß diese so lebhafte, beredte und scharfsichtige Frau ihr Philosophiestudium aufgegeben hatte. In ihrem Aufsatz über Nietzsche hatte sie die Frechheit besessen zu behaupten, der Übermensch sei in Wirklichkeit eine *Frau* – *die* Frau. Mein Erstaunen veranlaßte Gabrielle, mir ihren weiteren Lebensweg zu erzählen, daß sie zur Psychologie übergewechselt war und schließlich beschlossen hatte, sich ins »aktive Leben« zu stürzen. Sie gestand ihren Wunsch nach Geld und sogar ihren Wunsch nach Macht, was ziemlich genau ihrer gegenwärtigen Situation entsprach: sie hatte einen guten Job, wichtige Verträge auszuhandeln, viel Geld zu verwalten, ansehnliche Provisionen und Wertschätzung. Es gefiel ihr zu feilschen, die Forderungen ihrer Gesprächspartner zurückzuschrauben, aber auch Neues zu wagen, Ideen, »Produkte« auf den Markt zu bringen, sie zu vertreten und ihre Pläne zu Ende zu führen. Und sie war ein wenig stolz darauf, das alles ganz alleine geschafft zu haben. Es fehlte ihr lediglich bei den oben genannten Anlässen an Schwung, und deshalb hatte sie mich aufgesucht.

Ich hatte keineswegs die Absicht, sie zu verunsichern. Hätte ich dazu überhaupt die Mittel gehabt? Aber mir schien, daß sie sich etwas zu sehr selbst belog, um ihre Ziele wirklich zu erreichen und, mehr noch, das Erreichte zu bewahren in einer Zeit, wo, wie ich meine, auf gesellschaftlicher, ökonomischer und politischer Ebene die härteste Zeit noch bevorstand. Wahrscheinlich hatte sie das gleiche Gefühl, da sie das Bedürfnis verspürte, *als Klientin* wiederzukommen, um ihre Vergangenheit zu klären. Ich sollte ihr helfen, wiederzugewinnen, was sie aufgegeben hatte. Zwei oder drei Autoren schätzte sie in ihrer Universitätszeit: Roland Barthes, Vance Packard, Karl Marx. Mich wunderte, wie wenig Aufhebens sie in ihrem Leben von dem subversiven Charakter dieser Texte gemacht hatte. Nach ihren eigenen Worten fühlte sie sich sogar wohl im Kreise derer, die ihre Autoren anprangern – der Mitglieder der ausbeutenden Klassen. Es war mir schleierhaft, warum sie nach den Ereignissen von '68 nicht vor allem den Wunsch hatte, die gesellschaftliche Ungerechtigkeit zu beseitigen, die diese Texte in erster Linie geißeln. Es erschien mir unmöglich, die einen ernst zu nehmen und gleichzeitig zum Komplizen der anderen zu werden.

So begann eine lange Reihe von Sitzungen, in deren Verlauf Gabrielle allmählich zur Quelle zurückging. Zu ihrer Kindheit, den Beziehungen zu ihren Eltern, ihrem Platz in der Familie, ihren Hemmungen, ihren Gemütsbewegungen, ihren Ängsten. Nach und nach kamen wir auf ihre ersten Bücher zu sprechen; nicht ohne Mühen und Schmerzen; viele Erinnerungen kamen ans Licht, viele Wunden brachen wieder auf – die Zeit, als sie sich geschworen hatte, nicht mehr zur Schule zu gehen und fast ein Jahr lang standhielt! Die Krankheit ihres Vaters und wie sie ihn gepflegt hatte, als wäre sie die Hausherrin, dann sein Tod. Der ständige Konflikt mit ihrer Mutter, ihr Kampf gegen die

Mittelmäßigkeit des provinziellen Kleinbürgertums, das sie so sehr verachtete. Auf dem Umweg der »Texte« kamen wir häufig auf die Ereignisse, den Kontext zu sprechen, und häufig wurde die Rückerinnerung von Emotionen überflutet. Doch eines Tages kam sie mit einer ganzen Ladung von Kinderbüchern aus der Provinz zurück, darunter dem unstreitig wichtigsten, *Le Bal des douze princesses.* Welche Freude, ein Buch aufzuschlagen, das man vor vierzig Jahren in der Hand gehabt hat! Ein andermal durfte ich ihre eigenen Texte lesen: jene, die sie während ihrer Studienzeit in Besançon geschrieben hatte. Und innerhalb einiger Monate gelang es uns allmählich, ihren intellektuellen Werdegang zurückzuverfolgen.

Eine andere, weit weniger »mondäne«, aber für mich ebenso anrührende Geschichte ist die einer jungen Frau aus der Provinz, die ihre Kinder großzieht, ohne arbeiten zu müssen, da ihr Ehemann für die Familie sorgt. Ihre Lektüre ist bemerkenswert (Teilhard de Chardin, Camus, Cioran, Tresmontant), und sie kommt *auf Anraten eines befreundeten Psychiaters* zu mir, ohne deutlich formuliertes Anliegen. In nur einer Sitzung ließe sich wohl kaum herausfinden, was sie beunruhigt. Da sich ihre Lektüre um die »Frage des Heils« dreht – zumindest schien mir dies der Leitfaden zu sein –, bitte ich sie, in wenigen Sätzen zu definieren, was unter »Christentum« zu verstehen sei. Sie sträubt sich. Protestiert sogar. Nicht deswegen sei sie gekommen, das sei eine alte Geschichte, wie käme ich bloß darauf? Außerdem sei sie dem nicht gewachsen. Sie wisse nicht, was sie hier solle, und sie könne sich nicht ausdrücken, sinnlos, eine wohlgeformte Rede von ihr zu verlangen ...

Ich ließ nicht locker. Jacqueline hatte das Schwerste hinter sich gebracht: den Termin einzuhalten, anders als all die Leute, die zu Beginn meiner Praxis in der letzten Minute absagten. Ich hatte also großen Respekt vor einer Person, die trotz ihrer augenfälligen Schüchternheit den Mut hatte, sich mit ihrer Unwissenheit, wie sie selbst es nannte, auseinanderzusetzen und sich einer »sehr gelehrten Person«, d. h. mir, zu stellen. Ohne Zweifel lag ihrer Weigerung, mir mehr darüber zu sagen, ein gut Teil wahrer Bescheidenheit zugrunde. Aber darüber mußte ich mich hinwegsetzen oder aufgeben. Ich schlug ihr daher vor, für den Anfang den Text der *Genesis* zu studieren, ohne mir allzu viele Illusionen zu machen, sie wiederzusehen. Nach drei Wochen kam sie wieder, *Der Fall* von Camus in der Hand. Das bestätigte zwar meinen Verdacht, aber damit sie sich aus eigenem Antrieb dem in der Bibel geschilderten »Fall« zuwandte, mußten wir zuerst eine moderne Version durchnehmen.

Jacqueline konnte Camus' Helden sehr gut verstehen. Sie erinnerte daran, daß er, als er eine Brücke überquert, passiv zusieht, wie ein Mensch in die Seine fällt. Was nicht sehr moralisch ist. Doch wenn man darüber nachdenkt, fragt man sich, warum er ins Wasser hätte springen sollen, um einen Menschen zu retten, der beschlossen hatte, Selbstmord zu begehen. Sie schrieb seine Passivität nicht irgendeiner Feigheit zu, einem kleinbürgerlichen Wunsch, »sich nicht naß zu machen«, sondern dem metaphysischen Respekt vor der Freiheit des anderen. Sie selbst hatte sich unlängst in einer ähnlichen Lage befunden. Sie hatte es für richtig gehalten, einer Freundin auszureden, ihr Leben zu beenden. Seither bereut sie es, denn das Leben dieser Frau war äußerst schmerzvoll.

Damit befanden wir uns auf dem Gebiet, das ich vorausgeahnt hatte: Wozu leben, wenn das Leben ein Jammertal ist? Mit welchem Recht sich jemandem in den Weg stellen, der es vorzeitig verlassen will? Schon mit Phil hatte ich diese Debatte geführt. Trotzdem wußte ich, daß die »Nachfrage« nicht dieselbe war. Phil hatte es im Grunde an Leid gefehlt; was in seinen Augen das Dasein so sehr banalisierte, daß er anderswo nachsehen wollte, war die Tatsache, daß er zu behütet gewesen war, zuerst als Kind, dann als Heranwachsender und letztlich auch als Erwachsener, weil er keinen harten Schlag hatte einstecken müssen (die schönen Momente also nicht genießen konnte), folglich keine Freunde hatte (was Epikur zufolge auf dieser Welt die größte Wohltat ist). Bei Jacqueline war das Gegenteil der Fall! Das Leid sprach aus jeder ihrer Silben, die ich ihrer Stummheit zu entreißen vermochte. Ihr Problem hieß also nicht: *»Ich sehe keinen Grund zu leben«*, sondern: *»Ich sehe viele Gründe zu leben, und ich möchte die verlorene Zeit aufholen; allerdings möchte ich* *keiner optischen Täuschung zum Opfer fallen, denn das Leid ist immer da, und es ist unerträglich.«* Bei diesem Leid handelte es sich zunächst natürlich um das Leid, das ihr zugefügt worden war; aber auch um das, das sie ihren Angehörigen zufügte. Sie war – infolge einer befreienden Heirat – Mutter geworden, und sie wußte, daß ihre früheren Qualen sie daran hinderten, ihrer Aufgabe wirklich gewachsen zu sein. *Nicht gewachsen!* Anfangs merkte ich nicht, wie sehr diese Selbstkritik ihrem Verhältnis zu ihren Kindern galt. Wahrscheinlich beharrte ich aus diesem Grund ohne allzu große Skrupel darauf, daß wir die Lektüre der *Genesis* in Angriff nähmen.

Schließlich gab sie nach und überließ mir von diesem Tag an die Leitung der Dinge. Da sie in der Normandie wohnte, konnte sie nicht jede Woche kommen, und daher vereinbarten wir einen flexiblen Termin von zwei Sitzungen im Monat. Sie hatte drei Kinder, zwei Söhne von über zehn Jahren und eine jüngere Tochter. Aber sie war entschlossen, ihr größtes Handicap, wie sie es nannte, zu überwinden: keine Ordnung in den Sturm ihrer Gedanken bringen zu können, sie nicht klar ausdrücken zu können, sie nicht einmal aufschreiben zu können. Wie sie mir gestand, hatte sie als Kind ein sehr intensives spielerisches Verhältnis zu ihrem Vater gehabt: sie war seine kleine Geisha. Doch eines Tages – sie war sieben –, als sie aus der Schule kam, lag ihr Vater schwerkrank im Bett; sie ging zu ihm, streckte ihm die Hand entgegen ... Da stürzte ihre Mutter herein, um sie daran zu hindern: »*Wenn du ihn anfaßt, bringst du ihn um!*« Seitdem war sie außerstande gewesen, in der Schule richtig zu arbeiten, da ihr der Kontakt zum Vater fehlte und sie von schrecklichen Gedanken gepeinigt wurde: »*Wenn er stirbt, ist es meine Schuld! Wenn ich ihn anfasse, stirbt er, meine Hand wird ihn töten!*« So vergingen die Jahre in Angst und in der Ablehnung ihrer Hand, was zur Folge hatte, daß sie keinerlei Fortschritte im Schreiben machte. Auch nicht im Sprechen; auch nicht im Auswendiglernen, denn was liegt an Worten, wenn man ein potentieller Mörder ist, wenn man in aller Unschuld etwas so Böses tun kann?

Der Tod ihres Vaters, als sie erwachsen war, befreite sie ... Seitdem las sie viel, vor allem schwierige Bücher, aber da ihr die elementaren Schulkenntnisse fehlten, drehte sich ihr der Kopf. Schreiben war ihr nahezu unmöglich. Natürlich hatte sie eine solide Therapie gemacht, wo sie endlich ein aufmerksames Ohr und ungeahnte Einblicke in ihre Vergangenheit fand, so daß sie die Ursache ihres Handicaps hatte erkennen können. Doch was ihr fehlte, konnte ihr auf diesem Weg nicht gegeben werden, und sie setzte auf die Philosophie – und auf meine Geduld –, um diese Lücke zu füllen. Zwar fühlte ich, daß in ihren Mitteilungen noch viele Teile des Puzzle fehlten. Doch da ich kein Therapeut bin, hatte ich keine Lust, sie aufzuspüren, denn damit hätte ich mir eine Arbeit aufgebürdet, von der ich nichts verstand, und die Grundidee meiner Praxis hinfällig gemacht: d. h. es meinen Klienten zu ermöglichen, die philosophische Reflexion wieder aufzunehmen, deren Unterbrechung oder Fehlen meiner Meinung nach ein großes Unglück sein kann. Der Verstand hat seine eigene Logik, die sich nicht auf die Zufälle der »Instanzen« reduzieren läßt, mit denen die verschiedenen psychotherapeutischen Schulen arbeiten. Bei ihm liegt sofort Allgemeines in der Luft. Er hungert nach dem Ganzen. Dieser Hunger muß gestillt werden. Besser spät als nie. Bei Jacqueline war dieser Hunger nach Allgemeinem wohl sehr stark gewesen; aber sie hatte ihn nicht befriedigen können, und diese Enttäuschung schien mir besonders ernste Folgen gehabt zu haben; daher mußte man sie von den unmittelbar mit ihren Familienverhältnissen zusammenhängenden Traumata unterscheiden.

Ich war überzeugt, daß sie mit dem Christentum eine Rechnung zu begleichen hatte. In vertrauensvollen Augenblicken, wo das Gefühl den Verstand überrollte, hatte sie mir gestanden, daß sie in der Schule als eine »Pest« galt. Nicht bei ihren Kameradinnen, für die sie wenig Interesse, also auch keine Bosheit an den Tag legte, sondern bei den *Nonnen*. Denn ihre Schule wurde von Ordensschwestern geführt. Jacqueline sah, als Kind, eine Kluft zwischen dem Ideal, das im Unterricht gepredigt wurde, und dem tatsächlichen Verhalten der Lehrerinnen, die ihren Worten zufolge eine prächtige Kollektion aller menschlichen Fehler lieferten: Heuchelei, Eifersucht, Sadismus usw. In deren Augen hatte sie einen entscheidenden Fehler: sie war eine »Besserwisserin«. Anders als die meisten ihrer Mitschülerinnen wollte sie sich nicht damit abfinden, den Katechismus zu lernen, ohne ihn zu verstehen, etwas auswendig zu lernen oder zu glauben, was ihrem gesunden Menschenverstand widersprach. Auf mein Drängen hatte sie sich mehrfach große Mühe gegeben, sich an einen der Punkte zu erinnern, die sie empört und zu Bemerkungen im Unterricht Anlaß gegeben hatten. Vergeblich! Das alles war zu tief vergraben und vielleicht zu schmerzlich, um auf Befehl wieder zum Vorschein zu kommen. Ich versuchte es mit der »Heiligen Dreifaltigkeit« oder mit der »Jungfräulichkeit Marias« oder mit der »Fleischwerdung des Erlösers« oder auch mit seiner »Auferstehung nach drei Tagen«, lauter Glaubensartikel, auf denen die christliche Lehre beruht und denen das Kind einer katholischen Schule im Prinzip zustimmen muß. Es half nichts. *»Keine Besserwisserin in der Klasse!«* hatte ihre Lehrerin der achten Klasse gesagt, und es funktionierte noch immer ...

Also blieb mir nichts anderes übrig, als von vorne zu beginnen und sie einen ähnlichen Weg zurücklegen zu lassen wie den ihrer apostolisch-römisch-katholischen Kindheit, um ihr die Rechtmäßigkeit ihrer damaligen Auflehnung nahezubringen. Tatsächlich stößt man sehr schnell auf enorme Schwierigkeiten – *aus christlicher Sicht selbst* –, sobald man die Folgerichtigkeit der messianischen Rede nachzuvollziehen sucht. Auf den ersten Blick ist die Lehre schlüssig. Gott, der Schöpfer des Himmels und der Erde, hat vor zweitausend Jahren seinen Sohn auf die Erde gesandt, damit er die Sünden der Menschen auf sich nehme. Kaum war der Mensch nämlich erschaffen, da hatte er sich Ihm widersetzt und von der verbotenen Frucht gegessen, was Gott genötigt hatte, ihn streng zu bestrafen: aus dem irdischen Paradies vertrieben, mußte der erste Mensch von nun an sein Brot im Schweiße seines Angesichts essen, und seine Gefährtin, die Frau, wurde dazu verurteilt, unter Schmerzen Kinder zu gebären. Auch danach hatten sich die Dinge keineswegs zum Guten gewendet! Von Generation zu Generation hatte die Menschheit unaufhörlich die schlimmsten Schandtaten begangen, so daß Gott zu wiederholten Malen nicht gezögert hatte, sie ganz oder zum Teil zu vernichten. Zwar hatte Er jedesmal von neuem einen Bund mit dem einen oder anderen ihrer Vertreter geschlossen und es dann sogar mit einem ganzen Volk versucht: dem jüdischen Volk. Aber jedesmal war Er enttäuscht worden; die Menschen, und sogar Sein auserwähltes Volk, fuhren fort, ihr Wort zu brechen, nämlich ihren Vertrag, in Ihm ihren einzigen Gott zu sehen: Wie sollte Er an einer solchen Brut nicht verzweifeln? Nun, Er war nicht verzweifelt! Er fuhr fort, sie zu lieben und Seine Hoffnung in sie zu setzen. Und um es ihnen zu zeigen, hatte Er Seinen Sohn gesandt: während ihre Schuld jede Möglichkeit einer Tilgung überstieg, hatte Er sie getilgt; statt sie zu vernichten, wie Er es vermocht hätte und ein weiteres Mal hätte tun sollen, hatte Er Seinen Sohn geopfert. Einfach so, um ihnen Seine unendliche Liebe zu beweisen.

Das Problem besteht in der Inkohärenz des Textes der *Genesis* selbst. Schlecht und recht fand Jacqueline schließlich die Logik der Lehre wieder, die man ihrem kindlichen Gehirn hatte einhämmern wollen. Sie war nun imstande, sich dem Text zuzuwenden, um die Legitimität der vom Christentum benutzten Quelle nachzuprüfen. Und sie war höchst überrascht! Zwar war in der *Genesis* von der Erschaffung des Himmels und der Erde durch Gott und dann von der Erbsünde die Rede, aber die beiden Berichte ließen sich nicht miteinander vereinbaren. Sie traute ihren Augen nicht. Und doch stand es geschrieben... Man stößt nämlich in dem Text sehr schnell auf einen wahren Hiatus zwischen einem ersten Bericht, in dem Gott in sechs Tagen die Welt erschafft, und einem zweiten, in dem Adam, von Eva dazu aufgefordert, die selbst von der Schlange verführt wurde, das Unwiederbringliche begeht. Im ersten Bericht scheidet Gott das Wasser unter dem Gewölbe von dem Wasser über dem Gewölbe, läßt das trockene Land sichtbar werden, macht die Lichter, um es zu beleuchten (die Sonne, den Mond und die Sterne), erschafft alle Arten von Pflanzen und Tieren, darunter auch den Menschen. Er ist mit sich zufrieden und ruht am siebten Tag. Seltsamerweise folgt dem Text nun ein zweiter Bericht, der die Schöpfungsgeschichte wieder aufnimmt. In diesem zweiten Bericht *findet die Schöpfung nicht in derselben Reihenfolge statt.* Diesmal erscheint der Mensch, Adam, als erstes, noch vor den Pflanzen und den anderen Arten, während er in dem Bericht der sechs Tage als letzter auftaucht. Was um so merkwürdiger ist, als erst alle anderen Arten erschaffen werden, ehe die Frau auftaucht, während sie im ersten Bericht zur gleichen Zeit erschaffen wird wie der Mann. Und diesmal nimmt es ein böses Ende.

In gewissem Sinn haben die Christen sicherlich recht, sich auf die *Genesis* zu berufen, um der Idee der Erbsünde Gewicht zu verleihen. Die Geschichte ist ganz einfach darin zu finden. Man sieht, wie sich die Frau von der Schlange verführen läßt und wie der Mann die verbotene Frucht ißt. Das Problem ist nur, daß sie sich mit der Schöpfungsgeschichte – zumindest der Schöpfung in sechs Tagen, mit der die Christen sie verbinden – nicht vereinbaren läßt. In jener Schöpfung nehmen die Dinge kein böses Ende: hier geht alles sehr gut. Und zwar aus gutem Grund: es gibt nämlich kein Verbot. Wie sollte es da Ungehorsam geben? Gott ist sehr zufrieden mit Sich und Seinen Geschöpfen, insbesondere mit dem, das Er als letztes erschaffen hat: mit dem Menschen, das heißt dem Mann und der Frau, die Er gleichzeitig und nach Seinem Bild schuf; Er ist so zufrieden mit ihnen, daß Er ihnen zugesteht, über die ganze Erde zu herrschen, und Er übergibt ihnen alle Bäume, ohne Ausnahme. Ganz anders im zweiten Bericht: Als erstes formt Gott den Menschen; dann legt Er in Eden einen Garten für ihn an, den der Mensch für Ihn hüten soll. Was schon seltsamer ist! Und vor allem verbietet Er ihm, vom Baum der Erkenntnis von Gut und Böse zu essen. Da Er sieht, daß der Mensch sich langweilt, erschafft Er die Tiere (ganz anders als im ersten Bericht, wo Gott die Tiere zu Seinem eigenen Vergnügen erschafft und dieses Vergnügen mit dem Menschen vollendet). Und da Adam damit nicht zufrieden ist, läßt Er ihn in Schlaf fallen und macht ihm aus seiner Rippe eine Gefährtin. Er ist sehr fürsorglich, dieser Gott, aber man spürt, daß Er fiebrig und unruhig ist. Im übrigen läßt das Unwiederbringliche nicht auf sich warten. Er verdächtigt Adam, verfolgt ihn im Garten und fordert ihn auf, sich zu erklären. Es ist aus! Damit der Mensch nicht wie Gott werde, vertreibt Er ihn aus dem Garten Eden und läßt diesen von Engeln bewachen.

Mit der Zeit mußte Jacqueline die Verschiedenheit der beiden Berichte erkennen. Zuerst rieb sie sich die Augen: »*Ungeheuerlich: Wie konnte man darüber hinwegsehen? Warum verschweigt man uns das seit so langer Zeit?*« Dann versuchte sie, die beiden Texte miteinander in Einklang zu bringen: kann man nicht vermuten, daß der zweite Bericht ins Detail geht, indem er sich auf das Abenteuer des Menschen konzentriert? Aber es half nichts: zwischen den beiden Chronologien besteht ein Gegensatz, und nur im zweiten wird ein Verbot ausgesprochen ... Gar nicht so einfach, die Wogen zu glätten! Wozu auch, wenn nicht, um zu verdunkeln, was sie als Kind schockiert hatte. Im ersten Bericht treibt Gott Sein Lieblingsgeschöpf wenigstens nicht ins Verderben: Er ist allmächtig und hat von ihm nichts zu befürchten. Im zweiten Bericht ist das Gegenteil der Fall: wenn Er allmächtig ist, bestimmt Er den Lauf der Dinge. Und wenn Er den Lauf der Dinge bestimmt, ist Er allwissend und weiß infolgedessen, daß der Mensch sich Ihm widersetzen wird: in diesem Fall ist Er der Schuldige. Worin liegt die Schuld des Menschen? Man behauptet, der Mensch sei frei geschaffen worden: trotzdem soll er schuldig sein, weil er sich auch nicht hätte widersetzen können, und die Strafe soll ihm den Wert seiner Freiheit begreiflich machen? Was aber heißt es, frei zu sein, wenn alles von vornherein feststeht?

Als sich Jacqueline in den grundlegenden Text vertiefte, erinnerte sie sich wieder an viele Fragen ihrer Kindheit, an viele Einwände, die sie im Unterricht vorsichtig geäußert und dann, weil sie angeblich eine »Pest« war, ein für allemal erstickt hatte. Die Pest zu haben – eben dies war das Schicksal einer »Besserwisserin«, die zu verstehen suchte, was man ihr beibringen wollte: Wenn der Sündenfall zum Szenario gehörte, konnte Gott die Sache dann nicht abkürzen? Er wußte doch, daß der Mensch nicht allein zurechtkommen würde, daß Er Seinen Sohn würde schicken müssen, damit er die Zeche zahle. Gab es keine einfachere und vor allem weniger grausame Lösung? Für Seinen Sohn war das ja nicht so schlimm, denn er wußte, daß er zur Rechten seines Vaters sitzen werde; aber für die Menschen! Für alle Menschen, die verblendet sind von Wünschen und Ängsten, als erstes von der Wißbegier, die, wie jeder weiß, stärker ist als alles andere ... Für alle Menschen, die in ihrem Fleisch für die Verirrung ihres Vorfahren bezahlen mußten und noch immer bezahlen müssen. War der Preis nicht übertrieben hoch? Wie können so viele Unschuldige für ein Vergehen zahlen, an dem sie keinen Anteil haben? Im übrigen wußte auch Adam nicht, daß er durch seinen Ungehorsam das Böse tat, da er *noch nicht* von dem Baum gegessen hatte, der ihm die Augen geöffnet hätte ...

Wird man es glauben? Diese junge Frau, die mich stotternd aufgesucht hatte, die sich für unfähig hielt, irgend etwas über die Religion ihrer Kindheit zu sagen, fand endlich Gnade vor ihren eigenen Augen. Kein Wunder, daß sie sich damals gegen die Ungereimtheiten auflehnte, die sie bereits als solche erkannte. Kein Wunder auch, daß sie es aufgegeben hatte, ihren Verstand zu gebrauchen, wenn ihm in ihrer Schule ständig Gewalt angetan wurde, eben dort, wo man ihn hätte hegen, pflegen, entwikkeln müssen. Im Lauf unserer Sitzungen ließ sie sich nun auf wahre metaphysische Meditationen ein und entdeckte in kurzer Zeit (und ganz allein) das *cogito,* so daß wir uns in Descartes' *Meditationen* vertiefen konnten. Heute sind wir bei der dritten angelangt – in der Descartes sich abmüht, die Existenz Gottes zu beweisen.

Gruppensitzung

Die Philosphiepraxis ist ein Ort, wo man sich nach der Gültigkeit des Sinns fragt, den man dem Schauspiel des Daseins beimißt, sowie nach der Rolle, die man selbst darin spielt. Man läßt die Quellen sprudeln, wenn sie nur latent sind, man analysiert sie, sobald sie ausdrücklich genannt werden. Ein Begriff, eine Lehre, ein Text, ein Werk, ein Autor stecken dann den Weg ab, den das Gespräch nimmt. Der Vertrag kann sehr kurz sein. Ich erinnere mich an einen alten Herrn, der einen präzisen Kommentar des ersten Satzes aus Kants *Grundlegung zur Metaphysik der Sitten* verlangte; aber die Aufgabe sollte innerhalb einer Stunde bewältigt werden. Wie die meisten meiner Klienten hatte er telefonisch einen Termin vereinbart und, sehr verlegen, gefragt, ob er eine einzige Stunde nehmen könne. Ich hatte ihn beruhigt, und wenig später war er gekommen, denn er hatte es sehr eilig: er mußte nämlich im Rahmen eines Kurses, den er an seinem Lebensabend an der Universität von Nanterre begonnen hatte, einen Vortrag halten. In Anbetracht seines Alters sei er sich seiner Fähigkeiten nicht mehr ganz sicher, sagte er, und er benötige mein Wissen, um nicht durchzufallen. Sein Problem war einfach: er verstand nicht, wie Kant die Moral auf den »guten Willen« hatte gründen können.[20] Das klinge nicht seriös. Ihm zufolge müsse man sich, um eine solide Grundlage für die Moral zu finden, auf die Wissenschaft stützen – auf das seit Generationen angesammelte Wissen, auf die Wahrheit über die menschliche Natur, kurz, auf die Erkenntnis. Kant scheint nun aber zu sagen, man solle davon Abstand nehmen: Wie ist diese Weigerung seitens eines der berühmtesten Vertreter der Philosophie der Aufklärung zu verstehen, der doch so sehr mit den Fortschritten der Wissenschaft rechnete, um dem Aberglauben der Vergangenheit ein Ende zu setzen? An jenem Tag war herrliches Wetter. Daher bat ich ihn, noch bevor er Platz nehmen konnte, mir zum Place des Vosges zu folgen. Und der Vertrag wurde eingehalten.

Oft dauert es sehr lange. Wenn man lernen oder von neuem lernen will, selbständig zu denken, reicht ein Jahr kaum aus, wie die beiden vorhergehenden Fälle beweisen. Aber es gibt noch viele andere. So Eric Z., ein junger Drehbuchautor und Filmemacher, der es satt hatte, Fernsehserien zu schreiben, und ernsthafter arbeiten wollte, nach dem Vorbild des amerikanischen schwarzen Romans: und so haben wir uns Sartres *Der Ekel* vorgenommen – was Zeit erfordert. Ich denke an H. M., einen auf Biologie spezialisierten Wissenschaftsjournalisten, der über die möglichen Folgen der genetischen Forschung alarmiert war und versuchte, zwischen der Genetik und der Ethik eine Brücke zu schlagen ... Ich denke an Huguette, die nach einigen Wochen in Rom nach Paris zurückkehrte und unbedingt ihr Bacchalauréat machen wollte! Aber im Philosophielehrplan versperrte ihr Nietzsche den Weg ...

Außer der Zahl und dem Rhythmus der Sitzungen kann auch die Zahl der Teilnehmer variieren. Statt alleine kann man zu zweit oder sogar zu dritt kommen. Warum sollte man nicht zusammen mit einem Freund oder Bekannten eine Stunde in der Philosophiepraxis verbringen, wenn man den Wunsch hat zu »philosophieren«? Seit ich meine Tätigkeit begonnen habe, hatte ich oft Gelegenheit, zwei Personen gleichzeitig zu empfangen. Das erstemal handelte es sich um einen Psychiater aus Marseille, der meine Meinung über den Fall eines schwierigen Jugendlichen wissen wollte und der mit seiner Begleiterin kam. Dann fragte mich eine junge Frau, ob sie ihrem Freund eine Sprechstunde zum Geburtstag schenken dürfe: ich fand die Idee ausgezeichnet und empfing sie alle beide. Ein andermal war es ein Ehepaar. Und dieses Gespräch werde ich so schnell nicht vergessen.

Am Telefon hatte mich die Dame gefragt, ob sie mit ihrem Ehemann kommen dürfe, da sie sich beide genau dieselbe Frage stellten. Nachdem ich ihr bestätigt hatte, daß der Tarif sich nicht ändere, wenn sie zu zweit kämen, erkundigte ich mich nach »der« Frage. Feierlich sagte sie nach einer Weile: *»Wozu soll man sich mit unnützen Dingen umgeben?«* Sie fügte hinzu, daß jeder von ihnen seine eigene Meinung dazu habe, und da diese Meinungen radikal verschieden seien, wollten sie von mir wissen, wer recht hätte. Ich war einverstanden. Da ich über ein solches Problem noch nie nachgedacht hatte, empfing ich sie völlig unvorbereitet. Innerhalb weniger Minuten nahm die Kontroverse Gestalt an. Der Ehemann meinte, man dürfe sich von unnützen Dingen nicht vereinnahmen lassen, auch wenn sie einen Gefühlswert hätten, denn das lähme die Handlungsfähigkeit. Als Beispiel nannte er seinen Schreibtisch, eine Arbeitsfläche, die er systematisch aufräume, und er beklagte sich über die Manie seiner Frau, das Haus mit allen möglichen Gegenständen so vollzustopfen, daß man kaum mehr in die Zimmer gelangen könne. Wenn es nach ihm ginge, würde er alles Überflüssige in den Keller schaffen. Sie dagegen meinte, daß der unmittelbare Nutzen nicht zur unpersönlichen Leere eines rein funktionalen Raums führen dürfe und daß sie lieber zwischen Dingen lebe, die ihr lieb und teuer seien, auch wenn dies ihre Bewegungsfreiheit einschränke. Worauf er erwiderte, das sei unsinnig: alte Dinge aufzuheben, selbst im Keller, sei nicht nur deshalb töricht, weil neue Dinge sie entbehrlich machten, sondern weil er nicht das Recht habe, später einmal seine Kinder mit all diesem Plunder zu belasten; denn was sollten sie wohl anfangen mit einem solchen Erbe, mit all diesen altmodischen Möbeln und anderem Nippes?

Die Kontroverse wäre zum Lachen gewesen, hätte sie nicht einen tiefen Schmerz verraten, an dem beide offenkundig seit langem litten und der diese seltsame Wendung genommen hatte. Mir wurde nämlich schnell klar, daß der Gatte meinte, seine Frau mache ihm zu Hause das Leben unmöglich und störe ihn letztlich: daß sie das Haus nicht nur mit unnützen Dingen vollstopfe, sondern selbst zu den unnützen Dingen gehöre! Und die Frau verhehlte mir nicht, diskret auf die Untreue ihres Mannes anspielend, daß ihre Manie, Dinge in den gemeinschaftlichen Räumen anzuhäufen und sogar »seinen Schreibtisch« vollzustellen, im wesentlichen von ihrem Wunsch herrührte, ihn an »ihre eigene Existenz« zu erinnern, die er inzwischen so sehr vergessen hatte, daß er so tat, als sähe er sie nicht: »*Als ob ich durchsichtig wäre!*« sagte sie mit einem melancholischen Lächeln.

Ich saß ganz schön in der Patsche! Sollte ich das Alibi für eine Abrechnung sein? Oder mich in einen Eheberater verwandeln?

Undeutlich sah ich einen dritten Weg, der der Rolle, die ich in meiner Praxis zu spielen gedachte, mehr entsprach. Das Pathos dieses Streits hatte etwas Universelles. Im Kampf der beiden Ehepartner erblickte ich den Konflikt der Gemeinschaft mit dem Individuum und den Kampf der Zukunft gegen die Vergangenheit. Die Position des Ehemanns erinnerte mich an die Unbeugsamkeit der Revolutionäre; an die eines Robespierre, der entschlossen war, die Launen des Einzelnen dem Wohl aller unterzuordnen, und die vom Ancien Régime angehäuften Institutionen und Vorschriften hinwegfegte: Privilegien der Aristokraten und des Klerus, Rechte der Zünfte, Wegegelder, Zölle, Steuern aller Art, Dekrete des Monarchen, die das Volk in ein unentwirrbares Netz von Gesetzen einschlossen – mit alldem mußte Schluß gemacht werden, denn dieser ganze Plunder hemmte den Fortgang der modernen Geschichte. Ich fragte den Herrn also, ob er die Partei der Gemeinschaft gegen die des Individuums ergreife, ob er sich in der revolutionären Tat wiedererkenne, ob er sie anstrebe und ob er die Folgen dieser Wahl ermesse. Denn sein Problem war eben jenes, über das die Französische Revolution, vielleicht jede Revolution, uns nachzudenken zwingt: Wenn der Teil weniger wichtig ist als das Ganze, was soll dann mit dem Erbe der Vergangenheit geschehen? Soll man es wegwerfen oder aufheben? Alles wegwerfen? Nichts aufheben? Als sich das französische Volk von den Fesseln des Ancien Régime befreite, glaubte es, das Reich der Gleichheit und Brüderlichkeit zu errichten; doch unter dem »Plunder« der verworfenen Institutionen befanden sich Maßnahmen, die dazu bestimmt waren, die rasenden Dämonen des Handels und der Industrie einzudämmen ... Die Folgen sind bekannt. Daher schlug ich dem Herrn vor, diese Periode genau zu untersuchen, sich insbesondere einen Augenblick in die herrlichen Reden von Robespierre zu vertiefen, sodann ein wenig Abstand zu nehmen und sie zum Beispiel mit Tocquevilles Studie *Der alte Staat und die Revolution* zu vergleichen.

Seiner Frau dagegen schlug ich vor, den Motiven ihres Widerstands Aufmerksamkeit zu schenken. Es bestand kein Anlaß, sie ins Lager der Konservativen zu verbannen und die Debatte auf dieser Ebene zu führen. Wie mir schien, war ihr Widerstand gegen ihren Mann nicht politisch begründet und würde nicht so bald das Schicksal der Gemeinschaft berühren. Er entsprang ihrer persönlichen Demütigung und ihrer Angst vor einer Trennung. In seinen Augen existierte sie nicht mehr; es galt herauszufinden, warum. Er fand sie »durchsichtig«: Wie lange wollte sie noch warten, bis sie wieder an Dichte gewann? Sie schien nur durch ihn zu existieren; sollte sie nicht besser versuchen, durch sich selbst zu existieren?

Meine Aufforderung war nicht sibyllinisch. Sich nicht länger dem Blick des anderen zu unterwerfen – eben dies ist die Berufung der philosophischen Praxis. Als Kind lernen wir, die Welt mit den Augen der anderen, unserer Eltern, unserer Lehrer zu sehen; meist unterwerfen wir uns dem Bild, das sie uns von ihr geben wollen – einem Bild, das uns auf den rechten Weg bringen soll. Was aber taugt eine solche Sicht der Welt? Sehr schnell wird sie von den Tatsachen widerlegt; nur selten durch unsere Erfahrung bestätigt. Oft bringen andere Reden sie in Mißkredit, z. B. die unserer Lieblingsautoren, die – wie von ungefähr – die Weisheit unserer Lehrer untergraben. Nach und nach stellt sich der Zweifel ein. Er drängt sich auf. Er bohrt. Eines Tages muß man sich wohl oder übel zu ihm bekennen. Und wer bin ich im übrigen, wenn man für mich denkt? Was bin ich, wenn ich kein denkendes Subjekt bin? Ein Objekt. Eine Sache, die nicht denkt. Kein Wunder, wenn ich »Teil der Möbel« bin, wenn diejenigen, die denken, nicht auf mich achten! Bin ich überhaupt sicher, daß ich existiere? Um mich dessen zu vergewissern, gibt es nur eine Lösung, nämlich daran zu zweifeln, und von hier aus einzusehen, daß ich, wenn ich zweifle, zumindest bin!

Auf diese Weise ging einst Descartes vor. Sein aus seiner christlichen Erziehung hervorgegangenes Weltbild wurde nach und nach vom Zweifel angenagt. Eines Tages packte er schließlich den Stier bei den Hörnern und ging soweit, sogar die Existenz dieser Welt und seine eigene Existenz in Frage zu stellen. Daher die Erfahrung des *cogito*. Das könnte dieser so »durchsichtigen« Dame eine Lehre sein. Durchsichtigkeit ist kein Makel, wenn sie dem an allem Zweifelnden die erste Gewißheit liefert. Freilich muß man selbständig denken: niemand kann mir garantieren, daß ich existiere, wenn nicht ich selbst in meiner Durchsichtigkeit für mich selbst. Niemand kann an meiner Stelle denken. Damit verändert sich der Status der Durchsichtigkeit: aus etwas Negativem – wenn ich darunter leide, daß ich nicht für und durch den anderen existiere – wird er zu etwas Positivem, sobald ich mich als denkendes Subjekt begreife; denn nichts ist klarer als der Gedanke: »*Ich zweifle, also bin ich.*«[21] Zwar bin ich noch immer durchsichtig, diesmal jedoch ist es ein Trumpf für mich, denn es beweist, daß ich existiere – sofern ich selbständig denke.

Letztlich durchlebte dieses Ehepaar in kleinem Maßstab eine höchst erstaunliche Spannung: auf der einen Seite der kollektive Pol, der Pol der menschlichen Geschichte, wo das »wir« herrscht; auf der anderen der individuelle Pol, der Pol des Subjekts, das »ich« sagt. Jeder der beiden neigte sich einem der Pole zu, aber die Würfel waren noch nicht gefallen. Keiner von ihnen hatte wirklich eine Wahl getroffen. Sie mußten also in Kenntnis der Sachlage eine Entscheidung treffen: er zugunsten des kollektiven Pols im revolutionären Sinn, sie zugunsten des individuellen Pols im Sinn des kartesischen *cogito*. Waren sie bereit, diese Arbeit auf sich zu nehmen? Konnten sie sie gemeinsam bewältigen? Ich weiß es nicht. Ich hätte ihnen gerne geholfen, aber ich sah sie nie wieder. Es wäre ein sehr schönes Abenteuer gewesen. Sie haben sich anders entschieden.

Tatsächlich sind sie nicht die einzigen. Schon mehrmals habe ich Klienten nicht wiedergesehen, deren Programm nach der ersten Sitzung vielversprechend war; andere sind unterwegs abgesprungen. Einige geben auf, weil es ihnen an Mut fehlt, ihr Problem zu vertiefen, und an Arbeitseifer, sich mit den Texten zu befassen; andere, weil es ihnen an Zeit oder an Geld fehlt. Dennoch funktioniert die Form des Zweiergesprächs recht gut, gerade weil sie einen großen Teil der genannten Schwierigkeiten löst: zum einen weil sie für jeden um die Hälfte billiger ist; zum anderen weil die Angst vor der Person des »Philosophen« ebenfalls durch zwei geteilt wird; und schließlich weil sich zu mehreren sehr rasch eine fruchtbare Dialektik entwickelt.

Ein Beispiel dafür sind zwei junge Frauen, J. und D., mit denen ich seit über einem Jahr arbeite. Im Rhythmus von zwei Sitzungen im Monat schreiten sie auf einem Weg voran, der unterwegs festgelegt wird, ohne vorgegebenes Programm. Ausgehend von Platons *Politeia* haben wir uns der *Genesis* zugewandt, um dann, über die Jahrhunderte hinweg, zu Voltaires *Candide* zu gelangen; nachdem wir uns einen Augenblick bei Leibniz' *Theodizee* aufgehalten hatten, befaßten wir uns mit Nietzsche und seiner *Genealogie der Moral;* und von dort aus kehrten wir zum *Kommunistischen Manifest* von Marx und Engels zurück, bevor wir uns den Gedanken Johannes Pauls II. über die »neuen Dinge« in seiner Enzyklika *Rerum Novarum* zuwandten. Die Logik dieses Parcours? Sie hängt mit der anfänglichen Fragestellung zusammen. Nachdem die beiden Frauen vor etwa zehn Jahren gemeinsam ihr Werbeunternehmen gegründet hatten, haben sie die hohe Zeit der »Werbung« erlebt – und gut gelebt –, aber auch hart gearbeitet. Wie die meisten Fachleute dieser Branche bekommen sie heute die Folgen der Wirtschaftskrise zu spüren. Sie fragen sich also nicht nur, ob es sich noch lohnt, sich »abzurackern«, ob das wirkliche Leben nicht woanders sei, ob dieser Aufwand an Zeit und Energie für den Rest ihres Lebens der richtige sei, sondern sie fragen auch, wie sich die Lage entwickeln wird: Wird die Krise anhalten? Ist Europa die richtige Lösung? Welche Folgen hat das Ende des sozialistischen Abenteuers in den Ländern des Ostens? Ist das Abendland noch immer der Motor der Zivilisation? Sind die armen Länder auf dem richtigen Weg? Kurz, wohin steuert die moderne Welt?

Da modern in Gegensatz zu alt steht, schlug ich den beiden Frauen vor, als erstem Anhaltspunkt der Reflexion mit Platon zu beginnen. Das ist höchst praktisch, da er in der *Politeia* ein eindrucksvolles Bild von der Polis, dem Staat seiner Zeit, zeichnet. Um die verschütteten Gefühle der Abschlußklasse wiederzubeleben, ließ ich sie natürlich in die Höhle eintreten. Sie durften jenen (manchmal traumatisierenden) Augenblick erleben, wo man sich – gleich den anderen Gefangenen, die an Hals, Füßen und Händen gefesselt sind – als ein Opfer der Schatten fühlt, die sie an der rückwärtigen Wand vorbeiziehen sehen, außerstande, den Lauf der Dinge zu verändern. Wo man denjenigen beneidet, den die Götter von seinen Ketten befreien und zum Ausgang, an die frische Luft führen, auch wenn ihm einen Moment lang im Licht des Tages die Augen schmerzen: denn *»zuletzt wird er auch die Sonne selbst, nicht Bilder von ihr im Wasser oder anderwärts, sondern sie als sie selbst an ihrer eigenen Stelle anzusehen und zu betrachten imstande sein«!*[22]

Man spürt sogleich, daß Platon uns viel zu sagen hat. Man merkt seinem Gleichnis das Alter nicht an. Ist das Dasein nicht ein schlechtes Stück, in dem wir die meiste Zeit keinerlei Rolle spielen, es sei denn die des Zuschauers? Verharren wir angesichts eines Schattenspiels meist nicht in kindischer Tatenlosigkeit? Vor allem im Zeitalter des Fernsehens? Schon mit dem Kino war dieser Text wieder erstaunlich modern geworden: dunkler Saal, jeder an seinen Sitz gefesselt, fasziniert von der Leinwand, auf der sich alles abspielt; hinter der Menge angebrachte Lichtquelle ... Es sieht so aus, als hätte Platon diese Erfindung vorweggenommen. Und mit dem Fernsehen hat sich die Faszinination verzehnfacht. Ob es sich nun um »Fiktionen« oder um »Nachrichten« handelt, wir sind weniger denn je in der Lage, uns den Bildern zu entziehen, die vor unseren Augen vorüberziehen. Im übrigen übertrifft die Realität häufig bei weitem die Fiktion, und die Präsentation des aktuellen Geschehens in den »Nachrichten« erfährt so viele Manipulationen und der Unterschied zwischen Wahrem und Falschem verschwimmt so sehr, daß es uns schwerfiele, auf Anhieb das eine vom anderen zu trennen. Überdies ist der Zuschauer inzwischen »verkabelt« und das Angebot an Bildern so groß, daß es möglich geworden ist, ständig ein fremdes Leben zu führen. Wozu also dem Realen Bedeutung beimessen? Warum gegen die Trivialität des Alltags ankämpfen, wenn das Paradies in der Künstlichkeit liegt? Platon hatte es genau gesehen: die Gefangenen leiden nicht mehr an ihren Ketten – sie erfreuen sich ihrer sogar.

Die Beweiskraft dieses Gleichnisses aus dem 7. Buch der *Politeia* übt natürlich eine ambivalente Wirkung aus. Das rührt daher, daß sich seit Platon die Dinge kaum verändert haben. Als könnte die Menschheit der Mittelmäßigkeit ihres Schicksals nicht entrinnen! Und genau das war für die beiden Frauen der Kern des Problems. Was kann man dagegen tun? Soll man sich nicht lieber damit abfinden und sich selbst aus der Schlinge ziehen: indem man weniger unbedeutend ist als die anderen, weniger passiv, weniger grüblerisch, weniger verschlafen? Für die Akteure der Werbewelt, die zu den »Manipulatoren« gehören, die Platon als »Gaukler« vorstellt, die ohne Wissen der Zuschauer agieren und Gegenstände bewegen, deren Schatten sich auf der Rückwand der Höhle abzeichnet, bedeutet dies »seine Haut retten«. Was nicht jeden Skrupel ausschließt. Aber ist es alles in allem nicht besser, seine Seele auf diese Weise zu verlieren?

Problematisch ist das Ende des Szenarios. Ein trauriges Ende! Traurig zunächst für den »Helden« der Geschichte, denjenigen, der dem gemeinsamen Los entgeht, *indem er die Höhle verläßt.* Einmal aus der »Welt des Scheins« befreit, gelangt er in die »Welt des Wahren, Guten und Schönen«. Es geht ihm dabei so gut, daß er von dem Vergnügen, das er in seinen Ketten dort unten mit den anderen in Unwissenheit und Täuschung empfand, nichts mehr hören will. Für seine ehemaligen Gefährten kann er nur noch Mitleid empfinden. Doch was geschieht, wenn seine Befreier ihn nun bitten, in die Höhle zurückzukehren, gerade weil sie auf sein Mitleid zählen? Wenn sie ihn beauftragen, die Unwissenden »aufzuklären«, ihnen die Augen zu öffnen, und er es auf Kosten seines persönlichen Glücks tut? Auf das Schicksal anspielend, das Sokrates von seinen Mitbürgern bereitet wurde, fragt Platon: *Würden sie ihn umbringen?* Und die Antwort versteht sich von selbst: statt ihm zuzuhören, werden sie ihn für einen Verrückten halten, und wenn er insistiert, wenn er versucht, seinen Auftrag zu erfüllen, werden sie ihn umbringen.

Insofern wird die Position der Werbeleute, Mitglieder der Zunft der Gaukler, recht heikel. Denn im vorliegenden Fall enthüllt Sokrates ihre Manipulationen, daher liegt es in ihrem Interesse, daß er verschwindet. Man möge ihn zum Schweigen bringen, damit er nicht länger ihre Arbeit behindere, und wenn er nicht davon abläßt, möge man ihn beseitigen. Und doch kann ihnen Sokrates' Rede in gewisser Weise zu Herzen gehen, da sie sich eben nicht damit abfinden, der kollektiven Täuschung zu erliegen. Sind sie etwa nicht aus Überdruß zynisch geworden? Haben sie sich nicht deshalb auf die Seite der Illusionsfabrikanten geschlagen, weil sie den richtigen Ausweg nicht fanden? Vielleicht liegt ihrem Zynismus Blindheit zugrunde? Bestätigen sie nicht ihre eigene Mittelmäßigkeit, wenn sie zu Komplizen des Prozesses gegen Sokrates werden? Zerstören sie nicht die eigene Rechtfertigung ihres Tuns, wenn sie Sokrates für einen Schädling halten und seinen Prozeß befürworten? In gewissem Sinne sind sie lediglich in Ermangelung eines Besseren Traumhändler geworden ...

Freilich muß es Besseres auch geben. Daher die Beschäftigung mit der Bibel, da dort der Fluch am Werk ist; dann mit *Candide*, da Voltaires Held, den sein Lehrer Pangloss vom Wohlwollen der Vorsehung gegenüber dem menschlichen Abenteuer überzeugt hat, lange glaubt, daß die Herrschaft des Bösen auf Erden die Herrschaft des Guten einleite und daß die Idee der Unabänderlichkeit eine Fehlinterpretation des Laufs der Dinge sei; mit der *Theodizee*, da die Lehre von Pangloss diesem großen Werk entnommen ist, in dem Leibniz, als guter Advokat, Gott von dem Bösen, das auf Erden herrscht, freizusprechen versucht; mit der *Genealogie der Moral*, da Nietzsche hier *Platons* Intuition in bezug auf die Unabänderlichkeit des Niedergangs der Demokratie aufgreift; mit dem *Kommunistischen Manifest*, das Nietzsche als Folie dient und das es ermöglicht, in Kenntnis der Dinge das Streben nach Gerechtigkeit und Gleichheit der Arbeitermassen des vergangenen Jahrhunderts neu zu formulieren, zu deren Propheten Marx und Engels sich machten; schließlich mit der vorletzten päpstlichen Enzyklika, da Johannes Paul II., nachdem er an den pädagogischen Nutzen der sozialistischen Erfahrung erinnert hat, mit *Centesimus Annus* die Rolle zu verdeutlichen sucht, die die Vorsehung beim Fall der Berliner Mauer spielte.

Soweit sind wir im Augenblick. Die Positionen haben sich geklärt. Eine der beiden Frauen hat sich als »realistischer« erwiesen als die andere, d. h. resignierter im Hinblick auf die

Fähigkeit des Menschen, seine grundlegend egoistische »Natur« zu überwinden. Ihre Partnerin bleibt »irgendwie« idealistisch, d.h. sie ist von der Unwiderruflichkeit der menschlichen Dummheit weniger überzeugt und schließt sogar die Möglichkeit einer Welt nicht aus, in der nicht mehr das Geld regiert. Dieser Gegensatz hat sich immer mehr verstärkt, da sie sich gegenseitig aufforderten, ihre Position zu begründen, und sich dadurch jeweils in die Enge trieben. Freilich versuchen sie manchmal auch, mich zum Sprechen zu bringen – und es gelingt ihnen.

Seminar über die Authentizität

Ob allein, zu zweit oder zu dritt – die Personen, die mich konsultieren, haben Anspruch auf die maximale Verfügbarkeit des Philosophen, der sich in ihren Dienst stellt. Zumal ich, wenn es anders nicht möglich ist, »Hausbesuche« mache: so finden die Sitzungen mit J. und D. nicht mehr im Sprechzimmer statt, sondern in ihrem Büro. Für sie bedeutet es vor allem eine Pause: sie haben ihre Arbeit und alle zwei Wochen die »Philosophie-Pause«. Auch für mich ist es eine Pause. Ich mag dieses Gefühl: in ihrem Büro einzutreffen, zu sehen, wie sie sich freuen, sich verschwörerisch zuzwinkern, ihre Telefone umschalten, das Buch, das sie gerade lesen, auf den Arbeitstisch legen mit der Miene von Gymnasiastinnen, die fürchten, gefragt zu werden, und doch wissen, daß die einzige Strafe, wenn sie ihre Schulaufgaben nicht gemacht haben, in einem Verlust an Vergnügen besteht...

Diese Arbeitsweise darf indes die Zahl von drei Teilnehmern nicht überschreiten. Sonst lassen sich die Arbeit des Einzelnen, seine Worte, seine Fortschritte, seine Motivationen, seine Gefühle, kurz, seine Entwicklung nicht mehr angemessen verfolgen und stimulieren. Zumal es eine Form gibt, die einer höheren Teilnehmerzahl gerechter wird: das Seminar. Diese Form der Intervention schwebte mir übrigens als erstes vor, als ich meine Praxis eröffnete. Ich hielt das für einen guten Weg, sich bekannt zu machen und eine Reihe neuer Dienstleistungen anzubieten. Es genügte, in eine wohlbekannte Form hineinzuschlüpfen, die inzwischen üblich geworden ist, sei es im Berufsleben, im Rahmen (oder unter der Ädige) des Unternehmens oder am Wochenende zum Zweck der »persönlichen Fortbildung«.

In der Wirtschaftspresse, den Betriebsvereinbarungen, den Berufskolloquien war bereits viel von einer »Rückkehr zu den Grundwerten« die Rede. In den mittleren oder großen Betrieben wurden allmählich spezielle *Fortbildungs*dienste in Anspruch genommen, die dem Personal einen »ethischen Code« an die Hand geben sollten, damit die Angestellten und Führungskräfte wieder Verantwortungsgefühl entwickeln und Stolz, ihrer Firma anzugehören. Mode oder Manipulation? Was war daran authentisch?

Die Frage ist noch immer aktuell. Viele Unternehmensleiter sind versucht, die Ethik einzusetzen, um ein Übel auszutreiben, dem keine der bisher angewandten Techniken, keine der angerufenen Wissenschaften beizukommen vermag. Meist geht es nun aber gar nicht darum, gemeinsam nach der bösen Wendung zu fragen, welche die Dinge genommen haben, sondern den Angestellten wieder Mut zum Kampf zu geben und es dem Unternehmen zu ermöglichen, die zur *Sicherung* der Zukunft notwendige Dynamik wiederzufinden. Diese aus Übersee gekommene Ethikwelle hat keinerlei Mühe, in ein Europa einzudringen, das vom Zweifel geplagt und von Zukunftsängsten bedrängt ist, in eine krisengeschüttelte und von Skandalen gebeutelte Geschäftswelt. *Auf was, auf wen kann man sich noch verlassen?* Eine bedenkenswerte Frage. In der Zuflucht zur Ethik liegt also etwas Richtiges: die Weigerung, sich mit der Korruption und der Fatalität abzufinden. Aber auch eine Abtäubung der Reflexion: über die Quelle des Übels nachzudenken, kann sehr weh tun, es kann schmerzliche Dinge zutage fördern und folglich demotivieren, statt zu mobilisieren. Was die unmittelbare Effizienz betrifft, ist es besser, das Symptom zu beseitigen!

Ich bin nicht sicher, ob dies ein gutes Kalkül ist. Das Gespenst der Entlassung verfolgt alle Angestellten und viele Führungskräfte; das Gespenst der Bilanz verfolgt viele Unternehmer und das eines Finanzkrachs die meisten Ökonomen, sogar die optimistischsten. Niemand findet zur Heiterkeit zurück, wenn er sich von der Gefahr abwendet. Wer kommt bei dieser Haltung auf seine Kosten? Für wie lange? Wenn die Moral noch irgendeine Hilfe sein kann, dann durch das Gegenteil dessen, was heute unter dem Namen »Ethik« praktiziert wird. Ihre erste Voraussetzung ist die Authentizität. Und aus diesem Grund wählte ich dieses Thema für mein erstes Seminar.

Allerdings galt es, bestimmte Fehler zu vermeiden, wie sie dieser Art von Gruppenarbeit eignen. Es gibt nichts Jämmerlicheres als jene »Seminare«, wo ein Redner die Ergebnisse seiner persönlichen Arbeit darlegt, ohne daß seine Zuhörer je wirklich herangezogen werden! Man macht sich brav Notizen, stellt höflich eine Frage und kehrt dann (wenn die »Intervenierenden« gut sind) intelligenter nach Hause zurück. Ganz anders dagegen das aktive Seminar, wo man *sich einbringt:* man legt die Maske ab, man gibt sich preis, man vertraut sich an, man lehnt sich auf, man beschimpft die anderen; oder aber man wechselt die Rolle, man »läßt los«, läßt sich gehen, befreit sich vom Joch des *logos,* man läßt seine Wünsche sprechen, läßt seiner »Kreativität« freien Lauf – und sollte man später für den angerichteten Schaden aufkommen müssen; besser, man wächst über sich hinaus, schöpft Luft, atmet die Brise ein, reibt sich an den Bäumen, geht auf glühenden Kohlen, stürzt sich ins Leere ...

Mit ihren »Forschungsseminaren« mögen die Akademiker derlei Abirrungen zwar vermeiden, aber inwiefern tragen sie dazu bei, das Reflexionsniveau derer zu heben, die ja gerade in der Falle der üblichen Seminarformen stecken? Sie wenden sich nicht an die Welt des Unternehmens, ebensowenig an die vielen Personen, die besser leben wollen, ihr kurzes Dasein auf Erden besser nutzen wollen. Meist von strategischen und taktischen Erwägungen im Zusammenhang mit ihrer Karriere angetrieben, locken sie im allgemeinen nur Akademiker (Doktoranden und Kollegen) an, und auch wenn einige der Teilnehmer aus wirklichem Wissensdurst kommen, wollen sich viele doch nur bekannt machen, um ihre Zukunft aufzubauen.

Mein Seminar sollte alle diese Klippen umschiffen. Freilich war die Gefahr begrenzt. Als Lehrbeauftragter am Institut d'études politiques öffnete ich mich einem anderen Universum als dem der Universität. Ich hatte keine Lust, das Modell der Kasten zu reproduzieren. Es mußte etwas Besseres geben. Die Rückkehr zur Ethik war ein Leitmotiv geworden: warum es nicht ausloten? Daß die Führungsinstanzen der Unternehmen inzwischen für eine Gesundung der Verhaltensweisen in der Welt der Finanzen, der Handelsbeziehungen und der Produktion eintreten, hatte zur Folge, daß viele ausgebildete Anbieter die Ethik als ein neues »Produkt« vorstellten, dessen Einführung durch namhafte Denker gesichert sei. Diese Art von Dienstleistung unterscheidet sich indes kaum vom Fernsehspektakel, dem das Publikum vorerst noch ebenso massiv wie passiv zusieht. Dieser Zurschaustellung ziehe ich die Rückkehr zu den grundlegenden Texten vor. Das Ziel dieses ersten Seminars über die Ursprünge der abendländischen Moral bestand darin, *jeden einzelnen Teilnehmer von den Niederungen seiner Rede zu den Höhen ihrer Quellen zu geleiten.* Jeder mußte sich also mit einbeziehen. Dennoch öffnete dieses Vorgehen keinem therapeutisch gefärbten Ausagieren Tür und Tor. Dieses Seminar war ein Seminar der Reflexion, nicht der Aktion. Wenn ich darum bat, in der Hitze des Gefechts um die Macht – oder ums Überleben – eine Pause einzulegen, dann nicht deshalb, damit der Körper über den Geist, der Wahnsinn über die Vernunft die Oberhand gewinne, sondern im Gegenteil, um den Geist und die Vernunft wieder in ihre Rechte einzusetzen, es den Teilnehmern zu ermöglichen, den Inhalt ihres mehr oder weniger verschütteten, mehr oder weniger latenten Wunsches zu ergründen, wieder wahrhaftig zu werden und in Kenntnis der Dinge die Voraussetzungen dafür zu definieren.

Wir alle verwenden Begriffe wie »gut« und »böse«, und wir alle (oder fast alle) versuchen nach solchen Begriffen zu handeln: zum Beispiel widerstehen wir (im allgemeinen) der Versuchung zu lügen, zu stehlen oder zu töten. Wenn wir nicht widerstehen, sagen wir, daß wir uns, wenn nicht einer Sünde, so doch eines »Vergehens« schuldig machen. Diese Begriffe und dieser Widerstand beziehen ihre Legitimität nun aber aus einer Lehre, die heutzutage außer Gebrauch gekommen ist: nur sehr wenige von uns »glauben« heute noch ernsthaft an die christlichen Dogmen ... Und dennoch tun wir so, als ob sie noch gültig wären, da wir uns in Worten wie in Taten auf sie beziehen. In den meisten Fällen geschieht dies zwar nur implizit, und wir wären wohl in arger Verlegenheit, wenn wir ihre wahre Quelle angeben sollten. Wer zum Beispiel wüßte spontan zu sagen, woher die christliche Lehre ihre Kohärenz bezieht? Das heißt, daß wir nicht in der Lage sind, unsere Worte oder unsere Taten zu rechtfertigen. Ein

Immoralist könnte daraus also ohne weiteres schließen, daß wir weder wissen, was wir sagen, noch was wir tun ...

Dieses Seminar hatte zunächst das Ziel, die Lücken der Teilnehmer herauszufinden und sie durch einige entscheidende Texte zu füllen. Diesmal müssen wir auf den Brief des Apostels Paulus an die Römer zurückgreifen, in dem die Beziehung zwischen der Ankunft des »Erlösers«, seinem Tod und der »Erbsünde« hergestellt wird. Nachdem dieser Text (wieder) vertraut geworden ist, müssen wir einen anderen Text heranziehen, auf den Paulus sich stützt: den Bericht über die »Sünde«, der sich in der *Genesis* befindet und den Beginn dessen bildet, was die Christen das Alte Testament nennen. In diesem Stadium, das bereits einige Stunden in Anspruch nahm, ist es an der Zeit, nach der Gültigkeit des Textes zu fragen, auf dem das gesamte Lehrgebäude beruht. Mit einem Wort, man muß sich fragen, ob diese ganze Tradition als *authentisch* bezeichnet werden kann und ob sie glaubwürdig ist. Diese Untersuchung birgt viele Überraschungen, denn sie enthüllt ein großes Maß an Unwissenheit, Blindheit und Willfährigkeit.

In einem zweiten Schritt gehen wir zur griechischen Tradition zurück, denn wir dürfen nicht vergessen, daß die christliche Strömung die griechisch-römische Kultur überflutet hat. Dabei hat sie viele ihrer Elemente übernommen. Ganz offensichtlich sind unsere Begriffe von Gut und Böse Platon entlehnt. In seinem Werk findet man nämlich eine Aufforderung zur Weisheit, von der sich alle späteren Strömungen inspirieren ließen. Insbesondere in der *Politeia* sieht man, was es heißt, zur Authentizität, zur Wahrhaftigkeit zu gelangen, und das Christentum hat reichlich daraus geschöpft, um seine eigene Offenbarung zu rechtfertigen. Mag sein, daß die Quelle versiegt ist und daß das, was wir noch heute aus ihr schöpfen, in Wahrheit verseucht ist. Mag sein, daß wir neue Werte und einen neuen Verhaltenskodex erfinden müssen. Doch um Mißverständnisse und Schnitzer zu vermeiden, müssen wir freilich wissen, wovon wir reden. Und auch wenn wir, um in Platons Höhle zu gelangen, Sturzfluten und Abgründen trotzen müssen, so können wir uns doch in der Hoffnung wiegen, früher oder später die Sonne selbst wiederzufinden.

So gekennzeichnet, verringert dieser Weg sowohl die Gefahr der Passivität, wo nichts passiert, als auch die des *happenings*, wo alles geschehen kann, auf ein Minimum. Man kann sich Notizen machen, vor allem aber soll man sich ausdrücken. Man soll auf glühenden Kohlen gehen, aber auf denen der Tradition; man soll ins Leere springen, aber ins Leere der eigenen Quellen.

Dennoch mußte ich bald einsehen, daß dieses Seminar die anfangs vorgesehene Zielgruppe nicht erreichte. Es »griff« nicht dort, wo ich es erwartete: bei den von der Ethikwelle Betroffenen in den Unternehmen, insbesondere bei den Führungskräften. Alle, denen ich es vorschlug, zeigten sich sehr begeistert und versicherten mir, sich für die dafür nötige »Pause« bald zwei Tage freizunehmen. Aber fast niemand hielt Wort... Für mich war das eine große Enttäuschung, aber auch eine wichtige Erfahrung. Zumal sich andererseits die Dinge fast natürlich gerade dort in Gang setzten, wo ich es nicht erwartete, bei den Privatpersonen. Darunter verstehe ich all jene, denen ich »in der Stadt«, außerhalb ihres Berufslebens, insbesondere im Café des Phares begegnete und die auf irgendeine Weise von meiner Sprechstunde gehört hatten. Es kamen nicht nur regelmäßig Klienten in meine Praxis, sondern viele, die sich nicht gleich in ein solches Abenteuer zu stürzen wagten, fanden in diesen Seminaren eine Möglichkeit, Philosophie nach ihrem Maße zu treiben.

Bis heute haben sechs Gruppen die vorgesehene Wegstrecke bewältigt: jedesmal dauerte es ein Wochenende mit einer Teilnehmerzahl, die zwischen sechs und vierzehn Personen schwankte. Ein Seminar pro Trimester! Wenn ich sage, daß dies »fast natürlich« geschah, bin ich eine Erklärung schuldig. Beinahe wäre das erste Seminar buchstäblich ins Wasser gefallen. Ich hatte nämlich nichts Besseres gefunden, als es auf einem Schiff abzuhalten: auf einem Schleppkahn, der die Seine hinauffahren würde. Was war angemessener, als einen Fluß hinaufzufahren, wenn es darum ging, zu den Quellen der Moral zurückzukehren? Das Schiff lieferte das Musterbeispiel der von jedem einzelnen geforderten Anstrengung: gegen die Strömung ankämpfen, gegen den Lauf der Zeit und den Lauf der Dinge, sich vom Widerstand des Wassers nicht beeindrucken lassen – und sich langsam der Quelle nähern ... Zwar würde der Lärm des Dieselmotors etwas störend sein, aber diesen Nachteil hätte das Vergnügen eines raschen Ortswechsels und des Anblicks friedlich vorbeiziehender Ufer leicht aufwiegen müssen. Zudem hieß das Schiff *Blue Note,* und wir zählten auf den Schiffer, der das dumpfe Dröhnen seines Motors mit guter Musik übertönen würde. Leider beschloß die Seine am Abend vor der Abfahrt, Hochwasser zu führen! Der Wasserstand stieg so abrupt, daß man kaum noch unter den Brücken hindurchfahren konnte. Ich mußte also auf die *Blue Note* verzichten. Es war Pascal (dessen organisatorisches Talent ich oben erwähnte), der mich rettete, indem er in letzter Minute eine Jagdhütte im Wald mietete ...

An jenem Tag waren sechs Personen anwesend. Gewissermaßen sechs Versuchskaninchen. Die Stunde der Wahrheit war gekommen. Ich gestand mein Lampenfieber – eine Art und Weise, »authentisch« zu sein. Es umringten mich sechs gebildete Frauen: Bernadette, eine Rechtsanwältin, die eine lange Karriere hinter sich hatte; Claudine, eine etwas abgespannte Literaturlehrerin; Micheline, eine »einfache« Familienmutter, Kunstliebhaberin und eifrige Leserin von Paul Léautaud; Chantal, eine ehemalige Krankenschwester, die Psychotherapeutin geworden war; Laurence, Leiterin einer Werbeagentur; und Martine, Filmproduzentin (die ich bereits im Zusammenhang mit dem Café erwähnt habe). Sechs Frauen also, denen sich die junge Alix hinzugestellte, die mir assistierte – sie wollte sehen, ob die Übung ihr zusagte.

Ich fragte sie nun, ob diese Sorge, *nicht zu lügen, nichts zu verschleiern, man selbst zu sein,* begründet sei: Ist sie im Grunde nicht ein Relikt religiöser Erziehung, das im modernen Leben keine Geltung mehr hat; ein Rest kindlichen schlechten Gewissens, ohne Bedeutung im Erwachsenenleben? Ist es überhaupt möglich, wirklich authentisch zu sein? Ist es nicht eher ein süßer Jugendtraum? Ein unerreichbares Ideal, Ausnahmemenschen wie dem Jesus der Evangelien vorbehalten? Und daß er es erreicht hat, liege doch daran, daß er göttlichen Ursprungs war.

Oder durfte man nicht resignieren? Mußte man noch immer daran glauben? Und hängt es allein von uns ab, authentisch zu leben?

Die Diskussion begann reibungslos, doch überwog die Emotion über die Reflexion. Schmerzliche persönliche Erfahrungen kamen zutage. Es stellte sich heraus, daß alte Wunden noch offen oder schlecht vernarbt waren. Einige sprachen sogar von ihrer frühen Jugend. So erinnerte sich eine der Teilnehmerinnen an die Zeit des Katechismus, und sie erschien ihr als die am wenigsten authentische, so groß war der Unterschied zwischen Vorschriften und Taten: man sprach von der Aufrichtigkeit als von einem selbstverständlichen Prinzip, doch vergebens suchte sie es bei den Erwachsenen – und bei ihren Lehrern –, während sie selbst sich gezwungen sah, alle ihre Vergehen und bösen Gedanken zu beichten. Bei einer anderen war es die Hitlerzeit und das große Unglück, das ihre Angehörigen heimsuchte, als die Juden wieder einmal als Sündenböcke herhalten mußten: Wieviel Grausamkeit und Irrsinn bei den Henkern! Wieviel Feigheit bei denen, die nichts riskierten! Und wie viele Komplizen! Wieviel Heuchelei! Wie sollte man da noch an die Menschheit glauben? Wie dem anderen irgendwelche Aufrichtigkeit unterstellen? Für sie war Authentizität kein Imperativ, sondern eine Illusion!

Vor dem Hintergrund solcher Zeugnisse hätte die Sitzung leicht in eine Gruppentherapie ausarten können. Was jedoch nicht der Fall war. Nach dem starken Moment des Pathos nahm die Kontroverse langsam Gestalt an. Es schälten sich klare Standpunkte heraus: Für die eine setzte Authentizität die Ablehnung all dessen voraus, was man kritiklos gelernt hatte; für ihre Nachbarin die Weigerung, andere zu belügen und vor allem sich selbst zu belügen; für die dritte war sie der höchste Wert, den es mit einer verwandten Seele zu teilen galt; für die vierte hieß authentisch sein dagegen, mit seinem tiefen Ich in Einklang zu sein, ohne auf irgend jemanden Rücksicht zu nehmen; für die fünfte bestand es darin, in Harmonie mit der Natur zu leben; und für die letzte, im Wesentlichen zu leben, d. h. dem Ruf des Herzens zu folgen ... Bis allen klar wurde, daß jede unter diesem Wort etwas anderes verstand.

Daher wurde es erforderlich zu wissen, woher der Begriff

stammte. Mein Programm sah vor, mit der christlichen Gestalt des Messias zu beginnen, da dies einige Vorteile bot. Zum einen, weil das Christentum ein unumgängliches Modell lieferte und es besser war, direkt zum Original zu greifen statt zu seinen Kopien; zum anderen, weil sich über dieses Modell noch immer ein Konsens erzielen ließ, ein Modell, dem man nacheifert, auch ohne es zu wissen; schließlich, weil es darauf ankam, reinen Tisch zu machen, das möglicherweise Latente ans Licht zu bringen. Der Nachteil besteht darin, daß sich die Gestalt Christi verflüchtigt, sobald man sie zu fassen sucht. Von den sechs anwesenden Personen gab es nicht eine, die sich nicht darüber wunderte. Nicht, daß es an Berichten fehlt, anhand derer man sich ein Bild von Jesus von Nazareth machen kann: die vier Evangelien liefern reichlich Material. Aus ihren Berichten läßt sich eine Vorstellung von seiner Person, seinem Temperament, seiner Lebensweise, seiner Güte, seiner Aufrichtigkeit, seiner Strenge – in der Geduld wie im Zorn – gewinnen. Die Sache hat nur einen Haken! Einerseits ist die Herkunft dieser Berichte mehr als zweifelhaft, und andererseits ist in der christlichen Lehre das Leben Jesu weniger bedeutsam als sein Tod.

Die Evangelien sind als unmittelbare Zeugnisse des Lebens Jesu kanonisiert worden. Aber das Neue Testament enthält andere Texte, die sich mit dieser Behauptung kaum vereinbaren lassen. So die Paulusbriefe. Paulus erwähnt die Evangelien nie. Natürlich verkündet er die »frohe Botschaft«, er verkündet jedem, der es hören will, daß der Messias gekommen ist, doch niemals bezieht er sich auf die *Texte,* die wir mit diesem Namen bezeichnen. In seinem Brief an die Thessalonicher zum Beispiel bezieht er sich zwar auf die Heilige Schrift, aber es handelt sich um jüdische Schriften, in diesem Fall um die Psalmen Davids. Wenn er vom »Evangelium« spricht, handelt es sich nicht um einen Text, sondern um eine Botschaft: im Griechischen bedeutet der Terminus *euaggelion* im strengen Sinn den Lohn, den man dem Boten gab; später bezeichnete dieses Wort die Botschaft selbst, wenn sie gut war; man findet es in der griechischen Übersetzung der heiligen jüdischen Schriften (der sogenannten »Septuaginta«) zur Bezeichnung der Botschaften, die froh stimmen. Erst im 2. Jahrhundert unserer Zeitrechnung verwendete man diesen Terminus für die Matthäus, Markus, Lukas und Johannes zugeschriebenen *Schriften*.

Gewiß, die Unechtheit der Evangelien nimmt uns nicht jede Möglichkeit, direkt an der Quelle des Christentums zu schöpfen, was jedoch dem »Modell« des Lebens Jesu Abbruch tut. Denn hier zählt allein seine außergewöhnliche Rolle als Erlöser. Eben dies verleiht dem Christentum seine Kohärenz. Dessen Quelle ist nicht Jesus, sondern Paulus. Nicht auf dem Leben Jesu gründet der christliche Glaube, sondern auf seinem Tod. Wichtig ist nicht, daß er vorbildlich gelebt hat, daß er überaus rechtschaffen, gütig und weise war, sondern daß er sich geopfert hat, um die Sünden der Welt auf sich zu nehmen, daß er gekreuzigt wurde, also daß er gestorben ist. Freilich mußte er dazu erst geboren werden und »die Schrift erfüllt« haben, d. h. er mußte das Profil des von den Juden erwarteten Messias haben und vor allem vom Stamm des Königs David herkommen; er mußte sich durch seine Gaben und sein Auftreten vor allen anderen auszeichnen. Doch wenn er wirklich das von den heiligen Texten verlangte Profil aufwies und wirklich die Schrift erfüllt hatte, dann darf man sich fragen, warum die Juden ihn nicht als ihren Messias erkannten. Denn die Juden erwarteten tatsächlich einen Messias. Sie erwarteten den, der das seit Jahrhunderten untergegangene Königreich Israel wiederherstellen würde. Sie erwarteten den, der sie vom römischen Joch befreien würde, unter dem sie seit Jahrzehnten lebten.

Als Paulus noch Saulus hieß, redete er so. Und aus diesem Grunde war er einer der erbittertsten Gegner der Sekte geworden, die sich auf diesen Menschen berief, der sich wie ein Taugenichts ans Holz hatte schlagen lassen. Er selbst hatte der Tortur nicht beigewohnt und den betreffenden Mann nicht gesehen, aber er konnte nicht hinnehmen, daß dem Retter der jüdischen Nation ein solches Schicksal beschieden sein sollte. Da seine Anhänger die irrsinnigsten Gerüchte über ihren Meister verbreiteten, ihn als Sohn Gottes ausgaben, war es unbedingt erforderlich, diese Leute zum Schweigen zu bringen, und hätte man sie erschlagen müssen. Während einer Vernichtungsmission ging ihm ein Licht auf. Und er war es, der zum erstenmal die Verbindung zwischen der Mission des Messias und dem Tod Jesu herstellte. Auf dem Weg nach Damaskus begriff er, daß er auf dem falschen Weg war. Die Wahrheit blendete ihn: nicht durch sein Leben mußte der Messias das in den Texten der jüdischen Tradition enthaltene Versprechen auf Befreiung einlösen, sondern durch seinen Tod. Die ganze Geschichte des jüdischen Volks zeugte von seiner Neigung, sich seinem Gott zu widersetzen: Weshalb eine erneute Geste von seiten dieses Gottes? Wozu die Macht der Nation wiederherstellen? Würde sie nicht, sobald das Versprechen erfüllt war, abermals seinem Ratschluß den Rükken kehren? Sollte Er sich ein weiteres Mal täuschen lassen? Nein! Das Versprechen mußte mehr beinhalten. Die Ankunft des Messias mußte eine andere, wesentlich weniger triviale und weit allgemeinere Bedeutung haben! Weder der Ungehorsam gegenüber dem göttlichen Gesetz noch die daraus folgenden Leiden waren der jüdischen Nation eigentümlich, warum also sollte die Ankunft des Erlösers nur ihnen gelten? Ein Text des *Pentateuch*, einer der ersten, den man Moses zuschrieb und der die Erschaffung der Welt erzählte, berichtete, wie der erste Mensch sich Gott widersetzt hatte. Gestützt auf ihre sukzessiven Bündnisse mit Gott durch Vermittlung ihrer Patriarchen schenkten die Juden diesem ersten Vergehen wenig Beachtung: Bestand nicht gerade darin ihr Irrtum? Wie konnte man übersehen, daß der Mensch seit Beginn seiner Schöpfung der Sünde verfallen war? Im übrigen hatte Gott mehrmals nicht gezögert, seine Schöpfung ganz oder teilweise zu vernichten. Was sollte Ihn daran hindern, ein weiteres Mal zu wüten, statt der jüdischen Nation erneut zu ihrer Souveränität zu verhelfen?

Bleibt die Frage, ob eine solche »Offenbarung« auch heute noch unseren Hunger nach Authentizität stillen kann. Wenn dem so ist und das Christentum sich in seiner Gründungsphase unter diesen Auspizien zeigt – kann man sich darin wiedererkennen, wenn man nach einem Verhaltensmodell sucht? Versucht man nun aber, sich der Gestalt Jesu als eines Vorbilds zu nähern, um ein Leben zu führen, das diesen Namen verdient, dann sieht man sich rasch gezwungen, in eine äußerst trockene Region vorzustoßen, wo man öfter Gelegenheit hat, im Treibsand zu versinken, als seinen Durst zu löschen: es ist das Gebiet der Verifizierung der Quellen, das ins gefürchtete und unabsehbare Land der philologischen Forschungen führt. Zieht man es indes vor, sich diese Mühe und diesen Verdruß zu ersparen, indem man sich auf die Tatsache beruft, daß das Christentum wirklich erst mit Paulus beginnt, dann steht man vor einer Gestalt, die nicht mehr die eines Menschen ist, dem man nacheifern könnte, sondern vor der des Gottessohns, der zwar ein Erlöser ist, aber nicht als Vorbild taugt, es sei denn, man hält den Tod für die beste Lebensweise!

Mehr noch. Die Schwierigkeiten nehmen zu, sobald man sich den Text, der dem »Wesentlichen« als Ausgangspunkt dient, genauer ansieht. Indem sich Paulus auf den Bericht von der Erbsünde stützt, stellt er (und nach ihm die gesamte christliche Tradition) eine Verbindung her, die ebenfalls zu denken gibt. Denn wie ich oben bereits sagte, enthält der Text der *Genesis* zwei miteinander unvereinbare Schöpfungsberichte. Zwar findet man im zweiten Bericht die Geschichte von Adams Sünde; da sich jedoch der Schöpfungbericht, in den sie eingebettet ist, mit dem ersten Bericht, dem der Schöpfung in sechs Tagen, nicht vereinbaren läßt, ist es nicht möglich, sich auf beide gleichzeitig zu berufen. Paulus (und jeder nach ihm) mußte, wenn er auf Kohärenz Wert legte, zwischen den beiden wählen: er mußte den ersten verwerfen, in dem der Mensch zuletzt erschaffen wurde, zusammen mit der Frau, und in dem Gott, mit seinem Werk zufrieden, dem Menschenpaar die Herrschaft über alle Geschöpfe beschert, ohne ihm irgend etwas zu verbieten, kein Tier, keine Pflanze, keinen Baum. Dieser Bericht kann den ersten Menschen nicht zum Ungehorsam verleiten; folglich kann er auch nicht den Ursprung des Bösen auf Erden erklären, und Paulus kann ihn somit nicht verwenden.

Ach, wäre es nur möglich, sich mit Paulus zu unterhalten! Man müßte ihn fragen, wie er es anstellte. Wußte er, daß er, indem er die Gründe für den notwendigen Tod des Messias aufdeckte, in betrügerischer Weise die Inkohärenz der *Genesis* verschleierte? Um die Unsühnbarkeit der Schuld des Menschen gegenüber Gott zu erklären, entschied er sich wissentlich für den zweiten Bericht. Aber indem er sich für den zweiten Bericht entschied, mußte er zugeben, daß der erste falsch war, und infolgedessen die Heiligkeit des gesamten Textes der *Genesis* in Abrede stellen, folglich auch seine eigenen Worte und seine eigene Offenbarung. Eine grausame Alternative: entweder den ersten Bericht akzeptieren und sich damit des Mittels berauben, seine Eingebung über die Mission des Messias zu begründen; oder aber ihn verwerfen und damit seinem Wort jede Glaubwürdigkeit nehmen. Er mußte es also tun, ohne es zu sagen ... Und dies ist zweifellos das Kennzeichen des Genies, der Inspiration – all dessen, was die intellektuelle Rechtschaffenheit überflüssig macht. Doch können wir heute noch darauf hereinfallen? Es ist höchst verwunderlich, daß sich die meisten christlichen Autoritäten auch in diesem Punkt äußerste Zurückhaltung auferlegen. Jahrhundertelang stellten sie die Geschichte des Sündenfalls und die Schöpfungsgeschichte als Einheit dar. Heute wissen die meisten Theologen, daß die beiden Berichte nicht denselben Ursprung haben, daß es sich um eine »Collage« handelt und infolgedessen die »frohe Botschaft« des Paulus nicht wörtlich zu nehmen ist. Trotzdem hüten sie sich, die Aufmerksamkeit ihrer Pfarrkinder auf die inneren Schwierigkeiten der Operation zu lenken. Freilich ist es nicht ihr Beruf, den kritischen Geist der Massen zu schulen.

In diesem Seminar nehme ich mir die nötige Zeit, damit die Gruppe von sich aus die Schwierigkeiten erkennt, die entstehen, wenn man sich auf die entscheidenden Texte beruft, und damit jeder einzelne sich seiner eigenen Blindheit bewußt wird. Und wie ich zugeben muß, ist das Erstaunen jedesmal sehr groß. Besonders bei diesem ersten Seminar. Niemand war auf eine solche »Offenbarung« vorbereitet. Auch wenn einige Teilnehmerinnen mit den heiligen Texten vertraut waren, so hatte doch keine bisher eine derartige Erfahrung gemacht: daß die bekanntesten, vielleicht die bedeutendsten Texte der abendländischen Kultur, jedenfalls diejenigen, welche die wichtigste Rolle gespielt hatten, so »problematisch« sind, und wichtiger noch, daß sie selber zu sehen vermochten, was nicht stimmte. Am wenigsten verstanden sie, warum das alles so wenig bekannt war und wie es kommt, daß sie so lange blind gewesen sind.

Aber dabei blieb es nicht. Nachdem das Seminar am ersten Tag dieses Stadium erreicht hatte, galt es, sich ein wenig mit den Lehren vertraut zu machen, die das anfängliche Christentum besiegt und trotz seiner Inkohärenzen, trotz seiner Unredlichkeit und trotz seiner Morbidität inmitten des Römischen Reichs ersetzt hat: das Heidentum, den Stoizismus und den Epikureismus. Denn wenn man die Mängel des Christentums erwähnt, muß man auch diejenigen zu Wort kommen lassen, die das Christentum für einen abscheulichen Aberglauben hielten ...

Auf Reisen

Die gegen Ende des Römischen Reichs vom Christentum überflutete griechische Tradition läßt sich am Oberlauf des großen Flusses der abendländischen Geschichte wiederfinden. Schon im Christentum, wie es uns überliefert wurde und wie es seit Jahrhunderten herrschte, begegnen wir sämtlichen Strömungen, mit denen es zu tun hatte: dem Heidentum, dem Epikureismus und dem Stoizismus. Es steckt sehr viel Heidentum in der Religion, die im 4. Jahrhundert unserer Zeitrechnung in Rom unter der Ägide von Konstantin die Oberhand gewann (z. B. der fleischgewordene Gott, die Jungfräulichkeit der Mutter, das Weihnachtsfest, der Heiligenkult); sie enthält eine kräftige Dosis an Stoizismus (das Akzeptieren der Prüfungen, des Leidens auf dieser Erde, die Rolle des Himmels bei allen Ereignissen), auch an Epikureismus (denn er ist nicht, wofür Paulus ihn hielt, »eine Moral für Genießer und Schweine«, sondern vielmehr der Kult der Genügsamkeit, die Kunst, mit wenig auszukommen und das Wenige als Segen zu betrachten). Anders gesagt, das Christentum ist reich an griechischer Kultur.

Im übrigen wurde das *Neue Testament* in griechischer Sprache verfaßt. Der »römische Bürger« Paulus, obwohl von den Pharisäern unterrichtet, schrieb seine Briefe auf griechisch, und es stellt sich heraus, daß alle Berichte der Evangelien, trotz mancher hebräischer Wendungen, in dieser Sprache geschrieben worden sind, deren Gebrauch im gesamten Mittelmeerraum vorherrschte. Sogar das Wort »Christentum« ist griechisch, denn es kommt von »Christ«, dem griechischen Wort für »Messias«, der griechischen Form des hebräischen *masiah,* armenisch *mesiah,* was »gesalbt« bedeutet, der mit Öl Gesegnete. Und wie läßt sich diese Lehre vom Platonismus trennen? Viele vom Christentum assimilierte stoische und epikureische Elemente gehen unmittelbar auf Platon zurück (die Dichotomie zwischen der Welt der Erscheinungen und der realen Welt; die Einmaligkeit der Kraft, welche die Welt erschuf; die Offenbarung des wahren Lichts durch einen von den Göttern erleuchteten Menschen; das Mißtrauen gegenüber den Sinnesorganen, gegenüber den blinden Wünschen, den ungezügelten Leidenschaften; die Verachtung der von der Mehrheit erlassenen Gesetze; das Glück, zu dem die Tugend verhilft): ist uns überhaupt klar, wieviel das Christentum dem platonischen Denken verdankt?

Tatsächlich darf man sich fragen, inwiefern die jüdisch-christliche Gestalt Jesu nicht diejenige des Sokrates verdeckt. Eben diesen Verdacht unterbreite ich den Teilnehmerinnen des Seminars über die Authentizität. Denn auch Sokrates wurde von den Seinen verfolgt; auch er stellte sich als Befreier dar; auch er setzte auf die Authentizität. Es heißt immer, daß Sokrates den Messias vorwegnehme (»vorbereite«). Wenn es sich nun um einen Machtmißbrauch handelte? Wenn sich das Christentum die hervorstechendsten Züge der Gestalt des Sokrates angeeignet hätte, um die ihres eigenen Erlösers in der hellenischen Welt durchzusetzen? Wenn es gewissermaßen ein Bild über das andere geschoben hätte?

Diese Frage ist der Leitfaden des zweiten Seminartags, und er führt uns zur griechischen Quelle der abendländischen Moral. Man erlaube mir, hier abzubrechen, weil Sokrates auch Gegenstand eines anderen Unternehmens war, das ich jetzt vorstellen möchte: die *philosophische Reise.*

Unter den Menschen, die dem philosophischen Denken noch etwas Vertrauen schenken, meinen viele, die Werke der großen Philosophen gingen über ihren Horizont. Ihre Ehrfurcht vor den »klassischen Texten« ist so groß, daß sie nicht wagen, sich ihnen zu nähern. Auch wenn man einräumt, daß man Bücher lesen muß, so wagt man sich doch nicht an die philosophischen Schriften heran. Wer seine Kenntnisse erweitern will, gibt im allgemeinen einem guten populärwissenschaftlichen Buch den Vorzug; wer sich für das menschliche Abenteuer begeistert, vertieft sich in ein literarisches Werk, und wer seinen Geist anstrengen will, löst Kreuzworträtsel, was immerhin befriedigender ist, als sich außerstande zu fühlen, die *Kritik der reinen Vernunft* zu verstehen. Was die Bildung angeht, so erwirbt man sie in Ausstellungen, Museen und auf Reisen, denn Reisen bildet bekanntlich. Die Wallfahrt hat sich verweltlicht. Man begibt sich heute an Stätten, die zu kennen ratsam ist, weil sie die Geschichte geprägt haben. Und gleich den Gläubigen, die auf der Suche nach Absolution nach Santiago de Compostela pilgern, brechen die wissensdurstigen Massen zu Stätten auf, die man gesehen haben muß: Venedig, Florenz, Rom, Athen, Delphi...

Die Wette der »philosophischen Reise« besteht darin, hermetische Texte zugänglich zu machen. Es stimmt, daß viele Autoren dunkel sind, so daß die Übung der Philosophie eine schwierige, methodische und geduldige »Arbeit« erfordert, die lange Zeit mehr Mühe als Vergnügen bereitet. Doch wenn man sich an die Stätten begibt, wo sie geschrieben worden sind, wenn man nach und nach mit ihrem historischen Kontext in Berührung kommt, mit dem Leben des Autors, mit seiner Gestalt, seinen Gewohnheiten, seinen Manien, wenn man an den Stätten seines Wirkens spazierengeht und die Gebäude besichtigt, die damals wichtig waren, dann verringert sich allmählich die Distanz, die anfangs unüberwindbar zu sein schien. Man begebe sich also nach Königsberg: dort hat Kant sein Leben verbracht – sein ganzes Leben (er hat die Stadt nie verlassen). Man nehme sich Zeit, durch die Gassen der Altstadt zu spazieren, zu Fuß die Strecke zurückzulegen, die Kant jeden Tag um die gleiche Uhrzeit zurücklegte, man frische seine Kenntnisse der politischen Lage auf (Entstehung der Großmacht Preußen zwischen England, Frankreich, Österreich und Rußland), man erinnere sich an die Schärfe des Konflikts zwischen Wissenschaft und Religion (Newton und sein Gesetz der allgemeinen Anziehung untergraben den buchstäblichen Glauben an die biblische Schöpfungsgeschichte). Und ich wette, daß Kants Bemühen, zwischen den beiden Parteien zu vermitteln, uns nicht länger fremd bleibt!

Was Kant betrifft, so befindet sich unsere Reise noch im Stadium der Planung. Aber was Sokrates angeht, so hat sie stattgefunden. Sowohl in bezug auf die Form wie auf den Inhalt steht der *Phaidon*, was die Schwierigkeit angeht, der *Kritik der reinen Vernunft* kaum nach. Doch innerhalb weniger Tage (vier, um genau zu sein) hat sich den Teilnehmern dieser ersten Reise sein Inhalt erschlossen. Wie bei dem ersten Seminar waren es nur wenige »Versuchskaninchen«: zwei junge Rechtsanwälte, eine Hausfrau und Mutter, ein Versicherungsagent und die Leiterin eines Kulturzentrums. Ohne viel über Philosophie oder über Sokrates zu wissen, brachen sie aus den unterschiedlichsten Motiven nach Athen auf: natürlich hatten sie den Wunsch, mehr zu wissen, aber auch das Bedürfnis nach Abwechslung.

Und das war sehr gut so! Einige hatten mich gefragt, ob sie sich auf die Reise vorbereiten und »etwas« lesen müßten. Ich hatte es verneint. Es war zwar nicht verboten, aber in keiner Weise erforderlich: die Reise sollte ja gerade an Ort und Stelle liefern, was fehlte. Natürlich war ich etwas besorgt. Diese Reise war eine Premiere: meines Wissens hatte noch niemand versucht, Platons Dialoge dadurch zugänglich zu machen, daß man über die Agora schlendert. Andererseits hatte ich mich noch nie, es sei denn symbolisch, als pädagogischer »Führer« betätigt: diesmal sollte ich mich an die Spitze einer Gruppe stellen, um mit ihr eine Zeitreise zu unternehmen – und einen Toten zu neuem Leben zu erwecken. Dennoch war ich zuversichtlich. Bestimmt würde es mir leichter fallen, Sokrates auf der Akropolis unter dem Schutz von Athene zu vergegenwärtigen als in einer Pension in der Normandie oder einem Appartement in Paris. Ich war zweimal nach Athen gereist, um die Örtlichkeiten zu erkunden, und hatte das Programm gemäß der Topographie der Stätten getestet.

Natürlich, da gab es die U-Bahn! Die »Metro« von Athen! Die Linie, die von Piräus ins Stadtzentrum fährt: unseren Athener Freunden war nichts Besseres eingefallen, als sie mitten durch die Agora zu leiten ... Nicht zu glauben! Die Agora von Athen – die Agora schlechthin, der Ort, an dem als Vorbild für die gesamte abendländische Kultur (und bald vielleicht den ganzen Planeten) die Demokratie entstand, dieser entscheidende Platz, der sich hoffärtig zu Füßen der Akropolis erstreckt mit seinen Läden, seinem Gericht, seinem Versammlungsgebäude, seinen kostbaren Ruinen, seinen Säulen, seinen Steinplatten, seinen Straßen, seinen Häusern – diese Agora wird heute von der einzigen U-Bahn-Linie Athens durchschnitten, amputiert! Und um das Maß voll zu machen, führt die Linie, wenn man den Archäologen glauben darf, mitten durch die Galerie der Händler, wo Sokrates sich niederzulassen pflegte, um seine Mitbürger zu befragen. Wo ich mich doch so gerne auf den Ruinen des Portikus von Sokrates niedergelassen hätte!

Das bestürzte mich so sehr, daß ich mein Projekt aufgeben wollte. Wie konnte ich Leute mit dem Versprechen einer Begegnung mit Sokrates zu einer Reise nach Athen überreden, wenn der angemessenste Ort für eine solche Begegnung zerstört war? Außerdem fährt diese Metro alle zwei Minuten in beiden Richtungen und macht, da unter freiem Himmel, einen Heidenlärm: War es nicht nutzlos, sich auf die Heiterkeit der Stätten zu verlassen, um nachdenken, lesen, meditieren zu können? Doch in Wirklichkeit war nur ein recht kleiner Teil der Agora den öffentlichen Transportmitteln zum Opfer gefallen, und sobald man sich vom Eingang auf der Stadtseite entfernt und sich der Pnyx nähert, verflüchtigt sich der Alptraum der modernen Welt ziemlich schnell. Meine Idee war also noch sinnvoll.

Ursprünglich hatte ich eine lange Version vorgesehen: erster und zweiter Tag Athen, dritter Tag Piräus, dann Kap Sunion, vierter Tag Athen, fünfter und sechster Tag Delphi, siebter Tag Athen. Doch um dieses Programm zu testen, zog ich die kurze Variante vor, die den vier ersten Tagen der langen Version entsprach. Und so kam es auch. Am ersten Tag befanden wir uns, nach drei Stunden Flug, mitten in der Plaka, der Altstadt, die sich an den Hügel der Akropolis schmiegt. Der Blick von der Terrasse des Hotels lohnt sich, denn die Akropolis zeigt den Ankömmlingen ihre westliche Seite in all ihrer Pracht (man errät den Parthenon und auch die Karyatiden). Abgesehen von dem Augenschmaus ist diese Nähe entscheidend, denn so kann man die antiken Stätten zu Fuß erreichen und fern von der *furia* der modernen Stadt dort herumschlendern. Und so machen wir uns auf den Weg zum Musen-Hügel. Wir müssen einen Teil der Plaka durchqueren, das Viertel der Trödler, das sich an der Agora entlangzieht. Leider ist die heilige Stätte um diese Uhrzeit geschlossen (noch immer habe ich die Logik der Öffnungszeiten nicht begriffen). Sei's drum! Wir laufen an der Westseite der heiligen Stätte entlang (dort, wo die fatale Metro fährt), gelangen auf den großen Boulevard, der zur Akropolis hinaufführt, gehen um die Pnyx herum, die ebenfalls nicht zugänglich ist, und statt wie alle Welt zur Akropolis hinaufzugehen, lenken wir unsere Schritte zum Musen-Hügel.

Dieser Hügel ist zauberisch. Nach wenigen Metern verliert man jeden Kontakt zur Gegenwart (dem Boulevard). Je tiefer man in den Hain eindringt, der den Abhang bedeckt, desto näher kommt man der griechischen Kultur. Es geht sehr schnell, ein Jahrhundert entspricht etwa zehn Metern, denn plötzlich, zur Linken, an einer Wegbiegung, taucht vor uns der Felsen auf, der die Akropolis trägt wie vor zweitausendfünfhundert Jahren. Welch ein Anblick! Aus dieser Entfernung ermißt man aufs Wunderbarste die Kühnheit der Athener im Jahrhundert des Perikles und versteht ihren Stolz. Es tut gut, auf halber Höhe, unter dem Laubwerk des Hügels, stehenzubleiben und der Botschaft des steil aufragenden Felsens zu lauschen, der Botschaft der Propyläen, des Parthenons und der Theater an den Ausläufern des Hügels: »*Seht diese Kraft, mit solcher Eleganz gepaart! Ohne das Einverständnis der Götter gäbe es sie nicht. Auf dem Olymp haben diese Stadt und ihr Volk ihre Beschützer gefunden: der Fels erhebt sich aus der Erde, die Gebäude aber wurden von den Göttern errichtet.*«

Das Wetter ist selbstverständlich schön: der stolze Bau hebt sich gegen einen azurnen Himmel ab. Grillen begleiten unseren weiteren Aufstieg. Nach ein paar Minuten sind wir oben. Der Fels ist nackt. Wie zur Zeit Sokrates', ohne allen Zweifel. Diesmal sieht es so aus, als sei die Akropolis von der Stadt eingeschlossen. Und auch wenn diese Stadt riesig und ihre Luft verpestet ist, so könnte sie doch antik sein. Sie ist weiß, dicht, und obwohl sie sich unabsehbar weit erstreckt, schockiert sie nicht. Man könnte meinen, sie mache sich Vorwürfe, trete in den Hintergrund oder schließe sich ihrer Vergangenheit an. Auf der anderen Seite, in südwestlicher Richtung, erblickt man in der Ferne den Hafen von Piräus; weiter südlich den Peloponnes; irgendwo im Westen wacht Korinth über seinen Isthmus.

Die Sonne steht noch hoch. Wir haben viel Zeit, uns niederzulassen. Und wir bleiben bis zum Einbruch der Dunkelheit, denn es gibt viel zu sagen. Viel über diese Stadt, die die Demokratie erfunden hat; viel über Sokrates, den sie dazu verurteilte, den Schierling zu trinken. Ich verhehle es nicht: diese Sache gibt mir ein Rätsel auf. Ich lege es in wenigen Worten dar, nachdem ich lange geschwiegen hatte. Es mußte gesagt werden: das Gesetz der Mehrheit hatte den weisesten aller Griechen zum Tode verurteilt. Das Gesetz der Mehrheit lenkte die Geschicke Athens, seit das Volk an der Macht war, d. h. seit Beginn des 5. Jahrhunderts. Die Demokratie war nach den Perserkriegen eingeführt worden, in der Begeisterung des Siegs der Griechen über den persischen Eindringling. Damals nahm Athen einen kolossalen Aufschwung. Unter Perikles schmückte sich die Stadt mit Prachtbauten, und ihr Ruf übertraf bald alle griechischen Städte. In der zweiten Hälfte des Jahrhunderts nahmen die Dinge eine schlimme Wendung: es kam zu einem inneren Krieg mit den Städten, die die Vorherrschaft Athens nicht länger hinnahmen, insbesondere Sparta. Die Lage verschlechterte sich noch gegen Ende des Jahrhunderts: militärisch von den Spartanern besiegt, mußten die Athener alle ihre Bollwerke zerstören, auch die Langen Mauern, die den Zugang zum Hafen von Piräus schützten; sie mußten sogar die »Herrschaft der Dreißig« über sich ergehen lassen, eine Diktatur von Notabeln, die unter der Kontrolle der Sieger an die Macht kamen. Die Episode war zwar von kurzer Dauer, hinterließ jedoch tiefe Spuren.

Genau in dieser Schicksalsstunde wurde Sokrates der Prozeß gemacht. Man beschuldigte ihn, die Götter der Stadt zu mißachten, eigene Götter zu haben und mit seinen Reden die Jugend zu verderben. Doch wenn jemand nicht angeklagt zu werden verdiente, dann er. Wenn man Platon glauben darf, einem der »verdorbenen« jungen Leute, der den Rest seines Lebens damit zubringen sollte, das Andenken seines Lehrers zu rehabilitieren, waren diese Anschuldigungen völlig unbegründet. Zumal ein Orakel der Pythia von Delphi auf Anfrage eines seiner Freunde erklärt hatte, es gebe in ganz Griechenland keinen weiseren Mann als Sokrates! Und dem Athener Gerichtshof, der in seiner großen Mehrheit aus bescheidenen Leuten bestand, die die Ratschlüsse dieses Orakels ehrfürchtig respektierten, war nichts Besseres eingefallen, als Sokrates zum Tode zu verurteilen.

Nachdem ich die Sache dargelegt hatte, gestand ich also meiner kleinen Gruppe, daß dies für mich ein Rätsel sei und daß ich nichts dagegen hätte, wenn einer von ihnen mir helfen könnte, es zu lösen. Es bedurfte mehrerer Stunden, bis jeder die Schwierigkeit wirklich zu begreifen begann. Den einen fehlten bisher die Fakten, um sich mit gutem Grund zu erregen; den anderen war die Sache zwar bekannt, aber daß es sich hier um einen Skandal handelte, lag so klar auf der Hand, daß die Empörung stets überwogen hatte: die Athener waren im Unrecht gewesen, basta. Dann führte man das Unheil des Masseneffekts ins Feld, der das Urteil der Individuen trübt, und der Prozeß kehrte sich um. Im übrigen hatten es die Athener bekanntlich wenig später bereut: sie hatten zugegeben, daß die Verurteilung ungerecht war. Ein Geheimnis war allenfalls die unergründliche Dummheit der Menschen …

Ich mußte den Advocatus diaboli spielen, da mir die Dinge äußerst komplex erschienen. Wer die Richter des Sokrates unwiderruflich verurteilt, setzt sich der Gefahr aus, selbst ungerecht zu sein. Die Athener, zumindest die Demokraten, hatten gerade eine furchtbare Demütigung einstecken müssen, die Bürger waren aufs äußerste gereizt, und selbst wenn Sokrates sich tatsächlich nichts vorzuwerfen hatte, so bot er dem Volkszorn dennoch eine Angriffsfläche. Zunächst in seinem täglichen Verhalten: unentwegt piesackte er seine Mitbürger, die doch ihre Ruhe und ihr Vertrauen wiederfinden mußten. War es nicht einer von ihnen, ein Demokrat unter den Demokraten und ausersehenes Opfer der Dreißig, der die Hauptanklage erhob, nämlich Anytos? Er war Eigentümer einer Gerberei und besaß ein paar Sklaven. Im großen und ganzen warf er Sokrates vor, die Stadt zu destabilisieren durch seine ständigen Attacken gegen ihre Mitglieder, die von der Rechtmäßigkeit der Macht des Volks am meisten überzeugt waren. Dies läßt sich dem Protokoll entnehmen, wie Platon es in der *Apologie des Sokrates* vorgelegt hat. War nicht etwas Richtiges daran? Legte Sokrates nicht zumindest außerordentliche Taktlosigkeit an den Tag, als er es ablehnte, der »Zeit« Rechnung zu tragen, und nach der Niederlage seine ständigen Vorwürfe wiederaufnahm, als wäre nichts geschehen? War das etwa weise?

Außerdem fällt bei eingehender Lektüre der *Apologie* auf, daß die Feindseligkeit der Athener keineswegs so einhellig war, wie es scheint. Wie bei den Heliasten üblich, den Richtern, die im Gerichtshof der Heliäa tagten, verlief der Prozeß in zwei Phasen. In der ersten Phase ging es darum, über die Schuld oder Unschuld des Angeklagten zu beraten, in der zweiten, über seine Strafe zu befinden. Nun zeichnete sich in der ersten Phase aber nur eine kleine Mehrheit ab, die auf schuldig erkannte. Und noch hätte Sokrates, wie jeder es erwartete, mit einer geringen Strafe, einer einfachen Geldbuße davonkommen können. Aber da geschah etwas höchst Ungewöhnliches: statt Abbitte zu leisten, beharrte Sokrates auf seinem Standpunkt, und statt einen Strafantrag gegen sich zu stellen, beantragte er einen Freitisch im Prytaneum! Ein starkes Stück! War er von Sinnen? Er wußte doch, daß dieses Ansinnen einer Provokation gleichkam, da die Prytanen den Ausschuß der fünfzig Ausgewählten bildeten, die Buleuten, die über den Gang der Geschäfte wachten. Die Folge war abzusehen. Eine große Mehrheit der Richter wandte sich gegen den Angeklagten und ließ ihm die Wahl zwischen dem Exil und dem Schierling.

Diese Flut neuer Fakten bestürzte meine Gesprächspartner. Aber es wurde dunkel, und die erste Phase unserer »Arbeit« ging dem Ende zu. Es war Zeit, die Felsen des Musen-Hügels zu verlassen. Bald würde die Sonne hinter den Höhen Attikas verschwinden. Wir gingen eine Weile in südliche Richtung. In der Ferne schimmerte nostalgisch das Meer. Dachte es, wie wir, an jenes merkwürdige Verhalten des weisesten aller Griechen? Ein Pfad schlängelte sich durch Büsche und Sträucher. Hunde bellten. Der Ort wurde immer einsamer. Wir mußten umkehren, in Richtung Akropolis. Unter uns bebte vom neuem die monströse Stadt. Ob sie heute wohl einen neuen Weisen birgt? Und bringt er, falls es ihn gibt, seine Zeit damit zu, seine Landsleute zu piesacken?

Rückkehr ins Hotel. Man muß schließlich essen und sich ausruhen. Es war ein langer Tag gewesen. Der nächste wird ebenso lang sein. Am Morgen die Agora, am Abend die Akropolis. Mit zwei »Beigaben«: zum einen sollte uns ein Archäologe begleiten und uns helfen, die Ruinen zu entziffern, die Atmosphäre der antiken Stadt, des Markts, die Religiosität auf dem heiligen Felsen, die Bedeutung der Feste, aber auch die Intensität und Grausamkeit der Kriege zu rekonstruieren; zum anderen der von Platon verfaßte Text der *Apologie des Sokrates,* damit wir uns wirklich in das am Vortag skizzierte Drama vertiefen könnten. Den *Phaidon* sollten wir uns erst zwei Tage später vornehmen. Am Morgen, nachdem wir den westlichen Hang der Akropolis entlanggegangen waren, die Pnyx erklommen und uns dort niedergelassen hatten, die Agora gut sichtbar unter uns, lasen wir den *Kriton,* einen kleinen Dialog, in dem wir Sokrates im Gefängnis wiederfinden. Und schon stoßen wir auf etwas höchst Verwirrendes. Nämlich auf die Tatsache, daß Sokrates nicht fliehen will, als er Gelegenheit dazu bekommt, sondern friedlich auf den Tag seines Todes wartet. Dieser Tag steht unter dem Zeichen eines relativ zufälligen Ereignisses: der Rückkehr des Schiffes, das wie jedes Jahr zur Insel Delos gefahren war, um Theseus' Sieg über den Minotaurus zu feiern. Und nun ist dieses Schiff – wie Kriton es Sokrates mitteilt – in Sicht, denn es hat Kap Sunion bereits hinter sich gelassen. Doch diese Nachricht vermag Sokrates nicht umzustimmen.

Mittags aßen wir in Piräus, die Ägäis vor Augen, und fuhren dann an die Südostspitze Attikas, zum Kap Sunion. Und dort, auf dem Rasen dieses herrlichen Felsvorsprungs, der steil in ein perlmuttfarbenes Meer abfällt, unter den Säulen eines der am besten erhaltenen Tempel der griechischen Kultur, nehmen wir das vielleicht allerverwirrendste Faktum zur Kenntnis. Nämlich daß Sokrates nicht nur heiter und gelassen auf den Vollzug der Strafe wartet, sondern sich auf den Tod freut. Darum geht es im *Phaidon.* Während alle seine Gefährten weinen, denn jetzt ist die Stunde gekommen, den Schierling zu trinken, frohlockt Sokrates: *er ist glücklich, mit dem Leben abzuschließen.* Um seine Freude zu rechtfertigen, versucht er, seine Freunde für die

Idee der Unsterblichkeit der Seele zu gewinnen. Die Diskussion beginnt. Die Argumente prallen aufeinander. Sokrates ist davon überzeugt, jenseits des körperlichen Todes die Glückseligkeit zu finden, mit der seine Seele ihn schon jetzt hin und wieder ergötzt. Hat er recht? Hat er unrecht? Zugegeben, das Kap Sunion spricht für ihn: während wir noch lesen, geht die Sonne unter. Hier fällt sie in die Ägäis und hinterläßt am Horizont matte Flammen. Aber man ahnt, daß sie hinter dem Glanz, die sie uns nach ihrem Untergang hinterläßt, weiterhin scheint.

Woher kommen wir?

Die Niederlage des Denkens?

Wozu Philosophen? wurde kürzlich gefragt. Die klare Antwort hieß, daß sie zu nichts dienten! Um sich davon zu überzeugen, bräuchte man sich nur die herrschende Praxis der Philosophie (die Übermittlung klassischer Texte) anzusehen und sie mit den Leistungen der Naturwissenschaften (Astronomie, Physik, Chemie, Biologie) und der Humanwissenschaften (Psychologie, Anthropologie, politische Ökonomie) zu vergleichen. Warum es nicht zugeben? Die Berufsphilosophen hatten sich seit langem auf sich selbst zurückgezogen und waren tatsächlich für nichts und für niemanden (es sei denn für ihre Nachfolger) mehr von Nutzen. Und da die fulminante Entwicklung der Erkenntnisse über die Materie, die Psyche, das Gruppenleben zu der Annahme berechtigte, daß man bald in die innersten Geheimnisse des Universums, des Lebens, des Bewußtseins eindringen werde, wiegte man sich in der Hoffnung, für sämtliche Probleme der Menschen technische Lösungen zu finden. Was also könnte hinfort unnützer sein als die »Philosophie«?[1]

Heute ist dieser Ton nicht mehr zulässig. Auch wenn die »harten Wissenschaften« wie die Astrophysik und die Genetik von einem Erfolg zum andern eilen, gewinnt der Skeptizismus wieder an Boden. Alles sieht so aus, als würden uns, wie die fernsten Galaxien, die letzten Antworten in wachsender Geschwindigkeit ständig entschwinden. Ebenso schwindet von Tag zu Tag die Hoffnung auf die von den Wissenschaften und der Technik erhoffte Lösung der menschlichen Probleme. Trotz aller noch so phantastischen Entdeckungen stellt sich heraus, daß wir weniger denn je in der Lage sind, den Lauf der Dinge zu beherrschen. Und die berühmten Humanwissenschaften, auf die man so stolz war, stehen den Ereignissen hilflos gegenüber. Weder die politische Ökonomie noch die Soziologie, ja nicht einmal die Psychologie sind der Aufgabe gewachsen. Denn die Menschheit ist heute von einer so globalen und schnellen Umwälzung erfaßt, daß keine dieser Wissenschaften ihr Ansehen zu bewahren vermag. Trotz des Zusammenbruchs der sogenannten sozialistischen Systeme sieht sich die »Wissenschaft« der Ökonomen einer harten Prüfung ausgesetzt; statt den Glauben an die Marktwirtschaft zu stärken, gelingt es ihr bestenfalls, immer alarmierendere Gefahren aufzuzeigen: die weltweit entfesselte Konkurrenz, die ungeheure Verschuldung der armen Länder, das jähe Anwachsen der Staatsschulden in den reichen Ländern, die Ersetzung menschlicher Arbeit durch Roboter, die Produktionsverlagerung, die Entmaterialisierung des Handels, die Grenzen des Ökosystems ... Und die Wissenschaft der Soziologen wird eingeholt von der Bevölkerungsexplosion in den ärmsten Nationen, von der Entstehung von Megalopolen und dem Verrotten der Vorstädte in den reichen Ländern, was zwischen Erdteilen, Ethnien und Bürgern zu so großen Spannungen führt, daß alle alten Dämonen wieder zum Vorschein kommen. Und was die Wissenschaft der Psychologen betrifft, so stellt sich heraus, daß sie nahezu ohnmächtig ist gegenüber den Verheerungen der Arbeitslosigkeit, dem um sich greifenden Drogenhandel, der alle Kontinente erfassenden Welle von Haß, Gewalt und Fanatismus, dem Organhandel und den Verlockungen der Genetik ...

Endlos könnte man die Geißeln aufzählen, die weltweit die Menschheit heimsuchen. So daß die meisten Spezialisten mit ihrem Latein am Ende und die Laien nahe daran sind, den Kopf zu verlieren. Und darin besteht die größte Gefahr! Daher scheint es mir eher ein gutes Zeichen zu sein, daß einige Bürger dieser verrückt werdenden Welt von sich aus beginnen, Philosophie zu treiben. Das heißt, sie fragen sich, wie es um die Fähigkeit der Wissenschaften, der Natur oder des Menschen steht, dem Geschehen Sinn zu geben, ohne deshalb der Vernunft das Vertrauen zu entziehen, d. h. ohne erneut der Herrschaft des Irrationalen zu erliegen. Da diese Frage gemeinsam und öffentlich gestellt wird, heißt das auch, daß sie aufhören, so zu tun, als wäre das beste Mittel, die Entwicklung der Welt in einer Demokratie zu verstehen, darauf zu warten, daß die Partei an der Macht sich darum kümmert, oder sein Schicksal in die Hände der Opposition zu legen. Wieder vom eigenen Denken Besitz ergreifen heißt also, die Kontrolle über die Geschäfte der Stadt wieder selbst zu übernehmen. Es heißt infolgedessen, nicht nur der »Kultur«, sondern auch der »Demokratie« ihren Sinn zurückzugeben. Wenn die Experten mit ihrem Latein am Ende sind und die Volksvertreter nicht mehr aus noch ein wissen – ist es dann nicht an der Zeit, daß sie sich bei den Griechen umsehen? Indem Leute aus dem Volk im Herzen der Stadt ungehindert Philosophie treiben, gleich den Athenern der Antike, öffnen sie ihnen den Weg, zur Quelle zurückzugehen, zur Quelle des *logos* – zur Vernunft. Meist gilt die Vernunft als eine individuelle »Fähigkeit«, über die jedermann nach Belieben für sich allein verfügen könnte. Aber wer weiß, ob sie nicht eher eine Resultante denn eine Fähigkeit ist, ob sie in Wirklichkeit nicht eher in einer gemeinsamen und öffentlichen Suche nach der Wahrheit entsteht?

Zumindest ist die Philosophie auf diese Weise entstanden. Sie entstand nicht, wie man heute gern behauptet, innerhalb der vorsokratischen Systeme, sondern in Gegensatz zu ihnen. Die Spekulationen der griechischen Denker über den Kosmos sind denen unserer Wissenschaftler vergleichbar. Sie entsprechen nicht der Bestimmung der Philosophie. Zwar treten sie den volkstümlichen Glaubensvorstellungen, den Vorurteilen und dem von den Priestern genährten Aberglauben entgegen, aber sie stellen keine Fragen; sie antworten. Die Systeme der Vorsokratiker sind Modelle, die versuchen, der Wirklichkeit besser gerecht zu werden als die traditionellen Mythen. Aber auch sie halten es mit der Antwort. Die Philosophie dagegen steht von vornherein auf seiten der Frage. Sokrates war zunächst Schüler des gelehrten Anaxagoras, des Freundes von Perikles, dem größten Politiker seiner Zeit. Er war voller Wissensdurst, und die großartige Theorie seines Lehrers stillte diesen Durst eine Weile. Anaxagoras erklärte nämlich die Entstehung des Weltalls damit, daß ein ungeheurer Materiewirbel von der Vernunft, dem *Nus*, in Bewegung gesetzt wurde. Ein wunderbarer Sieg des menschlichen Geistes über den religiösen Obskurantismus von damals, dem der Bericht vom Kampf der Götter und Titanen in einer archaischen Theogonie zugrunde lag!

Doch dieser theoretische Sieg der Vernunft über den Glauben

verhinderte keineswegs, daß der menschliche Kosmos in der Praxis weiterhin von den blindesten Leidenschaften beherrscht wurde. Der Krieg richtete Verwüstungen an: der Bruderkrieg zwischen den griechischen Städten, dessen Ende nicht abzusehen war. Das schöne Gebäude des Anaxagoras ermöglichte es zwar, im chaotischen Ballett der stellaren Materie eine gewisse Kohärenz zu erkennen, war jedoch ungeeignet, in der Welt der Menschen die Ursache für den Wahnsinn aufzudecken, der sich der Griechen bemächtigt hatte. Bei den fernsten, ihr unbegreiflichsten Dingen wirkte die menschliche Vernunft Wunder, mühelos ersetzte sie die alten mythischen Berichte durch die Einfachheit ihrer Demonstration, aber sie war außerstande, auf die Gegenstände in ihrer unmittelbaren Nähe Einfluß zu nehmen, auf das, was den Menschen und seine Leidenschaften betraf. Sokrates weigerte sich, diese Abirrung für normal zu halten. Er weigerte sich zu resignieren. Er setzte auf das gemeinsame Infragestellen, um die Entwicklung der Stadt zu erfassen und womöglich zu meistern. Auf diese Weise entstand, was man seither »Philosophie« nennt. Die Philosophie ist ein Infragestellen dessen, was angeblich eine gute Antwort liefert. Sie schenkt ihr Vertrauen weder den religiösen Vorurteilen, die für alles, was das normale Verständnis übersteigt, magische Erklärungen bereithalten, noch den wissenschaftlichen Modellen, die behaupten, sie zu überwinden. Sie widmet sich ganz und gar der Frage, nie der Antwort. Antworten gibt es zuhauf. Fragt sich nur, was sie taugen.

Infolgedessen versteht man nichts von ihrer Berufung, wenn man die Philosophie unter dem Vorwand für überholt erklärt, sie könne der Konkurrenz der Naturwissenschaften nicht standhalten. Erstens ist es nicht das Ziel der Philosophie, erfolgreicher zu sein als die Wissenschaft, was die Ergründung der Geheimnisse der Natur angeht, und zweitens hat sie deshalb einen solchen Aufschwung genommen, weil die Erfolge der Wissenschaft gegenüber der Natur nichts an ihrer Ohnmacht gegenüber dem Schicksal des Staates ändern. So war es in Griechenland, und so ist es auch heute. Die Philosophie ließe sich als überholt betrachten, wenn die moderne Wissenschaft mehr erreicht hätte als die griechische Wissenschaft, wenn sie nicht nur im Verständnis des

Himmels die Religion in den Schatten gestellt, sondern auch die Politiker befähigt hätte, auf das Schicksal ihres Staates mehr Einfluß zu haben als Perikles auf Athen. Einen Moment lang sah es so aus. Aber diese Idee läßt sich inzwischen kaum noch aufrechterhalten, so daß die Philosophie sich wieder in der gleichen Lage befindet wie bei ihrer Geburt.

Das Ziel der »Naturwissenschaften« sowie der »Humanwissenschaften« ist es, eine theoretische Antwort auf die Geheimnisse des Universums und eine praktische Antwort in bezug auf die menschlichen Angelegenheiten zu liefern, und zwar Antworten, die besser sind als die der Religion. Doch wie zur Zeit des Sokrates ist dieser Anspruch auch heute äußerst zweifelhaft. Man darf sich also über den unverschämten Erfolg der »okkulten Wissenschaften« in den unteren wie den oberen Bevölkerungsschichten nicht wundern: Wer befragt nicht sein tägliches Horoskop? Welcher Angehöriger der politischen Klasse sucht vor einem wichtigen Termin nicht seinen Astrologen auf? Ebensowenig darf man sich über die Wiederkehr des religiösen Fanatismus wundern (jede der drei monotheistischen Religionen hat ihren Fundamentalismus), der uns mit dem furchtbarsten göttlichen Bannstrahl droht, wenn wir nicht auf den im heiligen Buch offenbarten rechten Weg zurückkehren. Schließlich darf man sich über den immer stärkeren Einfluß der »holistischen« Vorstellungen des New Age nicht wundern, das uns einen Menschen verheißt, der voll und ganz Mensch ist, sofern er »losläßt« und die überholten Leidenschaften des Egoismus und der Aggressivität vergißt.

Die Kluft zwischen den von der Wissenschaft gemachten (und von der Technik ergänzten) Versprechen und dem, was in den derzeitigen »Städten« geschieht, schürt unstreitig ein starkes religiöses Ressentiment. Für die Zukunft der Vernunft ist das die Hauptgefahr. Gleichzeitig aber auch eine Chance. Denn diese geistige Zerrüttung, die die Stadt in den Wahnsinn treiben kann, gibt der Philosophie ihre ursprüngliche Bestimmung zurück: die gemeinsame Wahrheitssuche. Und zweifellos aus diesem Grund ist ihre Ausübung mit sichtbarer Freude verbunden. Ja, mit Freude! Zumindest kann ich das seit Beginn meiner Tätigkeit beobachten. Sogar dann, wenn am Ende einer Debatte im Café Frustration herrscht, selbst wenn die Spannung zwischen den Seminarteilnehmern unerträglich wird oder wenn auf einer Reise die einen weitermachen wollen, während die anderen genug haben, ist das Vergnügen zu spüren. Ein ganz besonderes, aber offenkundig intensives Vergnügen, so daß sie wie Davongekommene wirken; sie scheinen aus einer tiefen Ohnmacht zu erwachen. Es handelt sich hier um ein sehr einfaches Glück: das Glück, dem Tod entronnen zu sein und es zu wissen. Daher vermutlich die Dankbarkeit, die man meiner Art, Philosophie zu treiben, bezeigt.

Aber vielleicht ist es ja schon zu spät? Vielleicht ist diese Initiative zwecklos? Vielleicht ist die Sache schon entschieden? Den Alarmrufen nach zu urteilen, die Ende der achtziger Jahre dem Schicksal der abendländischen Kultur galten, wäre dies leider der Fall. Ohne in Abrede zu stellen, daß die Philosophie die Aufgabe hat, sich um die menschlichen Angelegenheiten zu kümmern, und daß sie Freude bereiten kann, verkündete damals eine Reihe kundiger Denker das Ende des Zeitalters der Aufklärung. Ein wahrer Strom von Pessimismus durchzog die Intelligentsia und brachte eine sehr traurige Botschaft: die Finsternis bemächtige sich der Welt.[2] Die Metapher der Enzyklopädisten aufgreifend, erinnerten alle daran, daß es vor wenigen Jahrhunderten Tag geworden war, als sich das rationale Denken gegen den Glauben durchgesetzt hatte. Und konsterniert stellten sie fest, daß nun die Nacht hereinbreche, da die »Subkultur« über die Vernunft siege und das Ende unseres Jahrhunderts sich durch unerbittliche Verfinsterung auszeichne. Dringen wir im Namen der Toleranz, der Vermischung der Kulturen, des Rechts auf Differenz nicht in die Nacht ein, in der alle Katzen grau sind? Die Antwort scheint auf der Hand zu liegen: von nun an hat der Fanatismus leichtes Spiel, da die westliche Welt dank der »Subkultur« ihm gegenüber wehrlos ist. Und so nimmt die Finsternis, die am Ende der Renaissance von der Aufklärung besiegt worden war, heute Rache und stößt sie von neuem in die Abgründe der Barbarei.

Ein solcher Pessimismus erscheint berechtigt. Aber was bedeutet er wirklich? Ohne behaupten zu wollen, daß meine bescheidene Erfahrung derart massive Tatsachen aufwiege und daß der Sieg über die »Barbarei« in unserer Macht stehe, seit sich im Café des Phares Stimmen erheben und dem Genius der Place de la Bastille zu Ohren kommen, bitte ich doch, sie zur Kenntnis zu nehmen, bevor man endgültig dem Defätismus verfällt... Wer weiß, ob diese Erfahrung, so bescheiden auch immer, nicht einem Wunsch entspricht, der Wiederkehr des Irrationalen Widerstand zu leisten? Den künftigen Philosophen bietet sie eine Perspektive, die sich rasch erweitern kann. Ich erwähnte bereits die Praxen, die anderswo entstanden sind: sobald es sich erwiesen haben wird, daß ein Philosoph mit Anstand von Privatstunden oder Gruppenbetreuung leben kann, werden ohne Zweifel viele, die aus Furcht, auf Abwege zu geraten, oder aus Überdruß darauf verzichten, Philosophie zu lehren, in der Eröffnung einer Praxis einen wirklichen Ausweg sehen.

Vor allem läßt das bisherige Echo für die Zukunft der Philosophie hoffen. Einige Leute, die sie nicht zu ihrem Beruf gemacht haben, ist die Sache so sehr ans Herz gewachsen, daß ich eine starke Welle voraussehe. Bei mir begann alles mit den Zurechtweisungen eines Mannes, den ich kaum kannte, Jean-Pierre Cagnat, eines berühmten Illustrators. Als ich ihm unter vier Augen von meinem traurigen Los erzählte, nahm er meine Klagen fast wortlos zur Kenntnis; doch einige Tage später ließ er am Telefon einen solchen Schwall von Schmähungen auf mich niederprasseln und riet mir so dringend aufzuhören, von den Institutionen (und überhaupt von anderen) auch nur das Geringste zu erwarten, daß er mich überzeugte, mein Glück allein zu versuchen. Schon seit geraumer Zeit dachte ich daran. Ich wollte etwas unternehmen, aber nur zusammen mit einem Freund, der in den oberen Klassen die Kunst des Handels lehrte und bedauerte, daß in der Geschäftswelt die Philosophie fehle. Er war ein Dandy, dessen Augen nur dann aufleuchteten, wenn er vom letzten Werk Baudrillards sprach. Davon überzeugt, daß dies meine Disziplin war und nicht die seine, spornte er mich hin und wieder dazu an, neue Formen des Philosophieunterrichts auszuknobeln... Leider hatte er zuviel Arbeit, um wirklich zur Tat zu schreiten. Als ich es tat, strahlte er, hatte selbst jedoch keine Zeit. Trotzdem fehlte es mir nicht an Unterstützung. Freilich kam keiner von denen, die mitmachen wollten, aus der Universität: Erich war Fotograf, Bertrand Rechtsanwalt, Pascal Informatiker. Ich habe sie oben bereits erwähnt: sie halfen mir, anzufangen, meine Sache zu vertreten und mein Programm aufzustellen.

Es war ein langer Weg! Neben der Praxis wurde ein Verein gegründet, dem inzwischen viele sonntägliche »Stammgäste« beigetreten sind, und sie setzten sich mit Feuereifer für eine neue Art des Philosophierens in der Stadt ein. Nur zwei Beispiele: Sylvie Antona, Turnlehrerin in Meudon, hat sich vorgenommen, die Debatten im Café des Phares mitzuschreiben, um sie dann regelmäßig in zusammengefaßter Form in der *Lettre* des Vereins zu veröffentlichen; und Gunter Gohran: er ist österreichischer Herkunft und Jurist, Assistent an der Sorbonne, was ihn nicht daran hindert, sich für viele andere Dinge zu interessieren: als Seminarleiter in Betrieben ist er häufig in kulturellem Auftrag unterwegs; als Germanist übersetzt er Freud. Aber etwas fehlte ihm, was ihm durch die Debatte im Café klar wurde: die freie und bedingungslose, aber auch antiautoritäre philosophische Kontroverse.

Ich gebe zu, daß diese wenigen Beispiele noch lange nicht die Gefahren abwenden, die unserer Zivilisation drohen. Sie widerlegen nicht die düsteren Vorhersagen der über die »Subkultur« entrüsteten Nörgler. Ich behaupte lediglich, daß das »Denken« noch über ein enormes Potential verfügt, und verwahre mich gegen seine »Niederlage«. Das heißt, ich wünsche die Wiederaufnahme des Verfahrens. Mir scheint nämlich, daß man in dieser Sache viel zu schnell vorgegangen ist. Bei diesem Prozeß wurde nämlich ein entscheidender Punkt übergangen, »schlecht durchdacht«. Auch wenn es stimmt, daß wir eine schwere Krise durchmachen, daß uns ein Übel zerfrißt, so ist doch, wie ich fürchte, die richtige Diagnose noch immer nicht gestellt worden.

Die Analysen der Pessimisten mögen durchaus auf Tatsachen beruhen. Problematisch ist, wie sie an diese Tatsachen herangehen. Gesetzt den Fall, das »Denken« beschriebe eine ähnliche Kurve wie die Sonnenbahn, mit einer Dauer, die der des Tages entspräche, es habe seine Morgenröte, seinen Höhepunkt, seine

Abenddämmerung erlebt, und nun kündige die Nacht sich an, dann wäre das Herannahen dieser Nacht – der Barbarei, wenn man so will – ebenso unausweichlich wie der Anbruch des Tages zur Zeit der Renaissance. Dann wäre das Sterbegeläut gerechtfertigt, das eine Barbarei ähnlich derjenigen ankündigt, der die Renaissance uns entrissen hat. Dann müßten wir uns tatsächlich auf eine neue, mehrere Jahrhunderte währende Nacht voll ungeheuerlicher Katastrophen und furchtbarer Leiden gefaßt machen. Die »Niederlage des Denkens«, die das Ende der Intellektuellen einläutet, würde auch das Ende der Menschheit einläuten.

Doch stimmt das wirklich? Müssen wir dem Ton dieser Glokke glauben? Zunächst sei angemerkt, daß das Drama, das hier gespielt wird, lediglich die Tätigkeit des Geistes betrifft. Es ist das »Denken«, das eine Niederlage erleidet, die »Subkultur«, die den Sieg davonträgt und dem »Fanatismus« freie Bahn läßt. Heißt das, daß das Schicksal des Abendlandes, wenn nicht der ganzen Menschheit, *sich nur in den Ideen abspielt*? Daß der laufende Prozeß nur diesen Bereich berührt? Daß alles übrige belanglos ist? Begehen die Intellektuellen deshalb Verrat, weil sie sich dem *Volksgeist* unterwerfen und ihrer Aufgabe entsagen, so daß die Subkultur siegt und die Barbarei sich ankündigt? Anders gesagt: Ist etwa das Denken der Motor der Geschichte? Woher wissen wir, ob es nicht andere treibende Kräfte gibt? Und wenn das Denken, statt der Motor der Geschichte zu sein, anderen Kräften gehorchte, Kräften, die ihm ihr Gesetz aufzwingen, solange man sie nicht erkennt? Wer auf die Allmacht des Geistes setzt, begünstigt, sollte sich dieser Geist als ohnmächtig erweisen, den Kult der okkulten Kräfte.

Zum anderen sei angemerkt, daß die meisten dieser Autoren auf ihre Weise für den Sieg der Barbarei bürgen. Wenn sich die Barbarei der modernen Welt bemächtigt, wie die Finsternis sich am Ende des Tages des Planeten bemächtigt, dann versteht es sich von selbst, daß jeder Widerstand zwecklos ist, daß man jede Hoffnung auf eine bessere Welt aufgeben, sich ins Unabhänderliche fügen, die Welt ihrem Untergang entgegengehen und das bißchen Licht, das man eventuell noch besitzt, für sich behalten muß. In diesem Fall hat man leichtes Spiel, die Kapitulation der

Intellektuellen zu brandmarken: letzten Endes kapituliert man selbst. Schlimmer noch: man fordert die anderen zur Kapitulation auf. Es sei denn, man glaubt nicht wirklich, was man behauptet. Man sagt es nur, um angst zu machen, um Alarm zu schlagen, um zu warnen und, letztlich, ein jähes Erwachen herbeizuführen, um zu mobilisieren. Doch was wird in diesem Fall aus der Analogie, auf die man sich stützt? Was ist mit jenem Sieg über den Obskurantismus, mit jenem Tag, der über der mittelalterlichen Finsternis angebrochen ist, kurzum, mit der Geschichte des abendländischen Denkens? Wie spät ist es, wenn sie nicht ihrem Ende zugeht, wenn die Nacht noch nicht hereingebrochen ist? Wieviel Zeit ist verstrichen? Wieviel Zeit bleibt noch?

Und schließlich sei angemerkt, daß diese Art der Analyse aus einer *geozentrischen* Perspektive erfolgt. Einzig und allein aus dieser Sicht sieht man die Sonne »aufgehen«, sich zum Zenith aufschwingen, sinken und schließlich »untergehen«. Doch dies entspricht nicht der *tatsächlichen* Bewegung. Wenn wir *glauben,* daß die Sonne untergeht, täuschen wir uns. Was wir sagen, beruht zwar auf etwas Wahrem, da wir mit eigenen Augen sehen, wie die Sonne hinter dem Horizont versinkt. Aber dieses Wahre ist in unserer Aussage nicht enthalten: die Bewegung der Sonne ist lediglich eine scheinbare; in Wahrheit bewegt sich die Erde, nicht die Sonne. Wenn wir sagen, daß die Sonne untergeht, verlassen wir uns auf das unmittelbare Zeugnis unserer Augen und fallen ihm folglich zum Opfer. Erliegen wir nicht einer ähnlichen Täuschung, wenn wir sagen, daß die Nacht über die moderne Welt hereinbricht? Ist es nicht ebenso falsch zu sagen, die Barbarei bemächtige sich der Welt, wie wenn man sagt, die Sonne gehe unter?

Gewiß wird es Nacht, sobald die Sonne verschwindet. Doch wenn die Aufklärung uns überhaupt etwas gelehrt hat, dann eben dies, daß die Sonne nicht untergeht: in Wirklichkeit dreht sich die Erde um ihre Achse. Daher ist es zumindest fragwürdig, das Verschwinden der Aufklärung zu beklagen, indem man sich auf eine Metapher stützt, die die Aufklärung selbst hinfällig gemacht hat. Bevor wir resignieren, sollten wir die Dinge also etwas näher betrachten.

Die Aufklärung

Nichts ist normaler, als in der Aufklärung den Sieg der Vernunft über das Vorurteil und die Unwissenheit zu sehen. Der gemeinsame Angriff der Enzyklopädisten auf die Privilegien der Geistlichen in der Mitte des 18. Jahrhunderts schlägt unstreitig den Obskurantismus in die Flucht: gegen die Hegemonie des auf der Offenbarung gründenden Dogmas setzen sich endlich die Erfolge der Technik, der Wissenschaft und der menschlichen Arbeit durch. Zwar leistet der Klerus heftigen Widerstand, aber er befindet sich in der Defensive, während das »Unternehmen« fortschreitet. Zu welcher Kirche die Beichtväter gehören mögen, sie weichen zurück, auch wenn sie noch immer zuschlagen. Vor ihren Augen gelangen die freien Geister an die Schwelle der Macht. Der neue Geist wird obsiegen.

Man braucht nur Voltaire zu erwähnen, um diesem Geist Gestalt zu geben. Zwar nannte Voltaire sich einen Deisten, aber sein Gott war das höchste Wesen und nicht der Gott der Christen – allenfalls war er der Vater: *»Was den Herrn Sohn und seine Frau Mutter betrifft«*, sagte er der Legende zufolge, *»so ist das etwas völlig anderes.«* Voltaire ist der Freigeist, die Mensch gewordene Freiheit, die mit keiner Vormundschaft, vor allem nicht mit der Religion vorliebnimmt. Sein Gott ist nicht der Gott, der beaufsichtigt, verurteilt und bestraft. Er braucht weder einen Erlöser, der Adams Sünde tilgt, noch eine Jungfrau, die ihn zur Welt gebracht hat. Das alles sind Albernheiten, völlig unwahrscheinliche Geschichten, erfunden, um die Welt zu verdummen. Und wer profitiert von dieser Verdummung? Die Despoten und ihre Lakaien, Hüter der »heiligen« Bücher! Unermüdlich kämpft Voltaire gegen diese Erniedrigung des Volkes. Und er sollte berühmt werden: er verkörperte den Geist seiner Zeit.

Das alles ist bekannt. Vielleicht allzu bekannt? Bleiben wir nicht an der Oberfläche, wenn wir uns damit zufriedengeben? Liegt dem Gegensatz von *Lumières* (Aufklärung) und »Obskurantismus« nicht eine tiefere Bedeutung zugrunde? Werden die Vorurteile wirklich allein von der »Vernunft« besiegt? Und warum eigentlich von *lumière,* Licht, sprechen? Wozu diese Metapher? Hat das Licht als solches, jenes Licht, das wir von der Sonne erhalten, den Zeitgenossen wirklich nur als Vergleich gedient? Besteht zwischen dem Auftauchen der Lichter des Geistes, dem Durchbruch der Vernunft, den sie auf diese Weise begrüßten, und dem Anbruch des Tages, dem Übergang von der Nacht zum Tag, dem Erscheinen der physikalischen Sonne, jenes majestätischen Feuerballs am Himmel, dieser segensreichen Lichtquelle, wirklich nur ein Analogieverhältnis? Hat der Sieg der *Lumières* wirklich nichts mit dem physikalischen Vor gang und der materiellen Kraft zu tun, die für die Erleuchtung unseres Planeten sorgt?

Als die *Lumières* Preußen erreichen, nehmen sie den Namen *Aufklärung* an. Unter der Herrschaft Friedrichs II. öffnet sich Preußen dem neuen Geist so sehr, daß es Voltaire als Helden feiert. Zwar ist der »Sieg« noch nicht sicher, das Volk noch nicht »erleuchtet«, aber der Prozeß ist im Gange. Und findet in Kant seinen Herold. *»Was ist Aufklärung?«* fragt eines Tages ein gehässiger Pfarrer provozierend.[3] Sofort antwortet Kant in einer kleinen Schrift: Aufklärung, so sagt er, ist das Ende der Zeit, da der Mensch nicht den Mut hatte, sich seines eigenen Verstandes zu bedienen. Bisher war der Mensch unmündig, denn er erhielt Anweisungen von einem anderen und führte sie aus. Es war nicht seine Aufgabe, sich selbst um seinen Geist, seine Seele und seinen Körper zu bemühen. In gewisser Weise hatte er seinen Vorteil dabei, denn es ist sehr gefährlich, für sich selbst verantwortlich zu sein. Doch welch ein Gewinn für seine Vormünder! Sie lenkten ihn nach Belieben wie das Hausvieh und konnten ungestraft die Früchte seiner Arbeit einheimsen …

Daher darf man das »Licht«, das die »Aufklärung« bringt, nicht nur als eine »kulturelle« Angelegenheit verstehen. Der Geist der Aufklärung beruht nicht nur auf einem neuen Wissen, sondern auch auf einem neuen Mut. *»Sapere aude!«* Dies ist Kants Wahlspruch: *»Habe Mut, dich deines eigenen Verstandes zu bedienen!«*[4] Kant zögert nicht, ihn laut zu wiederholen. Natürlich fordert er die uneingeschränkte Meinungsfreiheit für die Gelehrten und Gebildeten, denn dies ist die notwendige Voraussetzung dafür, daß »Satzungen und Formeln« dem Geist der Individuen nicht länger Fesseln anlegen. Freilich muß das Publikum sich auch selbst aufklären. Das heißt, daß der Sieg der Aufklärung nicht den Sieg irgendeines ein für allemal errungenen Allgemeinen bedeutet, den es nur noch weiterzutragen, zu »kultivieren« gilt, sondern den Sieg des Muts, selbständig zu denken.

Kant weiß, wovon er spricht. Vielleicht sollte daran erinnert werden. Zwar kennt man den »kritischen« Kant, den Feind jedes religiösen oder philosophischen Dogmatismus, man kennt seinen Sinn für Moral und seinen Wunsch nach ewigem Frieden, und man sieht ihn regelmäßig in aller Ruhe durch Königsberg spazierengehen. Aber man übersieht einen entscheidenden Punkt. Kant will nämlich vor allem den Ursprung der Welt beschreiben. Nicht mehr und nicht weniger ... 1754, im Alter von dreißig Jahren, verfaßt er eine *Allgemeine Naturgeschichte*, die die Frage beantworten soll: Wie ist das Weltgebäude entstanden? Es handelt sich, so der Untertitel, um eine *Theorie des Himmels,* oder den *Versuch von der Verfassung und dem mechanischen Ursprunge des ganzen Weltgebäudes nach Newtonischen Grundsätzen abgehandelt.*[5] Das heißt, er befaßt sich in erster Linie mit der Sonne und ihrem Licht.

Dem jungen Kant fehlt es nicht an Verwegenheit. Er behauptet, daß es möglich sei, den Ursprung der Welt anhand der Newtonschen Theorie zu beschreiben. »*Gebt mir Materie, ich will euch eine Welt daraus bauen.*«[6] In Anbetracht der Tatsache, daß im ganzen Weltall die Anziehungskraft herrscht, daß die Gestirne und alle Himmelskörper die Eigenschaft besitzen, sich gegenseitig anzuziehen, macht Kant sich anheischig, Schritt für Schritt aufzuzeigen, wie das Gebäude entstanden ist. Im ersten Teil unterbreitet er eine neue »Verfassung« des Universums, indem er die »Fixsterne« gemäß dem Phänomen der Milchstraße in »elliptische Figuren« ordnet; sodann geht er zum eigentlichen Ursprung eines der Systeme über, in dem sich unsere »Welt« befindet: des Sonnensystems.

Es besteht kein Anlaß, darüber zu schmunzeln. Mehr als vierzig Jahre vor Laplace äußert Kand mit verblüffender Strenge die Hypothese eines »Urnebels«. Natürlich macht er sich keine Illusionen darüber, wie man seinen Versuch in den sogenannten höheren Kreisen aufnehmen wird: man wird ihn der Gottlosigkeit, des Atheismus, des Epikureismus bezichtigen. Daher versucht er von vornherein, die Reaktionen, die ihm zum Verhängnis werden könnten, zu neutralisieren. Er weiß, daß die Vorurteile der Gelehrten und Geistlichen seinem Vorhaben entgegenstehen: daher verkündet er, daß sein Versuch endlich die »Nebel« zerstreue, die den Ursprung der Welt verbergen, ohne deshalb die Herrlichkeit des höchsten Wesens zu beeinträchtigen.[7] Was jedoch den Kern angeht, so bleibt er unnachgiebig: von der Anziehungskraft beseelt, erzeugt die Materie Welten. Man möge ihm nur unvoreingenommen gestatten, es aufzuzeigen.

Wir sehen also deutlich, welche Beziehung Kant zum Tageslicht unterhält. Derselbe Kant, der sich 1784 zum Wortführer der »Aufklärung« macht, wagt es zu Beginn seiner Karriere, eine von Newtons *Grundlagen* hergeleitete »Theorie des Himmels« vorzulegen. Das gleiche gilt für Voltaire. Denn ihm ist es zu verdanken, daß Newton in Frankreich bekannt wurde. Zwar war er nicht der erste, der dessen *Grundlagen* rühmte, aber er hat sie »populär« gemacht. Unstreitig waren ihm Fontenelle und Maupertuis vorausgegangen; aber ihr Publikum war begrenzt. Erst Voltaire macht Lärm um ihn. Er ist zweiunddreißig Jahre alt, als er sich nach England begibt. Damals ist er noch nicht »Voltaire«. Er kommt geradewegs aus der Bastille, wo er wegen einer Prügelei mit dem Chevalier de Rohan vor dem Haus des Herzogs von Sully einsaß. Er hat zwei Tragödien verfaßt, eine vielversprechende und eine trostlose, zwei Komödien, die beide durchgefallen waren, sowie ein noch unveröffentlichtes Epos. Am Hof kennt man seine Unverschämtheiten und belohnt seine Talente mit einer kleinen Rente, damit er sich nicht mit den Brüdern Pâris, reichen und ziemlich skrupellosen Bankiers, einläßt. Voltaire? Das breite Publikum kennt ihn nicht, und man kann nicht sagen, daß er schon ein »Denker« ist.

Seine Reise nach England ändert alles. Plötzlich wird er bekannt. Auf welche Weise? Indem er ein Anhänger Newtons wird. Gewiß findet Voltaire jenseits des Kanals viele Gründe, sich zu begeistern. Hier atmet er reinere Luft als in Frankreich, zumindest in politischer Hinsicht; hier trifft er auf keine absolute Monarchie, sondern auf eine parlamentarische Staatsform, wo die Macht des Königs durch die Volksvertreter eingeschränkt wird; auf keine jesuitische Inquisition, sondern auf religiöse Toleranz. Bei den Engländern fühlt er sich zu Hause. Seitdem liest er den Franzosen unermüdlich die Leviten und schreibt jene »Briefe«, die ihn mit einem Schlag berühmt machen. Und in diesen *Philosophischen Briefen* hebt er vor allem die wunderbare Entdeckung der Gesetze der allgemeinen Schwerkraft hervor. In London wird Voltaire zum Fürsprecher Newtons. Vier der fünfundzwanzig Briefe sind Newton gewidmet. Nur den Quäkern, mit denen das Werk beginnt, wird eine solche Ehre zuteil, während alle anderen Themen in ein oder zwei Briefen abgehandelt werden, einschließlich der »Regierung«.

Voltaire hält sich im Jahre 1726 in England auf. Newton hat noch ein Jahr zu leben: er stirbt 1727. Er hat viele Feinde, aber sein Ruhm ist bereits sehr groß. Seine vor vierzig Jahren erschienenen *Mathematischen Grundlagen der Naturphilosophie* gewinnen in den höheren Kreisen der Gesellschaft täglich mehr Anhänger. Denn zum erstenmal in der Geschichte der Menschheit wird das ganze System der Welt, von den kleinsten Teilchen bis zu den Fixsternen, einem einzigen und einfachen mathematisch nachweisbaren Prinzip, der »allgemeinen Anziehung« unterworfen. Alle klugen Köpfe sind davon überzeugt und verbreiten die frohe Botschaft. Kaum in London eingetroffen, schließt sich Voltaire ihnen an und macht sich zu ihrem Fürsprecher. Im »fünfzehnten Brief« würdigt er die Erfolge, die Newtons Theorie bei der Aufdeckung des Geheimnisses der Welt erzielt hat. Auf wenigen Seiten faßt er zusammen, auf welche Weise es Newton gelang, die Ursache zu entdecken, *»die alle Planeten sich drehen läßt und in ihrer Bahn hält, die Ursache, die hienieden alle Körper zur Erdoberfläche streben läßt«.*[8]

Plötzlich ist man weit entfernt von dem bizarren und spöttischen Dichter, der den Höfling spielt und sich verprügeln läßt. Mit dem größten Ernst macht sich Voltaire daran, die Lehre des großen Newton zu propagieren. Und man glaube nicht, es handle sich hier um eine bloße Laune, um eine in Frankreich noch unbekannte Mode. Denn zu den wenigen Seiten der *Briefe* kommt fünf Jahre später ein vierhundert Seiten starkes Buch! Eine Abhandlung, mit der Voltaire *Newtons Elemente der Philosophie* »aller Welt zugänglich« machen will! Im Vorwort räumt er ein, daß diese erhabene Philosophie *»vielen Menschen bisher ebenso unverständlich zu sein scheint wie die der Alten«*[9], was man als indirekte Selbstkritik an den ihr gewidmeten »englischen Briefen« werten könnte. Denn diesmal befleißigt er sich, die Schwierigkeiten zu analysieren und die Dinge systematisch anzugehen: er beginnt mit der Analyse des Sonnenlichts *»und wie es zu uns kommt«*[10], was ihn acht Kapitel lang beschäftigt, und zieht daraus die *»Beweise, daß es unteilbare Atome gibt«*[11], um auf die Existenz der Anziehung und ihrer Allgemeinheit zu schließen. Im 23. Kapitel ist endlich alles vollbracht, und es bleibt nur noch, die *»Theorie unserer Planetenwelt«*[12] zu formulieren.

Vielleicht sollte man noch einmal wiederholen, daß es sich hier um Voltaire handelt, und präzisieren, daß d'Alembert, Diderot & Co sich erst ganz am Anfang ihres Kampfs gegen den Obskurantismus befinden: erst vier Jahre später erscheint d'Alemberts *Traité de dynamique,* und erst neun Jahre später wird die große *Encyclopédie* in Angriff genommen. Es wäre daher ungerecht und vor allem völlig falsch, Voltaires Beitrag zur Ausbreitung der »Lichter«, die Newtons Werk ihm aufsteckte, zu vernachlässigen. Doch wie dann von den *Lumières* sprechen, ohne vom Licht als solchem zu sprechen?

Es ist banal geworden, das Zeitalter der Aufklärung als ein »kulturelles« Phänomen zu betrachten. Es heißt, ein »Geist« habe sich im 18. Jahrhundert Europas bemächtigt und die Dogmen und Vorurteile an den Rand gedrängt: ob man ihn nun »Vernunft« oder »Denken« nennt, dieser Geist verkörpert sich in einem Voltaire oder einem Kant. Doch diese gewöhnliche Redeweise verdunkelt die Rolle, die Newtons Theorie spielte. Wenn man Voltaire oder Kant als Wortführer der Aufklärung bezeichnet, vergißt man nämlich, darauf hinzuweisen, daß sie Anhänger der *Grundlagen* von Newton waren und sich glühend für sie einsetzten. Anders gesagt, die Worte, die üblicherweise verwendet werden, um den Beginn der Aufklärung zu bezeichnen, verbergen uns, daß sie unmittelbar mit der Entdeckung der universalen Anziehung zusammenhängt, mit jener Kraft, die die Welt regiert, darunter auch unser Sonnensystem. Das Universelle verbirgt das Universum.

Ist das nicht erstaunlich?

Die heliozentrische Revolution

An diesem Punkt werden einige Gelehrte wahrscheinlich die Stirn runzeln. Die Geschichte der Wissenschaften ist eine anspruchsvolle Disziplin, die keinen Dilettantismus duldet. Der eine wird vielleicht Vorbehalte gegen die Bedeutung der Theorie Newtons äußern: er wird fragen, ob es zulässig sei, das Ganze auf einen seiner Teile zu reduzieren. Ein anderer wird Zweifel am glanzvollen Charakter der Lehre der Anziehung hegen: denn zur damaligen Zeit wurde über die Natur der Kraft, die Newton mit diesem Wort bezeichnete, heftig gestritten. Für viele damalige Gelehrte bedeutete Newton einen Rückschritt der Wissenschaft, insofern er in den alten Fehler des Aristoteles zurückfiel, den der dunklen Eigenschaften; indem er der Materie die Macht zuschrieb, auf Entfernung eine Anziehung auszuüben, führte Newtons Kosmologie heimlich wieder ein, was Descartes soeben vertrieben hatte, nämlich den Glauben der Alchimisten an eine dunkle Kraft der Körper. Übrigens war Newton Alchemist, wird ein dritter sagen: er experimentierte mit Antimon, um eine erhabene Substanz zu erhalten – das philosophische Quecksilber, dessen Kräfte, nach dem Urteil seiner zahlreichen Kollegen, faszinierend und wunderbar sein mußten... Kann man ihn wirklich als den Hauptmotor der Aufklärung betrachten?

Ein Gelehrter klerikaler Obedienz wird vor jedem Versuch warnen, im Gesetz der allgemeinen Anziehung eine Niederlage des Glaubens zu sehen, denn es steht unstreitig fest, daß Newtons Atomismus mit einem unerschütterlichen Glauben an die Macht eines Schöpfergottes einherging: für Newton war die Welt ein Ausdruck der Macht Gottes, seiner Intelligenz; die Materie faßte er als »Ausdruck« dieser Intelligenz und nicht als ihre Substanz auf. Infolgedessen war sie den »mathematischen Grundlagen« und damit der Welt der Ideen unterworfen. Auch wenn er vor allem die »Atome« und die »Kräfte« berücksichtigte, die ihre Verhältnisse bestimmen, so verhalf er doch keineswegs dem

Materialismus zum Sieg, oder dieser ist nichts anderes als die Beschreibungsweise, mit der sich der Mensch, in Anbetracht der engen Grenzen seines Verstandes, abfinden muß. Newton jedenfalls hielt die »Materie« nicht für das Wesen der wahren Natur des Kosmos: er wußte, daß seine Herangehensweise den Schwächen des menschlichen Denkens unterworfen war ...

Was Voltaire betrifft, so wird ein anderer behaupten, er verdiene eine solche Wertschätzung nicht. Er sei zwar ein hervorragender Erzähler, aber ein miserabler Philosoph. Und wenn der Sieg der Aufklärung denn wirklich eines Förderers bedürfe, dann dürfe man Voltaire nicht beweihräuchern und Descartes mit Schweigen übergehen. Ist Descartes für die *Lumières* nicht das, was Kant für die Aufklärung war? Verglichen mit Descartes sei Voltaire nur ein Dilettant. Denn wenn irgend jemand mit den scholastischen Vorurteilen, auf denen die Dogmen der Kirche beruhten, aufgeräumt habe, dann müsse Descartes genannt werden: Ist die Sorge, nichts anzuerkennen, was nicht der Prüfung der Evidenz unterzogen worden ist, das Vertrauen in die Kräfte der natürlichen Vernunft, die Erarbeitung einer Methode zur Analyse der Schwierigkeiten, welche die Rätsel der »Materie« aufwerfen – ist dies nicht weit entscheidender als Voltaires Begeisterung? Newton verdanke Voltaire gar nichts, Descartes dagegen sehr viel.

So zahlreich und gescheit diese braven Gelehrten auch sein mögen, sie dürfen uns nicht irremachen. Die von Newton aufgestellten Gesetze hatten das Ziel, ein Problem zu lösen, das sich in sehr einfachen Worten stellte. Dieses Problem ergab sich aus der veränderten Perspektive bei der Himmelsbeobachtung, wie Kopernikus sie in seiner Abhandlung *Über die Kreisbewegungen der Himmelskörper* vorgeschlagen hatte.[13] Kopernikus behauptete, daß, allem Anschein zum Trotz, nicht die Sonne sich um die Erde drehe, sondern die Erde um die Sonne. Um den Wechsel von Tag und Nacht zu erklären, brauche man nichts anderes anzunehmen als eine Drehung der Erde um ihre Achse. Und um den Wechsel der Jahreszeiten zu verstehen, brauche man nur die Erde um die Sonne kreisen zu lassen: dazu werde sie sicher ein Jahr benötigen! Wenn dem so ist, muß man allerdings einräumen, daß sich die Erde im Raum bewegt. Geometrisch gesehen ist die Sache durchaus denkbar, aber physikalisch gesehen? Wie ist es möglich, daß diese ungeheure Masse sich so mühelos, so regelmäßig im Raum bewegt, ohne daß wir es merken? Wie kommt es, daß wir durch die Zentrifugalkraft nicht von der Erde weggeschleudert werden? Wir sehen also, daß sich Newton lediglich mit Fragen des gesunden Menschenverstandes befaßt hat...

Natürlich beruhen diese höchst einfachen Fragen auf sehr viel komplexeren Kontroversen. Das von Kopernikus skizzierte Modell, der Heliozentrismus, macht seit 1543 dem Modell von Ptolemäus Konkurrenz[14], das während des ganzen Mittelalters gültig war. Man hielt die Erde für eine reglose Kugel im Mittelpunkt der Welt, wobei die anderen Himmelskörper gemäß einer subtilen Hierarchie um sie kreisten, vom Mond bis hin zu den »Fixsternen« über die Sonne und die Planeten. Dieses Modell erklärte auf wunderbare Weise die meisten beobachteten Phänomene, hatte jedoch zwei große Nachteile. Erstens war die Größe der Sonne gigantisch und ihre Entfernung zur Erde gewaltig, so daß man ihr, wollte man ihrem allmorgendlichen Wiederauftauchen Rechnung tragen, eine schwindelerregende Geschwindigkeit unterstellen mußte: Man befestige einen Stein am Ende einer Schnur und lasse ihn kreisen – je länger die Schnur, desto schneller muß man den Stein kreisen lassen, wenn er in einer gleichbleibenden Zeitspanne eine Umdrehung beschreiben soll. Mit der Sonne verhielt es sich ebenso. Solange man sie für klein hielt, konnte ihre Entfernung zur Erde gering sein, und ihre Umdrehung setzte keine große Geschwindigkeit voraus; doch als es gelang, ihre tatsächliche Größe zu messen, und man ihre Entfernung von der Erde entsprechend verlängerte, war man in Anbetracht der vierundzwanzig Stunden, die ihre Umdrehung dauerte, genötigt, ihr eine ans Unglaubliche grenzende Geschwindigkeit zuzuschreiben...

Der zweite große Nachteil des Systems war, daß es keine Möglichkeit bot, die genauen Positionen der Planeten vorherzusagen. Von einem Monat zum andern, einer Woche, ja einer Nacht zur andern entzogen sie sich allen Voraussagen. Während die meisten Gestirne feste Positionen am Himmel behalten und daher dieselben Abstände zueinander wahren (so daß sie am Himmelsgewölbe befestigt zu sein scheinen), da sie sich alle gleichzeitig in einer einzigen Drehung bewegen, irren die Planeten unaufhörlich umher. Deshalb nennt man sie »Irrsterne«. Der Name kommt aus dem griechischen Wort *planetes,* das »Ziege« bedeutet, denn so wie die Ziegen im Gebirge auf unvorhersehbare Weise auf den Felsen herumspringen, so irren die Planeten auf dem Hintergrund der Fixsterne umher: bald ziehen sie nach Westen wie das ganze Himmelsgewölbe, bald wandern sie in völliger Unabhängigkeit in die entgegengesetzte Richtung. Auch nach vierzehnhundert Jahren geduldiger Beobachtungen voller Fallstricke gaben sich die »geozentrischen« Astronomen nicht geschlagen: sie versuchten noch immer, die Planten mit Hilfe spitzfindiger geometrischer Figuren, wie den »Epizyklen«[15], einzufangen.

Vergeblich! Kopernikus war es leid. Selbst wenn es gelungen wäre, die Planeten zu zähmen – was sollte man mit dieser sperrigen Sonne und ihrem Teufelsreigen anfangen? War es nicht weitaus vernünftiger, das größte Gestirn in den Mittelpunkt der Welt zu stellen statt einer winzigen Erde, der sie sich angeblich unterwarf? War es nicht besser, das Gegenteil zu vermuten und die Erde der Sonne unterzuordnen, wie einen Untertan seinem Monarchen? Eine Drehung der Erde um ihre Achse würde ausreichen, Ihrer Majestät einen wahnwitzigen Lauf zu ersparen! Damit traf man zwei Fliegen mit einem Schlag. Mit der Vermutung, daß sich die Erde nicht im Mittelpunkt der Welt, sondern an der Peripherie der Sonne befand, wurde für die Planeten alles sehr viel einfacher. Sie hörten auf, kapriziöse Sprünge zu machen und drehten sich ebenfalls höchst regelmäßig um die Sonne. Die Unregelmäßigkeiten rührten allein daher, daß man ihre Bahn von der Erde aus beobachtete und sich darauf versteifte, die Erde zum Mittelpunkt ihrer Umdrehung zu machen. Wenn man sie um die Sonne kreisen ließ, wurde plötzlich alles klar, einfach und harmonisch. Durch diese einfache Verkehrung der Perspektive wurde die Welt mit einemmal sehr viel vernünftiger.

Trotzdem war noch nicht alles klar. Erstens deshalb nicht, weil das System trotz seiner wunderbaren Harmonie, trotz der herrlichen Ordnung der sich um das Sonnengestirn drehenden Planeten, im Detail noch viel zu wünschen übrig ließ; irgend etwas stimmte nicht mit der Umlaufzeit jedes einzelnen Planeten um den Mittelpunkt, auch nicht mit der Entfernung zu diesem Mittelpunkt: die Berechnung ihrer Kreisbahn entsprach nicht ihrer beobachteten Position. Und so stellte der Astronom Tycho Brahe, der an der exzentrischen Position der Erde zweifelte, seinerseits so viele ernsthafte Beobachtungen an, daß er die These des Kopernikus an einem Punkt widerlegte: die Erde konnte sich nicht mit gleichbleibender Geschwindigkeit in einem Kreis um die Sonne bewegen. Außerdem ließ sich die *physikalische Ursache* dieser Drehbewegung im Raum nicht angeben: Kopernikus vermutete, daß sie an so etwas wie sich bewegenden Kugelschalen befestigt seien, den »Himmelskugeln« (insofern begnügte er sich damit, die Hypothese des Ptolemäus aufzugreifen). Daher hatten die Anhänger des Geozentrismus die Waffen nicht gestreckt. Sie fuhren fort, Ptolemäus zu verteidigen und Kopernikus zu tadeln.

Im Jahr, in dem Newton geboren wurde, starb Galilei. Mit ihm hatte die Debatte eine entscheidende Wende genommen: denn zur allgemeinen Verblüffung war Galilei so kühn zu behaupten, man könne sich ein Bild des Weltsystems machen, wenn man den Planeten Jupiter beobachte! So anstößig uns das heute erscheinen mag, Galileis Aufforderung erschütterte die bisher bekannten Gegebenheiten des Kosmos. Galilei[16] hatte nämlich ein Sehglas auf den Himmel gerichtet und minutiös den Reigen winziger Satelliten rings um diesen herrlichen Planeten beobachtet. Außerdem hatte er gewissenhaft die Uhrzeiten seiner Beobachtungen notiert, er hatte sein Fernrohr natürlich auch auf den Mond gerichtet und beeindruckende Bodenerhebungen entdeckt, die seine Oberfläche verunzieren, und hatte dann den Himmel abgesucht, was die Zahl der Sterne, die man genau zu kennen glaubte, verzehnfachte und das »Bild«, das man sich vom »Himmel« machte, endgültig zerstörte.

Nicht alle wußten das zu schätzen. Die religiösen Autoritäten fletschten die Zähne. Zu seinen Lebzeiten hatte Kopernikus vor dieser Reaktion Angst gehabt. Deshalb hatte sich Galilei unter den Schutz des damaligen Papstes gestellt[17] und sein Verleger es für gut befunden, eine Vorbemerkung hinzuzufügen, in der er die Arbeit des Autors als Arbeitshypothese vorstellte, als mathematisches Modell, das man vor allem nicht wörtlich nehmen und nicht als *physikalisches* Modell der Welt betrachten dürfe. Kopernikus wußte sehr wohl, daß er die Heilige Schriften in einem höchst empfindlichen Punkt widerlegte, nämlich der Weltordnung. Schon auf den ersten Seiten der Bibel, im ersten Schöpfungsbericht, steht wortwörtlich zu lesen, daß die »Lichter«, das »größere« und das »kleinere«, mit anderen Worten die Sonne und der Mond, geschaffen wurden, um die Erde zu beleuchten, das eine am Tag und das andere des Nachts.[18] Man kann sich dabei schwerlich eine andere Beziehung denken als die der Unterordnung dieser Gestirne unter die Erde, die unbeweglich im Mittelpunkt der Schöpfung steht. Es sind die Gestirne, die sich bewegen, einschließlich der Sonne, wie der Augenschein es zeigt. Jede andere Perspektive würde das theologische Interesse an diesem Text untergraben. Gott sorgt dafür, daß die Pflanzen wachsen, daß die Tiere sich vermehren, und als Er den Mann und die Frau erschafft, räumt Er ihnen sofort die Herrschaft über die ganze Natur ein, das heißt, daß Er alles für ihr Wohlbefinden tut – und daß die Drehung der Sonne um die Erde dazu beitragen soll. Es kann keine Rede davon sein, die Dinge anders zu sehen. Zumal dieser Bericht von Moses stammen und ihm unmittelbar von Gott eingegeben worden sein soll. Eben dies nennt man die Offenbarung. Durch den Mund Moses' sprach Gott selbst.

Da Kopernikus fürchtete, daß die Kirche seine Arbeit nicht gut aufnehmen würde, hatte er bis zu seinem Todesjahr gewartet, um sein Werk zu veröffentlichen. Zu Unrecht. Weil nämlich die römische Kurie jahrzehntelang höchst angetan war von der Idee, daß die Sonne und nicht die Erde im Mittelpunkt der Welt stehe. Erst im Jahre 1600 änderte sie ihre Haltung, was im wesentlichen das Werk der Inquisition war. Mit dem Finger auf der Heiligen Schrift begann man, über Gotteslästerung zu klagen, und Galilei hatte es auszubaden. 1606 machte man ihm zum erstenmal den Prozeß, damit er dem abscheulichen System abschwöre, zu dessen Verfechter er sich gemacht hatte. Allen seinen wunderbaren Beobachtungen hielt man nicht nur den Text der *Genesis,* sondern auch den Abschnitt aus dem *Buch Josua* entgegen, wo Gott über dem Tal von Ajalon die Sonne zum Stehen brachte, als Josua in die

Schlacht zog, was beweise, daß nicht die Erde, sondern die Sonne sich bewegt ... Und als das nicht ausreichte, als Galilei fortfuhr, der gelehrten Welt seine Entdeckungen mitzuteilen, stellte man ihn 1633 für den Rest seines Lebens unter Arrest.

Die Vorteile des heliozentrischen Systems wurden also nicht überall anerkannt... Dennoch nahm die Sache eine gute Wendung. Hier und dort in Europa konnte man die Fragen endlich in den richtigen Termini stellen: Drehten sich die Planeten nicht um die Sonne wie die Satelliten um Jupiter? Stand die Erde zum Mond nicht im gleichen Verhältnis wie Jupiter zu seiner kleinen Himmelsfamilie? Waren seine Satelliten nicht »Monde«? Mußte man wirklich von festen Kugeln ausgehen, um die Drehung der Planeten um die Sonne zu verstehen? In jene Zeit fielen die Spekulationen von Johannes Kepler. Überzeugter Kopernikaner, jedoch Schüler von Tycho Brahe, mußte Kepler lange der herben Kritik seines Lehrers entgegentreten, den er verehrte, aber dessen Glauben er nicht teilte. Zwar mußte er einräumen, daß die Umlaufbahn der Erde nicht völlig kreisförmig sein konnte und daß die These von Kopernikus, der überall Kreise sah, in diesem Punkt widerlegt war; doch statt zu resignieren und das ganze System zu verwerfen, fand er schließlich heraus, daß die Erde sich in einer *Ellipse* bewegte.[19] Kopernikus' These wurde durch die Unregelmäßigkeiten der möglichen Drehbewegung beeinträchtigt: die Erde mußte auf ihrer Bahn in verschiedenen Momenten verschiedene Geschwindigkeiten haben. Kepler fand ein Gesetz, das Tychos Forderungen entsprach: daß in gleichen Zeiten gleiche Flächen durchlaufen werden. Man stelle sich eine elliptische Bahn vor, in deren einem Brennpunkt die Sonne steht, und man begreift, warum die Erde sich manchmal schneller und manchmal langsamer bewegen kann! Kepler ging noch weiter. Nachdem er die Planeten in eine elliptische Umlaufbahn um die Sonne gesetzt hatte, stellte er das Gesetz ihres Abstands zur Sonne auf. Da er feststellte, daß ihre Umlaufzeit um so länger ist, je weiter sie von der Sonne entfernt sind, suchte er nach einer Formel für das Verhältnis zwischen allen Abständen und allen Geschwindigkeiten – und fand sie.[20]

Anlaß, die erbittertsten Gegner des Heliozentrismus zu verwirren! Und dennoch war noch immer nicht alles klar, da die physikalische Frage offenblieb. Und sie wurde quälender denn je. Wie funktioniert das Weltsystem, wenn die Kopernikaner recht haben? Welch ein Wunder »hält« die Erde in der Luft? Wie kann sie sich im Leeren bewegen? Und warum spüren wir davon nicht das Geringste? Warum werden wir nicht in die Luft geschleudert durch die Zentrifugalkraft, die ihre Drehung verursacht, eine Bewegung, die in Anbetracht des Erdumfangs sehr schnell sein muß? Und wie halten sich die anderen Planeten im Raum? Wie können sie sich so regelmäßig bewegen? Mit einem Wort, welche konstante Kraft beseelte sie? Genau dieses Rätsel beantwortet Newton. Um zu zeigen, daß Kopernikus recht hatte, verbindet er die Errungenschaften von Galilei und Kepler. Er geht von dem Prinzip aus, dem zufolge *»jeder Körper im Zustand der Ruhe oder der gleichförmig-geradlinigen Bewegung verharrt, sofern er nicht durch eingedrückte Kräfte zur Änderung seines Zustands gezwungen wird«*[21] – dem Trägheitsgesetz. Nun ist es aber verwunderlich, daß sich der Mond nicht in gerader Linie von der Erde entfernt, wo er doch in »gleichförmiger Bewegung« verharrt, d.h. sich mit regelmäßiger Geschwindigkeit im Raum bewegt; und dasselbe läßt sich bei allen anderen Himmelskörpern feststellen; auch bei den »Monden« des Jupiter: Warum setzen Jupiters Trabanten ihren Weg nicht in gerader Linie fort? Warum werden sie in einer Kreisbahn »zurückgehalten«? Welche Kraft zwingt sie, die Tangente unaufhörlich zu verlassen? Berücksichtigt man die von Kepler aufgestellten Gesetze über die Beziehungen zwischen der Entfernung der Planeten zur Sonne und ihrer Umlaufgeschwindigkeit, so lassen sich die für ihre Gravitation notwendigen Kräfte für das gesamte System berechnen. Das Modell, in dem die Erde als Mittelpunkt dient, ist also nicht das richtige, denn die Erde verfügt nicht über genügend Masse, um die Gestirne in der Weise anzuziehen, daß sie auf ihrer Umlaufbahn verharrten. Das richtige Modell ist dasjenige, in dem der Mittelpunkt die Sonne ist …

Bekanntlich war Newton nicht der erste, der die Hypothese der universellen Anziehung formulierte. Vor ihm hatte schon Francis Bacon den Gedanken einer Anziehungskraft zwischen den Himmelskörpern geäußert; auch Kepler selbst hatte daran gedacht; und zu Newtons Lebzeiten lag die Idee in der Luft: Hook, sein großer Konkurrent im Wettlauf um die Lösung des Rätsels, hatte eine präzise Formulierung dieser Lehre geliefert. Aber Newton begnügt sich nicht mit einer hypothetischen Formulierung: er erarbeitet die mathematischen Formeln, die sie bestätigt. Genau dies ist das Ziel der *Mathematischen Grundlagen der Naturphilosophie*, die ihn sehr schnell berühmt machen – und ihm die Bewunderung eines jungen Dichters namens Voltaire eintragen.

> »*Gott spricht, und bei seiner Stimmer zerstreut sich das Chaos;*
> *Einem gemeinsamen Mittelpunkt strebt alles zu,*
> *Diese gewaltige Kraft, die Seele der Natur,*
> *Lag in dunkler Nacht begraben,*
> *Newtons Kompaß, das Universum durchmessend,*
> *Lüftet endlich den großen Schleier, und die Himmel liegen offen.*«[22]

Um es noch einmal zu betonen: Berühmt wurde Newton, weil er *nachwies*, daß das kosmologische Problem seine Antwort im heliozentrischen System findet, weil er die Funktionsweise des Weltgefüges erklärte, weil er die Debatte über die Ordnung des Weltalls endgültig beendete und weil er die Anhänger des Geozentrismus aus dem Feld schlug.

Zur Charakterisierung der Aufklärung genügt es also nicht, vom Erwachen der Vernunft gegenüber dem Glauben zu sprechen. Zumal die Vernunft sich der Vernunft widersetzt. Newton widersetzt sich Descartes. Die kartesische Vernunft widersetzt sich der allgemeinen Anziehung. Unbestreitbar war Descartes' Geometrie ein überaus kostbares Werkzeug mathematischer Analyse in der Schlacht, aber seine Vernunft? Trotz seiner Vernunft, seiner Klarheit und seiner Evidenz hatte sich Descartes im Studium der Himmelskörper verrannt. In dieser Hinsicht ist sein Beitrag zur Verbreitung der Aufklärung problematisch. Wenn Descartes ein Vorkämpfer war, so war er auch ein Hindernis. Denn in der entscheidenden Frage, »Wie funktioniert es?«, hat

Descartes für Verwirrung gesorgt. Zwar hatte er sich anfangs für den Heliozentrismus entschieden und begann seinen *Traité du monde* in dieser Perspektive[23], doch abgesehen davon, daß er aus Angst vor der Inquisition davon Abstand nahm, sein Buch zu veröffentlichen, stellte er in keiner Weise die Fragen, die damals geboten waren: Welcher geometrischen Figur entspricht die Bewegung der Himmelskörper bei ihrer Bahn um die Sonne? Wie hoch ist ihre Umlaufgeschwindigkeit? Wie weit sind sie vom Mittelpunkt entfernt? Welche Beziehung besteht zwischen ihrer Entfernung zur Sonne und ihrer Umlaufgeschwindigkeit? Statt dessen stürzte sich Descartes in die Suche nach den Ursachen der Bewegungen und der Entstehung des Systems – und geriet auf Irrwege. Da er die Möglichkeit der Leere in der Natur verneinte, war er genötigt, einen mechanischen Antrieb zu erfinden, um die Bewegungen der Körper zu erklären – die »Wirbel«. So mußte Newton nicht nur Aristoteles und die ptolemäische Dogmatik bezwingen, sondern auch Descartes' Überstürzung. Mittlerweile hatten nämlich, infolge der postumen Veröffentlichung von Descartes' Abhandlung, die Verneinung der Leere und seine subtilen Wirbel Anhänger gefunden und sich in England durchgesetzt. Nun stand aber die so konzipierte Welt den Gesetzen Keplers entgegen, und dies *im Namen der Vernunft,* denn die Leere war »undenkbar« und die Fernwirkung ausgeschlossen. Es bedurfte der ganzen Kraft der *Mathematischen Grundlagen,* um den *Traité du monde* hinwegzufegen. Newton verwandte große Sorgfalt darauf, die Nutzlosigkeit der kartesischen Wirbel aufzuzeigen (seither berücksichtigt man die von Kepler aufgestellten Gesetze und die Notwendigkeit der Leere), wenn man das Phänomen der Kometen verstehen will. In diesem Sinn bedeutet Newtons Sieg natürlich Descartes' Niederlage. Mag sein, daß mit Descartes »Frankreich« eine Niederlage erlitt: da Voltaire kein Patriot und kaum vom *Volksgeist* berührt war, ergreift er 1729 Partei für Isaac Newton. Zwar verachtet er Descartes nicht und erkennt seine Verdienste an, aber er sieht in den *Grundlagen* die Lösung des Rätsels, das Descartes nicht zu lösen vermocht hatte. War das wirklich das Zeichen für eine mittelmäßige Philosophie?

Und auch wenn Newton tatsächlich Alchemist war und fixe

Ideen hatte, wie zum Beispiel die, eine neue Chronologie der Menschheitsgeschichte zu erarbeiten, so mögen diese scheinbar heiklen Arbeiten doch ihre eigene Logik haben und zur Intuition der universellen Anziehung in einer besonderen Affinitätsbeziehung stehen. Ist es denn ein gar so weiter Weg von der Alchemie zum Magnetismus und vom Magnetismus zur Errichtung der Tempel und Pyramiden? Soviel ist sicher: diese okkulten Forschungen schmälern nicht das Licht, das Newton in die Ordnung des Kosmos brachte, im Gegensatz zu den fixen Ideen des Descartes, obwohl sie sich der freien Ausübung seiner Vernunft verdankten. Im übrigen antwortete Newton selbst auf die Einwände gegen den Begriff der Anziehung: *»Bis hierher habe ich die Naturerscheinungen des Weltraums und unseres Meeres, die durch die Kraft der Schwere zustandekommen, dargelegt, aber die Ursache der Schwere habe ich noch nicht bezeichnet.«* Eine Fernwirkung der Himmelskörper und der Teilchen anzunehmen, ergibt sich aus all unseren Beobachtungen, sagt er am Ende seines Werks. *»Es mag jetzt gestattet sein, hier noch einiges über ein gewisses äußerst feines immaterielles Prinzip [spiritus] hinzuzufügen, das dichte Körper durchzieht und in ihnen verborgen ist (...). Aber diese Dinge können nicht in wenigen Worten dargelegt werden, und es steht noch keine ausreichende Anzahl von Experimenten zur Verfügung, durch welche die Gesetze der Einwirkungen dieses immateriellen Prinzips genau bestimmt und aufgezeigt werden müssen.«*[24] Er gab also selber zu, daß er diese Anziehungskraft, diese Eigenschaft der Materie nicht kannte, und überließ es seinen Nachfolgern, sie zu entdecken.

Descartes, der von einer heliozentrischen Sicht ausging, erzeugte viel Nebel – und verirrte sich selbst darin. Demnach kann also auch die Vernunft wirre und unklare Gedanken hervorbringen. Zum Glück vermochte Newton mit Hilfe einer zunächst verdammenswerten Eingebung die Falle zu entschärfen. Und wie Fontenelle und Maupertuis täuschte sich Voltaire nicht darin. War er ein »miserabler« Philosoph? Immerhin hatte er richtig gesehen: er hatte verstanden, daß der Sieg der Vernunft über den Obskurantismus den Sieg des Heliozentrismus über den Geozentrismus voraussetzt.

Die Revolution des Handels

Sonderbar! Zuerst verdunkelt das herkömmliche Verständnis des Siegs der Aufklärung über den mittelalterlichen Obskurantismus die Tatsache, daß zuvor der Sonne ihr wahrer Platz, d. h. der Mittelpunkt der Welt, zugewiesen werden mußte, womit man vernachlässigt, welch entscheidende Rolle Newton bei der Bestätigung der Richtigkeit des von Kopernikus erarbeiteten heliozentrischen Modells spielte. Und jetzt stellt sich bei näherer Prüfung heraus, daß Newtons Erfolg auf einer Intuition beruht, die keine »rationale« Grundlage hat, sondern auf einer jener okkulten Ideen beruht, die das kartesische Denken, das wir gern zum Prototyp des Denkens der Aufklärung erheben, für Obskurantismus hielt!

Was man als Sieg der Aufklärung bezeichnet, jenen Augenblick, wo der »Tag« endlich über die »Nacht« triumphiert, ist Isaac Newtons geniale Bestätigung der heliozentrischen Lehre. Auf eine solche Bestätigung hatten die Anhänger der kosmologischen Revolution lange gewartet. Die Adepten der christlichen Offenbarung wurden in die Defensive gedrängt, denn der einzige ernstzunehmende Versuch, die geozentrische These des Tycho Brahe[25] zu untermauern, war dank dem Eifer seines besten Schülers, Johannes Kepler, schnell zugunsten der konkurrierenden These umgeschlagen; und die Beobachtungen mit Hilfe des von Galilei eingeführten Fernrohrs sprachen dafür, daß sich die Erde mit großer Wahrscheinlichkeit drehte. Aber solange es an der physikalischen Erklärung für diese Drehung und aller anderen Drehungen fehlte, war der Sieg noch nicht errungen. Und ein Hindernis für diesen Sieg war der Kartesianismus, der die Möglichkeit der Leere verwarf und Materiewirbel erfand, die die Gestirne gewissermaßen auf ihre Umlaufbahn »tragen« und sie in der richtigen Geschwindigkeit in die richtige Richtung befördern sollten. Der Sieg des Heliozentrismus beruht auf einer dunklen Idee, derzufolge ein Körper aus der

Ferne auf einen anderen einwirkt: auf der Idee, daß alle Körper, von den Teilchen bis hin zu den Himmelskörpern, einander anziehen. In der Annahme, daß die Planeten und ihre Trabanten, die Erde und der Mond, die Sonne und das Licht diese Eigenschaft besitzen, gelang es Newton, alle von den Kopernikanern gelieferten Fakten zu einer Einheit zu verbinden und ihre Gegner zur Kapitulation zu zwingen ...

Ein solches Paradox verdient Aufmerksamkeit. Newton räumt selber ein, daß die *Idee* der allgemeinen Anziehung weder klar noch einleuchtend sei und zur Kritik Anlaß gebe, da sie den okkulten Kräften der Astrologen und Alchemisten nicht unähnlich sei. Fragt sich nur, woher sie kommt. Da er sich ihrer nicht rühmt, bleibt die Frage offen. Man erlaube mir eine Anregung. Statt in der Vergangenheit, in der vergangenen Kultur der mittelalterlichen Scholastik, der Alchemie, der Astrologie zu suchen und bis zu den Mesopotamiern und den Ägyptern des fernen Altertums zurückzugehen, schlage ich vor, einen Blick auf ein Phänomen zu werfen, dessen Zeitgenosse Newton war, das er mit eigenen Augen sehen konnte, dessen außerordentliche Wirksamkeit er hatte beobachten können und das durchaus imstande war, ihn auf die Spur zu bringen. Ich meine den *Sieg der Kaufmannsbourgeoisie* ...

Daß der Sieg des Heliozentrismus mit der Hegemonie der Handelsbeziehungen im Leben der Nationen zusammenfällt, versteht sich von selbst. Innerhalb weniger Jahrhunderte hat sich in Europa die Kaufmannsbourgeoisie als wichtigste Gesellschaftsklasse behauptet: der Schutz, den der Adel den auf den Ländereien der Feudalherren arbeitenden Leibeigenen bot, war lachhaft geworden und verschwand schließlich vollends bei der Bewegung, in die der Welthandel das Leben der Menschen versetzte. Die geduldige und hartnäckige Arbeit, die Kühnheit und Zähigkeit der Kaufleute, Unternehmer und Bankiers zahlten sich am Ende aus: es gelang ihnen, ihre mittelmäßige und subalterne Stellung in eine Machtposition zu verwandeln. Nunmehr hing das Schicksal der Nationen von ihnen ab. Sie waren es, die den Staaten die Mittel für ihre Politik bereitstellten, und bald mußten die Staaten sich ihnen fügen ...

Es handelt sich durchaus um eine Revolution, denn der Handel, die Industrie und die Bank haben die gesellschaftlichen Verhältnisse nicht immer beherrscht. Im Abendland mußten sie sich gegen die Macht der Feudalherren durchsetzen, was keine leichte Aufgabe war. Die Grundherren sind Räuber. Wenn es sie nach etwas gelüstet, so bemächtigen sie sich seiner oder versuchen es zumindest. Ihre beliebteste Aneignungsweise ist der Krieg, nicht der Tausch. Zwar kennen sie den Tausch, aber sie tauschen vor allem Dienstleistungen aus: Lebensunterhalt gegen Schutz. Dieser Vertrag geht auf die germanischen Eroberer während der Völkerwanderung zurück, die die Lehen untereinander aufgeteilt hatten und es damit der bäuerlichen Bevölkerung endlich ermöglichten, in Ruhe die Felder zu bestellen, ohne ständig fürchten zu müssen, ausgeplündert zu werden. Obwohl an die Scholle gebunden und zur Fronarbeit verpflichtet, zogen die Bauern ihren Vorteil daraus, daß sie ihre Freiheit opferten und einen Teil ihrer Arbeitszeit ihrem Herrn abtraten: das Joch eines Grundherrn zu tragen, bedeutete, vor anderen geschützt zu sein; einen Teil ihrer Ernte dem Herrn abtreten hieß, ihren Beschützer, sein Pferd und gegebenenfalls seine Handlanger zu ernähren; es hieß, Schutzwälle um seinen Wohnsitz zu errichten, Gräben auszuheben und Türme zu bauen. Es hieß, im Notfall dort Zuflucht zu finden. Sie schmiedeten ihm also freudig seine Waffen, sorgten bereitwillig für sein Pferd. Sie *verkauften* ihm ihre Arbeitszeit nicht, sondern gaben sie ihm »zum Tausch« für seinen Schutz. Was den Grundherrn betrifft, so kaufte er nicht, er nahm. Damit verpflichtete er sich, seine Stärke, sein Pferd und seine Waffen, seine Schutzwälle in den Dienst seiner Leibeigenen zu stellen: um ihr Leben zu retten, verpflichtete er sich, das seine zu riskieren. Dasselbe tat er gegenüber seinem Lehnsherrn, dem er in Anbetracht seines Stammbaums und des Ursprungs seiner Familie auf dem Boden untertan war: seinem Lehnsherrn kaufte und verkaufte ein Grundherr im Prinzip nichts. Er schuldete ihm einen im wesentlichen militärischen Dienst und entledigte sich dieser Pflicht, indem er mit seiner Person einstand. So daß Kauf und Verkauf im Feudalsystem lediglich subalterne Tätigkeiten waren, in keinem Fall jedoch Mittelpunkt des Daseins.

Das heißt, daß das Auftauchen des Handels im Europa der Renaissance und seine wachsende Hegemonie einer Revolution gleichkommen. Mit ihm muß der Raubritter dem Kaufmann den Vortritt lassen. Man raubt nicht mehr, man kauft; man gibt nicht mehr, man verkauft. Getauscht werden nicht mehr Dienste, deren Wert nicht zu berechnen ist, sondern Waren, deren Preis bekannt ist. Damit niemand übervorteilt wird, bedient man sich eines unparteiischen Mittels, dessen Wert alle anerkennen: des *Geldes*. Wer genug Geld besitzt, kann alles kaufen, was er begehrt, sofern es auf dem Markt verfügbar ist. Das Geld dient als allgemeines Äquivalent für sämtliche notwendigen Transaktionen. Vorher kaufte man allenfalls hier und dort die von anderswo stammenden Waren mit ein paar Münzen, die das eingeprägte Bildnis des lokalen Grundherrn trugen. Von nun an werden die meisten Güter gekauft: wer Land haben will, muß es kaufen. Das gleiche gilt für das Vieh und die Arbeit der anderen. Und um arbeiten zu können, muß man verkaufen, was man herstellt, oder meist einfach seine Arbeitszeit (dann wird man Lohnempfänger); wer dafür keine Gelegenheit findet (wenn es auf dem Markt keinen Käufer von Arbeitszeit gibt) oder nicht arbeiten will, kann auch sein Leben verkaufen, er erhält einen Sold (und wird Soldat genannt): vielleicht kann er ja nach der Rückkehr aus einem Krieg seinerseits Land oder Arbeitszeit kaufen? Auch der Raub wird also vom merkantilen Tausch erfaßt.

Das *nec plus ultra* des Markts besteht darin, daß man hier viel verdienen kann, ohne irgendeine Ware auszutauschen. Denn zahlreiche neue Kaufleute stürzen sich in Unternehmungen, die immer mehr Geld erfordern: ob sie nach Indien oder nach Amerika aufbrechen, ob sie Manufakturen oder Verkehrswege bauen, ob sie Schlösser oder Städte errichten – ständig fehlt es ihnen an Geld, und ständig müssen sie Anleihen machen. Also schießen Banken wie Pilze aus der Erde, im Rhythmus von »Gesellschaften« aller Art, die sich bald über den ganzen Planeten ausbreiten. Je höher die erwarteten Gewinne, desto höher die Einkommen derer, die ihnen die Mittel vorstrecken. Von hier bis zur Spekulation ist es nicht weit, und natürlich wird es zum Lieblingsspiel eines neuen Schlags von Abenteurern. Zu den Glücksrittern des

Handels und der Fabrik gesellen sich nun die Glücksritter des Geldes!

Es wäre ein schwerer Irrtum zu meinen, allein der Französischen Revolution käme das Verdienst zu, den Feudalismus zerschlagen zu haben. In Wirklichkeit wurden nicht nur in Frankreich, sondern auch in einigen anderen Ländern Europas die gesellschaftlichen Verhältnisse lange vorher umgewälzt. Schon in der Renaissance eroberte das Bürgertum wichtige, ja beherrschende Positionen: zum Beispiel in Holland, England, Deutschland, Polen, Österreich, Italien, Spanien, Portugal. Allerdings ist die Geschwindigkeit des Aufstiegs der Bourgeoisie in den einzelnen Nationen verschieden. So stagniert der Prozeß trotz des Vermögens seiner berühmtesten Bankiers, der Fugger, in Deutschland, das durch die Reformation und die von ihr hervorgerufenen bewaffneten Konflikte gleichsam gelähmt ist; Italien vegetiert dahin, unfähig, den von den Medici gegebenen Impuls auszunutzen, und wird von der Gegenreformation des Vatikans im Zaum gehalten. In Polen gewannen die Adligen erneut die Oberhand. Was Rußland und die anderen slawischen Länder betrifft, so scheinen sie gerade erst aus ihrer Apathie zu erwachen. Doch man täusche sich nicht: insgesamt gesehen ist die Bewegung nicht mehr rückgängig zu machen – *das Geld setzt sich durch.*

Ist es ein Zufall, daß die Anhänger der Aufklärung sich als erste darüber freuen? Als Voltaire im Jahre 1733 in seinen *Englischen Briefen* den Sieg verkündet, als er Newton zujubelt, darf man wetten, daß der Spekulant in ihm jubelt; denn darin kennt der Teufelskerl sich aus, er versteht es, mit dem Geld zu spielen, um ein Vermögen zu scheffeln! Wozu Land besitzen, worauf sich die großen Herren versteifen, wo es doch darum geht, reich zu werden? Es genügt, seine Mittel zum richtigen Zeitpunkt an der richtigen Stelle »anzulegen«, und Gold erzeugt Gold, immer mehr Gold: es vermehrt sich exponentiell, wie durch Magie. Ohne Alchemist zu sein, versteht es Voltaire, eine kleine Menge Gold in eine Riesensumme zu verwandeln. Gewiß, es ist eine Kunst; manchmal gibt es Fehlschläge, aber wer die Sache ernsthaft studiert, verfügt über eine Wissenschaft, die, obwohl relativ weniger geheimnisvoll, derjenigen der Ägypter in nichts nachsteht. Im übrigen ist es lange nicht so anstrengend, verlangt viel weniger Arbeit und ermöglicht es, das Leben mehr zu genießen ... Es ist die Zeit der »glücklichen Schriftsteller«.[26]

Man braucht kein großer Gelehrter zu sein, um zwischen den Zeilen der Enzyklopädisten den Jubel des siegreichen Bürgertums herauszulesen. D'Alembert, Diderot & Co., fasziniert von den Maschinen, frohlocken, wenn sie spüren, daß für ihre Geldbörse oder die ihrer Nation unbegrenzte Möglichkeiten der Ausbeutung der Energie der Natur und der menschlichen Arbeitskraft erschwinglich sind. Alle bekunden also auf ihre Weise ihre Begeisterung für die Unterordnung der Produktivkräfte der Nation unter den Markt. Ist es verwunderlich, daß ihnen die Monarchie eines Ludwigs XIV. einen solchen Schwung gegeben hat? Der König, der früher nur ein Lehnsherr wie jeder andere war, zwang allen Feudalherren im gesamten nationalen Territorium ein einziges Gesetz auf, zum Nachteil der absoluten Macht, die der Grundherr über seine Ländereien und seine Untertanen besaß. Damit wurden die Grundherren zu Untertanen des Königs. Doch um des Wohlstands seines Königreichs willen gehorchte er selbst neuen Gesetzen, die zwar nicht unbedingt kodifiziert waren, faktisch jedoch funktionierten: die Gesetze des Handels, des Austauschs, über die es sie ernsthaft zu belehren galt. Ihm ist es zu danken, daß von nun an Handel, Industrie und Banken florieren. Kein Wunder, daß derjenige, der als Monarch über die ganze Nation herrschte, derjenige, der die Macht besaß, sie zu erleuchten und immer größer werden zu lassen, *Sonnenkönig* genannt wurde!

Etwas Ähnliches geschah in Preußen. Zur Zeit Friedrichs II., den man als »aufgeklärten Despoten« bezeichnete, ist Preußen endlich zum Gravitationszentrum einer Fülle kleiner Staaten geworden. Gleich dem Sonnenkönig hatte Friedrich sich bemüht, eine moderne Nation zu schaffen, indem er die Entwicklung des Marktes förderte. Kant sieht also eine übermächtige Anziehungskraft am Werk: die Kraft, die der Hunger nach Bereicherung auf die Menschen ausübt und sie dazu bringt, um einen einzigen Mittelpunkt zu kreisen. Dieser Mittelpunkt hat seinen Sitz in einer Hauptstadt und verkörpert sich im Monarchen. Als aufgeklärter Monarch erweist sich nicht nur derjenige, der über die letzten Neuigkeiten der »Dinge des Geistes« zu plaudern versteht, sondern derjenige, der die Feudalherren der Vernunft zu unterwerfen vermag, der sie an den Hof lockt, der mit den religiösen Vorurteilen aufräumt, der die Privilegien monetarisiert und die Fesseln zerbricht, die die freie Zirkulation der Waren behindern – einschließlich der Ware, die die menschliche Arbeitszeit darstellt!

Es wäre angebracht, unter diesem Gesichtspunkt Kants erste Abhandlung noch einmal zu lesen, in der er seine *Theorie des Himmels* auf den Markt der Ideen bringt. Indem er Newtons Anziehungskraft am Ursprung der Welt sieht, beschreibt er in kosmologischen Termini möglicherweise das Schauspiel, das er vor Augen hat: die Verwandlung des Königreichs der Hohenzollern in eine Nation, die der Anziehung des Marktes unterliegt. Und wenn er einige Jahre später die Aufklärung gegen die klerikale Reaktion verteidigt, wenn er das Recht des Menschen fordert, sein Schicksal selbst in die Hand zu nehmen, geht es ihm vielleicht auch darum, das Erworbene zu bewahren. Kant bekämpft nicht nur reaktionäre und »obskurantistische« *Ideen;* er bekämpft die Relikte des Mittelalters, die durch die Fortschritte des Marktes in den modernen Nationen hinfällig geworden sind: er geißelt die Abhängigkeit der Knechte von den Herren. Natürlich verwirft er das Joch des Klerus und der Armee der Adligen und verurteilt den Despotismus, doch im Kampf zwischen Bürgertum und Grundadel geht es ihm vor allem um die »Freiheit« der Arbeitskraft: indem er für jeden Menschen das Recht fordert, sich seines eigenen Verstandes zu bedienen, plädiert Kant für die Aufhebung der Leibeigenschaft, die in Mitteleuropa noch immer herrscht (von Rußland ganz zu schweigen) und skandalöserweise auch in Preußen noch besteht. Für die »Aufklärung« eintreten heißt, für den »Freihandel« eintreten.

Die sich hier abzeichnende These besagt, daß das von Newton entdeckte Gesetz dem Aufstieg der *Kaufmannsbourgeoisie* viel zu verdanken hat. Ein wenig Geschichte könnte uns sicher helfen, darüber zu befinden. Newton ist Zeitgenosse Cromwells; er wird im selben Jahr geboren, in dem der Bürgerkrieg beginnt.

Das von den »Rundköpfen« repräsentierte puritanische Bürgertum erhebt Anspruch auf seinen Teil der Macht, was dem anglikanischen Adel, der ihm seine »Kavaliere« entgegenschickt, ganz und gar nicht zu gefallen scheint. Diese Episode wird oft vernachlässigt. Man vergißt, daß lange vor der Französischen Revolution in England der Bürgerkrieg tobte, daß es um dieselben Dinge ging und daß er sich ebenfalls in einem Königsmord kundtat. Unter der von Cromwell angeführten Revolution fällt der Kopf von Karl I. Isaac Newton war damals sieben Jahre alt und also noch zu jung, um von den Ereignissen erschüttert zu werden. Gewiß, der Frieden wurde wieder hergestellt: Cromwell, der das Land mit eiserner Faust regierte, wurde seinerseits hingerichtet und das Königtum wieder eingesetzt, aber nichts war mehr so wie vorher. Der Adel behielt die Macht, jedoch zum Nachteil seines neuen Königs, den er selbst unter dem Druck des Bürgertums absetzte, das sich um die Partei der Whigs scharte. Im Jahr nach dieser zweiten Revolution von 1689 veröffentlichte Newton seine *Grundlagen*.

Ein königliches Haupt, das wie ein überreifer Apfel zu Füßen seines Baumes fällt, mag auch ein Kind nachdenklich stimmen. Warum ist er gefallen? Und warum fallen die anderen Häupter nicht? Welche Kraft hatte diesen Kopf zum Fallen gebracht? Welche Kraft hält die anderen fest? Dieses Kind geht vielleicht auf den Markt von Wollthorp und stellt sich andere Fragen: Warum sind hier so viele Leute? Wovon werden sie angezogen? Woher kommt diese Anziehung? Und woher kommen alle diese Waren? Falls er die Kaianlagen eines Hafens aufsucht, erfährt er, daß einige Waren von den Antipoden, der anderen Seite der Erdkugel, kommen und andere in der ganzen Welt verkauft werden. Lassen wir dieses Kind im puritanischen, aber *geschäftigen* England des 17. Jahrhunderts heranwachsen, das stolz ist auf das Weltreich, das es durch seinen Handel errichtet, und lassen wir es gleichzeitig den Himmel beobachten, bringen wir ihm bei, sich nicht vom Schein täuschen zu lassen, machen wir dieses Kind mit dem Prinzip der Relativität der Bewegung vertraut, so daß es versteht, warum man meint, eine Landschaft bewege sich, während man doch selber in Bewegung ist, geben wir ihm zu bedenken, daß höchstwahrscheinlich die Erde sich bewegt und die Sonne stillsteht, *daß man aber immer noch nicht weiß, wie es funktioniert,* und wir werden sehen, daß es versuchen wird, das, was es in der Welt der Menschen beobachtet, auf die Himmelskörper anzuwenden, im Kosmos das Ebenbild der Handelsordnung zu sehen. Immerhin ist die Kraft, die sich alle Kräfte der englischen Nation untertan macht, ebenso geheimnisvoll wie diejenige, welche die Planeten zwingt, um die Sonne zu kreisen. Wie diese wirkt sie auf die Entfernung, da es kein mechanisches Zwischenglied gibt: im wesentlichen vollzieht sich alles ohne unmittelbaren Kontakt, ohne Druck, ohne Antrieb. Trotz ihrer politischen Niederlage zwingt die Kaufmannsbourgeoisie die neue Welt mehr denn je unter ihre Ordnung: alles dreht sich faktisch bereits um die strahlende Macht des Goldes, das seine Wohltaten aus der Ferne austeilt, mittels des Handels. Zwar weiß niemand, woher seine Macht rührt, doch eines ist sicher, es funktioniert! *Von ihm* kommt der Reichtum und nicht von der Bearbeitung des Bodens.

Als Newton herangewachsen war, stellte er seine Entdeckung auf eine Weise vor, die eine solche Vermutung nahelegt. Sogar die Termini, mit denen er das Problem des Weltalls löst, entsprechen denen, die in der Welt des Handels gelten. Nachdem er seine acht »Definitionen« dargelegt, sein »Scholium« über die Zeit, den Raum, den Ort und die Bewegung entwickelt und die von Galilei stammenden »Gesetze der Bewegung« in Erinnerung gerufen hat, widmet er den ersten Teil seiner *Mathematischen Grundlagen* der »Bewegung der Körper«. Doch anders als man es aufgrund des Titels vermuten könnte, sind wir weit von reiner Mathematik entfernt. Nicht die Mathematik herrscht über Newtons Arbeit wie eine Königin über ihre Untertanen. Eine Königin ist vielmehr die Physik, denn das Reich, in das Newton uns einführt, ist das Reich der Körper, der Bewegungen und der Kräfte. In diesem Reich ist die Mathematik eine Ratgeberin oder Verwalterin, wenn man so will, jedoch im Dienste der Physik. Im übrigen ist Newtons Physik nicht jene indifferente, unzugängliche Herrscherin, wie wir sie uns nach der Schule vorstellen. Sie befaßt sich in erster Linie mit der Frage, wie das heliozentrische System funktioniert.

Die »mathematische« Form, in die Newton seine Beweisführung kleidet, ist dazu bestimmt, die Schwierigkeiten aufzulösen: aber man darf ihr Ziel nicht aus den Augen verlieren. Auch wenn die *Grundlagen* erst im »dritten Buch« ausdrücklich das kosmologische Problem behandeln, so steht es doch im Mittelpunkt des gesamten Werks. Newton wird nur deshalb ein »Physiker« im strengen Sinn, um die Elemente zur Lösung dieses Problems vorzubereiten. Die Termini aber, mit denen er dieses Problem zu Beginn des dritten Buchs stellt, stimmen mit der Frage nach der Natur des Gesellschaftssystems überein, das nunmehr in England herrscht und danach trachtet, die Welt zu erobern. Die rätselhafte Leere, aus welcher der Kosmos besteht, wenn die Sonne seinen Mittelpunkt einnimmt, wird von der Kraft gelenkt, die in der modernen Welt nunmehr die vorherrschende Rolle spielt. Ebenso wie das Gold aus der Ferne seinen Einfluß auf eine Fülle sich bewegender Wesen ausübt, so hält die eine zentrale Anziehung, die der Sonne, einen ganzen Schwarm von »Planeten« samt ihren Satelliten in ihrem Bann. Und wie das Gold jedes Individuum (jedes Atom des großen Gesellschaftskörpers) fasziniert, das sich innerhalb des Marktes dreht, so wirkt diese Kraft innerhalb jedes Himmelskörpers auf jedes seiner Teilchen, so daß diese Körper konsistent, d. h. fest bleiben.

Wenn es Newton gelingt, seine Theorie der universellen Anziehung zu erarbeiten, so sicherlich deshalb, weil der Sieg der Kaufmannsbourgeoisie ihm innerhalb des menschlichen Kosmos das Gesetz aufzeigt, das den Kopernikanern fehlte, um die Himmelserscheinungen zu erklären. Im übrigen hat sich die englische Monarchie darin nicht getäuscht: Nachdem Isaac Newton England zu Ehren gebracht hatte, indem er als erster das Geheimnis des Gangs der Welt löste, erwies England Isaac Newton die Ehre, ihn als Meister über den Schwerpunkt der Tätigkeiten der Nation herrschen zu lassen. Es handelte sich um einen höchst attraktiven Posten: 1699 wurde Newton Meister der Königlichen Münzanstalt, »*Master of the Mint*«.

Galilei

Gewiß wird es nicht an Fachgelehrten fehlen, die gegen diese neuen Hirngespinste Sturm laufen. Die meisten Historiker der kopernikanischen Wende postulieren nämlich, daß die Umwälzungen in der Wissenschaft den Umwälzungen in der Gesellschaft *vorausgehen,* so wie das Denken der Tat vorausgeht. In diesem Fall könnten sie darauf verweisen, daß die Arbeiten von Kopernikus und Galilei den Erfolgen des englischen Handels vorausgingen ...

Insbesondere Galilei gilt als die Schlüsselfigur: ohne ihn keine moderne Wissenschaft, folglich keine moderne Welt! In diesem Punkt herrscht Einigkeit. Wenn man der universitären Tradition der Wissenschaftsgeschichte glauben darf, hängt die Geburt der modernen Welt eher mit dem *Gesetz der fallenden Körper,* also mit der Physik, zusammen als mit der Kosmologie, da ihr das *Maß* zugrunde liegt.

Solange man sich an die aristotelische Physik hält, ist die Qualität in der Tat wichtiger als die Quantität. Ein Stein fällt, weil er an seinen natürlichen Ort zurückkehrt, d. h. an den Ort, mit dem er Verwandtschaft aufweist; aus demselben Grund steigt die Flamme empor: ihr natürlicher Ort ist die supralunare Welt, wo alle Lichtkörper sie erwarten. Im übrigen ist die Verlagerung eines Körpers im Raum lediglich ein Sonderfall der »Bewegung« und zweifellos der unwichtigste: das Wachstum einer Pflanze z. B. ist ebenfalls eine Bewegung, die zur Naturerkenntnis unendlich mehr beiträgt. Die Quantität steht nicht im Mittelpunkt des scholastischen Denkens, weshalb das Maß sie wenig kümmert. Zumal sich über der Physik (einschließlich der Himmelskörper) die Metaphysik befindet, die Wissenschaft vom Sein, das ohne Maß ist. Doch ohne Maß kein zuverlässiger Warenaustausch, keine Garantie für Gerechtigkeit, kein Markt von Bedeutung. Und ohne bedeutenden Markt kein Geld, das diesen Namen verdient. Folglich keine *Moderne.* Ohne Galilei also keine moderne Welt ... Was zu beweisen war.

Auf diesen Punkt möchte ich etwas näher eingehen, auf die Gefahr hin, redundant zu erscheinen. Denn hier geht es um den Status der *Wissenschaft*. Ist sie wirklich so autonom, wie behauptet wird? Besitzt sie die Fähigkeit, sich selbst hervorzubringen und das Bewußtsein der Menschen zu wecken? Ich fürchte, diese Idee kommt dem dogmatischen Schlaf näher als dem Erwachen des Geistes und hat lediglich die Kraft eines Schlafmittels. Daß Galilei dem gewaltigen Aufschwung des englischen Handels um ein Jahrhundert vorausgeht, *beweist nicht* die Überlegenheit des damaligen Denkens über die Entwicklung der gesellschaftlichen Verhältnisse. Es ist dies eine Behauptung, die die Intellektuellen im Gefühl ihrer Autorität gegenüber den anderen Akteuren der Gesellschaft bestärkt, deshalb jedoch noch lange nicht begründet ist. Zwar mußten die Bürger auf Voltaire warten, um endlich den Sieg verkünden zu können, aber ihr Kampf dauerte bereits etwa drei Jahrhunderte! Man spricht von der Renaissance, vom »Geist« der Renaissance, als hätte sie nur mit der »Kultur« zu tun! Wenn die Renaissance mit der »Morgenröte« verglichen zu werden verdient, wenn mit ihr die lange Nacht zu Ende geht, die in Europa während des Mittelalters über den Geistern herrschte, dann muß man auch berücksichtigen, was sich im Alltag, und nicht nur im Reich der Ideen, abspielte. Und es zeigt sich, daß die Handelsbeziehungen einen vielversprechenden Anfang nahmen, von Genua und Venedig aus in Richtung der Levante! Der Triumph Englands im 17. Jahrhundert wurde drei Jahrhunderte vorher in Italien eingeleitet...

Im allgemeinen hält man Galilei für den ersten, der das aristotelische Denken widerlegte, nachdem er sich gründlich mit der Physik des Meisters auseinandergesetzt hatte; man zeigt ihn, wie er ganz allein den peripatetischen *Dogmen* entgegentrat und kühn alle diejenigen revidierte, die sich auf die Bewegung, die Gewichte und den Fall der Körper bezogen; man lobt seine Erfindergabe, seine Experimentierkunst; und man betont seine »Vorgehensweise«, der eine so große Zukunft beschieden sein sollte. Bestenfalls erwähnt man noch das Stadium, das die »Technik« im damaligen Italien erreicht hatte, und unterstreicht, daß sich Galilei (wie Leonardo da Vinci) mit Begeisterung die neuen Maschinen ansah. Schlimmstenfalls empört man sich und prangert die Vergehen an, deren er sich schuldig gemacht habe, indem er seine »Experimente« nach Gutdünken verfälschte. Doch niemals erwägt man, diesem Geist Gestalt zu verleihen. Doch wenn man genügend Abstand nimmt, sieht man den braven Gelehrten mitten in einem Kampf auf Leben und Tod, in dem zwei Klassen und nicht nur »zwei Weltsysteme«[27] um die Vorherrschaft streiten.

Galileis Unternehmen stützt sich nämlich auf die Entwicklung der Techniken und Maschinen. Diese Entwicklung selbst ist jedoch nur eines der Elemente des Dramas, das sich auf der Bühne der Geschichte entspinnt. Es geht um die Frage, *wer über die Produktivkräfte gebieten soll:* die Adligen oder die Bürgerlichen? In Italien verläuft dieser Kampf über Kompromisse, wie eine Art Dialog, bei dem man sich zu verständigen sucht: es besteht die Tendenz zu einer partiellen Verschmelzung der antagonistischen Klassen. Diese Verschmelzung vollzieht sich in den Städten, wo nach Jahrhunderten der Stagnation der Handel wieder erstarkt ist, wo die Industrie von neuem aufblüht und die Banken gedeihen. Das Wiederaufleben der Literatur im Geist der Antike ist vor allem das Wiederaufleben des Handels über den Weg des Austauschs mit der arabischen Welt! Doch während das Wiedererstarken des Handels in erheblichem Maße eine neue Klasse bereichert, der sich ein Teil der lokalen Grundherren, ansonsten Vasallen des Kaisers, anschließt, verarmt diese Verschmelzung im Umkreis des Handels und der Industrie in den Städten diejenigen Grundherren, die auf ihren Ländereien bleiben, und zerstört bald das Wesentliche: die alte feudale Tradition! Was wir Renaissance nennen, ist der Tod des Feudalismus. Je mehr Handel und Industrie gedeihen, desto weniger kann die Tradition sich halten und desto weniger kann sich der Adlige auf seine Geburt berufen, um seinen Rang beizubehalten. Je mehr Soldaten die Städte anwerben, desto weniger können die Herren beanspruchen, deren letzter Schutzwall gegen äußere Gefahren zu sein. Und je weniger sie darauf Anspruch erheben können, desto mehr werden sie zu Parasiten – es sei denn, sie treiben selber Handel. Der Prozeß ist irreversibel! Der Adel als solcher ist schlicht und einfach zum Untergang verurteilt.

Sein Untergang steht auf der Tagesordnung, denn das Übel hat ganz Europa erfaßt. Die Drehung der Erde um ihre Achse ist lediglich der angemessene kosmologische Ausdruck für diese kolossale Umwälzung, die alle Geister erschüttert. Galilei hat sie vor Augen. Kein Wunder also, daß er rasch Kopernikaner wird, wenn er einerseits die Himmelskörper des Adels verschwinden sieht und andererseits den gewaltigen Aufstieg des Goldes wahrnimmt. Die Macht des Adels schwindet, die des Bürgertums wächst. Zu Beginn des 17. Jahrhunderts hat die »Sonne« noch nicht vollständig gesiegt, und auch wenn das Gold die Partie noch nicht ganz »gewonnen« hat, wenn sich der Markt noch nicht aller Produktivkräfte des Abendlands bemächtigt hat, so gewinnt die bürgerliche Produktionsweise doch unaufhörlich an Boden. Und es ist anfangs die gleiche Revolution, zu deren Herolden sich Voltaire und Kant machen werden! Was bisher als Mittelpunkt der menschlichen Tätigkeit galt, sieht sich nach und nach auf einen völlig untergeordneten Rang herabgestuft, während sich das, was untergeordnet zu sein schien, als der wahre Mittelpunkt erweist.

Was einige Jahrzehnte später für Newton gelten wird, gilt *bereits* für Galilei! Auch er hat das Schauspiel seiner Zeitgenossen vor Augen, anhand dessen er die tatsächliche Ordnung des Himmels begreift. Der Wechsel, der in der Ordnung der menschlichen Angelegenheiten stattfindet, erlaubt ihm die Logik des Balletts zu verstehen, das die Himmelskörper aufführen. Die Revolution, die sich in den gesellschaftlichen Verhältnissen vollzieht, betrifft zwei entscheidende Punkte: sie setzt die Erde in Bewegung und ordnet sie einem Zentrum unter, um das die gesamte Tätigkeit des neuen Systems kreist. Denn der Boden, der bisher als unveräußerlich galt und von Generation zu Generation auf die Nachkommen der germanischen Grundherren vererbt wurde, wird zu einer Ware, die sich die Nutznießer des großen Handels mit dem Osten und Amerika aneignen. Der Handel verletzt also die jahrhundertealten Gesetze des Feudaleigentums und wird seinerseits zum Motor der menschlichen Tätigkeiten. Mit den großen Entdeckungen verzehnfacht der Goldstrom seine Macht: die Kaufleute umspannen den Globus mit einem immer dichteren Handelsnetz und unterwerfen bald das Land der Stadt, das Eigentum der Produktion, die Produktion dem Markt und den Boden dem Gold. Galilei ist Augenzeuge. Die alte Ordnung ist erschüttert: bald wird die Erde nicht mehr das Gravitationszentrum des Systems sein ...

Freilich beginnt Galilei seine »revolutionäre« Karriere als Physiker. Aber sind es wirklich seine physikalischen »Entdekkungen«, die ihn zu einem Kopernikaner machen? Ist nicht eher das Gegenteil der Fall? Stellt er das Gesetz der »fallenden Körper« nicht eher deshalb auf, weil er zutiefst von der Richtigkeit der Lehre des Kopernikus überzeugt ist? Den besten Spezialisten der Wissenschaftsgeschichte zufolge soll Galilei erst, *nachdem* er seine Dynamik erarbeitet hatte, zum Heliozentrismus gelangt sein. Er soll sich zur Lehre des Kopernikus über die Bewegung der Erde erst bekannt haben, nachdem er selber die »Beweise« für deren doppelte Drehung entdeckt hatte[28], die er 1610 in *Sidereus Nuncius,* der »Sternenbote«, veröffentlichte. Mir scheint jedoch genau das Gegenteil zuzutreffen.

Zunächst stellt sich heraus, daß alle rein physikalischen Probleme, mit denen er sich vor dem *Sidereus Nuncius* befaßt, genau denen entsprechen, die durch die Polemik zwischen Ptolemäern und Kopernikanern akut geworden sind. So die drei wesentlichen »Prinzipien«, das der »Zusammensetzung der Bewegungen«, das der »Trägheit« und das der »Relativität«.

1. Das Prinzip der Zusammensetzung betrifft die Möglichkeit eines beweglichen Körpers, zwei unterschiedliche Bewegungen gleichzeitig zu vollziehen, im Gegensatz zur Behauptung des Aristoteles. Dies wäre natürlich bei der Erde der Fall, wenn Kopernikus recht hätte: sie würde sich um ihre Achse drehen und gleichzeitig eine Umlaufbahn um die Sonne beschreiben.

2. Das Trägheitsprinzip besagt, daß ein Körper, auf den keine äußere Kraft einwirkt, in Ruhe verharrt, und daß ein sich bewegender Körper seine Bewegung beibehält. Wenn Kopernikus recht hat, ist es also nicht verwunderlich, daß die Erde sich unablässig gleichförmig im Raum dreht und nicht »herunterfällt«.

3. Das Relativitätsprinzip besagt, daß sich innerhalb eines

gegebenen Systems unmöglich feststellen läßt, ob dieses System sich bewegt oder ruht, was sehr gut dem alten Einwand der Peripatetiker entspricht, demzufolge, wenn die Erde in Bewegung wäre, dies auf ihrer Oberfläche eine Menge Folgen hätte und wir etwas davon wüßten ...

So erweist sich bei näherer Prüfung die gesamte galileische Dynamik als Vorübung zur *Verifizierung* der Richtigkeit des Heliozentrismus. Auch hier würde man sich von der Form seiner Rede täuschen lassen, sähe man in ihm zuallererst einen Physiker. Bei Newton ist das Vorgehen des Physikers, wie wir sahen, Teil einer kopernikanischen Problematik; aber das war schon bei Galilei der Fall.

Außerdem sagt er es selbst. Daß er schon lange vor der Erarbeitung seiner Dynamik zur Auffassung des Kopernikus gelangt sei, vertraut er Kepler in einem Brief vom 4. August 1597 an! Wir wissen, daß er 1602 seine Gesetze über das Pendel und 1604 seine Gesetze über fallende Körper darlegt, daß er erst 1609 sein Fernrohr konstruiert und mit seinen astronomischen Beobachtungen beginnt, daß er schließlich 1610 im *Sidereus Nuncius* öffentlich verkündet, daß seine Beobachtungen den Heliozentrismus bestätigen. Im allgemeinen legt man diese Chronologie zugrunde, um zu zeigen, daß sich Galilei erst *spät* zum kopernikanischen Glauben bekannte. Doch schon lange vor 1602 war Galilei ein Verfechter des Heliozentrismus. Man lese seine Korrespondenz ... In seinem Brief an Kepler vom August 1597 schreibt Galilei, er sei *»schon vor vielen Jahren zur Auffassung des Kopernikus gelangt«*! Kepler hat ihm gerade sein Werk über das *Weltgeheimnis* zukommen lassen. Galilei bedankt sich herzlich und verspricht, es in aller Ruhe durchzulesen, und zwar *»um so lieber«*, als er seinen Glauben an Kopernikus seit langem teile und *»von diesem Standpunkt aus«* die Ursache vieler Dinge entdeckt habe, *»die ohne Zweifel nach der üblichen Hypothese unerklärlich sind«*.[29]

Galilei wurde 1564 geboren. Er ist also dreiunddreißig Jahre alt, als er Kepler dieses Geständnis macht. Seit acht Jahren ist er Mathematikprofessor an der Universität von Pisa, dann an der Universität von Venedig in Padua. Er hat bereits verschiedene

Arbeiten hinter sich: eine Wasserwaage, einen Traktat über den Schwerpunkt fester Körper, literarische Arbeiten (insbesondere über Dante) sowie ein Buch *Über die Bewegung*. Soeben hat er eine Abhandlung *Über Mechanik* und *Über die Himmelskugel* abgeschlossen. Nach seinem Bekunden pflegte er *schon vor vielen Jahren* die Probleme vom kopernikanischen Standpunkt aus zu stellen, und von diesem Standpunkt aus hat er mehr als eines gelöst. Steht also nicht fest, daß Galilei als Kopernikaner Physiker geworden ist? Zwar läßt er sich davon nichts anmerken. In Pisa wie in Padua lehrt er den Geozentrismus, und erst 1610 entschließt er sich, das Gegenteil zu lehren. Aber liegt das nicht einfach daran, daß er nun zur Gewißheit gekommen ist, auch die Widerspenstigsten überzeugen zu können? Jedenfalls hat er nicht aus mangelnder Überzeugung so viele Jahre Schweigen bewahrt. Wie er Kepler schreibt, reicht Überzeugung allein nicht aus: es bedarf überzeugender Beweise! Der Widerstand gegen die »Wahrheit« ist so stark, Kopernikus wird so sehr »verlacht und ausgepfiffen« und er hat so wenige Anhänger, daß er es vorzieht zu warten.

Kepler dagegen meint, man müsse sofort die Klingen kreuzen, und am 13. Oktober desselben Jahres drängt er Galilei, es zu tun! Er für seinen Teil will ein Netz von Kopernikanern bilden und die Gelehrten, die sich der Wahrheit allzu offen widersetzen, durch Vereinbarungen ausschalten. Wie man sieht, ist man sich nur in der Taktik uneins. Kepler will kräftig und schnell zuschlagen; Galilei dagegen wartet lieber. Und er braucht noch zwölf Jahre, um sein Arsenal zu vervollständigen, bevor er in den Krieg zieht. Doch dann zögert er nicht länger. Er meint nun, genügend »Beweise« für die Bewegung der Erde zu haben, d. h. aufzeigen zu können, daß sie ein Planet und der Sonne untergeordnet ist. Damit löst er seitens der Obskurantisten einen Sturm der Entrüstung aus und befindet sich bald auf der Anklagebank, was überdies zur Folge hat, daß das Werk des Kopernikus auf den Index gesetzt wird. 1597 zieht Galilei es vor zu schweigen. Trotzdem ist er von der Richtigkeit des Heliozentrismus überzeugt: als der Physiker Galilei zum ersten Mal ein Fernrohr auf das bleiche Gesicht des Mondes richtet, weiß er seit langem, daß die Erde sich im Raum bewegt. Nicht sich selbst will er davon überzeugen, sondern die anderen.

Durch seine beiden Linsen erblickt Galilei, was nicht zu sehen ist. Er sieht Gebirge auf dem Mond, er sieht zahllose neue Sterne, sogar Sternhaufen, er sieht Flecken auf der Sonne, also vieles, was geeignet ist, die von den Scholastikern definierte Weltsicht bloßzustellen. Daß der Mond »Flecken« aufweist[30], untergräbt natürlich die Vorstellung von Makellosigkeit, die man sich von diesem Himmelskörper machte, eine Vorstellung, die für den natürlichen Unterschied zwischen den Himmelskörpern und der Erde bürgte und verhinderte, die Erde für einen Himmelskörper wie jeden anderen zu halten. Daß die Zahl der Sterne sehr viel größer ist, als man damals glaubte, daß ihre Dichte stellenweise extrem hoch ist und daß die Milchstraße nichts anderes ist *»als eine Ansammlung zahlloser haufenförmig angeordneter Sterne«*[31], deren Intensität unendlich abnehmen kann – das alles untergräbt die Idee einer auf das sogenannte Himmelsgewölbe beschränkten Welt. Es ist nicht nur sehr wahrscheinlich, daß die Sterne Sonnen wie die unsere sind, daß gewaltige Entfernungen sie voneinander trennen, sondern daß sie sich hier und dort zu wahren Wolken zusammenballen, läßt auch vermuten, daß es nicht nur eine einzige Milchstraße gibt, was die Grenzen des Weltalls in beträchtliche Fernen schiebt, falls es nicht gar unendlich ist.

Alle diese Tatsachen sind erschütternd. Und Galilei behält sich vor, sie in all ihren Konsequenzen in einem erschöpfenden Werk mit dem Titel *De systemate mundi* zu behandeln.[32] Doch das ist nach seinen eigenen Worten nicht »das Wichtigste«.[33] Bei seinem »gegenwärtigen Unternehmen« liegt ihm daran, der Öffentlichkeit etwas anderes mitzuteilen: die Entdeckung von Trabanten rings um den größten Planeten, den Planeten Jupiter. Man mag sich hier darüber wundern, welche Bedeutung Galilei diesen kleinen Himmelskörpern beimißt, wo er doch der wissenschaftlichen Erforschung des »Himmels« mit einem Schlag ein unendliches Feld eröffnet hat. Und nun verlangt er, man solle sich auf drei oder vier lächerlich kleine Punkte auf der Umlaufbahn eines einfachen Planeten konzentrieren. Denn was bedeutet dieser Planet – und mag er Jupiter heißen –, verglichen mit der Galaxie, die er uns gerade beschrieben hat? Was ist mit ihm los? Er nimmt die Sache so ernst, daß er *»alle Astronomen«* aufruft, *»sich der Erforschung und Bestimmung ihrer Umläufe zu widmen«,* und viele Seiten vollkritzelt, um seine ersten Ergebnisse mitzuteilen und die Schemata aller Konstellationen wiederzugeben, die er in seinen durchwachten Nächten beobachtet hat.

Der Grund für diesen Aufwand ist sehr einfach. Man versteht ihn ohne weiteres, wenn man bedenkt, wonach Galilei suchte, als er sein Fernrohr benutzte. Er suchte nach einem Mittel, die Öffentlichkeit von der Richtigkeit des Heliozentrismus zu überzeugen. Was er als erstes »entdeckt«, zerstört zwar den Kosmos der Scholastiker, beweist jedoch nicht eindeutig, daß Kopernikus recht hatte; in gewissem Sinne wird sogar Kopernikus ein Opfer dieser Entdeckung, denn sein Kosmos war (wie der seiner Gegner) auf die Sphäre der Fixsterne begrenzt. Indem er sie sprengt, setzt Galilei die einen wie die anderen ins Unrecht, er untergräbt sowohl den Heliozentrismus im strengen Sinne als auch den alten Geozentrismus, da es unmöglich geworden ist, die eine Sonne zum Mittelpunkt des ganzen Universums zu erklären ... Aber Zeus (Jupiter) kommt ihm zu Hilfe. Selbst wenn der Kosmos explodiert, selbst wenn die Sonne nicht allein ist, selbst wenn unsere Sonne nicht der Mittelpunkt der Millionen Sterne ist, so ist sie doch der Mittelpunkt der Planeten und auch der Erde. Wer dies leugnet, möge daher Jupiter beobachten, und er wird mit eigenen Augen sehen, wie es sich mit der Erde verhält! Auch Jupiter hat Monde, die um ihn kreisen: hindert ihn das daran, selbst einem anderen Mittelpunkt untergeordnet zu sein? Daß er der Mittelpunkt seiner Monde ist, ändert nichts daran, daß er sich um die Sonne dreht. Mehr noch. Es stellt sich heraus, daß die Umlaufzeit jeder seiner Trabanten je nach der Entfernung variiert: der ihm nächste ist der schnellste, der entfernteste der langsamste. Anders gesagt, sie verhalten sich wie die Planeten zur Sonne, wie Kopernikus sagte: Merkur ist der nächste und auch der schnellste; Saturn ist der entfernteste und auch der langsamste. Hat man also nicht ein Bild eben des Systems vor Augen, dessen Mittelpunkt die Sonne ist? Nehmen wir einen Augenblick an, Jupiter wäre die Sonne: Stellt sich das ganze System nicht genau auf diese Weise dar? Drehen sich die Planeten nicht auf dieselbe Weise um die Sonne? Und tut die Erde etwas anderes als diese Satelliten? Galilei meint hier das Mittel gefunden zu haben, all *»denen jeden Vorbehalt zu nehmen«*, die das *»kopernikanische System«* verwerfen.[34] Genau dies ist der Grund, warum er seiner Freude freien Lauf läßt, als er die frohe Botschaft verkündet …

Das heißt nichts anderes, als daß man damit aufhören sollte, die Wirklichkeit zu verdrehen. Gewiß, es ist nicht leicht, den richtigen Abstand zu finden, so unruhig ist alles um ihn herum; vielleicht tut man sogar besser daran, ihn als »Physiker« vorzustellen, als bedenkliche Legenden zu verewigen.[35] Jedenfalls ist es an der Zeit, mit der allzu bequemen Idee aufzuräumen, die moderne Wissenschaft sei in Galileis Gehirn »geboren« worden. Galilei war nicht nur ein Gehirn. Er war nicht das Behältnis eines »neuen wissenschaftlichen Geistes«. Diesen neuen Geist, der weht und den Veränderungen entspricht, die in den gesellschaftlichen Verhältnissen stattfinden, fängt Galilei ein; er erfindet ihn nicht, ebensowenig wie er ihm vorausgeht. Es gibt keine »Zeitverschiebung« zwischen der Geburt der modernen Wissenschaft und der Geburt der handeltreibenden Gesellschaft im Sinne der Gelehrten: das »Denken« der Renaissance geht dem Handeln seiner Kaufleute nicht voraus. Auch wenn der Markt den Feudalismus noch nicht besiegt hat, so ist er doch bereits da. Die »Verschiebung«, die man zwischen dem Aufschwung des neuen wissenschaftlichen Denkens und dem Sieg der Handelsbeziehungen wahrzunehmen meint, kann nur auf einer optischen Täuschung beruhen.

Kopernikus

Bleibt der Fall des Kopernikus. Denn er ist der Initiator des Heliozentrismus. Und auch wenn es in Anbetracht ihrer Biographie möglich ist, die *Verfechter* des neuen Systems in den Prozeß, der die Welt der Menschen erschüttert und das Abendland den immer stärker werdenden Strahlen der Geschäfte aussetzt, einzubeziehen – gilt dies auch für seinen Erfinder? Wurde Nikolaus Kopernikus nicht viel zu früh geboren, um die Auswirkungen dieser Strömung erfahren zu können? Und lebte er vor allem nicht völlig abseits von jener »Moderne«, etwa ein Jahrhundert vor Galilei? Er lebte in Polen, am Rande Ostpreußens, fern von allem, im Nebel der Ostsee. Überdies war er ein Mann der Kirche …

Die Schwierigkeit ist beträchtlich: auch wenn man die tiefen ökonomischen, gesellschaftlichen und politischen Veränderungen berücksichtigen muß, um den Sieg der kopernikanischen Wende zu erklären, so könnte es doch sein, daß ihre *Konzeption* nichts damit zu tun hat. Und das Denken würde trotz allem das *Primat* über die Tat und somit über den Lauf der Dinge bewahren. Im übrigen kann man sich Kopernikus gut vorstellen, wie er einsam in irgendeiner dunklen Zelle meditiert, dann, wenn die Nacht hereingebrochen ist, bis zum Morgengrauen den gestirnten Himmel betrachtet und – gleich einem modernen Thales –, wenn er das Haus verläßt, immer nach oben schaut, um den Anblick der Himmelskörper zu genießen.

Auch dieser Punkt verdient eine nähere Untersuchung. Und wie man sehen wird, hält dieses Bild der Überprüfung nicht stand. Erste Überraschung: Kopernikus war *der Sohn eines Händlers*. Ja, eines »Händlers«! Sein Vater war ein Kaufmann, um nicht zu sagen ein *Spekulant* aus Krakau, der sich in Thorn niedergelassen hatte, da er mit dem neuen Zugang Polens zur Ostsee rechnete, um sich in großem Maßstab zu bereichern. Polen erlebte damals einen beispiellosen wirtschaftlichen Aufschwung. Zwischen Deutschland, das von einem Bürgerkrieg zwischen Katholiken und Protestanten zerrissen war, und Rußland, das von der Wiedereroberung des Bosporus träumte, profitierte die polnische Monarchie unverhofft vom Aufblühen des Handels zwischen dem Norden (Schweden) und dem Süden (Italien). Und so wuchs der junge Nikolaus im Strom der Tauschgeschäfte heran, die Polen in eine moderne Nation verwandelten, ebenso wie Spanien, Portugal und Holland.

Leider starben seine Eltern früh. Dennoch stürzte ihn dieser Schicksalsschlag noch tiefer in die Umwälzungen, die sich inmitten des polnischen Staats vollzogen; sein Vormund schickte ihn zum Studium nach Krakau, dem Zentrum einer sich rasch entwickelnden Nation, die im Rhythmus der italienischen Renaissance schwang – z. B. stammte sein Philosophieprofessor aus Padua. Und Kopernikus brach selbst nach Italien auf: zweimal hielt er sich ziemlich lange in Padua auf. Er befand sich also in unmittelbarem Kontakt mit der außerordentlichen Dynamik Italiens, des Italiens der Medici, Machiavelli, Raffael und Leonardo da Vinci, mit ihren erstaunlichen Neuerungen und ihren erbitterten Machtkämpfen.

Meint man, daß sich Kopernikus nach seiner Rückkehr nach Ermland in die Einsamkeit und die Meditation verkriecht? Nichts dergleichen. Zwar macht er Karriere in der katholischen Kirche, aber seine Aufgabe besteht darin, die Finanzen des Klerus zu verwalten. Weit davon entfernt, Tag und Nacht mit der sorgfältigen Beobachtung der Planetenbewegungen zu verbringen, ist er ständig mit den Schwierigkeiten und den Wohltaten des *Geldes* konfrontiert. Daher ist es kein Zufall, daß er eine Abhandlung über das Geld verfaßt, *De monete cudende ratio*. Noch eine Überraschung! Dieser Mann der Kirche flieht nicht etwa die profane Welt, sondern greift zu seiner schönsten Feder, um über das Heikelste zu schreiben, was sie zu bieten hat: das Geld. Und nicht etwa, um es zu verurteilen, wie man erwarten könnte, und es als ein Werkzeug des Satans anzuprangern wie sein Nachbar Luther[36], um die Reichen daran zu erinnern, daß sie ebensowenig ins Paradies kommen, wie ein Kamel durch ein Nadelöhr geht, und um die Armen damit zu trösten, daß die ersten die letzten sein werden … Nein, ganz im Gegenteil, um für das Geld zu streiten! Wenn Kopernikus etwas verurteilt, dann nicht den Wohlstand, zu dem der Reichtum verhilft; und wenn er über bestimmte Sitten herzieht, dann nicht über die Profitgier der Kaufleute. Was er verdammt, sind die perversen Sitten der polnischen Fürsten hinsichtlich der Münzprägung. Sein Traktat zielt in erster Linie darauf ab, *den Kurs des Geldes seiner Heimat von der Willkür der Grundherren zu befreien.*

Vielleicht wird man einwenden, diese Abhandlung, so überraschend sie auch sein mag, erkläre in keiner Weise, warum Kopernikus auf die Nachwelt gekommen ist, nämlich die Umkehrung der Perspektive, die er bei der Untersuchung der Himmelserscheinungen vorgenommen hat. Falls hier irgendeine Beziehung vorläge, würde man es wissen. Nun habe aber bisher noch keiner der diesbezüglichen Spezialisten, von denen einige immerhin wissen, daß sich Kopernikus auch für das Geld interessierte, eine Verbindung zwischen den beiden Tätigkeiten hergestellt; außerdem übte Kopernikus auch die Funktion eines Arztes aus, und wer weiß, womit er sich sonst noch befaßte ...

Ein solcher Einwand erscheint mir unbegründet. Es besteht eine tiefe Beziehung zwischen der Haltung, die Kopernikus gegenüber dem Umlauf des Geldes einnimmt, und seiner Haltung gegenüber dem Umlauf der Gestirne. Sieht man denn nicht, daß er in beiden Fällen dieselbe Sache vertritt? In seinem Traktat über das Geld bekämpft Kopernikus die herrschende Praxis, das Prägen der Münze, wie im Feudalismus üblich, dem lokalen Grundherrn zu überlassen; er beklagt den Mangel an Vernunft und Rationalität, den Irrsinn, die Verantwortungslosigkeit, die Willkür, die in dieser höchst wichtigen Angelegenheit herrschen: man unterwirft den Wert der Münze den Launen einfacher Vasallen. Wo man doch weiß, daß die Adligen sich absprechen und das Gewicht der Münzen sowie ihren Gold-, Silber- oder Kupfergehalt nach Belieben verändern, um ihre Kasse aufzufüllen oder ihre Schulden zu zahlen ... Und genau das bringt ihn in Rage! Genau das ist nach Meinung des kühnen Domherrn eine der Hauptursachen für das wirtschaftliche Chaos der preußischen Provinz, das ihrer Erneuerung unter der Ägide des polnischen Königreichs im Weg steht.[37]

Tatsächlich ist Kopernikus einer der ersten modernen Autoren, der darauf pocht, daß für den guten Gang der Geschäfte die »Unveränderlichkeit« des Geldes unbedingt notwendig ist. Die gute Ordnung der Gesellschaft kann ihm zufolge nur dann hergestellt werden, wenn die beklagenswerte Tradition des Mittelalters in diesem Bereich umgestoßen wird; einzig und allein dem König komme es zu, die Münzen mit seinem Bild zu prägen, als Garantie für ihre Zusammensetzung und ihr Gewicht. Es bedarf einer einheitlichen und zuverlässigen Münze. Freilich darf dieser Herrscher, der das Monopol der Prägung haben muß, mit dieser Macht nicht »spielen«. Er darf weder willkürlich ihren Wert *bestimmen*, noch ihn eigennützig verändern: das darf er nur, wenn das Wohl der Nation es erfordert. Kurz, Kopernikus macht die Tätigkeit des Fürsten von der Unveränderlichkeit des Geldes abhängig; er versucht, das Hindernis, d. h. das Kreisen des Geldes um den Grundherrn, zu beseitigen, da es dem wirtschaftlichen Fortschritt entgegensteht.

Anders gesagt, er versucht, den Beziehungen zwischen den Sphären des polnischen Lebens in derselben Weise auf die Sprünge zu helfen wie wenig später den Beziehungen zwischen den Himmelssphären. Wie sich das Chaos des Himmels und die mathematischen Schwierigkeiten des Geozentrismus durch die *Immobilisierung der Sonne im Mittelpunkt der Welt* auflösen, so müssen sich das Chaos der Gesellschaft und die verwickelten Berechnungen der Handelspartner durch die Immobilisierung des Geldes auflösen. In seinen Augen nimmt das Geld die Stellung ein, die bald die Sonne einnehmen wird: die zentrale Stellung. Alles übrige befindet sich an der Peripherie ... In der Welt der Menschen ist der Monarch – Garant für die Unveränderlichkeit des Geldes – Quelle des Wohlstands für alle, die seiner würdig sind. Im Weltall ist es die Sonne, die inmitten von allem *»unbeweglich ruht«*[38] und majestätisch, aber gerecht, das Licht ihrer Strahlen austeilt.

Zur Not kann man in Abrede stellen, daß Kopernikus in dieser Richtung denkt, d. h. von der ökonomischen Frage zur kosmologischen Frage überleitet, und das Gegenteil behaupten: daß er seine Sicht der Himmelswelt auf die Geschäftswelt übertragen habe. Äußerstenfalls ließe sich damit vielleicht die Idee vom Vorrang des Denkens vor der Tat aufrechterhalten. Aber der jeweilige Zeitpunkt der Abfassung seiner Werke spricht dagegen. Die Abhandlung über das Münzwesen wurde 1526 veröffentlicht, die Abhandlung über das Weltall 1543. Zwar ist dieses Werk bekanntlich lange geheimgehalten worden. Doch abgesehen davon, daß man nicht weiß, ob nicht auch das andere lange vor seiner Veröffentlichung geschrieben wurde, neigte Kopernikus aufgrund seines Amtes und in Anbetracht seiner Herkunft sicherlich dazu, die Welt der Gestirne nach den ihm vertrauten Finanzpraktiken zu betrachten. Sein Auftrag besteht nicht darin, den Launen der Planeten und der Absurdität der schwindelerregenden Drehung der riesigen Sonne ein Ende zu bereiten, sondern darin, die Finanzen der Kirche und ihrer Ländereien in Ordnung zu bringen ...

Darüber hinaus hat Kopernikus keinerlei Skrupel, die gute alte Erde zu einem Planeten wie die anderen zu erklären, umgeben von Venus und Mars, den Gottheiten der Liebe und des Hasses, des Friedens und des Krieges, die das Leben und den Tod bringen. Was sein »Geist« konzipiert, ist bereits *Realität;* die Umwälzung ist in vollem Gang. Sie begann bereits ein Jahrhundert zuvor in Italien, aber ganz Europa ist betroffen. Die Herrschaft des Geldes hat begonnen. Italien hat seine Medici, Deutschland seine Fugger. Und die katholische Hierarchie hat sich, dem Beispiel seiner Heiligkeit des Papstes folgend, bereits vom Handel verlocken lassen: dem Ablaßhandel. Was Luthers Zorn erregte (als er noch zu dieser Kirche gehörte, denn er wurde erst 1521 exkommuniziert), war die Tatsache, daß die Bischöfe, von der Schlauheit des Papstes angestachelt, gierig in die Frucht der Erkenntnis dessen gebissen haben, was für die Geschäfte gut oder schlecht ist, so daß der Vatikan zu einer der größten Banken Europas geworden war!

Ja, das Geld kehrt die Rollen um! Doch wenn es die Macht hat, Satan auf den Thron Petri zu setzen, wie der schreckliche Mönch aus Wittenberg sagte, so hat es auch die Macht, den Geist des Domherrn von Thorn zu erleuchten, der damals sein Plädoyer für die zentralisierte Münzprägung veröffentlicht. Es hat sogar die Macht, ihm die Mittel an die Hand zu geben, gegen einen derart reaktionären Angriff zu protestieren: Wenn der Himmel nun das Ebenbild der neuen Welt wäre? Wenn das Geld nicht teuflisch, sondern göttlich und wohltuend wäre? Wenn diese wohltuende Macht, statt ein bloßes Hilfsmittel für den Machterhalt der Grundherrn zu sein, viel mächtiger wäre als jeder Potentat? Die Banken unterwerfen Europa ihrem Gesetz. Das hat Kopernikus in Italien mit eigenen Augen gesehen. Er sieht es seit seiner Rückkehr in seine Heimat. Sie geben ihm die Intuition des Heilmittels, das hienieden nötig wäre. Warum sollten sie ihm nicht auch die Intuition des Heilmittels gegen die Unordnung, die Absurdität der Welt der Gestirne eingeben können?

Freilich muß Kopernikus vorsichtig sein, denn seine Thesen über das Geld untergraben die vergängliche Macht des deutschen Adels, und seine Thesen über das Weltall erschüttern die (durch die Reformation ohnehin angeschlagene) geistliche Autorität der Kirche, der er angehört. Trotz des Protests der Reformatoren könnte sich die katholische Kirche nämlich endgültig für die Idee gewinnen lassen, daß die zentrale Stellung der Sonne auf großartige Weise die Macht Gottes erhöhe. Und was die deutschen Grundherren Ostpreußens betrifft, so sind sie im Begriff, in den Bannkreis Polens zu geraten, das eine außerordentliche Chance hat, der Beschränktheit und Willkür seiner mittelalterlichen Existenz zu entrinnen. Dieser Moment ist einmalig in der Geschichte Polens. Sicherlich ist er aus diesem Grund unter einem höchst bedeutsamen Namen auf die Nachwelt gekommen: die Historiker bezeichnen ihn als das schönste Jahrhundert in der Geschichte Polens. Das 16. Jahrhundert war für Polen das »goldene Zeitalter«.

Damit bildet das Abenteuer von Nikolaus Kopernikus das Vorspiel zur Aufklärung. Und so versteht man immer besser, warum sich die Wende, wie sie später genannt werden wird, im wesentlichen nicht im Denken abspielt, zwischen Vernunft und Glauben, zwischen den »Freigeistern« (den Philosophen und Enzyklopädisten) und dem Klerus (Votaires berühmtes *«Écrasez l'Infâme!«*); allem Anschein zum Trotz verstrickt er in Wirklichkeit die Feudalaristokratie und die Kaufmannsbourgeoisie in einen Kampf um Leben und Tod. Infolgedessen bestätigt die Aufklärung in Wahrheit den Sieg der Klasse, die innerhalb weniger Jahrhunderte durch den Handel zu Reichtum gekommen ist, und er beruht auf der Niederlage des Geburtsadels.

Zum Leidwesen von Kopernikus war die Reaktion des Adels in seiner Heimat heftiger als die Tätigkeit der Kaufmannsbourgeoisie, und sein Plan, dem polnischen Preußen durch Eindämmung der feudalen Willkür zu Wohlstand zu verhelfen, scheiterte. Polen verpaßte seine Chance und erlag der Reaktion. Als Nation verschwand es für lange Zeit von der Bühne. Andere nahmen seinen Platz ein. Ein schwacher Trost: trotz seines Kepler war das nicht Deutschland, wenigstens nicht gleich. Auch Italien gelang es trotz seines Galilei nicht, den Schatten seiner Adligen und seines Klerus in die Vergangenheit zu verbannen und ein Zentrum zu schaffen, um das seine Provinzen hätten kreisen können. Die spanische Monarchie konnte dank dem aus Amerika herangeschafften Gold ihre Aristokratie zähmen, indem sie sie an den Hof lockte, ebenso Frankreich unter der Ägide seines Sonnenkönigs. Und dieser Sieg bereitete den der englischen Monarchie vor: in England kippte die Geschichte wirklich um, hier setzte sich das kopernikanische System endgültig durch. Hier – unter Newtons Augen.

Ist es also verwunderlich, daß in England das antifeudale Programm des Kopernikus am besten formuliert wurde, genau zur Zeit Newtons? Man findet es unter der Feder eines heute vergessenen, jedoch höchst verdienstvollen Autors. Er heißt William Petty. Mit der gleichen Entschlossenheit wie der Domherr aus Thorn formuliert auch Petty die Lehre des »unveränderlichen« Geldes. Zwar ist er kein Astronom und scheint keinen Geschmack an den Freuden der Himmelsbeobachtung zu finden. Petty ist Arzt und kümmert sich wenig um den Lauf der Gestirne, höchstens vielleicht um ihren »Einfluß« auf den menschlichen Körper. Aber sobald es sich um den Lauf des Geldes handelt, übernimmt er entschieden die *heliozentrische* Lehre. Im übrigen will er, wie Kopernikus, für sein Land sorgen. Zunächst im Dienste Cromwells, des Herrschers ohne Krone, bescheidet er sich damit, die von den »Kavalieren« unterstützte Dynastie zu restaurieren.[39] Denn er weiß, daß die Würfel gefallen sind und daß allein das Bürgertum, trotz seiner politischen Niederlage, imstande ist, England aus der Barbarei herauszuführen.

Genau wie Kopernikus bittet William Petty den König, nicht mit der Münze und ihrem Gehalt an Edelmetall zu spielen. In seinem kleinen *Treatise of Taxes and Contributions* von 1662 beschwört er die für die Finanzen Verantwortlichen, der Versuchung zu widerstehen, das englische Geld durch das Prägen neuer Münzen zu entwerten, die weniger Gold oder Silber enthalten, als ihr Nominalwert anzeigt. Wenn der Staat Geld brauche, um eine schwierige Lage zu meistern, solle er sich hüten, die Münze zu verfälschen! Er solle sich hüten, *»sie größer erscheinen zu lassen, als sie ist«*.[40] Denn *»dies läuft letztlich auf eine Besteuerung eines Teils des Volkes hinaus, dem gegenüber der Staat Schuldner ist«*, was *»tatsächlich und in Wahrheit«* den Aufschwung des Handels gefährdet.

Nebenbei merkt Petty boshaft an, daß eine solche Praxis auch die Privatiers bestrafe; doch wenn es nur darum ginge, würde er sicherlich keinen Finger rühren. Das Problem ist nur, daß diese Praxis die Gesellschaftsklasse verarmt, welcher der Staat seinen Wohlstand verdankt, d. h. die Klasse der Kaufleute, und daß sie das weltweite Vertrauen in das englische Geld erschüttert. Wie Kopernikus unterstreicht Petty die absolute Notwendigkeit, das Geld als den unverrückbaren Mittelpunkt zu betrachten, um den jede wohlgeregelte wirtschaftliche Tätigkeit kreist. Und er schlägt andere Mittel vor, die öffentlichen Ausgaben zu sanieren ... Die einzig wahre Arznei läßt sich nur dann verabreichen, wenn die Geschäftsleute regieren. Petty predigt es dem Monarchen unaufhörlich. Das Geld ist kein Spielzeug, mit dem der Fürst nach Belieben umgehen kann; es rächt sich bitter, wenn man seine Gesetze verkennt. Seine Natur ist *geheimnisvoll*[41], und seine Reaktionen sind fürchterlich. Wenn man es pfleglich genug behandelt, kann man sein Geheimnis ergründen. Doch was entdeckt man dann? Daß ein bestimmtes Geldstück genau soviel wert ist wie die Arbeit, die nötig war, es herzustellen: wenn es gegen eine bestimmte Menge Getreide eingetauscht wird, so deshalb, weil es einer bestimmten Zeit[42] an Arbeit bedarf, um diese Menge Getreide und dieses Geldstück herzustellen.

Nachdem die Natur des Geldes einmal enthüllt ist, muß man dann nicht mutig alle Konsequenzen daraus ziehen? 1660 fehlte es Petty wohl noch an Mut, denn er setzte seinen Namen nicht auf den Umschlag seines Buches. Dieser Mut scheint ihm auch noch bei seinem nächsten Traktat gefehlt zu haben, dem *Verbum Sapienti,* das erst nach seinem Tod veröffentlicht wurde. Doch seine Absichten werden noch deutlicher. Da der Wohlstand Englands auf dem Spiel steht, zeigt er das ganze Ausmaß der erforderlichen Anstrengungen! Anhand einer in Zahlen ausgedrückten Bilanz des »*Reichtums des Königreichs*« benennt er am Schluß die Mittel, die es England ermöglichen könnten, auf dem Weltmarkt wieder die Initiative zu ergreifen: Man muß feststellen, daß die Holländer die Engländer in den Schatten stellen und daß sie ihnen zum Beispiel den »*Tuchhandel*« aus der Hand gerissen haben. Um die Hegemonie zurückzuerobern, gilt es, »*billiger*« zu produzieren als sie, und um billiger produzieren zu können, muß man einerseits die zur Herstellung des Tuchs notwendige Arbeitszeit verringern und andererseits die Zahl der zur Erzeugung des Getreides notwendige Zahl der Arbeitskräfte verringern. Mit anderen Worten, man muß die Produktivität der Arbeit sowohl in der Industrie als auch in der Landwirtschaft durch die »Einführung besserer Arbeitsmethoden« erhöhen.[43] Wenn der Grundadel also wirklich zum Wohlstand beitragen wolle, müsse er sich unterwerfen – oder abdanken.

Ein Programm von umwerfender Einfachheit!

Petty & Smith

In seiner 1671 abgefaßten *Political Arithmetic* kämpft Petty gegen den Irrtum, das holländische Wirtschaftswunder einer höheren Intelligenz oder gar dem »Genius« dieses Volkes zuzuschreiben. Im ersten Kapitel erklärt er schlankweg, daß *»ein kleines Volk mit geringer Bevölkerung durch seine Lage, seinen Handel und seine Politik einem sehr viel größeren Volk und Territorium an Wohlstand und Macht gleichkommen kann und daß insbesondere die günstigen Bedingungen für die Schiffahrt und den Wassertransport in hervorragender und grundlegender Weise dazu führen«*.[44] Der Wohlstand der Holländer entspringt also in Wahrheit einzig dem beharrlichen Fleiß ihrer Kaufleute und Seefahrer, begünstigt durch die geographische Lage. Ihr Erfolg ist nicht nur kein Wunder, sondern vor allem ein Vorbild, dem es nachzueifern gilt: *»Mit der Industrie ist sehr viel mehr zu gewinnen als mit der Landwirtschaft, und mehr mit dem Handel als mit der Industrie.«*[45]

An diesem Punkt angelangt, legt sich Petty keine Zurückhaltung mehr auf: *»Die wahren Säulen des Gemeinwohls«* sind nicht diejenigen, die sich an ihre Privilegien, ihre Renten und die Zügel der Regierung klammern, sondern die *»Bauern, Seeleute, Soldaten, Handwerker und Kaufleute«*. Wenn England die holländische Vormachtstellung brechen will, wenn es der Drohung Frankreichs, dessen Ehrgeiz keine Grenzen kennt, die Stirn bieten will, kurz, wenn es sich einen Platz an der Sonne erobern will, dann muß es auf seine arbeitsamen Berufe bauen: *»Alle anderen großen Berufe entstehen lediglich aus den Unvollkommenheiten und Mißerfolgen ersterer.«* Läßt sich dem Adel gehöriger die Meinung sagen?

Freilich muß Petty auch diesmal seine Wahrheit für sich behalten: auch dieses Werk wird erst nach seinem Tod veröffentlicht. Und dennoch ist Petty, als Shelburne, sein ältester Sohn, es »Seiner allergnädigsten Majestät dem König« im Jahre 1690 zukommen läßt, bereits »*von allen als Erfinder*«[46] einer sehr erfolgreichen Theorie des Kosmos der menschlichen Angelegenheiten anerkannt. Jenseits von Zensur und Selbstzensur wurde Petty zum »*Erfinder der Untersuchungsmethode, durch welche die verwickelten Geschehnisse der Welt mit ein klein wenig Wissenschaft erklärt werden*«. Kann man besser ausdrücken, daß sich mit Petty die Wende im Verständnis der menschlichen Angelegenheit, die Kopernikus im Verständnis der himmlischen Angelegenheiten gelungen war, auf befriedigende Weise vollzieht? Indem Petty das Problem des Wohlstands um den Handel kreisen läßt und alle Produktionssphären der Unveränderlichkeit des Geldes, d. h. der für die Herstellung der Waren notwendigen Arbeitszeit unterordnet, entdeckt er den wahren Mittelpunkt der Welt und gibt der Erde ihre Bewegungsfreiheit zurück! Daß der Adel noch immer um den Boden kreist wie der Mond um die Erde, liegt in der Natur der Sache, was jedoch nichts daran ändert, daß sich sein Schwerpunkt selbst dreht wie die Erde um ihre Achse und daß er der Macht des Handels ebenso ausgesetzt ist wie die Erde den Sonnenstrahlen! Was ihn nicht daran hindert, *den Besitzer zu wechseln!* Kopernikus hatte die Erde zu einem Planeten wie die anderen gemacht, Petty macht den Boden zu einer *Ware* wie jede andere.

Gleich der Theorie des Kopernikus über die Anordnung des Himmels brachte Pettys Theorie auf vortreffliche Weise die Realität der menschlichen Angelegenheiten zum Ausdruck. Seit der Entdeckung Amerikas wuchs der Welthandel im Rhythmus des einströmenden Goldes, und nichts war legitimer, als die Unterordnung der menschlichen Angelegenheiten unter dieses faszinierende Gestirn für eine vollendete Tatsache zu halten. Seit das Gold am Horizont des Abendlands aufgetaucht war, galt es faktisch als die Quelle des Reichtums schlechthin. Nun konnte man aber seine Masse berechnen, und in bezug auf den Boden hatte es einen solchen Vorsprung gewonnen, daß der Boden kaum noch ins Gewicht fiel. Folglich war es nicht mehr vernünftig zu meinen, es stehe ihm zu Diensten, es drehe sich um den Boden und den Grundherrn: das Gold »zirkulierte« nur scheinbar; in Wirklichkeit war es der Mittelpunkt, um den alles sich drehte. Die Frage war nur, warum das so war, und Petty gab die Antwort. Alles drehte sich deshalb um das Gold, weil das Gold als *weltweites Äquivalent* der zur Herstellung der Waren notwendigen *menschlichen Arbeit* diente.

In diesem Reigen der Produktionssphären konnte der Boden, d. h. die Landwirtschaft, keinen Anspruch auf Hegemonie mehr erheben. Sie war eine Sphäre unter anderen, dem Mittelpunkt zwar näher, aber zweifellos unwichtiger als andere Produktionszweige, zum Beispiel die Manufakturindustrie. Auch wenn die Landwirtschaft weiterhin von Bedeutung war, so hing ihr Schicksal doch unmittelbar mit den Erfolgen der Industrie zusammen, und es kam in Wahrheit weniger darauf an, die Zahl der Arbeitskräfte in der Landwirtschaft zu vermehren, als sie vielmehr zu verringern, indem man die Produktivität der Landarbeit steigerte. Pfui über jeden Fetischismus! Wenn letztlich eine fremde Nation Getreide zu geringeren Kosten produzierte, sollte man nicht zögern, ihr welches abzukaufen (d. h. zu »importieren«), um ihr Fertigwaren zu verkaufen.

Wie nicht anders zu erwarten, fand dieses verblüffende System nicht nur Anhänger. Die Reaktion erfolgte nicht sofort, dann jedoch um so heftiger. Sie kam aus Frankreich und war das Werk der »Physiokraten«. Im Gefolge von François Quesnay versteiften sich die höchst seriösen »Ökonomen« darauf, nachzuweisen, daß allein der Boden »produktiv« sei, daß er im Mittelpunkt der menschlichen Tätigkeiten stehe und dort bleiben müsse! Gewissermaßen wie Tycho Brahe klammerten sie sich an den Geozentrismus ... Aber hier hatte Petty, wie jeder ahnt, seinen Galilei.

Diese Rolle spielte ein schottischer Philosophieprofessor namens Adam Smith. All denen, die behaupteten, daß Pettys System rein theoretisch sei, daß es zwar verführerisch sei, aber nicht »wahr« sein könne, hielt Smith verwirrende »Beweise« entgegen: so in seiner 1776 veröffentlichten *Untersuchung über das Wesen und die Ursachen des Reichtums der Nationen.*[47] Um die Richtigkeit der Ansichten Pettys zu »beweisen«, ergriff Smith indes einige Vorsichtsmaßnahmen. Er tat völlig unschuldig und begann damit, das Gesetz der »Arbeitsteilung« aufzustellen, die, mittels der Maschine, unmittelbar den Wohlstand der Nation erhöht: eine nahezu harmlose Erfahrung, die auf dem wohlbekannten Prinzip beruht, dem zufolge die zur Herstellung einer beliebigen Ware notwendige Mühe sich dank der Einführung eines mechanischen Verfahrens verringert. Bis zum Überdruß erläutert Smith die Vorteile der Mechanisierung der Arbeit – am Beispiel der Nägel, die auch hundert der besten Schmiede nicht so gut, so schnell und in solcher Menge täglich herstellen können wie ein einziger, noch so schmächtiger Arbeiter in einer spezialisierten Werkstatt.

Der durch die Darlegung einer so alltäglichen Erfahrung eingestimmte »geozentrische« Leser wird akzeptieren müssen, was sie impliziert. Denn hat er das Prinzip der Arbeitsteilung einmal anerkannt, so muß er zu dem Schluß kommen, daß das, was natürlich erscheint, nicht mehr als Kriterium taugen kann. Mit den weltweiten *»Fortschritten des Reichtums«* wurde in allen Ländern Europas *»der natürliche Lauf der Dinge«*[48] auf den Kopf gestellt. Die Fortschritte des Reichtums stehen in direkter Beziehung zur Unterordnung der Warenproduktion unter die Arbeitsnachfrage derer, die über Kapital verfügen. Das Kapital ist ganz einfach die Geldsumme, die es erlaubt, Arbeit zu kaufen.[49] Diese Geldsumme stammt im allgemeinen aus der Akkumulation, die bei den Handelsgeschäften erzielt wird. Indem der Händler Arbeit kauft, wird er zum Fabrikanten und trachtet danach, einen immer größeren Markt zu erobern, um immer mehr zu verkaufen; er ist also bestrebt, immer mehr in immer kürzerer Zeit produzieren zu lassen, und führt daher bereitwillig alle von Petty erwünschten mechanischen Verfahren ein, die die Produktionskosten senken und eine Nation reicher machen.

Dieser Prozeß, so unmerklich er sein mochte, hat jedoch den scheinbaren Lauf der Dinge umgekehrt: *»die ruhige und unfühlbare Wirkung des auswärtigen Handels und der Manufakturen«*[50] unterwarf die landwirtschaftliche Arbeit einem neuen Prinzip, dem des Profits. Indem die Kapitalisten Boden kauften und seinen Ertrag durch die Einführung adäquater Verfahren verbesserten, zwangen sie die ehemaligen Besitzer, sich entweder anzupassen oder zu verschwinden. Denn die Kaufleute haben deshalb Boden gekauft, um ihm den »Lohn« des Kapitals, den Profit, zu entziehen. Sie haben ihn dem Gold untergeordnet und damit skrupellos die heiligen Bande entweiht, die den Menschen mit dem Menschen, den Leibeigenen mit seinem Grundherrn und den Vasallen mit seinem Lehnsherrn verbanden. Doch wer vermag dem neuen Gott zu widerstehen, der seine Wohltaten in Hülle und Fülle austeilt? Der Unternehmungsgeist der Kaufleute trägt seit Jahrhunderten zum Wohlbefinden aller bei, denn *»durch Handel und Manufakturen wurden nach und nach Ordnung und eine gute Verwaltung (...) hergestellt«.*[51] Obwohl man diese Auswirkung am wenigsten beachtet hat, ist sie bei weitem *die bedeutendste*, denn sie zeigt, in welcher Richtung die Geschichte fortschreiten muß, um die ständige Unsicherheit und die Schrecknisse der vorherigen »Ordnung« zu beenden. Mit einem Wort, das Smith endlich ausspricht: die *»Revolution«* der Kaufleute hat entscheidend zum *»allgemeinen Wohl«* beigetragen...

Eine sanfte »Revolution«! Während die Kaufleute Boden kauften, um ihm Profit zu entziehen, entließ der Adel seine Gefolgsleute und unterwarf sich ebenfalls dem Kult des allmächtigen Goldes. *»Da dieselbe Ursache weiter wirkte«*[52], begann er zunächst, den Überschuß der Arbeit der Leibeigenen gegen irgendeinen Wertgegenstand einzutauschen, schloß dann Pachtverträge, um Geld aus den Pächtern zu ziehen, gewährte immer längere Verträge und verlor schließlich alle Rechte an dem Land seiner Vorfahren. Und nachdem die ehemaligen Großgrundbesitzer alle ihre Rechte verloren hatten, wurden sie *»ebenso unbedeutend wie irgendein wohlhabender Bürger oder Handelsmann in einer Stadt«.*[53] An ihrer Statt und auf ihrem Grund und Boden galt von nun an für alle dasselbe Gesetz: das Gesetz des Kapitals, d. h. das Gesetz des Profits!

Wer konnte die Realität dieser Entwicklung bestreiten? Was änderte es, daß diese Revolution im Unbewußten stattfand? Zwar bedachten weder die Adligen noch die Bürger, was vor sich ging, wenn sie ihre eigenen Ziele verfolgten: *»Keiner von ihnen wußte oder ahnte im voraus etwas von jener großen Umwälzung, welche die Torheit der einen und der Fleiß der anderen allmählich herbeiführten.«*[54] Aber heute läßt sich fast mühelos feststellen, daß dem tatsächlich so ist. Wie Galilei, der Kopernikus verteidigte, versucht Adam Smith diejenigen zu beschämen, die Petty auf die leichte Schulter nehmen, die ihn für einen unverantwortlichen Ästheten, einen Dichter der Arithmetik halten und nicht wahrhaben wollen, daß sich die menschliche Geschichte um ihre eigene Achse dreht und den wahren Mittelpunkt der Welt der Geschäfte zutage fördert: die Goldwährung.

Das heißt, daß man zweifellos das Wesentliche außer acht läßt, wenn man Smith als Begründer der »politischen Ökonomie« bezeichnet, während er doch Petty verteidigen will. Man verfälscht die Perspektive, wenn man in ihm einen Ausgangspunkt sieht, statt aufzuzeigen, daß er auf dem Weg voranschreitet, den sein mutiger Vorgänger geöffnet hatte. Zumal diese Abstammung implizit einen politischen Aspekt hat: wie Petty kurz nach dem Königsmord verbürgt sich auch Smith für den Sturz des Feudaladels und bemüht sich, alle Konsequenzen auf sich zu nehmen. Man irrt sich gewaltig, wenn man glaubt, seine Reflexion ließe sich von der Entwicklung trennen, die sie ermöglicht hat. Bei näherem Hinsehen erkennt man, daß Smith, wie Galilei, in dem Kampf der Geschäftsbourgoisie gegen den Geburtsadel Partei ergreift. Wie Galileis »Physik« theoretisiert die Wissenschaft, die Adam Smith »begründete«, die reale Entwicklung, die seit der italienischen Renaissance die Geschichte erschüttert: die entscheidende Öffnung des Abendlands zum Weltmarkt. Und wie Galileis Forschungen so erweisen sich auch Smith' Forschungen als ein Unternehmen zur Rechtfertigung dieser radikalen Veränderung.

Wenn man diesen Aspekt der Ideengeschichte vernachlässigt, verfehlt man das Wesentliche. Denn das Wesentliche zeigt sich nur unter diesem Blickwinkel. Das Wesentliche ist das Versprechen, das eine solche Umwertung impliziert. Gewiß ist es schwierig, im Anbruch der Aufklärung etwas anderes zu sehen als den Sieg der Vernunft, aber diese Evidenz verdunkelt den Optimismus, auf dem die Arbeiten von Kopernikus, Galilei, Kepler, Newton, Petty und Smith beruhen. Es geht um den Wohlstand der Nationen. Alle sind sie davon überzeugt, daß die alte Ordnung umgestürzt werden müsse, weil sie die Entwicklung des Handels und, eben dadurch, der menschlichen Produktivkräfte verhindere. Abgesehen davon, daß im Zeitalter der Aufklärung nicht die Vernunft im allgemeinen die Oberhand über ihre Widersacher gewinnt, daß diesem Sieg der Vernunft eine kosmologische Theorie vorausgeht, welche die anderen aussticht, daß eine Praxis, die des Markts, es ermöglicht, die Perspektive umzukehren – die Umwälzung bedeutet für die Menschen auch das Versprechen, von der Knappheit zum Überfluß zu gelangen, indem sie den Kampf »aller gegen alle« aufgeben und sich dem Handel »aller mit allen« hingeben.

Die Blüte der Aufklärung ist die Blüte der Kaufmannsbourgeoisie. So wie uns die Drehung der Erde um ihre Achse aus der Nacht zur Morgenröte führt und die Sonne bis zum Zenit »vorantreibt«, so findet auch in den gesellschaftlichen Verhältnissen eine Revolution statt: die Herrschaft des Grundadels wird von der Herrschaft der Kaufleute und der Fabrikanten abgelöst. Ein unmerklicher Vorgang, der erst nach mehreren Jahrhunderten zum Abschluß kommt, jedoch nicht weniger real ist als die ebenfalls unmerkliche Drehung unseres Planeten, die jenen Tag erscheinen läßt, der die Menschen der Regungslosigkeit und Betäubung der Nacht entreißt. Und gerade aufgrund seiner Unwiderstehlichkeit birgt dieser Prozeß die Garantie, daß sie mit der Zeit zum Frieden und zum Überfluß gelangen werden.

Es ist eine gute, eine sehr gute Nachricht, die alle diese großen Geistesarbeiter hier verkünden. Unweigerlich hat der Fluch, der auf der Menschheit lastet, ein Ende. Zumindest derjenige, den der Klerus auf ihr lasten ließ. *Im Schweiße deines Angesichts sollst du dein Brot essen,* heißt es in der *Genesis.* Jahrhundertelang haben sich die Menschen des Abendlands damit abgefunden. Schwierig, an das Gegenteil zu glauben, höchstens für eine Minderheit nicht, die von der Arbeit befreit war dank der Arbeit der anderen, doch für dieses Privileg einen hohen Preis zahlte, da sie unversehens ihr Leben aufs Spiel setzen mußte, um ihre Untergebenen zu schützen. Wie viele dieser Recken haben ins Gras gebissen, indem sie die Schwachen mit ihrem Körper deckten! Und wie viele dieser kleinen Leute würden noch immer die Knechtschaft vorziehen, wenn sie das Vergnügen, nicht zu arbeiten, mit ihrem Leben bezahlen müßten!

Aber es kommt die Zeit, da der fatale Urteilsspruch allmählich an Gültigkeit verliert. Unmerklich dreht sich das Leben der Menschen weiterhin um seine Achse. Diese Bewegung sorgt für immer mehr Licht und Wärme. Die zunehmende Abhängigkeit der Produktivkräfte vom Markt kündigt die Stunde an, da das Bürgertum die Macht ergreifen wird. Unter Produktivkräften sind die Menschen, das Vieh, die natürlichen Energiequellen und die Maschinen zu verstehen. Lange, sehr lange, während des ganzen Mittelalters, standen sie fast ausschließlich im Dienst der Grundherren. Was immer man heute darüber sagen mag, in jener Zeit war die Warenzirkulation, zumindest im Abendland, auf ein Minimum beschränkt. Um Herren der Lage zu werden, brauchten die Kaufleute viel Geduld: über Generationen hinweg schien sich nichts zu verändern. Im Mittelpunkt der Tätigkeit der meisten Menschen stand die Feldarbeit; am Rande gab es fahrende Händler und ihre Münze. Damit der Warenaustausch zum Gesetz der menschlichen Beziehungen und der Markt zum Schwerpunkt ihrer Existenz, d. h. ihrer Arbeit wurde, der Art und Weise, wie sie ihren Unterhalt verdienten, und damit das Geld die entscheidende Rolle in ihrem Geschick spielte, mußte viel Wasser unter den Brücken, die dem Grundherrn gehörten, viel Schweiß auf der Stirn ihrer Leibeigenen und viel Blut auf ihren Feldern fließen. Es war eine langsame, kaum wahrnehmbare Bewegung, eine Bewegung, die mehrere Jahrhunderte anhielt.

Für die große Mehrheit der Menschen scheint die Erde unbeweglich zu sein, nur am »Himmel« bewegt sich etwas. Die Sonne »geht auf« im Osten, beschreibt eine lange Kurve nach Westen hin, bevor sie am Horizont »untergeht«. Manchmal wird sie des Nachts vom Mond abgelöst, aber dessen Licht ist erbärmlich, und seine Erscheinungsformen sind wunderlich; dennoch beschreibt er dieselbe Kurve und verschwindet fast an derselben Stelle. Auch auf die Sterne darf man nicht bauen, um an ihnen auch nur das geringste zu erkennen, was auf der Erde vor sich geht: sie scheinen nur aus schierer Freude am Himmelsgewölbe zu kleben, oder um den Menschen zu mehr Demut zu verleiten; doch auch sie beschreiben eine Kurve, und wenn man sie im Westen beobachtet, sieht man auch sie manchmal untergehen. Niemals aber nimmt man wahr, daß in Wirklichkeit die Erde sich dreht und daß jedes dieser Gestirne sich nicht von der Stelle bewegt, zumindest nicht auf diese Weise. Auf unserem Planeten merken wir nicht, daß die Drehung *unseres* Sterns den Eindruck erweckt, als bewegten sich *die anderen Planeten.* Es fällt uns sehr schwer, das tatsächliche Verhältnis zwischen uns und den anderen Himmelskörpern herzustellen und die tägliche Umdrehung der Erde um ihre Achse wahrzunehmen. Dieselbe Schwierigkeit besteht bei der Bewegung des Handels. Man muß seit langem Kopernikaner sein, um sie richtig wahrzunehmen.

Die Drehbewegung der Geschichte führt das Abendland von den Windmühlen zu den Dampfmaschinen. Welch ein Fortschritt im Umgang mit den Naturkräften! Wieviel eingesparte menschliche Energie! Wie sollte man da nicht die allgemeine Mechanisierung der Güterproduktion ins Auge fassen und hoffen, damit dem christlichen Fluch ein Ende zu bereiten? Zwar mußte man noch herausfinden, wie sich das im Einzelnen bewerkstelligen ließe. Aber seit Kopernikus schienen die Dinge klar zu sein: die Hegemonie des Adels war ein Hindernis auf dem Weg zum Reichtum der Nationen. Es bedurfte der Auflösung der feudalen Verhältnisse, um die menschliche Arbeit zu befreien. Unter der Schirmherrschaft der Handelsbeziehungen verwandelte sich der Fluch in Vorsehung.

In Wahrheit hatte der Feudaladel zu seiner Zeit eine befreiende Rolle gespielt. Er hatte die Völker des Abendlands von den unsäglichen Schrecken der barbarischen Invasionen befreit. Wir können uns heute kaum noch vorstellen, wie die ersten Jahrhunderte des sogenannten Mittelalters aussahen, und da uns der nötige Abstand fehlt, sehen wir nicht, welche Wohltat der Feudalstaat für die im Grauen der »Völkerwanderung« lebende Landbevölkerung bedeutete. Man versetze sich also in die allerschwärzeste Nacht, in der die allerfurchtbarsten Ungeheuer herumstreichen, aus fernen Gegenden gekommen, ohne Treu und Glauben, ohne Mitleid und Reue! Und wenn in diesem finsteren Chaos langsam der Mond aufgeht, kann man ihm einfach nur dankbar sein. So schwach sein Licht auch sein mag, für die Opfer ist er ein Trost. Im mittelalterlichen Chaos erschienen die feudalen Institutionen wie der Mond in der tiefsten Finsternis. Mittels einer vollkommenen Hierarchie, vom Herrscher bis zum einfachsten Knecht, wurde eine Ordnung eingesetzt, mit Rechten und Pflichten für die Herren wie für ihre Vasallen, für die Herrschenden wie für die Beherrschten.

Aber das wohltuende Gestirn verblaßte, als die wahre Lichtquelle erschien. Der Schutz, den der Adel den terrorisierten Bauern bot, wurde überflüssig, denn außer einem helleren Licht sorgte das Gold auch für eine bisher ungeahnte Wärme. Als sich am Himmel des Abendlands der Handel erneut in Bewegung setzte, verloren die feudalen Institutionen jede Daseinsberechtigung. Im übrigen war offenkundig, daß sie ihren Glanz von dem Gestirn bezogen, das aus dem Osten kam, und daß das Licht, das sie gespendet hatten, nicht von ihnen selbst stammte. Sie mußten also weichen, und in der entstandenen Leere tanzte ein so verheißungsvolles Ballett, daß man meinen konnte, alle Übel der Vergangenheit wären bald endgültig getilgt. Der Glaube eines aufgeklärten Ökonomen!

Marx

Smith war optimistisch, aber nicht naiv. Sein Vater war Zollbeamter gewesen, und an seiner Seite mag er gelernt haben, daß Kaufleute und Fabrikanten zu jeder Schandtat bereit waren, um ihre Ziele zu erreichen. Anläßlich seiner ersten Untersuchung über den »Ursprung der ethischen Gefühle« war ihm klar geworden, welch entscheidende Bedeutung dem Egoismus im Verhalten der Menschen zukam. In diesem Punkt gab er sich keinen Illusionen hin, ebensowenig wie Voltaire, dem er wenig später begegnete. Er verließ nämlich die Universität und reiste auf den Kontinent, wo er drei Jahre lang Hauslehrer des jungen Herzogs von Buccleugh war. Während seines Paris-Aufenthalts verkehrte er mit den Enzyklopädisten, den Physiokraten und Voltaire. Als er 1767 in seine Heimat zurückkehrte, brauchte er fast zehn Jahre, um mit seinem Hauptwerk fertig zu werden, zehn Jahre, um den Adligen zu zeigen, daß der alte Vertrag hinfällig war, und die Neureichen darauf hinzuweisen, daß der neue Vertrag ihnen neue Kämpfe verhieß!

Smith wußte, daß die Unterordnung der gesellschaftlichen Verhältnisse unter das Gesetz des Marktes einen erbitterten Klassenkampf nach sich ziehen würde. Er hatte den Kampf beobachtet, den die »Arbeiter« inzwischen gegen die englischen »Grundherren« führten! Bei diesem Kampf ging es um Löhne, und er wurde, wie nicht anders zu erwarten, erbittert geführt, denn *»die Arbeiter wollen soviel wie möglich nehmen, und die Unternehmer sowenig wie möglich geben«*.[55] Smith präzisiert, daß man sich nicht wundern dürfe, wenn erstere sich *»vereinigen, um die Arbeitslöhne zu steigern, die letzteren, um sie zu senken«*. Was Smith unter *Vertrag* versteht, schließt diesen Klassenkampf nicht aus, sondern im Gegenteil ein: dies ist sogar der Sinn der *»Übereinkunft«*, die zwischen *»den beiden Parteien«*, d. h. den Arbeitern und den Kapitaleigentümern, getroffen wird, *»deren Interessen unter keinen Umständen dieselben sind«*.

Adam Smith meint, daß dieser Kampf Teil des Spiels sei und sich frei entfalten müsse: das Bürgertum sei imstande, so viele Reichtümer zu schaffen, daß das Proletariat schließlich zu seinem Glück kommen werde. Er beklagt sogar, daß der Kampf ungleich ist und daß die Arbeiter nicht wie die Eigentümer das Recht haben, sich zu vereinigen! Er erhebt Protest gegen den geringen »Geistesadel« des Bürgertums, das vorerst noch ruhmlos triumphiert, dank den *Komplotten,* die es heimlich gegen die Arbeiter schmiedet, den Absprachen, die seine Mitglieder *»mit größter Stille und Heimlichkeit«* treffen«[56] ... Smith sieht also den Kampf sehr deutlich und will sogar, daß er bei hellem Tag geführt werde!

Blieb die Frage, ob der Kapitalismus in der Lage wäre, das Wohlbefinden beider Parteien auf gerechte Weise wachsen zu lassen. Aber sehr bald bewiesen die Fakten das Gegenteil: die Reichen wurden immer reicher und die Armen immer ärmer. Smith lebte nicht lange genug, um es zu erfahren. Doch kaum war seine Botschaft vernommen worden, kaum hatte sich die Erde so weit gedreht, daß das englische Volk endlich von der Sonne und nicht mehr nur vom Mond profitierte, kaum ergoß sich die siegreiche Aufklärung über den Globus, zumindest dort, wo das Gold herbeiströmte, da stieß die Erfindung der Dampfmaschine das »Proletariat« in die Dunkelheit, in die Eingeweide der Erde, in die Bergwerke, wo niemals die Sonne scheint, und in die finsteren Werkstätten, in die sie nicht eindringt. Kaum war den Leuten aus dem Volk zu Ohren gekommen, daß die Knechtschaft ein Ende gefunden habe, daß der Mensch frei geboren sei und daß es ihm zufalle, sich von seinen Ketten zu befreien, kaum hatten sie sich des Tageslichts und der Süße des Lebens erfreut, da fielen sie wieder in eine Lage zurück, die noch finsterer war als die Knechtschaft.

Es ist nicht schwer, Marx zu einem falschen Propheten und Smith zu einem klugen Beobachter zu erklären. Aber so einfach sind die Dinge nicht. Es stimmt, daß Smith ein kluger Beobachter war, aber er war ein sehr schlechter Prophet; und was Marx betrifft, so war er vielleicht ein schlechter Prophet, aber ebenfalls ein sehr kluger Beobachter. So paradox es erscheinen mag, nicht seinen Vorgängern, sondern ihm kommt das Verdienst zu, die

Kraft entdeckt zu haben, die der Handelswirtschaft zum Sieg verholfen hat. Petty vollzog die entscheidende Wende in der Art und Weise, den menschlichen Kosmos zu betrachten, und Smith widerlegte die Einwände, die darauf abzielten, die Landarbeit als die Hauptquelle des Reichtums beizubehalten; aber erst Marx hat aufgezeigt, warum dem so ist. Wenn Petty der Kopernikus der Handelswirtschaft und Smith ihr Galilei ist, so ist Marx ihr Newton.

Wie wir uns erinnern, brachte Petty seinen Zeitgenossen bei, daß das Florieren des Handels von der Arbeitszeit abhing, die für die Produktion der Waren aufgewendet wurde. Das erklärte jedoch nicht, durch welches Wunder Geld Geld produzierte, Gold Gold und Profit Profit produzierte. Zwar hatte Petty sehr gut aufgezeigt, daß die Grundherren Parasiten waren und daß der Reichtum der Holländer von ihrem Gewerbefleiß herrührte, aber es fehlte die letzte Ursache des »Wunders«. Smith mochte noch so sehr präzisieren, daß der Profit des »Kapitalisten« ein Lohn war, damit machte er die Vorgänge nur noch rätselhafter. Wie Petty nahm er an, daß das Kapital sich selbst produziere: Indem beide die menschliche Arbeit als Maß für den Tauschwert der Waren betrachteten, ließen sie erkennen, daß das System richtig funktionierte, um einen Mittelpunkt, der keine Täuschung war, und verwiesen die Grundherren auf ihren Platz, d. h. an die Peripherie, da sie auch diese dem Markt unterordneten. Um so notwendiger wurde es daher, die unumgängliche Frage zu beantworten: Wie funktioniert es? Vom »Recht« des Kapitalisten zu sprechen, menschliche Arbeit zu kaufen, und den Profit als »Lohn« des Kapitals anzusehen, nachdem die Arbeit getan und die Ware verkauft worden ist, war nicht die Antwort. Denn wenn die Ware nach ihrem Wert verkauft wurde, so wurde sie zu dem Preis verkauft, der den Kosten der Nahrungsmittel entsprach, die zum Erhalt der Arbeitskräfte während der für die Produktion der Ware notwendigen Zeit erforderlich war. Wo konnte da der »Profit« auftauchen? Es mochte ja noch angehen, daß ein Händler seine Ware über ihrem Tauschwert verkaufte, aber das ging zu Lasten des Käufers; diese List verlieh den Waren nicht mehr Wert. Damit sich der Kapitalist jedoch einen »Lohn« bewilligen konnte, bedurfte es eines Mehrwerts.

Ebensowenig wie Adam Smith schien Karl Marx dazu prädestiniert zu sein, derartige Fragen zu behandeln. Wie Smith fühlte er sich in erster Linie zum Philosophen berufen. Als junger Mann hatte er seinen Vater, einen Advokaten, hinters Licht geführt, indem er Jura und Geschichte studierte. Doch mit achtzehn Jahren, als er sich heimlich mit Jenny von Westphalen verlobte, war er Hegelianer geworden und arbeitete unablässig an seiner Dissertation – über die *Deklination der Atome*[57] bei Epikur und Demokrit. Hätte man ihm damals gesagt, daß sein Sinn für die Freuden des Lebens und seine Liebe zum Materialismus der Antike ihn eines Tages dazu führen würden, sich eingehend mit dem Rätsel zu befassen, das die englische politische Ökonomie gestellt hatte, wäre er wahrscheinlich in schallendes Gelächter ausgebrochen. Er bereitete sich darauf vor, an der Universität zu lehren, nicht den Wahrsager zu spielen! Im übrigen war seine intellektuelle Kraft so groß, daß seine Freunde in ihm bald den aufsteigenden Stern der deutschen Philosophie sahen. Er war erst vierundzwanzig, als einer seiner Bewunderer versicherte, Marx vereinige in seiner Person sämtliche Talente von »Rousseau, Voltaire, Holbach, Lessing, Heine und Hegel«.[58] Bis es dazu kam, daß dieser Mann das erste Buch des *Kapital* schrieb, mußten die Götter eine Vielzahl von Komplizen aufbieten: in Berlin, um ihm den Weg der Universitätskarriere zu verbauen; in Bonn, um die Zeitschrift zu verbieten, die er mit Bruno Bauer gegründet hatte, die *Rheinische Zeitung*, und ihn zu drängen, den Rhein zu überqueren; in Paris, um seine ersten Beziehungen zu Engels und einigen aufgeklärten Proletariern auszuspionieren, bevor sie ihn nach Belgien auswiesen; in Brüssel, um ihn infolge der Veröffentlichung des *Manifest der Kommunistischen Partei* abermals auszuweisen; in Köln, um ihn daran zu hindern, aus der Revolution von 1848 Nutzen zu ziehen, und ihn vor Gericht zu bringen, um ihn dann ins Exil zu schicken. Und auf daß sein Schicksal sich erfülle, mußten sie noch dafür sorgen, daß sich Marx in London niederließ. In London, dem Sitz der Bank von England und Heimat des Industriekapitalismus. Denn hier, in unmittelbarem Kontakt mit dem modernen Kapital und der modernen Arbeit, kam ihm die Bedeutung einer Kritik der politischen Ökonomie zu Bewußtsein. Und auf den Bänken des British Museum leistete Marx schließlich, mit der ständigen moralischen und finanziellen Unterstützung von Engels, seinen »Beitrag« zur Erklärung der Funktionsweise des Systems.

Im übrigen ist Marx' Lösung ebenso einfach wie der freie Fall eines Apfels. Die Kraft, die bei der Produktion der Reichtümer wirkt, ist im Augenblick des Tauschs nicht wahrnehmbar, erklärt er: nicht *nach* dem Verkauf der produzierten Ware bezahlt sich der Kapitalist, sondern *vorher*. Auf dem Markt kauft er eine Arbeitskraft, die ihm den Gegenwert ihres Unterhalts kostet und die zu verwenden er das »Recht« hat, solange es ihm beliebt. Marx legt großen Nachdruck auf diesen Punkt: der Dienstherr kauft nicht Arbeit, eine bestimmte Menge Arbeit, sondern den Gebrauch einer Kraft, die Verfügungsgewalt über eine *Arbeitskraft* während eines bestimmten Zeitraums. Er fordert uns auf, genau zu unterscheiden zwischen der für die Reproduktion der Arbeitskraft (die der »Händler«, der Käufer dieser »Ware«, tatsächlich bezahlt) erforderlichen Zeit und der Produktionszeit besagter Kraft (welche die für ihre Reproduktion notwendige Zeit bei weitem übersteigen kann)! Indem der Kapitalist seine »Ware« konsumiert, sorgt er dafür, daß sie den Waren, die sie durch ihre Arbeit umwandelt, Wert hinzufügt, bezahlt jedoch nur einen Teil dieses hinzugefügten Werts, und genau dies ist die Quelle seines Profits.[59]

Es ist kein leeres Wort, wenn man sagt, daß Marx für das von Petty und Smith gestellte Rätsel eine Lösung newtonscher Art findet. Denn sie erhellt das Neue durch das Alte. Newton griff die alte mittelalterliche Idee der Anziehung der Körper auf, wie die Alchemie sie zwischen den Teilchen vermutete, aus denen die Metalle bestehen; diese für die Kartesianer unannehmbare Idee ermöglichte es ihm gleichwohl, die physikalischen Gesetze aufzustellen, die der Funktionsweise des Sonnensystems zugrunde liegen. Marx tat nicht mehr und nicht weniger: er kam auf das Arbeitsverhältnis zurück, das *zur Zeit des Feudalismus* den Arbeiter mit demjenigen verband, der ihm Schutz bot, um die Funktionsweise des Systems der menschlichen Angelegenheiten, wie Petty es erarbeitet hatte, zu beleuchten. Er griff die den

Akteuren der Epoche so vertraute Idee der »Mehrarbeit« auf. Damals »schuldete« der Leibeigene seinem Herrn eine bestimmte Arbeitsmenge pro Tag und Woche, denn er mußte seinen Anteil zum Unterhalt seines Beschützers beisteuern. Nun wußte er aber genau, daß diese Arbeit zu der Arbeit hinzukam, die er benötigte, um sein eigenes Überleben sowie das seiner Familie zu sichern. Und der Herr wußte es ebenso: ob es nun in Form von Naturalien oder indirekt als »Fronarbeit« erschien, die beiden Vertragspartner kannten das tatsächliche Maß des vom Arbeitenden geleisteten Dienstes. Der Leibeigene kannte den Umfang seiner Pflicht, und der Herr wußte, wie weit sein Recht auf die Nutzung der Fronarbeit ging. Daher geriet das Systems ins Schleudern, als der Grundherr versuchte, von ihm zu »profitieren«.

Und wie Newton wurde auch Marx von seinen Zeitgenossen beschuldigt, er werfe die Wirtschaftswissenschaft zurück, indem er einen Begriff verwende, der aufgrund des Fortschritts der gesellschaftlichen Verhältnisse völlig überholt sei. Er griff die Idee der Ausbeutung des Menschen durch den Menschen auf, während der Markt doch offensichtlich jede derartige Ungerechtigkeit überflüssig mache: Was sei gerechter als das Gesetz von Angebot und Nachfrage? Was durchsichtiger als ein Geldgeschäft? Was absurder und unbilliger, als die Dienstherren für Ausbeuter zu halten? Was seine Gegner außerdem daran hinderte, seiner Entdeckung beizupflichten, war die Möglichkeit, die Dinge auch anders zu erklären, etwa durch »Wirbel« des Geldes, dessen Zirkulation sich mit den Fortschritten des Handels beschleunigt hatte, so daß man erkennen konnte, auf welche Weise man von einem primären Austausch »verkaufte Ware – Geld – gekaufte Ware« zu einem weit subtileren und weit interessanteren Kreislauf »Geld – Ware – Geld« gelangte. Denn das Wunderbare am Anwachsen der Masse und der Geschwindigkeit der Warenzirkulation war, daß es die märchenhafte Bereicherung derer ermöglichte, die sich damit begnügten, die Mittlerrolle zu spielen, und die, ohne sich vom Fleck zu rühren, in der Flut der Geschäfte die treibende Kraft waren.

Dieser Wirbel der Geschäfte, der sich bald auf die Banken und die »Spekulanten« konzentrierte, machte einem, der versuchte, die Funktionsweise des kommerziellen Heliozentrismus zu durchschauen, die Aufgabe nicht eben leicht. Auch er verdunkelte das tatsächliche Verhältnis zwischem dem, der arbeitet, und dem, der davon »profitiert«. Im Namen der Rationalität des Bankverkehrs weigerte man sich, den archaischen Charakter der Triebkraft des Systems in Betracht zu ziehen. Um das System des Kopernikus adäquat wahrnehmen zu können, hatte Newton den Mond mit einem Apfel verglichen. Marx hatte eine ähnliche »Intuition«. Um den Kapitalismus zu verstehen, reichte das schwache Licht des Mondes aus: geblendet vom Glanz des Goldes und des Geldes konnten die klassischen Ökonomen jene dunkle Eigenschaft der Arbeitskraft nicht erkennen, die darin besteht, mehr zu produzieren, als zu ihrer Reproduktion notwendig ist. So wie man warten mußte, bis Newton endgültig die Drehung der Erde um ihre Achse nachwies, so mußte man warten, bis Marx endgültig die Umwälzung nachwies, die sich seit der italienischen Renaissance vollzogen hatte.

Freilich nahmen die Dinge eine solche Wendung, daß es nicht möglich war, sie nachzuweisen, ohne sie zu kritisieren. So wie es Newton unmöglich war, sich für Kopernikus' *»orbes«* zu verbürgen, ja nicht einmal für die Kreisbahnen, auf denen Galilei die Planeten hartnäckig kreisen ließ, so war es Marx unmöglich, den etwas einfältigen Optimismus seiner Vorgänger zu teilen. Gewiß mußte man einerseits mit den Reaktionären fertigwerden, denn auch mehrere Jahrzehnte nach Smith war die Bourgeoisie noch weit davon entfernt, die Angelegenheiten der Welt so zu lenken, wie sie es wünschte: mit der Restauration in Frankreich und der heiligen Allianz in Mitteleuropa klammerte sich der Grundadel noch immer an die Macht, während die kapitalistische Industrie auf dem Kontinent nur langsam an Boden gewann. Doch andererseits zeichneten sich in der Sphäre der Produktion und des Austauschs bereits solche Störungen ab, daß sich weder die einfache »Rotation« des Kapitals noch die Tollheiten der Bankspekulation vertreten ließen.

Smith starb zu früh, als daß er hätte erleben können, wie ab 1825 die Produktion von furchtbaren Krisen geschüttelt wurde.

Im *Manifest* von 1847 stellte Marx fest: »*In den Handelskrisen wird ein großer Teil nicht nur der erzeugten Produkte, sondern der bereits geschaffenen Produktivkräfte regelmäßig vernichtet.*« Die Absurdität der Situation sprang bereits ins Auge: »*In den Krisen bricht eine gesellschaftliche Epidemie aus, welche allen früheren Epochen als ein Widersinn erschienen wäre – die Epidemie der Überproduktion.*« Nicht weil sie Mangel litt, fand sich »*die Gesellschaft plötzlich in einen Zustand momentaner Barbarei zurückversetzt*«, sondern »*weil sie zuviel Zivilisation, zuviel Lebensmittel, zuviel Industrie, zuviel Handel besitzt*«.[60] Daraus zog Marx den Schluß, daß man es sehr viel besser machen könne: er regte an, daß die Arbeiterklasse die Dinge in die Hand nehme, daß sie die Revolution *vollende*, d. h. die Verheißungen der Revolution des Handels auf sinnvolle Weise erfülle...

Diese Anregung wurde freilich auf sehr kategorische Weise, als ein Imperativ formuliert. Und dieser Imperativ ging mit einer Voraussage einher: daß das System in einer Krise von nie gekanntem Ausmaß zusammenbrechen werde – eine Prophezeihung, die die Tatsachen, wie es heißt, widerlegt haben. Bemißt man die Gültigkeit einer Theorie nach ihrer Vorhersagekraft, so ist dies, so scheint es, der Beweis für die Nichtigkeit der Marxschen Theorie. Newton ermöglichte es Halley, die Wiederkehr seines Kometen vorauszusagen; er ermöglichte es Lexell, Uranus in die Würde eines Planeten zu erheben; er ermöglichte es Leverrier, den Planeten Neptun zu entdecken. Dies sind einige Erfolge der Theorie Newtons. Und in dieser Hinsicht mag es ungehörig erscheinen, Marx mit Newton zu vergleichen. Waren tatsächlich alle seine Vorhersagen falsch?

Marxens Hauptirrtum ist ein Jugendirrtum: er betrifft den Rhythmus, in dem sich einerseits die Krise des Weltkapitalismus und andererseits die deutsche Nation entwickeln werde. Wir wissen, daß Marx im Jahre 1847 glaubte, die Öffnung Deutschlands zum Weltmarkt stehe kurz bevor, daß er den Beginn des Prozesses nahe fühlte, der das Proletariat an die Macht bringen würde – und daß diese beiden Hoffnungen enttäuscht wurden. Aber wenn man die Vorhersagekraft seiner Theorie beurteilen will, sollte man sie auch in ihrer vollendetsten Form berücksichtigen. Beurteilt man Newton etwa nach seinen Anfängen? Selbst wenn man der Ansicht ist, Marx habe sich in den Jahren nach dem *Manifest* weiterhin »getäuscht«, muß man ihn nach dem *Kapital* beurteilen. Newton selbst hat sich viel Zeit genommen, um seine *Grundlagen* zu verfeinern: Als er im Jahre 1655 London verließ, wußte er bereits, daß seine Theorie geeignet war, das von seinen Vorgängern hinterlassene Rätsel zu lösen, aber er wartete mehr als zwanzig Jahre, bevor er sein Werk veröffentlichte. Würde man ihm das zum Vorwurf machen? Würde man seine *Grundlagen* im Namen vorläufiger Arbeiten anfechten? Würde man von ihm verlangen, daß diese Arbeiten ebenso »erfolgreich« sind wie das vollendete Werk?

Auch Marx benötigte zwanzig Jahre. Auch er nahm Abstand von seiner ersten Eingebung. Auch er versuchte, sich vor einem Fieber zu schützen, das Verwüstungen anrichtete: dem Fieber der Raserei, dem Fieber der Revolution um jeden Preis, das viele seiner Kampfgefährten nach dem Scheitern der demokratischen Revolution gepackt hatte. Marx fürchtete die Auswirkungen dieser fruchtlosen Aufregung: er wußte, daß dieses Fieber bei den Überlebenden, bei denen, die nicht der tiefsten Verzweiflung anheimfielen, Spuren hinterließe, die sie zu Opportunisten machen würden, bereit, mit der Macht zu liebäugeln oder sich an die Bourgeoisie zu verkaufen. Daher akzeptierte er bereitwillig die erzwungene Isolation und machte sich an seine geliebten Studien. Will man ihm Gerechtigkeit widerfahren lassen, dann muß man von dem Augenblick ausgehen, wo seine Theorie in ihrer vollendetsten Form erscheint, und sich folglich auf die Jahre nach 1870 beziehen. Tut man das und fordert hier eine Vorhersagekraft ähnlich der von Newton, so ändert sich alles. Es stellt sich nämlich heraus, daß Marx den größten Börsenkrach des 19. Jahrhunderts vorhergesagt hat. Diese »Leistung« ist wenig bekannt, weil dieses Kapitel abgeschlossen ist, aber sie läßt sich von jedem nachprüfen, der sich die Mühe machen will. Da wir in der geozentrischen Perspektive gefangen sind, haben wir jeden Blick für dieses in den Augen der Zeitgenossen entscheidende Ereignis verloren, den Börsenkrach von Wien am 8. Mai 1873.

Alles hatte am 1. Mai dieses Jahres gut für Wien angefangen, denn auf dem Prater fand die fünfte Weltausstellung statt, nach der von London und Paris. Die Hauptstadt war in festlicher Stimmung: für ein paar Wochen wurde sie zum Mittelpunkt der Welt, zu dem Ort, wo die Techniken des Westens dem Osten ihre Dienste anboten. Und die Menge war nicht wenig stolz, als Kaiser Franz-Joseph die Ausstellung für eröffnet erklärte! Diese Freude währte jedoch nur kurze Zeit, denn acht Tage später brach die Börse zusammen; zu dem schwindelerregenden Fall der Kurse kam die Insolvenz zahlreicher großer Aktiengesellschaften hinzu. Am 9. Mai brach Panik aus. Um 12.30 Uhr wurde die europäische Presse unterrichtet; um 15.00 Uhr verkündete man die Schließung der Börse.[61] Es war der bis dahin größte Börsenkrach. Und es war erst der Anfang: das Schlimmste zeichnete sich ab. Während die reinen Börsenverluste bereits in die »Abermillionen«[62] gingen, Aufruhr und Gewalt die Aktionäre erfaßten, empfing die österreichische Regierung die Geschäftsleute, um geeignete Maßnahmen zu beschließen, die verhindern sollten, daß die Krise auf Handel und Industrie übergriff. Es half nichts. Bald machten angesehene Gesellschaften Bankrott, und als man das Schlimmste hinter sich zu haben glaubte, brach die Börse in New York zusammen.

Fünf Monate später ist nämlich New York an der Reihe, in Panik zu geraten: die Kurse fallen ebenso plötzlich, ein Bankrott jagt den anderen. An allen Finanzplätzen hält man den Atem an... Mitte Oktober ergreift die Angst Berlin. Und zwar mit Recht, denn an der Berliner Börse fallen jählings die Kurse. Und bald verwandeln sich die Spalten, die alle Zeitungen dem Handel, der Industrie und den Banken widmen, in Nekrologe.

Wien, New York, Berlin: zwischen Mai und Oktober brechen drei Finanzplätze zusammen! Wir haben das vergessen, weil seitdem noch Schlimmeres geschehen ist: der Börsenkrach von 1929 hat den von 1873 aus dem kollektiven Gedächtnis gelöscht. Nicht ohne Grund: einerseits ist er uns näher, und andererseits war er noch gefährlicher, und seine unmittelbaren Folgen waren noch schwindelerregender... Aber wenn wir Marx auf die Probe stellen wollen, müssen wir versuchen, das 20. Jahrhundert zu vergessen, und uns das 19. Jahrhundert in

Erinnerung rufen. Dann sehen wir, daß Marx diesen Börsenkrach »vorhergesagt« hatte und daß diese Vorhersage kein Zufall war. Denn am 24. Januar 1873, als an allen Finanzplätzen Euphorie herrscht, beendet Marx sein Nachwort zur zweiten Auflage von *Das Kapital*. Darin geißelt er nicht nur die Missetaten des Systems im allgemeinen, er kündigt auch an, daß *»die allgemeine Krise wieder im Anmarsch«* sei. All denen, die zur Zeit der ersten Auflage nichts davon hören wollten, verspricht er: *»... sie wird durch die Allseitigkeit ihres Schauplatzes, wie die Intensität ihrer Wirkung, selbst den Glückspilzen des neuen heiligen, preußisch-deutschen Reichs Dialektik einpauken.«*[63] Man kann also feststellen, daß Marx gar kein so schlechter Prophet war.

Freilich war Marx nicht der einzige, der die Katastrophe voraussagte, auch in den Reihen der Bourgeoisie wurde Alarm geschlagen. Man hört es deutlich in den Debatten des deutschen Parlaments. Wenn man die Verhandlungen des deutschen Reichstags verfolgt, bemerkt man, daß bereits ein gewisser Lasker, der als »Rächer« galt, Alarm schlug. Als Abgeordneter der liberalen Partei, der jedoch wegen zahlreicher ekelhafter »Affären« unter »Eingeweihten« besorgt war, hatte Lasker die skandalösen Machenschaften der »Gründer« von Aktiengesellschaften angeprangert, die das Vertrauen der Öffentlichkeit mißbrauchten, indem sie Aktien ohne realen Wert ausgaben und insgeheim mit dem Staat Vereinbarungen trafen. Ab Januar 1873 meldete er sich immer wieder zu Wort, um diese Skandale zu unterbinden, die in seinen Augen sogar die Börse in Gefahr brachten.[64] Und Lasker hatte recht! Denn das Übel war bereits ins Herz des Systems vorgedrungen ...

Doch wie viele Blinde und Verantwortungslose kamen auf einen Lasker! Man nannte ihn einen Unglücksraben und Trauerkloß. In den Reihen seiner eigenen Partei warf man ihm vor, das Mißtrauen selber zu erzeugen, den Frieden des Marktes zu gefährden und das, was er verhindern wollte, geradezu heraufzubeschwören. Kurz, man bat ihn zu schweigen. Je mehr man sich in die Zeit der ersten Jahre des Reichs vertieft, desto deutlicher erkennt man die Frenesie, den Jubel der Liberalen. Nach jahrzehntelangem Warten gewinnt in Deutschland endlich der Liberalismus die Oberhand. Unter der Ägide Preußens wurde das Gesetz angenommen, das die Staatsaufsicht über die Aktiengesellschaften aufhob. Indem Bismarck Frankreich niederzwang und es Deutschland ermöglichte, sich zu vereinigen, bildeten die vielen deutschen Kleinstaaten endlich einen gemeinsamen Markt und konnten sich gleichzeitig, mittels der Berliner Börse, unmittelbar an den Weltmarkt ankoppeln. Was für viele Demütigungen entschädigte!

Diese Euphorie währte genau drei Jahre. Drei Jahre später mußten die Anhänger des freien Verkehrs von Waren, Menschen und Kapitalien plötzlich klein beigeben. Dem Freudenruf der Philister folgte der Notruf der Opfer. Allenthalben erhob sich ein Wehgeschrei gegen die Finanzspekulation. Wenn *Das Kapital* von Marx denn an die Wand gestellt werden muß, dann an die Wand der Klagemauer.

Die Arbeiterrevolution

Die von Marx beschriebene »Krise« bedeutete freilich nicht das »Ende«. Die am weitesten verbreitete Meinung besagt etwa folgendes:

»Insgesamt ist die Prognose von Marx durch die Tatsachen widerlegt worden: am Ende des Jahrhunderts hatte der Kapitalismus seine Krise überwunden, und die Proletarier hatten nicht die Macht ergriffen. Auch im folgenden Jahrhundert, dem unseren, hat die Bourgeoisie ihren Platz nicht den Proletariern abgetreten. Diese erreichten mittlerweile einen bisher noch nicht dagewesenen Lebensstandard, und ihr Kampf, weit davon entfernt, das Gesetz des Profits zu bezwingen, führte lediglich zu dem Ergebnis, sie mit ihm zu versöhnen. Von Revolution gab es in alledem nicht die Spur. Jedenfalls nicht dort, wo Marx sie erwartete. Sie fand zwar statt, aber ganz woanders, nämlich in Rußland, einem armen Land, das sicherlich groß war, aber an der Peripherie lag, während er voraussah, daß sie in Europa stattfinden würde. In einem unterentwickelten, einem noch rückständigen Land hat die Revolution stattgefunden! In einem Land, in dem die Proletarier eine Minderheit waren! Ein schöner Erfolg der Theorie der Mehrarbeit! Und mit welchem Ergebnis? Der schlimmsten Diktatur, die die Proletarier mehr denn je ihrer Freiheit beraubte, ohne ihnen je den Wohlstand der Arbeiter in den kapitalistischen Ländern zu bescheren ...«

Unter diesen Umständen fällt es schwer, dem Gedanken Geltung zu verschaffen, daß Marx als der Newton der politischen Ökonomie betrachtet werden kann ...

Diese Meinung stützt sich auf Fakten. Bleibt die Frage, ob sie sich nicht trotzdem vom Schein täuschen läßt. Tagsüber meint man, daß die Sonne aufgeht, und vergißt, daß es die Erde ist, die sich dreht. Des Nachts meint man, Sternbilder am Himmel zu sehen, und weiß oft nicht, daß diese Sternbilder in keiner Weise den unterschiedlichen Entfernungen Rechnung tragen, daß die so gruppierten »Sterne« nicht auf derselben Ebene liegen und daß es sich meist nicht um einfache Sterne, sondern um ganze Galaxien wie die Milchstraße handelt. Kennt nun aber die erwähnte Meinung die realen Entfernungen zwischen den Fakten, auf die sie sich beruft? Was taugen jene Konstellationen, die sie beschreibt? Ist ihr Standpunkt nicht weiterhin »geozentrisch«? Bei näherer Prüfung erliegt sie mindestens zwei Irrtümern: zum einen unterstellt sie, daß Marx das »Ende« des Kapitalismus vorausgesagt habe, und zum anderen glaubt sie, die russische Revolution falle nicht in sein »Schema«.

Auch wenn Marx hin und wieder seinen Optimismus im Hinblick auf den Sieg des Proletariats zum Ausdruck bringt, ist er doch nicht der Meinung, das Kapital könne sich von den zyklischen Krisen nicht wieder erholen. Sogar im *Manifest,* wo er, zusammen mit seinem Freund Engels, seine Ungeduld, das Proletariat endlich siegen zu sehen, am stärksten verrät, stellt er diese Krisen nicht als unüberwindlich dar. Ganz im Gegenteil, sie lassen sich überwinden, und genau das ist das eigentliche Drama! Nachdem sie das Übel diagnostiziert und seine Zerstörungen beschrieben haben, stellen Marx und Engels selbst die Frage: *»Wodurch überwindet die Bourgeoisie die Krisen?«*[65] Sie wissen also sehr genau, daß das Kapital nicht ein für allemal zusammenstürzt, nur weil eine Krise ausbricht! Das Drama besteht in ihren Augen darin, daß die Krise überwunden werden kann, denn das ist das Vorspiel zu einer noch tieferen Krise. Sie läßt sich nämlich nur auf Kosten der Produktivkräfte und durch die Eroberung neuer Märkte oder die noch gründlichere Ausbeutung alter Märkte überwinden. Die Folge dieser »Lösung«? *Die Vorbereitung noch allseitigerer und gewaltigerer Krisen!*

In diesem Punkt korrigiert *Das Kapital* nicht das Urteil des *Manifests.* Am Vorabend der sich ankündigenden *allseitigen* Krise schließt Marx keineswegs aus, daß sie überwunden werden kann. Schon im Ersten Buch, wo er insbesondere die *»progressive Produktion einer relativen Übervölkerung oder industriellen Reservearmee«* analysiert, wiederholt er sogar, daß die *»allgemeine Krise (...) sowohl Ende eines Zyklus und Ausgangspunkt eines neuen ist«.*[66] Gleich einem Kometen kehrt die

Krise in regelmäßigen Abständen wieder: so wie dieser von neuem aufbricht, nachdem er die Sonne umrundet hat, so bricht die Krise von neuem auf, nachdem sie ihren Eigner umrundet hat – den Markt der Arbeitskräfte. Marx zufolge ist die Krise das Ergebnis eines Mißverhältnisses zwischen der Entwicklung der Produktivkräfte und der Absorptionsfähigkeit des Marktes. Da die Produktion sehr viel schneller wächst als der Markt, muß der Rückstand periodisch aufgeholt werden, da die Waren am Ende keinen Abnehmer mehr finden; in Anbetracht der relativen Enge des Markts kommt es zu einer chronischen Überproduktion: dies ist die Rückkehr des Kometen, einmal alle zehn Jahre, mit all seinen Plagen. Um ihre (im Warenkreislauf überflüssigen) Profite »anzulegen« oder im Gegenteil ihren (durch die Absatzflaute gefährdeten) Schatz sicherzustellen, versuchen die Unternehmen ihr Glück an der Börse: die Spekulation blüht. Vom Strohfeuer der Kurse angelockt, stürzen sich die kleinen Sparer begeistert in das phantastische Abenteuer. Bis zu dem Tag, an dem die Kurse zusammenbrechen, denn das Vertrauen schwindet, sobald man erfährt, daß alles nur Papier ist.

Hier müßte man Marx in seinem Dritten Buch folgen (z. B. dem 30. Kapitel über das »Geldkapital«), um ermessen zu können, wie aufschlußreich seine Analyse ist. Aber sicherlich würde uns irgendein Gelehrter, die öffentliche Meinung vertretend, mit einem bösartigen Lächeln daran hindern: *»Halt«,* würde er sagen, *»legen Sie das Erste Buch des* Kapital *doch nicht so schnell aus der Hand! Genau die Stelle, die Sie zitiert haben, enthält eine ›Prophezeiung‹, die Ihre schöne Rede widerlegt. Denn Marx schreibt hier wortwörtlich, daß die Periode der Zyklen, die üblicherweise ›zehn oder elf‹ Jahre dauert, sich ›stufenweise verkürzen‹ wird.*[67] *Diese Prognose war seine Obsession: er nahm sie völlig ernst (wie sein Briefwechsel beweist*[68]*). Selbst wenn er anfangs recht hatte, als er den nächsten Krach voraussah, so setzt ihn das weitere Geschehen ins Unrecht, denn auf den berühmten Krach der Wallstreet mußte man sechsundfünfzig Jahre warten. Ist das für Ihren Newton der Ökonomie nicht niederschmetternd? Gewiß, der Komet kehrt zurück, doch mit welcher Verspätung!«*

Es gibt immer Spielverderber. Wetten, daß dieser Gelehrte, falls ihm die Freude an der Polemik nicht genug ist, einräumen wird, daß dieser Punkt untersucht zu werden verdient! Wenngleich die Börse lange Zeit keinen so denkwürdigen Krach mehr erlebte wie den von 1873, so wäre es zumindest unredlich, das Ende des 19. Jahrhunderts als eine Periode des Wohlstands zu bezeichnen. Damals glaubte die öffentliche Meinung, sie befände sich in einer »Großen Depression«... Was aber war diese »Depression«, die dreißig Jahre währte, anderes als eine *chronische Krise*? Und wurde sie nicht einzig dadurch überwunden, daß man eine kolossale Menge der erzeugten Waren vernichtete, einen beträchtlichen Teil der Produktivkräfte lahmlegte und die Produktion aufs äußerste militarisierte? Und wie endete es? Auf die allerlogischste Weise. Mit dem größten Konflikt aller Zeiten – dem Ersten Weltkrieg!

Auch wenn die Geschichte dieser »Depression« nicht mehr geschrieben werden muß, so ist doch an das Ausmaß der Verwüstungen von damals zu erinnern: an die vielen ruinierten Spekulanten, die sich das Leben nahmen; an die vielen kleinen Sparer, die die Ersparnisse eines ganzen Lebens innerhalb eines Augenblicks dahinschwinden sahen und für den Rest ihrer Tage völlig mittellos blieben; an den hohen Preis, den die große Masse der Arbeiter dafür zahlen mußte: sie verloren teilweise oder ganz ihre Arbeit und waren gezwungen, drastische Lohnsenkungen zu akzeptieren; und als Krönung des Ganzen daran, wie es den Kapitalisten gelang, ihre Position zu retten: für sie war es die Stunde der inneren Abrechnungen, mit dem Ergebnis, daß sich ein immer größeres Kapital in immer weniger Händen konzentrierte. Es blieb dem Staat überlassen, die Rückkehr des Protektionismus und der großen Waffenaufträge einzuläuten, was das Anwachsen der Staatsschulden zur Folge hatte... Wenn diese Bilanz gezogen werden könnte, dann könnte man entscheiden, ob Marx unrecht hatte, als er meinte, die Zyklen würden immer kürzer werden, bis zu dem Augenblick, an dem es keinen Ausweg mehr gäbe... Es sei denn den eines Weltkriegs. Genau danach muß man die Dinge beurteilen!

Im übrigen fiel der Weltkrieg durchaus in Marxens »Schema«. So wie Smith von der künftigen Größe Englands nicht so geblendet war, um nicht zu sehen, daß es bereits der Schauplatz eines Kampfes zwischen den zukunftsträchtigen Klassen war, so war auch Marx von einer Vereinigung der Proletarier aller Länder nicht so sehr geblendet, um nicht zu sehen, daß die Welt noch immer der Schauplatz von Kriegen zwischen den Nationen war. Zwar kam es vor, daß Marx den Romantikern mit »wahrhaft lyrischer Inbrunst« entgegnete, die Nation sei eine durch den Lauf der modernen Geschichte »*verdammte Form*«.[69] Aber man täusche sich nicht: gegenüber der Entwicklung der Beziehungen zwischen den Nationen war er äußerst wachsam, und er beobachtete jedes Anzeichen für einen militärischen Konflikt sehr genau.

Verstehen wir uns recht! Niemals sollte Marx von seiner ursprünglichen Idee abrücken, der zufolge die modernen Nationen lediglich provisorische Formen der Umgruppierung seien, die, ebenso wie der Kapitalismus, einer höheren Organisationsform weichen müssen. Das heißt jedoch nicht, daß er die Frage vergessen hat. Schon im *Manifest* war die Nation nicht nur von anekdotischer Bedeutung; wenn er im zweiten Teil so fröhlich das Verschwinden der Nation prognostiziert, so tut er es sowohl in polemischer Absicht als auch aus Überzeugung. Auf diesen wenigen Seiten geht es darum, der Bourgeoisie zu zeigen, daß sie nicht das Recht hat, den Kommunisten vorzuwerfen, sie hätten kein Vaterland, wo doch der Kapitalismus im Grunde dahin tendiert, mit dem Weltmarkt die nationalen Grenzen abzuschaffen. Dennoch vergißt Marx nicht, daß sich der Kapitalismus historisch auf nationale Weise entwikkelt: dies ist Gegenstand des ersten Teils, der das Schema des Prozesses nachzeichnet und wo man sieht, daß die Bourgeoisie im Rahmen der Nation an die Macht kommt. Wenn die Bourgeoisie auf der einen Seite »*durch ihre Exploitation des Weltmarkts die Produktion und Konsumtion aller Länder kosmopolitisch gestaltet*« und in diesem Fall die »*uralten nationalen Industrien*« vernichtet, so gelingt ihr dies andererseits nur durch die »*politische Zentralisation*«.[70]

Indem sie die Produktionsmittel zentralisiert und das Eigentum in wenigen Händen konzentriert, begünstigt sie die Schaffung einheitlicher Märkte: »*Unabhängige, fast nur verbündete Provinzen mit verschiedenen Interessen, Gesetzen, Regierungen und Zöllen wurden zusammengedrängt in eine Nation, eine Regierung, ein Gesetz, ein nationales Klasseninteresse, eine Douanenlinie.*«[71]

Dieses Stadium hat z.B. Deutschland Mitte des 19. Jahrhunderts noch nicht erreicht. Gesetzt den Fall, Marx wäre je versucht gewesen, den Rahmen der Nation zu vernachlässigen, so liegt es auf der Hand, daß das Scheitern der Revolution von 1848 ihm das verbietet. Denn dieses Scheitern gefährdet die Einigung Deutschlands, ohne die sich seine revolutionäre Hoffnung, d.h. die Machtergreifung der Arbeiterklasse, nicht erfüllen würde. Zwanzig Jahre lang sah Marx (sowie Engels) unaufhörlich die Einheit der deutschen Nation Wirklichkeit werden. Für ihn war dies die unabdingbare Voraussetzung für die vollständige Entwicklung des Industriekapitalismus auf dem Kontinent und damit der proletarischen Revolution. Und eben deshalb beobachtete er, anders als es von ferne den Anschein haben mag, zwanzig Jahre lang mit »wahrhaft lyrischer Inbrunst« die Fortschritte dieser Vereinigung.

Was der Entwicklung des Kapitalismus entgegensteht, sind die Zügel, die die Herrschaft des Adels der freien Warenzirkulation anlegt: 1. Die Existenz von Zöllen bei der Einfuhr und Ausfuhr der Waren in jedem noch so kleinen »Königreich«. 2. Die Existenz der Zünfte, welche die Beschäftigung der Arbeitskraft streng reglementieren. In dieser Beziehung ist Deutschland gegenüber England und Frankreich sehr im Rückstand, als Marx auf den Plan tritt. Offen gesagt, ist es so zersplittert und zerfällt in eine so große Zahl winziger Staaten, daß es im strengen Sinn als »Nation« nicht existiert. Seine Fortschritte wird Deutschland erst Preußen und Bismarck zu verdanken haben. Erst nachdem das preußische Königreich, nach Art des Kantschen Wirbels, mit Hilfe des Zollvereins[72] die meisten Kleinstaaten des Nordens an sich gezogen hatte, nachdem es sie dem Einfluß der Dynastie der Habsburger entrissen hatte, indem es, unter seiner Schirmherrschaft, den freien *Waren*verkehr eingeführt hatte, nachdem es die Ware Arbeitskraft von ihren Ketten befreit hatte, indem es die Leibeigenschaft aufhob und die Privilegien der städtischen Zünfte abschaffte, nachdem es mit Waffengewalt Österreich entgegengetreten war, um dessen Joch abzuschütteln, erst dann war es in der Lage, auch Bayern und das Rheinland, die es um seine »Douanenlinie« beneideten und ein Abkommen für die nationale Einigung unterzeichneten, in seinen Schoß zu ziehen. Endlich war es in der Lage, von der französischen »Nation« seine Anerkennung als Nation zu erzwingen.

Dazu kam es 1866, als Bismarck Moltke gegen das österreichische Heer in Marsch setzte. Meint man etwa, Marx sei völlig versunken in seinen Traum eines Proletariats, das sich um nationale Grenzen nicht scheren würde? Der Sieg Preußens über Österreich hätte die sofortige Antwort des bonapartistischen Frankreich hervorrufen müssen (alle Welt rechnete damals damit): glaubt man etwa, daß, als Frankreich nach vier Jahren des Zauderns schließlich angreift, es ihm wie Schuppen von den Augen fällt und er aus den Zeitungen erfährt, daß es eine deutsche Nation gibt?[73]

Aber Marx setzte nicht nur auf Deutschland. Will man ihm wirklich gerecht werden, darf man nicht länger glauben – und glauben machen –, er habe die Revolution in Rußland nicht vorausgesehen. Was immer die Ignoranten heute behaupten, von dort erwartete er den Impuls. Von London aus, wo er seit 1864 dem Generalrat der Internationale vorsaß, verfolgte Marx sehr aufmerksam die Entwicklung in Rußland. Da er seit jeher den Zarismus als den *Gendarmen Europas* ansah, glaubte er nicht an die Chancen für eine Revolution in Europa, solange die Macht des Zaren nicht erschüttert wäre. Daher hielt er 1871, als in Frankreich die Kommune proklamiert wurde, den Versuch, mit der bürgerlichen Ordnung Schluß zu machen, für verfrüht. Und während man ihn überall für den Aufstand verantwortlich machte, in eben dem Augenblick, wo mit dem Einverständnis der deutschen Armee die Versailler Repression über Paris hereinbrach, begann er auf eine Erhebung in Rußland zu hoffen: in Rußland, *»wo vulkanische soziale Kräfte (...) selbst die tiefsten Grundlagen der Selbstherrschaft zu erschüttern drohen...«*[74] Natürlich wünschte Marx, daß ganz Europa sozialistisch werde, aber er war zu der Überzeugung gekommen, daß die Sache in Rußland beginnen werde.[75]

Vor allem in diesem Punkt muß man die Hellsicht seines Alter ego, Friedrich Engels, erwähnen. Es wurde oft gesagt, ohne Engels hätte Marx *Das Kapital* nicht geschrieben. Und das stimmt. Der zwei Jahre jüngere Engels, Sohn eines Fabrikanten in Manchester, hatte sich sehr viel früher als Marx mit der Lage der Arbeiter befaßt. In Paris, in Brüssel, in Köln und schließlich in London hatte Marx es unbestreitbar ihm zu verdanken, daß er erkannte, welch entscheidende Bedeutung der politischen Ökonomie bei jedem Versuch zukam, das Elend, die Knappheit und die Ungerechtigkeit auf der Welt auszumerzen; und bekanntlich ermutigte Engels die theoretische Arbeit seines Freundes mit allen Mitteln. Weniger bekannt ist, daß Engels ein vorzüglicher Beobachter der internationalen Szene war. Als guter Kenner von Clausewitz war er ein gewiefter Stratege, der von Tag zu Tag die Entwicklung der Konflikte zwischen den Nationen und den Klassen verfolgte. So versichert er gleich nach Ausbruch des deutsch-französischen Kriegs und kurz nach der Niederschlagung der Kommune, daß der Zar einen Eroberungskrieg brauche, um bei sich zu Hause die Ruhe wieder herzustellen, doch daß seine Lage im Fall eines Scheiterns schlimmer sein werde denn je. 1875 erinnert er daran, daß der Zar *»auch heute noch der Schiedsrichter von Europa ist. Keine Revolution in Westeuropa kann endgültig siegen, solange der jetzige russische Staat neben ihr besteht«*.[76] Nun fällt aber auf Deutschland *»der erste Anprall der russischen Reaktionsarmeen«*; woraus er schließt, daß *»der Sturz des russischen Zarenstaats (...) eine der ersten Bedingungen für den endgültigen Sieg des deutschen Proletariats«* ist. Jeder Konflikt Rußlands mit einer auswärtigen Macht kann diesen Sturz bremsen, denn ein Sieg des Zaren würde die Unzufriedenheit aller Volksschichten besänftigen und die Reihen der »Nation« wieder schließen. Gleichzeitig jedoch könne er ihn beschleunigen, sofern er den Anstoß zu verhängnisvollen Bündnissen gibt, denn eine militärische Niederlage würde den Zaren außerstand setzen, die »Explosion« aufzuhalten. Im September 1877 läßt sich Marx zu Optimismus hinreißen: *»Die*

Revolution beginnt diesmal im Osten«, schreibt er an F. A. Sorge, *»wo das bisher unverletzte Bollwerk und die Reservearmee der Konterrevolution«* sich befinden.[77] Übertriebener Optimismus? Weiß man, daß dieses Schema beinahe Wirklichkeit geworden wäre?

Heute haben wir den Eindruck, als zählte in der Geschichte der Nationen nichts anderes als die beiden Weltkriege unseres Jahrhunderts. Da der erste 1914 ausbrach, kommt es uns nicht in den Sinn, daß er den Frieden in Europa schon früher hätte bedrohen können. Zwischen dem deutsch-französischen Krieg von 1870 und dem Ersten Weltkrieg sehen wir auf der internationalen Bühne nur eine große Leere. Doch das ist ein schwerer Irrtum, denn es fehlte nicht viel und der Krieg wäre sehr viel früher ausgebrochen, und zwar schon 1875! Auch das kollektive Gedächtnis ist kurz. Die Franzosen denken keinen Augenblick mehr daran, daß Frankreich, nachdem es den Krieg von 1870 verloren hatte, im Begriff war, eine zweite, noch herbere Niederlage einzustecken.[78] Und daß vor allem der Weltkrieg kurz bevorstand. Engels ist sich dessen sicher: früher oder später ist der Krieg unvermeidlich. Diese Meinung formulierte der Generalrat der Internationale bereits am 10. September 1870, als Frankreich gerade den Krieg verloren hatte! Und zwar aus gutem Grund: wenn in Europa die Spannung wächst und der Friede so zerbrechlich ist, dann liegt das nicht nur am Westen, sondern mehr noch am Osten. Und der Krieg ist nicht deshalb unvermeidlich, weil Frankreich ihn von neuem veranlassen kann, sondern weil Rußland ihn will.

Der Rat erinnerte daran, daß der Zar mit einem langen und erschöpfenden Krieg zwischen Frankreich und Deutschland gerechnet hatte: wie muß es ihn geärgert haben, daß Frankreich ein so leichtes Fressen für Deutschland war! Denn mit einem Schlag tauchte in Europa ein geeintes, mächtiges Deutschland auf, was seine jahrhundertealte Politik auf dem Kontinent ins Mark traf. Unvermeidlich, so behauptete der Generalrat, werden die Waffen sprechen müssen, um zu entscheiden, wer von beiden, der Kaiser oder der Zar, in Europa künftig den Ton angibt. Wann wird es zur Konfrontation kommen? Anfang

März 1874 enthüllte Engels, daß in Berlin ein Krieg gegen Rußland (samt Feldzugsplan) vorbereitet worden war![79] Bismarck schickte sich an, einen Vorsprung zu gewinnen. Offenbar hatte er darauf verzichtet, aber für wie lange noch? Und lief er nicht Gefahr, die Initiative zu verlieren, wenn er sie nicht ergriff? Würde sich Frankreich nicht mit Rußland verbünden, sobald es stark genug wäre?

Die Entscheidung zur Konfrontation wurde, Engels zufolge, zunächst durch den Angriff verdrängt, den der Zar gegen das alte türkische Reich vorbereitete. So unvermeidlich der deutsch-französische und der deutsch-russische Krieg auf die Dauer auch waren, vorerst stand der russisch-türkische Krieg vor der Tür. Dies folgert Engels aus der erneuerten Allianz der drei Kaiser.[80] Aufgrund dieses diplomatischen Walzers kommt Engels zu der Überzeugung, daß der Krieg auf der Tagesordnung steht: Alexander hat bei seinen natürlichen »Verbündeten« um Garantien nachgesucht, d. h. sie gebeten, ihm freie Hand zu lassen ...

Weshalb die Türken? wird man vielleicht fragen. Damals hätte man über diese Frage gelächelt, denn jeder wußte, daß der Zar aller Reußen ein Auge auf Konstantinopel geworfen hatte. Konstantinopel war für die Russen, was Jerusalem für die Christen war: man mußte es zurückerobern, um die Ungläubigen aus den heiligen Stätten zu vertreiben! Aber ein solcher Krieg wäre vielleicht gar nicht so dramatisch gewesen, könnte man einwenden. Daß Russen am anderen Ende Europas gegen die Türken kämpfen, konnte doch wohl kaum zu einem Weltkrieg führen ... Hier empfiehlt es sich, einen Blick auf die Landkarte der Region zu werfen (unter Berücksichtigung der englischen Stellungen in Indien)! Dann sieht man, daß die Meerenge der Dardanellen einerseits zu Indien und andererseits zum Mittelmeer Zugang gewährt ... Damals konnte sich England keinerlei Illusionen über die Absichten des Zaren hingeben; nie hatte es toleriert, daß die Russen die Meerengen beherrschen. Und was wäre mit Österreich, wenn die Türken aus dem Balkan vertrieben würden? Es würde seinen Einfluß auf die slawischen Völker nicht mehr lange bewahren können: eine russische Offensive war also auch aus ihrer Sicht unannehmbar.

Das heißt, daß der russische Angriff auf Konstantinopel eine explosive Lage schaffen würde: sowohl die Engländer als auch die Österreicher würden sich dem widersetzen; die Franzosen dagegen würden ihn unterstützen, und das reichte bereits aus, einen weltweiten Konflikt entstehen zu lassen. Was würde das deutsche Reich tun? Ließe es den Russen freie Hand, dann würde es die Gelegenheit verpassen, sie ein für allemal zu schlagen; wenn es sich dagegen in den Krieg stürzte, würde es die französische Grenze entblößen... Wie man sieht, war die Lage, wie Engels sie uns darstellt, nicht eben rosig. »Ansichtssache!« wird man endlich sagen. »Nichts von alledem ist eingetroffen.« Dabei vergißt man, daß sich im Juli 1875 eine russische Flotte auf dem Kaspischen Meer zusammenzog, daß in Bosnien-Herzegowina ein Aufstand stattfand, daß ein Jahr darauf Serbien erklärte, es befände sich im Kriegszustand, und daß Rußland am 24. April 1877 der Türkei den Krieg erklärte, um seine christlichen Brüder zu schützen...

Tatsache ist: das »Proletariat« hat nicht dort die Macht ergriffen, wo Marx es sich wünschte. Und dort, wo es sie ergriff, wurde der Traum zum Alptraum... Wenn man den Abenteuern des Denkens glaubt, wie Alain Finkielkraut sie erzählt, läßt sich dies als Sieg des *Volksgeists* interpretieren. Der Volksgeist soll bekanntlich Ende des 18. Jahrhunderts mit dem *Sturm und Drang* unter der Ägide Herders in Deutschland entstanden sein. Im 19. Jahrhundert unter Bismarck vorherrschend geworden, richtete er im 20. Jahrhundert unter Hitler Verheerungen an; obwohl von den schweren Waffen der demokratisch-sowjetischen Koalition des Zweiten Weltkriegs besiegt, hat er langsam und heimtückisch, auf dem Wege der Subkultur, die gesamte westliche Welt erobert. Aber wehte er nicht vorher, 1914, über den Arbeitern aller Länder? Ist es nicht eben dieser Geist, der das deutsche Volk, also das Proletariat selbst, dazu anspornt, gegen die anderen Völker zu den Waffen zu greifen? Denn als der Krieg ausbricht, den Marx angekündigt hatte, schart sich seine Partei um die Fahne der großdeutschen Nation! Im Reichstag stimmen die sozialdemokratischen Abgeordneten, ihrem Mandat zum Trotz (das sie verpflichtete, alles zu tun, um den Krieg zu verhindern), für die Konfrontation mit Rußland und Frankreich![81] Wurde hundert Jahre nach Goethe nicht auch Marx vom Volksgeist besiegt?

Dieser Gedanke mag einen Augenblick verlocken. Zumal die militärische Niederlage Deutschlands den Elan dieses Geistes nicht bremst, der, Proteus gleich, alle Formen, vor allem die monströsesten, anzunehmen vermag. Das italienische »Volk«, das Demokratie, Brüderlichkeit und Vernunft fahren ließ, wählte bald einen kriegerischen Weg – unter den »fasci« des Duce. Zur gleichen Zeit maßt sich das russische »Volk« die Oberhoheit über alle anderen Nationen der sogenannten Sowjetunion an: innerhalb weniger Jahre wird sein Anführer Dschugaschwili, genannt Stalin, zum »Väterchen der Völker«.

Doch einen Augenblick verlockend zu sein, ist keine sehr beweiskräftige Leistung. Der Geist, der zur Zeit Goethes, zu Beginn des 19. Jahrhunderts über Deutschland weht, ist so zögerlich, so stürmisch, so widersprüchlich! Schwierig, ihn in einem Atemzug zu benennen! In den folgenden Jahrzehnten dagegen ist es sehr viel einfacher. Nun hat der ökonomische Liberalismus den Wind im Rücken und macht Deutschland zu einer Nation, die von einer einzigen Zollgrenze geschützt ist und der internationalen Finanzwelt offensteht. Nicht der Volksgeist treibt die Deutschen in die Arme Bismarcks, sondern die Leistungsfähigkeit, die Preußen bewiesen hatte, indem es als erstes die feudalen Hindernisse beseitigte, die der Zirkulation der Waren, Menschen und Kapitalien im Wege standen! Wenn man unbedingt von Geist sprechen will, dann nicht vom sogenannten »Volksgeist«, sondern vom Unternehmergeist im klassischen Sinn des Wortes.

Allein um ihn geht es in der Folge der Ereignisse. Aber wenn sich Marxens Traum nicht erfüllt hat und der Volksgeist nicht der Motor der Geschichte ist, was ist dann die Ursache für die Greuel unseres Jahrhunderts, wenn nicht die Macht jenes anderen »Geistes«? Daß die Konfrontation zwischen Rußland, Deutschland und Frankreich 1914 stattfand, daß die westliche Welt im Jahre 1929 einen neuen Börsenkrach erlebte und daß nach einer Militarisierung, die noch frenetischer war als während der Großen Despression des 19. Jahrhunderts, der Zweite Weltkrieg ausbrach, liegt doch gewiß daran, daß *»dieselbe Ursache weiter wirkte«* und der Kapitalismus seine Krise nur durch eine schon schwerere Krise zu lösen vermochte. Hat sich das Gesetz des Profits nicht gerade deshalb auf so entsetzliche Weise durchgesetzt, weil es von keiner höheren Kraft gezähmt wurde?

Wenn man darüber nachdenkt, könnte man meinen, daß nichts die 1914 ausgelösten Schrecken hätte verhindern können, es sei denn die Ersetzung des Gesetzes des »Kapitals« durch das Gesetz der »Arbeit«. Das Kapital konnte die Konfrontation zwar hinausschieben, aber es brauchte sie. Es war für diese »Lösung« programmiert. Es brauchte sie, um aus der Großen

Depression herauszukommen. Insofern war die Katastrophe unabwendbar. Doch hätten die Arbeiter nur ein wenig Zeit gehabt, sich über die Grenzen hinweg zusammenzuschließen, dann hätten sie sie vermeiden können. Zumindest ist dies der Grund, weshalb Marx und Engels um 1877/78 den Ausbruch des Krieges fürchteten. Ihnen graute davor, daß der Krieg ausbrechen könnte, *bevor das Proletariat stark genug wäre,* ihn wenn nicht zu verhindern, so doch seine Folgen zu begrenzen. Im Februar 1877, kurz bevor der Zar seine Truppen auf Konstantinopel marschieren ließ, beweist in ihren Augen der Erfolg der Sozialdemokratischen Partei bei den Wahlen, daß die Arbeiterklasse auf dem richtigen Weg ist: *»Noch einige Jahre solcher Fortschritte«*, schreibt Engels in *La Plebe, »und die Reserve und die Landwehr (drei Viertel des Kriegsheeres) werden mit uns gehen ...«* Und warum freut sich Engels so darüber? Weil dann *»das Ganze desorganisiert und jeder Offensivkrieg unmöglich gemacht werden kann«!*[82] Engels und Marx wünschten damals nichts anderes als Frieden unter den »Nationen«.

Ermißt man, was das bedeutet? Im selben Artikel antwortet Engels all denen, die der Partei vorwerfen, die Ereignisse nicht zu beschleunigen und *»gleich die Revolution«* zu machen: das moralische Ansehen, das die Sozialisten seit der Krise bei den Massen genießen, ist so groß, daß man die Sache durchaus ins Auge fassen kann. Aber wie sieht es mit den Siegeschancen aus? Engels antwortet, daß sie noch zu gering seien; da die Partei *»noch nicht mehr als 600 000 von 5½ Millionen Stimmen«* habe, würde sie sicher besiegt und die Bewegung vernichtet werden. Muß man daraus nicht schließen, daß Marx und Engels – anders als in ihren jungen Jahren – kurz nach dem Wiener Krach nicht darauf brannten, die Revolution ausbrechen zu sehen? Ruhe! Geduld! Genau das raten sie den Arbeitern, trotz der Wirtschaftskrise und der Schäden, die sie anrichtet ...

Diese Ruhe und diese Geduld waren um so nötiger, als die Unterdrückung mit wachsender Gewalt die deutsche Arbeiterbewegung heimsuchte. 1878 wurde mit knapper Not der Krieg zwischen Rußland und England vermieden, dank Bismarck, dem es nach meisterhaften Verhandlungen auf dem Berliner

Kongreß gelang, den Zaren davon zu überzeugen, daß er alles zu verlieren hätte, wenn er auf seinen Positionen beharrte (d. h. in der Nähe von Konstantinopel). Gleichzeitig aber holte der Kanzler zu einem großen Schlag gegen die deutschen Sozialisten aus: die sozialdemokratische Partei wurde verboten! Unter dem scheinheiligen Vorwand wiederholter Attentate auf die Person des Kaisers wurde es den Sozialisten untersagt, sich zu versammeln, Druckschriften herauszugeben, Flugblätter zu verteilen, kurz, in irgendeiner Form mit ihrem Programm in Erscheinung zu treten. In Anbetracht der Durchschlagkraft der sozialdemokratischen Propaganda wurde dieses Ausnahmegesetz mit äußerster Sorgfalt angewandt und gab in den meisten großen Industriestädten wie Leipzig und Berlin Anlaß zu einem wahren »Belagerungszustand«. Es wurde mehrmals verlängert, so daß die »Partei« von Marx bis 1890 jeder Handlungsfreiheit beraubt war![83] Mittels einer finanziellen Entschädigung an Rußland, damit es seine Truppen zurückziehe (auf die Gefahr hin, die slawischen »Brüder« der türkischen Rache auszusetzen) und einer sehr fortschrittlichen Gesetzgebung für die Arbeiter (Krankenversicherung, Altersversicherung) »stabilisierte« sich die Lage sowohl zwischen den Klassen als auch zwischen den Nationen.

Widerlegt das Marxens Prognose? Ihm zufolge bestand das einzige Mittel, die Krisen (und ihre »Lösung«, d. h. den Krieg), zu beenden, darin, das Kapital weltweit zu enteignen. In seinen Augen war dem Kapitalismus ein Verdienst nicht abzusprechen, denn er hatte es der Menschheit ermöglicht, in eine geschichtliche Phase einzutreten, wo der Überfluß möglich wurde, und überdies die Bedingungen seiner Überwindung geschaffen, indem er die Produktivkräfte bereits in einem solchen Maße auf der ganzen Welt verbreitet hatte, daß der nationale Rahmen zu einem Hindernis für den historischen Fortschritt wurde. Man schmähe also nicht vorschnell die Vorhersagen von Marx und Engels, nur weil nach dem Krieg die Revolution nicht stattgefunden hat. Man sollte sich lieber fragen, ob der Krieg, solange sie nicht stattgefunden hat, nicht weiterhin wie ein Damoklesschwert über dem Leben der Nationen schwebt.

In ihrem Szenario konnte die Revolution in Rußland nur ein

Vorspiel zur Revolution in Europa sein! In ihren Augen war es absurd zu glauben, diese Revolution könnte in irgendeiner Weise die Einführung des »Sozialismus« in Rußland ermöglichen, da der Sozialismus die Kollektivierung der Produktivkräfte in den Ländern voraussetzte, in denen das Kapital seine »Arbeit« bereits getan hatte. Auf die russische Revolution bauten sie *nicht deshalb, damit sie den Sozialismus in Rußland einführe,* sondern damit sie die deutsche Arbeiterklasse von ihrem »Gendarmen« befreie und es ihr ermögliche, ungestört das Reich zu bekämpfen. Als die deutsche Kaiserin den Wunsch äußerte, mehr über Marx zu wissen, dessen Name bei der Verabschiedung der Sozialistengesetze in den Reichstagsdebatten und der Presse ständig erwähnt worden war, ergriff ein englischer Aristokrat, Sir Mounstuart Elphinstone Grant Duff, die Gelegenheit eines Mittagessens in London, um seine Bekanntschaft zu machen. Am nächsten Tag schrieb er einen Brief an Ihre Majestät und faßte die Worte des furchterregenden Führers der Arbeiterbewegung wie folgt zusammen: *»Er erwartet, nicht ohne Grund, einen großen und nicht allzu fernen Umsturz in Rußland und denkt, daß dieser mit Reformen von oben beginnen werde, die das alte, schlechte Staatsgebäude nicht werde aushalten können und die seinen völligen Zusammenbruch herbeiführen würden. Was an seine Stelle treten werde, darüber hat er augenscheinlich keine klare Idee, außer daß Rußland für lange Zeit nicht in der Lage sein werde, irgendeinen Einfluß in Europa auszuüben.«* Offenbar reicht ihm das für sein Glück. Denn Duff fährt fort: *»Danach, denkt er, werde sich die Bewegung nach Deutschland ausbreiten und dort die Form einer Revolte gegen das bestehende militärische System annehmen.«*[84] Von der russischen Revolution erwartete Marx also lediglich den Impuls für die deutsche Revolution …

Die Revolution fand wie vorausgesehen in Rußland statt, aber nicht in Deutschland. Man kann sich mit der Feststellung begnügen, sein »Schema« sei nicht beachtet und seine Prognose hinfällig geworden, wie man es inzwischen zu tun pflegt. Aber das zeugt von großer Kurzsichtigkeit. Denn man sieht nicht, daß Europa, wenn es sich nicht den revolutionären Kräften unterwirft, dem Bellizismus verfallen bliebe. Wer, wenn nicht die »Proletarier aller Länder« könnte die hemmungslose Entfesselung des Kriegs über Jahrzehnte hinweg verhindern? Sir Mounstuart Elophinstone Grant Duff ahnte diese Alternative. Er hielt Marx für einen »Träumer«, erkannte jedoch seinen Scharfblick in diesem Punkt: die Gefahr, daß die herrschenden Dynastien in die Sackgasse des Wettrüstens geraten. Daher kam er zu dem Schluß: *»Obiges wird Eurer Kaiserlichen Hoheit eine ungefähre Vorstellung von der Art der Ideen* [von Marx] *über die nahe Zukunft Europas geben, welche in seinem Geist arbeiten. Sie sind zu träumerisch, um gefährlich zu sein, außer eben insofern, als die Situation mit ihren tollen Ausgaben für Rüstungen offensichtlich und unzweifelhaft gefährlich ist.«*[85] Und er konnte nicht umhin, hinzuzufügen: *»Wenn jedoch innerhalb der nächsten zehn Jahre die Herrscher Europas nicht die Mittel gefunden haben, mit diesem Unheil fertig zu werden, ohne irgendeine Warnung vor der geplanten Revolution, werde ich für meine Person an der Zukunft der Menschheit verzweifeln, vor allem für unseren Erdteil.«* Zwischen zwei Übeln, der Revolution und dem Krieg, wollte der adlige englische Freund der Kaiserin von Deutschland zwar nicht wählen, aber er räumte ein, daß die Zukunft düster war.

Es genügt nicht, festzustellen, daß die Arbeiter in Deutschland nicht die Macht ergriffen. Man muß auch wissen, warum, und dann die Folgen ermessen. Denn vielleicht wurde hier, bei diesem versäumten Rendez-vous einer Generation militanter Revolutionäre mit der Geschichte, das Schicksal des ganzen 20. Jahrhunderts entschieden. Denn muß man nicht feststellen, daß *diese* Niederlage alle folgenden Generationen in ein Unglück stürzte, zu dem der Erste Weltkrieg nur ein bescheidenes »Vorspiel« war?

Lassen wir den Film der Ereignisse noch einmal kurz an uns vorüberziehen. Wie vorhergesehen, rief die beispiellose Schlächterei des Weltkriegs in allen Ländern Europas eine revolutionäre Welle hervor. Und wie vorhergesehen, begann die Revolution in Rußland. Aber der Funke sprang nicht über. Warum? Weil es so geschrieben stand? Oder weil die Sozialdemokratische Partei

Deutschlands ihre Chance nicht ergriff? Wenn man etwas genauer hinsieht, erkennt man, wie die Parteiführung abwartete und dann den revolutionären Elan systematisch untergrub. So abwegig es erscheinen mag, man kann schwerlich umhin festzustellen, daß der sozialdemokratische Generalstab zum großen Teil verantwortlich ist für das, was man als Marxens »Irrtum in der Prognose« bezeichnet, sowohl im Hinblick auf das Schicksal Sowjetrußlands als auch auf das der Weimarer Republik. Erinnert man sich nämlich an die einige Jahre zuvor von Marx und Engels empfohlene Strategie (den Krieg, den Rußland heraufbeschwören würde, in eine europaweite Revolution zu verwandeln), dann sieht man mit Bestürzung, daß die Führer der deutschen Arbeiterpartei nicht nur ihren Verpflichtungen untreu wurden (jeder Eröffnung der Feindseligkeiten ihre Unterstützung zu versagen), indem sie 1914 im Parlament für die Kriegskredite stimmten, und dann 1919 keinen revolutionären Gebrauch von ihrer *Mehrheit* im Reichstag machten, sondern überdies dazu beitrugen, jede aufständische Bewegung in Blut zu ertränken.[86]

Damit war das Schicksal Rußlands besiegelt. Vom Krieg der Weißen isoliert, von ihrer natürlichen Fortsetzung in Deutschland abgeschnitten – was vermochte die russische Revolution? Sie war von vornherein verurteilt, darauf zu »warten«, daß sich die Lage in Deutschland und im übrigen Europa kläre. Militärisch siegreich, aber völlig erschöpft, mußte die »bolschewistische Revolution« entarten. Da die Einführung des Sozialismus in Rußland die Revolution in Europa voraussetzte, liegt es auf der Hand, daß es um so weniger möglich wurde, »den Sozialismus aufzubauen«, je länger diese Periode des Wartens dauerte. In Anbetracht der Tatsache, daß die tapfersten und uneigennützigsten Männer auf dem Schlachtfeld gefallen waren, und aufgrund der durch den Krieg und die Blockade der westlichen Staaten verursachte Knappheit war abzusehen, daß, wie nach der Revolution von 1792, die »Diktatur des Proletariats« in Rußland zu einer neuen Schreckensherrschaft führen würde, bevor sie einer neuen Restauration das Feld überließe.

So ist die Machtergreifung Stalins zu erklären. Von dem

Moment an, als die Aussicht auf eine Revolution in Deutschland in weite Ferne rückte, wurde die Situation absurd: die Sowjets hatten die Kraft besessen, die militärische Aggression der verbündeten Nationen zurückzudrängen, aber die meisten waren ausgeblutet und das Land am Ende seiner Kräfte. Wenn Stalin zu dem Ungeheuer wurde, das man bald anprangerte, so deshalb, weil er die Absurdität der Situation auf sich nahm.[87]

Seine Politik als eine Wiederangleichung darzustellen, die angesichts der »Dauerhaftigkeit« der Nationen theoretisch wie praktisch gerechtfertigt war[88], mag vernünftig klingen, heißt jedoch, für eine Absurdität einzustehen. Gibt es etwas Abwegigeres als diesen Versuch, unter derartigen Voraussetzungen eine neue Welt entstehen zu lassen? Was ist monströser als dieses Regime, welches das Scheitern der deutschen Revolution in Rußland entstehen ließ? Kann man überhaupt von Entstehung sprechen? Als was soll man Stalins »Pragmatismus« bezeichnen, wenn nicht als historische Verirrung? Während die Repression inzwischen über Trotzki, Sinowjew, Kamenew und alle alten Bolschewiken hereinbricht, sind alle dem Zarismus Entkommenen in die Partei eingetreten, und eben diese Leute errichten über Millionen von Menschen, in Erwartung »besserer Tage«, eine der blutigsten Diktaturen der Geschichte – und das Ganze, wie es sich gehört, im Namen von Marx!

Auf deutscher Seite sieht es nicht besser aus. Die Sozialdemokratie mußte ihren Verrat sehr teuer bezahlen. Für Stalins Machtantritt in der UdSSR direkt verantwortlich, ist sie indirekt auch für Hitlers Machtantritt in ihrem eigenen Land verantwortlich. Denn so wie es keinen Stalinismus gegeben hätte, wenn die Revolution in Deutschland siegreich gewesen wäre, so hätte es ohne Stalin keinen Sieg des Nationalsozialismus gegeben. Dank Stalin kam Hitler in den dreißiger Jahren an die Macht. Diese Verkürzung mag schockieren. Man erlaube mir daher, die Dinge kurz in Erinnerung zu rufen. Der Nationalsozialismus nährte sich – so steht es in den Geschichtsbüchern – von dem Groll, der in Deutschland aus der Niederlage von 1918 erwachsen war. Was man dagegen nicht oder nur selten in den Geschichtsbüchern findet, ist die Tatsache, daß diese Niederlage die Sanktion war, welche die konkurrierenden Nationen den Ansprüchen Deutschlands auferlegten, eine Vormachtstellung auf dem »Weltmarkt« zu übernehmen, wobei es die Instruktionen von Adam Smith verletzte, d. h. zu sehr auf die Stärke setzte. Diese Niederlage war also in erster Linie eine Niederlage des deutschen Großbürgertums. Glaubt man, dieses Bürgertum hätte die Lektion endlich begriffen? Daß es Abbitte leistete? Daß es versprach, sich ruhig zu verhalten? Es war natürlich geschwächt und wäre wahrscheinlich umgekommen, hätte der sozialistische Generalstab es nicht geschont und ihm sogar einen Teil seiner Truppen geopfert ... Doch sobald sie ihm die Möglichkeit gegeben hatte, erneut die Initiative zu ergreifen, ließ sie es sich nicht entgehen. Aufgrund seines nationalen Charakters gefiel ihm der Nationalsozialismus. Es läßt sich jedoch nicht verkennen, daß Hitler *vor allem* ein Kandidat für die Vernichtung der Arbeiterbewegung war.[89] Bismarck hatte die Sozialisten neutralisiert, ihm dagegen fiel es zu, sie zu *vernichten*. Der russische Name seines Feindes war der »Bolschewismus«, sein deutscher Name aber lautete »Marxismus«. Es galt, mit diesem Virus fertigzuwerden und dem deutschen Arbeiter wieder Geschmack an der Arbeit fürs Vaterland beizubringen – was sich aufs beste mit den Wünschen der Herren Krupp und Konsorten vertrug. Und sie finanzierten bereitwillig eine so vielversprechende Partei ...

Fragt sich nur, ob es diesem Notbündnis zwischen einem österreichischen Abenteurer und den deutschen Waffenhändlern *aus eigener Kraft* gelungen wäre, seine Ziele zu erreichen. Man nimmt es im allgemeinen an, als wäre der Sieg Hitlers selbstverständlich gewesen. Aber auch wenn man auf den Börsenkrach der Wall Street hinweist (was man sicherlich tun muß, um den Einfluß des Nationalsozialismus auf das deutsche »Volk« zu erklären), beweist das in keinem Fall, daß das, was geschehen ist, auch geschehen *mußte*. Denn die Wirtschaftskrise von 1929 trieb mindestens ebensoviele Mitglieder der deutschen »Nation« in die Arme der Arbeiterparteien wie in die der Nazis. Der Erfolg der NSDAP erklärt sich nicht so sehr durch ihren Einfluß auf die unteren Gesellschaftsschichten, im Verein mit der Unterstützung der höchsten Kreise, als vielmehr durch die Spaltung ihrer Feinde.

Trotz ihrer Erfolge auf der Straße und auf den Versammlungen, trotz ihres »Einflusses auf die Massen« und obwohl die herrschenden Klassen für sie gestimmt hatten, hätte sie wahrscheinlich nicht die Oberhand gewonnen, wäre die Arbeiterschaft nicht gespalten gewesen. Diese Spaltung war in gewisser Weise berechtigt: die deutschen Kommunisten konnten die Sozialisten ihres Landes mit Recht des wiederholten »Verrats« bezichtigen (1914, 1919, 1924!); und die deutschen Sozialisten konnten den Kommunisten mit Recht vorwerfen, Stalins Diktatur zu unterstützen. Aber die Mehrheit der Arbeiter und Militanten sehnten sich nach Einheit, denn sie kannten ihren wahren Feind: das »Großkapital« und seinen bewaffneten Arm, die paramilitärischen Truppen der Nationalsozialisten. Im Generalstab der Kommunistischen Partei Deutschlands war die Kommunikation auf höchster Ebene gestört. Man gab den Militanten den Befehl, *nicht etwa die Nazis,* sondern die Sozialisten als den Feind Nr. 1 zu betrachten, man lähmte die kämpferische Einheit der Arbeiterbewegung und eliminierte systematisch all diejenigen, die eine solche Verirrung ablehnten ...

Ich erlaube mir, in Erinnerung zu rufen, daß die Führung der KPD, in der Person Thälmanns, den »Genossen« den Befehl erteilte, jede Zusammenarbeit mit den Mitgliedern der anderen Arbeiterpartei abzulehnen! Wer immer sich über diese Anweisung hinwegsetzte, wurde ausgeschlossen. Welche Bestürzung in der Partei, welches Mißgeschick und wieviel verlorene Zeit im wichtigsten Augenblick! Konnte man einen größeren Irrtum begehen? Aber war es überhaupt ein Irrtum? Wenn man dieser verhängnisvollen Stellungnahme einen Moment lang nachgeht, gelangt man sehr schnell zu Stalin. Denn der wahre »Chef« war Stalin. Er war der einzige Herr an Bord. Er war es, der persönlich alle kommunistischen Parteien mittels der III. Internationale anführte, eines wahren »Transmissionsriemens« der Befehle aus dem Kreml! Die Historiker dieser Periode werden es schließlich einmal in ihren Büchern bekanntgeben: Es war Stalin, der der deutschen Sektion der Internationale, d. h. der KPD, den Befehl erteilte, sich nicht mit den Sozialdemokraten zu verbünden, um Hitler zu bekämpfen! Man denke an die Lähmung in der Arbeiterschaft, als Hitler Kanzler wurde! Man denke an jene unglaubliche *kampflose Niederlage* (die sonst unerklärlich wäre, so stark war der Wille, sich mit den Nazis zu schlagen), an jene Welle von Morden an Arbeiterführern (ohne Ansehen der Person), an die improvisierten Konzentrationslager, in die sich Tausende von politischen Kadern und Gewerkschaftsführern der Arbeiterklasse pferchen ließen, und man begreift vielleicht, welche wunderbare Hilfe Hitler von Stalin erhielt.

Die Fortsetzung ist bekannt. Beeindruckt von der Fähigkeit des Naziregimes, die Arbeiterfrage zu lösen, ließen die Demokraten es zu, daß sich das Dritte Reich bis an die Zähne bewaffnete, Österreich und bald die Tschechoslowakei annektierte. Niemand war also vom Ausbruch des Zweiten Weltkriegs wirklich überrascht. Doch ist es heute nicht an der Zeit, die Rechnung aufzumachen? Das Gespenst Hitlers an den Pranger zu stellen, reicht nicht aus. Er hat nicht alleine gesiegt, und nicht aus Wahnsinn ist er aufgebrochen, Europa zu erobern. Sein ganzes Abenteuer betrifft den Teil der Alternative, den Marx dadurch bannen wollte, daß man das System daran hindere, seine kriegerische Logik auf die Spitze zu treiben. Wer sich über die »Irrtümer« in Marxens Vorhersagen lustig macht, wird ihm nicht nur nicht gerecht, sondern erspart es sich auch, die Folgen zu untersuchen, die Europa und die ganze Welt haben tragen müssen, nur weil seine Option nicht angenommen worden ist. Weil das 20. Jahrhundert Marxens Traum nicht in Deutschland hat Wirklichkeit werden lassen, geriet er zum Alptraum.

Wenn der Endzweck des Kapitalismus tatsächlich das größte Wohlbefinden für die größte Anzahl ist, steht zu befürchten, daß die Mittel, die er ins Werk setzt, unwiderruflich mit seinen Zwecken in Widerspruch geraten. Wenigstens sollte man einräumen, daß es, um zum Wohlstand aller zu gelangen, ein sehr viel einfacheres Szenario gab! Gewiß, es setzte voraus, mit der Kriegslogik Schluß zu machen, die das Gesetz des Profits impliziert. Doch wäre es nicht besser gewesen, rechtzeitig mit ihr Schluß zu machen? Im Sog der russischen Revolution hatten unsere Vorfahren die konkrete Chance, gemeinsam ihr Schicksal zu meistern, statt weiterhin seine Opfer zu sein. Nachdem das Rendez-vous verpaßt war, hat Stalin es Hitler ermöglicht, das deutsche Volk in den Gleichschritt zu zwingen und sich auf eine neue militärische Konfrontation vorzubereiten, die eine neuerliche Depression auf dem Weltmarkt notwendig gemacht hatte.

Im übrigen darf unsere Rechnung dabei nicht stehenbleiben. Denn die Geschichte nimmt weiterhin einen schlechten Verlauf. Und es sind ebenso klägliche Verirrungen zu verzeichnen. Nach der Konfrontation ermöglichte es Stalin den taumelnden Demokratien, zu einer gewissen Legitimität zurückzufinden. Denn nachdem Hitler besiegt war, gab die Ungeheuerlichkeit des »kommunistischen« Regimes dem Liberalismus eine neue Chance, sein Ansehen aufzupolieren und das Unheil vergessen zu machen, das er hervorbringt. Alle Wege, zu einer besseren Welt zu gelangen, waren versperrt. Die Gegner des Totalitarismus konnten das Mißtrauen, das die Revolution einflößte, zum Vorteil des Kapitalismus nutzen. Indem Stalin in Jalta akzeptierte, die Welt aufzuteilen, erlaubte er es den Alliierten, das Lager seiner Diktatur für »sozialistisch« auszugeben: ein unerwarteter Glücksfall für all jene, denen vor dem Gespenst des Kommunismus graute. Als wäre der Sozialismus in einem Teil der Welt möglich, d.h. auf einer Stufe unterhalb der des Weltmarktes! Der Kapitalismus ist bei dieser unredlichen Verwechslung, die darin besteht, das Lager des Ostens als realen Sozialismus hinzustellen, natürlich auf seine Kosten gekommen. Denn damit konnte er sich als den einzigen Weg ausgeben, das Abgleiten in den Totalitarismus zu vermeiden, von dem, wie »die Tatsachen bewiesen haben«, der Sozialismus lediglich eine Variante sei.

Auf diese Weise hat, der Marxschen Prognose zum Trotz, der Kapitalismus überlebt. Doch unter welchen Umständen und zu welchem Preis! Und um welche Perspektive zu bieten? Nach dem Krieg waren die Absatzmärkte schnell gefunden, denn Europa lag in Trümmern – und ein Teil Asiens in Asche. Also konnte der Optimismus wiedererstehen. Aber für wie lange? Mit Produktionsmitteln von bisher unerreichter Macht dauerte es nur wenige Jahrzehnte, bis das Angebot erneut die Nachfrage überstieg. Da der Weltmarkt nur einen begrenzten Teil der Produktion aufnehmen kann, da er nicht nur von der potentiellen Nachfrage (der Zahl der Konsumenten), sondern auch und vor allem von der solventen Nachfrage (der Kaufkraft der Unternehmer und Lohnempfänger) bestimmt ist, erreichen sowohl die Verschuldung der reichen Staaten als auch die der armen Länder schwindelerregende Höhen, während erhebliche Kapitalmengen in Investitionsnöten über den Finanzplätzen »flottieren«, was zu immer gefährlicheren Spekulationen führt ... Nachdem sich das System einen noch umfassenderen und noch zerstörerischeren Weltkrieg geleistet hatte, erfreute es sich einer gewissen Verschnaufpause, um alles wieder aufzubauen. Jedoch steuert es geradewegs auf einen neuen Finanzkrach zu, der weit umfassender und sehr viel gewaltsamer sein wird als der vorhergegangene.

Auf diese Weise überlebt der Kapitalismus. Dieses Überleben läßt sich nicht bestreiten. Bleibt die Frage, für wen das ein gutes Geschäft ist.

Wohin gehen wir?

Hat das Gesetz des Profits gesiegt?

Eine Überlegung scheint all denen entgangen zu sein, die seit einiger Zeit die Niederlage des Denkens beklagen. Das rührt daher, daß das Denken, auf das sie sich beziehen, seinen Ursprung im Sieg der Handelswirtschaft über die feudalen Verhältnisse hat. Was die Aufklärung ins Spiel brachte, war nicht nur der Sieg der Vernunft über den Glauben und den Aberglauben. Es war der Sieg über die Knappheit, über das Elend, über die Unsicherheit, die das Leben der großen Mehrheit der Menschen bestimmten. Wenn wir uns durchsetzen, so versprechen die aufgeklärten Geister, werden wir den Fluch aufheben, der auf dem Schicksal der Menschheit liegt.

Nur dank diesem Versprechen konnte die moderne Wissenschaft über die christliche Offenbarung den Sieg davontragen. Ob sie sich nun für die Bewegungen der Himmelskörper oder für die Warenzirkulation interessieren, alle wichtigen Denker seit der Renaissance schöpfen ihre Inspiration aus der Umwälzung der gesellschaftlichen Verhältnisse, welche die Revolution des Handels hervorgerufen hat: es zählt nicht mehr der Besitz an Grund und Boden, sondern der an Gold.

Bevor die Aufklärung zum Sieg eines neuen Denkens wird, setzt sie eine neue Praxis voraus. Diese Praxis ist der Austausch von Waren, der an die Stelle des Austauschs von Dienstleistungen tritt.

So unangenehm es für jeden gebildeten Geist sein mag, muß man einräumen, daß dem Sieg der Vernunft die Unterordnung der Produktivkräfte – Menschen, Vieh, natürliche Energiequellen und Maschinen – unter den Markt zugrunde liegt. Damit der Warenaustausch zum Gesetz der menschlichen Beziehungen werden und das Geld in ihrem Schicksal die entscheidende Rolle spielen konnte, war viel Zeit vonnöten, und viel vergossenes Blut.

Auch viel Narrheit. Die des Don Quijote zum Beispiel, des Ritters von der traurigen Gestalt. Vollgesogen mit den Heldentaten der Ritter der Tafelrunde und anderer Gralsritter, beschließt der Junker von der Mancha, es ihnen gleichzutun: er sattelt seine Rosinante, befiehlt seinem Schildknappen Sancho Pansa, sein Maultier zu besteigen, und zieht aus, die Witwen und Waisen zu beschützen und der Gerechtigkeit zu Ansehen zu verhelfen. Er weiß nicht – oder will nicht wissen –, daß die Zeiten sich geändert haben und daß Rittertaten nicht mehr im Kurs sind wie zur Zeit der Helden seiner Lieblingsromane. Daher muß er sich Gegner erfinden und Situationen schaffen, um sich ihrer würdig zu erweisen. Was lediglich dazu führt, daß er sich von Bauernlümmeln verprügeln läßt, die mit seinen angeblichen Adelstiteln nichts anfangen können und von seinen Reden nichts verstehen. In ihren Augen hat nur das Geld einen Wert, nicht die Tapferkeit. Mit entwaffnender Unbefangenheit hält Don Quijote zunächst eine Schenke für eine Burg und meint, Bett und Tisch seien ihm »in Ansehung seines Standes« geschuldet, d. h. in Ansehung der Gefahren, denen er unaufhörlich ins Auge sieht, um für das Recht des Schwachen gegen die Ungerechtigkeit des Starken zu streiten; aber der Wirt versucht, ihn zu Vernunft zu bringen, indem er ihm klarmacht, daß er »von seinem Vermögen und auch von fremden« lebe.[1] Und wem bot er, kaum zum Ritter geschlagen, in einem sonderbaren Kampf die Stirn? Einer kleinen Gruppe von *Kaufleuten*, die er zwingen will, eine nicht zu überprüfende Wahrheit anzuerkennen, als müßten sie jedes seiner Worte für bare Münze nehmen.[2]

Und so kämpft er bald gegen die Windmühlen ... Er sieht schreckliche Riesen mit gewaltigen Armen, wo jeder verständige Mensch, wie auch sein getreuer Sancho, lediglich »moderne« Anlagen sieht, dazu da, das für die Stadt bestimmte Korn zu mahlen. Offensichtlich hat Don Quijote den Verstand verloren! Es sei denn, er verstünde die Bedeutung der Sache sehr genau. Denn aus streng feudaler Sicht sind diese Mühlen eine Ungeheuerlichkeit. Was ist normaler, als daß eine Mühle auf den Ländereien eines Grundherrn Mehl mahlt, das von dessen Leibeigenen angebaute Getreide in Pulver verwandelt, und daß diese Operation es allen Leuten, sowohl denen, die den Boden bestellen, als auch dem, der sie beschützt, ermöglicht, sich vom selben Brot zu ernähren? Aber daß dreißig bis vierzig Mühlen reihenweise auf einem Stück Land stehen, das sichtlich keinen Herrn hat, und daß ihre riesigen Flügel für Leute arbeiten, die in einem Marktflecken leben und keinerlei Achtung vor der Hierarchie mehr haben – das bedeutet, daß alles drunter und drüber geht.

Wenn der geistige Erbe des Gefährten von König Artus und anderen Rittern auf diese Mühlen losstürmt, so deshalb, weil er den Gedanken von sich weist, daß die Zeit des Adels vorbei ist. Wenn er so wütende Schreie ausstößt und seinem armen Gaul so heftig die Sporen gibt, so deshalb, weil er das Schicksal beschwören will. Und daß er eine traurige Gestalt abgibt, liegt daran, daß er im Grunde genau weiß, daß die Schlacht von vornherein verloren ist. In diesen Mühlen befinden sich Müller, Handwerker, die niemandem mehr etwas schulden, allenfalls denen, die ständig neue Kniffe erfinden, um immer mehr Mehl zu mahlen, immer schneller, in immer kürzerer Zeit zu produzieren und dem arbeitenden Menschen immer weniger Muskelkraft abzuverlangen. Zwischen der Mühle und der Stadt werden in gehöriger Form Verträge geschlossen, die sich in klingender Münze ausdrücken. Die Mühle, einst dem Boden zugewandt, der ihr ihren ganzen Sinn verlieh, ist nun der Stadt zugewandt, d. h. denen, die Geld haben.

Oder Gold! Cervantes jedenfalls weiß genau, daß sich das Rad der Geschichte gedreht und, wie der unerbittliche Mühlstein, die Heldentaten der Ritter zermalmt hat. Er war Gefangener der Berber gewesen. Er weiß, wie sehr Spanien von der Goldgier angesteckt worden ist. Zwar konnte die arabische Invasion zurückgedrängt werden, doch zu welchem Nutzen? Die Tage des spanischen Adels, zumindest seiner Handlungsfreiheit, waren gezählt. Die Monarchie zwang ihm ihr Gesetz auf. Aus allmächtigen Herren über ihre Ländereien wurden die Adligen zu Höflingen, die zwar ungemein stolz auf ihre Herkunft waren, aber doch vom guten Willen des Monarchen abhingen. Und was tat dieser Monarch? Er regierte für den Wohlstand seines Volkes. Man nannte das die Größe Spaniens, aber war sie etwas anderes als sein Reichtum? Wer hatte sich täuschen lassen, als Isabella von Kastilien die drei Schiffe des Christoph Kolumbus ausrüstete? Sie wollte nur Gold und nochmals Gold! Kolumbus hatte welches gefunden und den Herzensschrei ausgestoßen: *»Gold ist ein wunderbares Ding.«*

Ein schreckliches Bekenntnis. Christoph Kolumbus wußte, wovon er sprach. Natürlich ermöglichte es ihm sein Erfolg, die Spitze der gesellschaftlichen Hierarchie zu erklimmen. Gold haben hieß, über die Macht zu verfügen, über die andere aufgrund ihrer Geburt verfügen. Das bedeutete jedoch, daß alle Menschen, selbst die wohlgeborensten, von nun an ihm ihre Macht verdankten: *»Gold ist ein wunderbares Ding! Wer dasselbe besitzt, ist Herr von allem, was er wünscht. Durch Gold kann man sogar Seelen in das Paradies gelangen lassen.«*[3] Da er nicht nach Indien gelangt war, fand Kolumbus weniger Gold als vorgesehen, jedoch genug, um sich »adeln« zu lassen und seinen Nachfolgern Amerika schmackhaft zu machen. Man sprach von einem Land, das soviel Gold barg, daß man es nur Eldorado nennen konnte. Indem sie skrupellos die Indianer abschlachteten, die ihnen nicht verraten wollten, wo sich dieses Land befand, verloren die Spanier, auch die edelsten, dabei ihre Seele, entgegen der Prognose von Kolumbus. Aber der Genueser hat lediglich zu einem erbarmungslosen Prozeß beigetragen. Da er die Richtung des Handels mit der Levante umkehren wollte, fiel Kolumbus die »Ehre« zu, den Weg zu märchenhaften Geschäften zu öffnen. Freilich mußte man nach Westen fahren. Der Adel hatte zugestimmt: er verneigte sich noch immer eher vor einem der Ihren, der sich mehr und mehr vor dem Gold verneigte. Und der arme Don Quijote wurde darüber vor Schmerz verrückt.

Zwischen Cervantes und Schiller liegen zwei Jahrhunderte, und doch ist es nur ein Schritt. Man höre Amalia, die Braut des berüchtigsten der Räuber, dem Schiller den Namen Karl Moor gab. Die Handlung spielt im 15. Jahrhundert. Amalia empört sich über die neue Welt: *»So hat die Welt sich umgedreht, Bettler sind Könige, und Könige sind Bettler!«*[4] Wie der Ritter von der Mancha ist Karl Moor zu spät geboren, denn eine neue Macht beherrscht alle Menschen. Der Adel hat sich korrumpieren lassen: *»Seid verdammt, Gold und Silber und Juwelen zu tragen, ihr Großen und Reichen!«* Der einzige, der sich dem neuen Herrn nicht unterwirft, zumindest der einzige, den Amalia kennt, ist der Mann, den sie liebt, Karl Moor. Er ist arm, aber er hat seine Seele nicht verkauft. Sogar im Gewand des Bettlers verrät ihn sein natürlicher Adel. *»Ich möchte die Lumpen, die er anhat, nicht mit dem Purpur der Gesalbten vertauschen«*, ruft sie jedem zu, der es hören will. *»Der Blick, mit dem er bettelt, das muß ein großer, ein königlicher Blick sein – ein Blick, der die Herrlichkeit, den Pomp, die Triumphe der Großen und Reichen vernichtet!«* Heller Wahnsinn, diese Auflehnung gegen den unumkehrbaren Lauf der Dinge! Heller Wahnsinn, diese Halsstarrigkeit des Karl Moor: nun ist er Räuber geworden. Weil seine Vorfahren ihre Ländereien und Adelsbriefe aus der Hand Friedrich Barbarossas empfangen haben, zieht er es vor, sich außerhalb des Gesetzes zu stellen, statt sich der neuen Ordnung zu beugen. Um zu überleben, bestiehlt er die Reichen und gerät hoffnungslos in eine Sackgasse. Von allen verfolgt, von seinem Bruder Franz verraten, der ins Lager der Sieger überläuft, ruft er aus: *»Die Gesetze der Welt sind Würfelspiel worden, das Band der Natur ist entzwei, die alte Zwietracht ist los, der Sohn hat seinen Vater erschlagen ...«*[5] Es ist aus! Die Würfel sind gefallen. Die Adligen haben sich den Kaufleuten ergeben. *»Die ganze Welt geh zugrunde!«*[6] Damit er nicht mitansehen muß, daß seine Braut in schändliche Hände fällt, tötet er sie eigenhändig. Wahnsinnig vor Schmerz, wünscht sich Karl Moor nur noch den Tod.

Wahnsinn in Spanien, Wahnsinn in Deutschland: es ist die Kehrseite des Siegs des Gesetzes des Profits zur Zeit der Renaissance. Reiben wir uns also gut die Augen, denn wenn dem so ist, wenn der »Sieg des Denkens« in erster Linie der Sieg der Revolution des Handels ist, bleibt uns noch, das Wesentliche in Erfahrung zu bringen: wie weit wir heute sind.

Können wir zwei Jahrhunderte nach den Verheißungen von Adam Smith, der die frohe Botschaft des Wohlstands für alle unter der Herrschaft des Gesetzes des Profits verkündete, optimistisch bleiben? Die Revolution des Handels hat ihren Lauf genommen. Hat sie, wie vorhergesehen, ihre Wohltaten über den ganzen Planeten ausgestreut? Manche behaupten es und legen, ohne mit der Wimper zu zucken, ein unerschütterliches

Vertrauen in die Evolution des Weltmarkts an den Tag. Ende des 20. Jahrhunderts ist die Bilanz in ihren Augen »insgesamt positiv«. Die Menschheit hat ein Entwicklungsstadium erreicht wie noch nie zuvor in ihrer Geschichte: noch nie war die Produktivität der menschlichen Arbeit so hoch, noch nie war das menschliche Leben so lang, noch nie war die Bildung so allgemein, die Hygiene so weit verbreitet. Kurz, noch nie ist es der Menschheit so gut gegangen. Wie sollte man sich über solche Fortschritte nicht freuen? Ganz zu schweigen von den vielen Innovationen, die sie birgt und die sich zu Beginn des dritten Jahrtausends in der Verwendung der Energiequellen, der Umwandlung der Materialien, dem Warentransport und der Nachrichtenübermittlung abzeichnen, zum Nutzen einer immer homogeneren und immer erfindungsreicheren Menschheit.

Freilich, so räumen sie ein, gibt es noch Diskrepanzen! Von den sechs Milliarden Menschen, die heute den Planeten bevölkern, leben die meisten im Elend: in vielen Ländern des Südens, dort, wo die Kaufkraft noch lächerlich gering ist, während die Bevölkerung stark anwächst, die Unsicherheit des Landlebens Millionen Menschen in die Städte treibt, und zwar in einem Rhythmus, daß sie sich oft in noch schlimmeren Verhältnissen wiederfinden, ohne Hygiene, ohne ausreichende Nahrung, ohne Arbeit, zu viele Kinder in die Welt setzend, die sich gezwungen sehen, mit tausend Dingen zu handeln, mit Drogen oder mit ihrem Körper, ja sogar mit ihren Organen. Diese Realität ist um so niederschmetternder, als – angesichts dieses entsetzlichen Elends – die Länder des Nordens zuviel konsumieren, zuviel produzieren, manchmal sogar zuviel Profite machen. Kein Grund also, so räumen sie ein, die Erde als ein Paradies hinzustellen, aber, ihnen zufolge, auch kein Grund, die moderne Welt für eine Hölle zu halten und noch immer zu glauben, daß die meisten Menschen verdammt seien. Insgesamt unterscheide sich die derzeitige Situation nicht sehr von derjenigen, in der sich Europa selbst zur Zeit der Renaissance befunden habe.

Lauschen wir noch einen Augenblick dieser Rede.

»Die westliche Gesellschaft, die während des Feudalismus stark hierarchisiert war«, so lassen sich die Erben von Adam

Smith vernehmen, »*ist nicht allein dadurch egalitär geworden, daß sie sich dem Gesetz des Marktes unterwarf. Der Mißkredit, in den die Privilegien der Aristokratie durch die Macht des Geldes gerieten, hat nicht zum Verschwinden der gesellschaftlichen Ungleichheiten geführt. Angesichts der neuen Reichen vermehrten sich in den Dörfern neue Arme, die von der Unsicherheit des Landlebens vertrieben und vom Aufschwung des Handels angelockt wurden. Infolge der Erfindung der Dampfmaschine konzentrierte die industrielle Revolution die Arbeitermassen in den Fabriken und Bergwerken; und während eine winzige Minderheit von Wohlhabenden mit Gütern gesegnet war, riß das Elend Millionen von Menschen, die nichts als ihre Arbeitskraft zu verkaufen hatten, in einen bodenlosen Abgrund. Außerdem traten nicht alle Völker im selben Rhythmus in den Reigen ein: der Industriekapitalismus setzte sich zuerst in England durch, um dann in Frankreich und Deutschland Fuß zu fassen, und ließ Nationen hinter sich zurück, die in der Revolution des Handels eine herausragende Rolle gespielt hatten, wie Spanien und Italien …*

Doch ist es seither nicht offenkundig, daß diese Ungleichheiten verschwunden sind, daß alle Schichten der Gesellschaft und alle Staaten Europas diese Prüfung überstanden haben? Daß das Schwierigste getan ist? Und sollte man infolgedessen das, was wir heute weltweit beobachten, nicht im Licht dieser Erfahrung betrachten? Natürlich gäbe es eine sehr einfache Lösung: da die reichen Länder zu viele Waren und zuviel Kapital besitzen und die armen Länder nicht genug davon haben, müßten die einen den anderen nur geben, was sie zuviel haben,

Aber auch wenn die Menschheit bei dieser Operation zeitweilig auf ihre Kosten käme, so wäre dies langfristig natürlich nicht von Dauer, denn es würde dem Gesetz des persönlichen Profits und folglich dem erforderlichen Innovationsbemühen zum Nachteil gereichen. Deshalb ist es besser, den armen Ländern Kapital zu leihen, damit sie den reichen Ländern ihre Überproduktion abkaufen, und die Warenmenge, die letztere produzieren, zu verringern, zumindest solange die Kaufkraft der ersteren nicht ausreicht, alles zu absorbieren. Zwar ist das nicht ideal und wirkt kein Wunder, aber es ist zumindest realistisch und liegt auf der Linie der Heilmittel, die es den reichen Ländern ermöglicht haben, den Graben zuzuschütten, der sich zwischen ihnen und innerhalb ihrer aufgetan hatte.«

So denken manche in den höheren Kreisen. Noch immer gibt es an den Befehlsstellen Anhänger von Adam Smith, Leute, die, ohne vor der Realität die Augen zu verschließen, Ruhe bewahren und, im Gegensatz zu vielen Intellektuellen – die wegen der Symptome des Niedergangs ihrer Kultur in Panik geraten –, den wirklichen Kalamitäten der heutigen Zeit ins Auge sehen und dennoch optimistisch bleiben. Daß die von ihnen empfohlene »Diät« zu einer gnadenlosen Konkurrenz unter den »reichen Ländern« führt; daß sie hier ein irreversibles Anwachsen der Arbeitslosigkeit, der Staatsverschuldung und des Drogenkonsums mit sich bringt; daß sie die Spannung zwischen dem Norden und dem Süden des Planeten verschärft; daß die armen Länder durch die Tilgung ihrer Schulden und ihre Bevölkerungsexplosion gezwungen sind, immer mehr Narkotika zu produzieren und den Pflanzenteppich des Planeten zu zerstören – all dies bringt diese Leute nicht aus der Fassung, denn ihnen genügt es, ein wenig zurückzublicken, um sich zu vergewissern, daß der Kapitalismus noch immer Mittel und Wege gefunden hat, seine Krisen zu überwinden.

Bleibt die Frage, ob sie wissen, was sie sagen. Der Pessimismus der Propheten der Barbarei gründet auf einer geozentrischen Sichtweise, der zufolge die Lichter des Geistes – nach dem Beispiel des Sonnengestirns – am Himmel der Zivilisation eine Kurve beschreiben: dem Morgengrauen folgt die Morgenröte, die Mittagszeit, die Abenddämmerung und schließlich die Nacht. Ausgeschlossen, solchen Jeremiaden Glauben zu schenken, denn sie beruhen auf dem Augenschein und nicht auf der Realität. Doch ist der Optimismus derer, die noch immer dem von der westlichen Zivilisation eingeführten Modell vertrauen, gerechtfertigt? Zwar täuschen sich diese Herren nicht über den Schein: sie wissen, daß sich die Zukunft nicht in den Sphären des Geistes, sondern in der Sphäre der Handelsbeziehungen entscheidet. Das bedeutet jedoch nicht, daß man ihnen Vertrauen schenken kann, denn sie sehen nicht, wohin ihr schönes Modell sie führt. Nicht weil die Bewegung der Sonne illusorisch ist, bewegt sich die Erde nicht, im Gegenteil: gerade weil sie sich bewegt, scheint die Sonne aufzugehen, über unseren Köpfen ihre tägliche Kurve zu beschreiben und schließlich unterzugehen; und daher könnte es durchaus sein, daß der Handel seine Revolution, d. h. seine Umdrehung vollendet hat und daß die moderne Welt, die sich weiterhin um ihre Achse dreht, unerbittlich in der Nacht versinkt.

Vielleicht wird man einwenden, daß die Antwort auf die Frage, was es mit dieser Rotation auf sich hat, gewiß nicht der Philosophie zustehe, denn die habe endgültig ausgespielt, weil die Situation viel zu komplex geworden sei. Und wenn man verstehen wolle, auf welche Welt wir zusteuern, solle man lieber auf die neuen Wissenschaften setzen, auf die Zukunftsforschung oder Futurologie. Daß die Humanwissenschaften deshalb versagten, weil jede von ihnen behauptet, die richtige Analyse zu liefern, während sie doch in Anbetracht der neuen Vorgabe zusammenarbeiten müßten. Daß Interdisziplinarität geboten sei, daß es sogar gelte, den Graben zu überwinden, der die sogenannten Humanwissenschaft von den Naturwissenschaften trennt, und daß es bereits eine neue Theorie gebe, die Chaostheorie, die imstande sei, eine höchst effiziente Brücke zwischen der physikalischen Welt der Elementarteilchen und der Welt der ökonomischen Akteure zu schlagen. Genau dies sei die richtige Annäherung an die Zukunft! Weit angezeigter als die Rückkehr zur Philosophie, deren Ausübung uns bestenfalls zweitausendfünfhundert Jahre zurückwerfen würde …

Hier spricht der gesunde Menschenverstand! Doch wir haben gesehen, was der gesunde Menschenverstand beim Verständnis der Vergangenheit taugte. Um zu verstehen, was auf uns zukommt, werden wir nun sehen, daß wir alles zu gewinnen haben, wenn wir zweitausendfünfhundert Jahre zurückgehen – so absurd es erscheinen mag …

Die Geburt des *demos*

Wenn man von den Griechen der Antike spricht, hält man es inzwischen für ausgemacht, daß sie den Handel, das Geld, die Arbeit verachteten, und allein das verbiete uns ganz allgemein, ihre Lage mit der unseren zu vergleichen. »Vergleichen« in der banalen Bedeutung des Wortes: »identifizieren«. Wir verbieten es uns, die moderne Welt mit der griechischen Welt zu »vergleichen«, weil bei den Griechen der Handel Sache der Metöken war, das Geld in ihren Augen keine große Bedeutung hatte, die Bürger nicht arbeiteten, während bei uns das Gegenteil der Fall ist, da wir ohne Handel, ohne Geld und ohne Arbeit nicht zu Wohlstand und Würde gelangen können.

Dieser Unterschied befugt den gebildeten Menschen von heute, die Unwissenden vor jedem Vergleich der Situation der griechischen Bürger mit der unseren zu warnen. Zwar räumt man ein, daß die Griechen die Demokratie erfunden haben, daß sie als erste dem Volk die Möglichkeit gaben, sich selbst zu regieren, wovon aber nur eine Minderheit der Bürger profitierte, jene, die das »Volk« bildete; in Athen zum Beispiel galten zur Zeit Platons von dreihunderttausend Einwohnern nur dreitausend als alteingesessene Athener, die Bürgerrechte genossen; alle anderen waren Fremde – die berühmten »Metöken« -, und nach ihnen kam die Masse der Sklaven. Letztlich, so sagt man, bildeten die griechischen Bürger eine Art Aristokratie, da die große Mehrheit derer, die auf athenischem Boden lebte, keinerlei Rechte besaß.

Das ist ein großes Mißverständnis. Man verwechselt sowohl die Termini wie die Epochen. Wenn man die »freie« Bevölkerung Athens, den *demos*, gegenüber der Masse als Elite bezeichnet, wenn man sich dazu hinreißen läßt, sie als Aristokratie zu bezeichnen, vergißt man, daß die Demokratie ein historischer Prozeß war, in dessen Verlauf das Volk, d. h. »die Plebs«, den griechischen Adel, die »Geburtsaristokratie« der Eupatriden, gezwungen hat, auf seine Privilegien zu verzichten und seine Macht zu teilen.

Viele Berufshistoriker gefallen sich darin, ihr Forschungsgebiet als Sonderfall zu betrachten, womit sie der alten Überzeugung Vorschub leisten, im Altertum sei »alles anders« gewesen. Aber man darf die Behauptungen der Fachleute nicht für bare Münze nehmen. Alles hat seine Eigentümlichkeit. Nichts leichter, als auf die Unterschiede zwischen der griechischen Demokratie und der unseren zu verweisen, um zu zeigen, daß sie »nichts gemeinsam« haben. Dabei haben sie sehr vieles gemeinsam. Zum Beispiel ihre Entstehung. In beiden Fällen folgt die demokratische Periode auf eine aristokratische Periode, die sich als »feudalistisch« bezeichnen läßt und die wiederum aus einer Periode der Völkerwanderung hervorgegangen ist: in Griechenland hießen die Eroberer Dorer; sie entstammten den indogermanischen Horden, wie die Germanen, die etwa zweitausend Jahre später über das Abendland hereinbrachen. Der germanischen Eroberung, die unserem Mittelalter vorausgeht, entspricht die dorische Eroberung, so daß sich von einem »griechischen Mittelalter« sprechen läßt. In Griechenland ging, wie in der westlichen Welt, aus dieser bewegten und grausamen Periode eine Kriegeraristokratie hervor, die nach und nach Ordnung in die Unordnung brachte: die Feudalordnung, wo der Grundherr die Hörigen beschützt, die ihn ernähren. Und aus dem Zerfall dieses Systems ist die Demokratie entstanden.

Eine solche Analogie ist heute nicht mehr »zulässig«, da sie auf einem Vorgehen beruht, das als antiwissenschaftlich gilt: man könne die Vergangenheit nicht durch die Gegenwart erhellen, ohne zu »projizieren«, also ohne zu entstellen, wie es vor etwas mehr als einem Jahrhundert Fustel de Coulanges noch tat... Mir scheint indes, daß das ein Irrtum ist, denn damit beraubt man sich eines soliden Orientierungsschemas. Von der Entstehung der modernen Welt auszugehen, um die des griechischen Altertums zu erhellen, ermöglicht einleuchtende, wenn auch nicht ganz ungefährliche Vergleiche. Man lese also noch einmal *La cité antique!* Und folge einen Augenblick lang ihrer Spur. Man kann es in aller Ruhe tun, denn Fustel de Coulanges war der erste, der davor warnte, die griechische Demokratie der modernen Demokratie gleichzusetzen. Was ihn nicht davon abhielt, die Ähnlichkeit ihrer Entstehung festzuhalten. »*Es besteht eine gewisse Ähnlichkeit zwischen dem Klienten der antiken Zeiten und dem Hörigen des Mittelalters*«, schreibt Fustel. »*So müssen sich der Klient wie der Hörige in derselben Weise unterwerfen; der eine ist an seinen Patron, wie der andere an seinen Lehnsherrn gebunden; der Klient kann ebensowenig die gens, wie der Sklave die Scholle verlassen. Der Klient wie der Hörige bleiben einem und demselben Gebieter, vom Vater auf den Sohn übergehend, unterworfen.*«[7] Als Gegenleistung für seine Dienste erhält der »Klient« den ständigen Schutz seines »Patrons«, genau wie in unserem Mittelalter. Doch wie in unserer Renaissance verändern die durch die Intensivierung des Handels sich entwickelnden Produktivkräfte diese auf Dienstleistungen gründenden menschlichen Beziehungen: »*Die untere Klasse wuchs nach und nach. Es gibt Fortschritte, die sich undeutlich vollziehen und die trotzdem die Zukunft einer Klasse bestimmen und eine Gesellschaft umwandeln.*« Man nähert sich also der Revolution des Handels: »*Handel und Industrie mußten dann gepflegt werden. Langsam entwickelte sich beweglicher Reichtum; man prägte Münzen; das Geld kam in Umlauf. Das Erscheinen des Geldes bedeutete eine große Revolution. Das Geld wurde als Eigentum nicht so behandelt wie die Erde.*« Das griechische Volk ist also im Begriff, die Welt »heliozentrisch« aufzufassen.

Wie entsteht nun der *demos*? Durch die allmähliche Befreiung der Hörigen. Und wie geht diese Befreiung vonstatten? Kraft des Geldes: »*Es konnte ohne irgendwelche religiöse Formalität von Hand zu Hand gelangen und ohne Hindernis dem Plebejer zukommen. Die Religion hatte wohl auf dem Boden ihre Zeichen und Steine aufstellen können, aber sie vermochte nichts über das Geld.*« Wie zu Beginn der modernen Zeiten steigen Menschen aus dem Volk auf die Stufe der Adligen empor: »*Und gar bald gelangen manche von ihnen zu Reichtum. Seltsame Neuerung! Früher konnten nur die Oberhäupter der gentes Eigentümer sein, und jetzt sehen wir alte Klienten oder Plebejer in Reichtum und*

Wohlleben.« Nach und nach überläßt der Grundherr den Boden denen, die ihn bestellen: »*Wieviel Zeit und Mühe sie brauchten, um durchzudringen, können wir nur erraten. Vielleicht vollzogen sich im Altertum dieselben sozialen Umwälzungen, die wir im Mittelalter in Europa vor sich gehen sahen, wo Sklaven zuerst Hörige waren, die von der Scholle nicht wegkommen konnten, erst zinspflichtig, nach ihres Herrn Willkür, sich dann auf eine bestimmte Summe verglichen und schließlich als Bauern den Boden, den sie bebauten, auch besaßen.«*[8] Wie in der westlichen Welt vollzieht sich die Befreiung der Hörigen im Altertum durch das Geld; die Monetarisierung der Fron und der Abgaben ermöglicht es dem Hörigen nach und nach, seine Freiheit zu kaufen. Anders gesagt, das Wiederaufleben des Handels begünstigt die Entstehung einer autonomen Plebs und den allmählichen Niedergang des griechischen Feudalismus.

Dieses Schema wird heute nicht eben geschätzt, auch wenn es sehr gut funktioniert. Warum sollte man es nicht anwenden? Man nähert sich dem Unbekannten mit Hilfe von Bekanntem, um Gleichheiten und Unterschiede zu bewerten. Das Wiederaufleben des Handels spielte in Europa eine entscheidende Rolle; man darf vermuten, daß es im Altertum ebenso war. Die Völkerwanderungen hatten den Warentausch unterbrochen. Indem die Eroberer die Ordnung wiederherstellen, sorgen sie dafür, daß die Händler ihre Geschäfte wieder aufnehmen können. Am Fuß der Burgen, in den Tälern, auf den Flüssen, an den Küsten belebt sich der Handel von neuem. Das Geld, das Tauschmittel schlechthin, taucht massenhaft wieder auf. Es häuft sich in den Beuteln der Kaufleute. Welch ein Anschauungsunterricht für den Adel! Um Güter zu erwerben, kannte die Kriegeraristokratie nur die direkte Aneignung, die dem Besiegten entrissene Beute. Die Kaufleute machen es besser: sie rauben nicht die Güter anderer, sie tauschen Waren aus – und machen dabei Profit. Die Aristokratie läßt sich von der Gier nach Reichtum anstecken: bald zieht sie es vor, daß ihre Hörigen ihre Verpflichtungen in Geld statt in Arbeitszeit zahlen. Und damit stürzt sie sich ins Unglück. Denn dadurch, daß Arbeitszeit durch Geld ersetzt wird, befreit sich der Bauer von seinen Verpflichtungen gegenüber dem Fronherrn. Und so setzt sich nach und nach die Klasse der Kaufleute durch. Nicht mehr wer Land, sondern wer Gold besitzt, verfügt über die wahre Quelle des Wohlstands. Damit verlagert sich der Schwerpunkt des Gesellschaftskörpers vom Boden und seiner Bebauung zum Markt und zur Stadt. Und von nun an kreisen alle Klassen der Gesellschaft um das Gold – die Zeit der Helden ist vorbei.

Daher der Zorn des Achilles in der *Ilias*. Denn Achilles ahnt dieses unabwendbare Schicksal. Sicherlich ist das nicht evident. Daher möchte ich diese Geschichte kurz in Erinnerung rufen. Achilles weiß, daß sein Leben kurz, aber ruhmvoll sein wird. Als Sohn des Peleus, einem illustren Geschlecht entstammend, weiß er, daß er vor den Toren Trojas sterben wird; aber er weiß auch, daß ohne ihn die Stadt nicht eingenommen werden kann, denn sie wird von Hektor verteidigt, den nur er allein im Kampf zu besiegen vermag. Wenn er damit einverstanden ist, in der Blüte seiner Jahre zu sterben, so deshalb, weil ganz Griechenland seine Tapferkeit feiern wird, weil sie die Zeit überdauern wird und er als der stärkste Krieger, den die Erde je hervorgebracht hat, in die Geschichte eingehen wird. Dabei mangelt es den Reihen der Achäer durchaus nicht an beherzten Männern und Königen. Achilles ist in guter Gesellschaft: angefangen mit Agamemnon, dem König der Könige, dem »Beschützer seines Volks«, der den Auftrag hat, um jeden Preis Helena nach Sparta zurückzuholen, und der das gesamte Heer der Hellenen befehligt. Sparta, wo sein Bruder Menelaos herrscht, gedemütigt von dem schönen Paris (er hat ihm seine Gattin geraubt), jedoch ein mächtiger Herrscher. Da sind auch die beiden Ajas, deren Kraft an die des Herkules gemahnt, außerdem der König von Ithaka, der listenreiche Odysseus, und noch viele andere Helden. Kurz, der ganze achäische Adel ist zur Stelle mit seinen Pferden, seinen Wagen, seinen zahlreichen Truppen.

Und dennoch zürnt Achilles. So sehr, daß er sich zu kämpfen weigert und sich in sein Zelt zurückzieht! Dies ist die Triebfeder des ganzen Epos der *Ilias*. Die Handlung beginnt im zehnten Jahr des Krieges. Bislang leisten die Trojaner Widerstand. Die Griechen müssen in der Umgegend plündern, um ihren Unter-

gegenständen, was liegt am Geld, was am Gold? Es sind Trophäen, Beweise für Mut, Kühnheit, Kampfkraft. Wenn die Gier nach Beute mehr gilt als die Tapferkeit, dann wird die Beute, ein *Antrieb* zu Heldentaten, zum *Mittelpunkt* der Begehrlichkeiten und macht der Feigheit Platz. Denn dann ist der Reichste nicht mehr der Mutigste, sondern der Schlauste. Er wird sich vom Kampf fernhalten und die Früchte des Eifers anderer ernten. Die Gleichheit wird zugrunde gerichtet, und der Erwerb von Reichtümern zählt mehr als der von Ruhm. Das wäre das Ende des wahren Adels, der nur um der Ehre willen Krieg führt und materielle Güter verachtet. Wenn Agamemnon dem Achilles seine Briseis wegnehmen will, um sie, wie Chryseis, in sein Bett zu führen, dann entpuppt er sich nicht nur gegen Achilles als ungerecht, sondern gegen den gesamten Kriegeradel.

Agamemnon erkennt in diesem Augenblick nicht, was bei dem Prozeß, den Achilles ihm macht, auf dem Spiel steht. Zu seiner Verteidigung beruft er sich auf die exzessiven Heldentaten des Achilles und versucht, ihn auf diese Weise zu diskreditieren: *»Wahrlich, du bist mir verhaßt vor allen erleuchteten Herrschern! Immer hast du den Zank nur geliebt und Krieg und Getümmel! Bist du gewaltig, so hat ein Gott wohl die Kraft dir gegeben!«*[10] Anders gesagt, Achilles tut des Guten zuviel, und seine Tapferkeit ist nicht sein Verdienst, sondern das der Götter. Eine höchst gefährliche Erwiderung, denn sie betrifft alle griechischen Könige. Alle entstammen einem göttlichen Geschlecht, und alle verdanken Göttern ihre Macht. Welcher König verdient es zu herrschen, wenn Tapferkeit kein Verdienst, weil ein Geschenk des Olymps ist? Indem Agamemnon dem Achilles seinen Kampfeseifer vorwirft, seinen Drang, sich mit Waffengewalt mit einem Gegner zu messen, beschreitet er einen Weg, der die Ordnung, der er entstammt, untergräbt. Um seinen Machtmißbrauch zu rechtfertigen, verbreitert er die Bresche, in der bald sein wiedergekehrtes »Glück« zuschanden wird. Am Ende braucht man, um zu regieren, nicht mehr tapfer, also auch nicht mehr adlig zu sein. Um zum »Beschützer seines Volks« zu werden, braucht man nicht einmal mehr »König« zu sein: eines Tages wird es genügen, daß man »reich« ist.

Nun werden die Götter zu Richtern aufgerufen. Einer von beiden, Achilles oder Agamemnon, ist seines Ranges unwürdiger als der andere. Ist es besser, von übermäßigem Reichtum verlockt zu werden als von übermäßigem Streit, wie der König der Könige andeutet, oder soll man meinen, nur ein Leben mit der Waffe in der Hand sei es wert, gelebt zu werden? Eine der Leidenschaften, die Gier nach Reichtum oder die Gier nach Ruhm, muß über die andere obsiegen. Aber welche? Das Epos gibt die Antwort. Die Götter sprechen ihr Urteil. Zunächst scheint Agamemnon die Oberhand zu gewinnen. Als Achilles sich anschickt, sein Schwert zu zücken, um ihn niederzuschlagen, hält die vom Olymp herbeigeeilte Athena ihn auf und beruhigt ihn mit folgenden geflügelten Worten: »*Deinen Zorn zu besänftigen, kam ich fern vom Himmel, gesandt von der lilienarmigen Hera, die um beide zugleich in liebender Seele sich kümmert. Aber wohlan, laß ruhen den Streit und das Schwert in der Scheide! Aber mit Worten magst du ihn kränken, wie es dir einfällt. Denn ich sage dir an, und das wird wahrlich vollendet: dreimal so herrliche Gaben empfängst du in künftigen Tagen wegen der heutigen Schmach. Drum faß dich und sei uns gehorsam!*«[11] Achilles folgt dem Geheiß der Göttin. Zur allgemeinen Erleichterung aller verläßt er den Rat. Mit gebrochenem Herzen begibt er sich in sein Zelt und schickt sich in einer übermenschlichen Anstrengung darein, daß man ihm Briseis wegnimmt.

Für Agamemnon kommt alles wieder in Ordnung. Er gibt seine Jungfrau heraus und läßt die des Achilles abholen. Apollo steckt seine grausamen Pfeile in seinen Köcher zurück. Der König der Könige glaubt triumphieren zu können. Welch ein Irrtum! Wie viele Demütigungen harren seiner! Die *Ilias* ist die geduldige Beschreibung dieses Rückschlags. Sehr bald bringt er die Schiffe seines Heeres in Gefahr, jene schnellen Schiffe, die ihm eine ruhmvolle Heimkehr sichern sollen, und gefährdet damit den Ausgang einer Belagerung, die schon seit neun Jahren anhält. Denn Zeus macht ihn im Traum glauben, die Stunde sei einem Angriff günstig. Er sieht darin eine gute Gelegenheit, Achilles eine Lektion zu erteilen und ihm zu zeigen, daß die Hellenen ihn nicht brauchen, daß er ruhig weiter in seiner Ecke

»schmollen« kann. Agamemnon beginnt also die Offensive. Aber Zeus, der ihn in die Falle locken wollte, verleiht den Trojanern einen solchen Schwung, daß sie nicht nur das Lager der Achäer in die Flucht schlagen, sondern bis zu den Schiffen der Eindringlinge vorstoßen, die bald in Flammen aufgehen ...

Als Agamemnon allmählich seinen Irrtum erkennt, bittet er Achilles, den Kampf wieder aufzunehmen. Aber er muß den Kelch bis zur bitteren Neige leeren. Achilles wird sich so bald nicht erheben. Gleichgültig gegen das Flehen des Königs und sogar das Unglück seines eigenen Lagers, in seiner Mißbilligung verkrochen, wartet der Sohn des Peleus bis zum allerletzten Augenblick, ehe er seine Apathie abschüttelt. Erst als Patroklos, sein treuester Gefährte, den Tod im Kampf findet, erschlagen von Hektor (der glaubt, es mit Achilles zu tun zu haben, denn Patroklos trug dessen Waffen), beendet Achilles seinen Streik. Eine harte Lektion für den König der Könige! Das, was Achilles' Hochmut dämpfen sollte, hat sich gegen ihn gekehrt: wer nur mit den Göttern groß ist, ist ohne sie ganz klein. Ohne Achilles' Eingreifen wäre es mit dem Ruhm der Achäer vorbei. Nun muß sich auch Agamemnon in Demut üben, auch wenn sich die Ratschlüsse des Schicksals unter seinem »Kommando« erfüllen. Achilles tötet Hektor, bevor er selbst den Tod findet. Seines besten Schutzes beraubt, fällt Troja, als es sich von einer List des erfindungsreichen Odysseus täuschen läßt. Aber worauf könnte der »Beschützer seines Volks« stolz sein? Wenn er hellsichtig genug ist, muß er zugeben, daß er Unrecht hatte. Im Konflikt mit Achilles stand er nicht auf der richtigen Seite.

Die Geburt des *logos*

Wenn man der Umwälzung Rechnung trägt, die das Auftauchen des Geldes in der Geschichte des alten Griechenlands verursachte, erhält die *Ilias* eine dramatische Dimension, die weit über das Kampfgeschehen zwischen Achäern und Troern hinausgeht. Jenseits der Spannung, für die der Dichter sorgt, geht es um das Geschick des Kriegeradels – und um das ihrer Schutzbefohlenen. Wie ein Vorspiel zur Heraufkunft der Macht des *demos* in Griechenland bringt dieses Epos die Kräfte ins Spiel, die über das Schicksal der Grundherren entscheiden: die Ehre und die Begehrlichkeit. Diese beiden Kräfte sind in Konflikt geraten. Letzten Endes ist der Ausgang fatal. Unter dem Druck der Kaufleute organisieren sich die Stadtstaaten um den Marktplatz, das niedere Volk vermehrt sich, und die Vervielfältigung der handwerklichen Tätigkeiten verschafft den Bauern, die auf dem Land dahinvegetierten, einen selbständigen Broterwerb. Einige werden sogar Hopliten: Krieger ohne Pferde, die das Kriegshandwerk erlernen, um die Stadt zu verteidigen, zum Verdruß derer, denen seit jeher diese Rolle und dieses Privileg zufielen. Ihrer Ländereien beraubt, kann der Adel seine Herrschaft nicht mehr rechtfertigen. Und den Nachkommen des Grundadels bleibt nur noch die Bitterkeit der Niederlage.

Als die *Ilias* von Sängern vorgetragen wurde, hatte sie wohl, den Diensten unserer Troubadoure ähnlich, nur den Zweck, den Adel selbst zu zerstreuen, indem sie von den Heldentaten sagenhafter Vorfahren, einer schon fernen Vergangenheit erzählte. Doch wer weiß, ob dieses Epos, durch neue Improvisationen ständig angereichert, am Ende nicht die Wirklichkeit des Augenblicks widerspiegelte. Ich kann mir durchaus einen epischen Dichter vorstellen, der seinen Gesang zu einer Mahnung macht und seinen Zuhörern sagt, daß sie wie Agamemnon handeln. Ja, ich stelle mir einen Homer vor, der hellsichtig oder inspiriert genug ist, um den »Herren« zu sagen, was sie erwartet, wenn sie sich von den Lockungen des Goldes verführen lassen. Falls Homer wirklich existiert hat und wir ihm die heutige Version dieses Epos verdanken, dann wäre er auf einer der Inseln vor der Küste geboren worden, wo die Stätte von Troja liegt. Viele Jahrhunderte sind seit dem berühmten Krieg vergangen, aber nur wenige trennen ihn von der Herrschaft des *demos*. Der Fortschritt ist noch »dunkel«, aber er nimmt seinen Lauf und sollte sich bald offen zeigen.

Die Erde, die seit sehr langer Zeit von einem Herrn auf seine Nachkommen vererbt wurde, fand nach und nach andere Herren. Zunächst diejenigen, die sie bebauten, wie Fustel es nahelegt, wenn er vom neuen Status des »Klienten« spricht: *»Er bebaute die Erde nicht mehr für seinen Herrn, sondern für sich selbst. Er bekam seinen Anteil von der Ernte als eine Art von Zins* [was heißt, daß Geld zirkulierte]. *So fand seine harte Arbeit ihre Belohnung, und er lebte von nun an stolzer und freier.«*[12] Und während der Bauer sich emanzipiert, einige Mitglieder der Plebs zu Wohlstand gelangen, Neureiche auftauchen, die Erde ein bewegliches Gut wird und die Geschichte sich um ihre Achse dreht, kehrt sich die Situation so sehr um, daß einige Adlige – eine ebenso unglaubliche Neuerung – Arme werden: *»Der Luxus, der den Mann des Volkes bereicherte, machte den Eupatriden arm; in vielen Städten, besonders in Athen, sah man einen Teil der Aristokratie in Elend geraten.«* Untergang eines Himmelskörpers, der einst als göttlich galt! So wie der Mond untergeht, wenn die Sonne erscheint, so beginnt der griechische Adel, der früher in all seinem Glanz für den Schutz seines »Volkes« sorgte, in dessen Schatten zu leben ...

»Wie ist das möglich!« fragt man sich hier und dort. Was ist das für eine Kraft, die man deutlich am Werk sieht und die die Mächtigen solcherart zum Narren hält. Was tun die Götter währenddessen? Wie konnten sie so etwas zulassen? Haben sie zu lange geschlafen? Sind sie trunken gewesen? Haben sie irgendwelche Drogen genommen? Die Nachkommen ihrer Nachkommen verlieren, zwei Schritte vom Olymp entfernt, den Boden unter den Füßen und erhalten keine Hilfe? Hören sie denn nicht, wie einer der Ihrigen ruft: *»Die Leute, die ungelehrt vordem* *waren in Recht und Gesetz, als Hülle um die Lenden die Vließe der Ziegen verbrauchten und, wie die flüchtigen Hirsche, außerhalb wohnten der Stadt, sie sind nun die Wackeren; und die einst Edlen sind nun schlecht: wer wohl duldete solches zu schau'n?«*[13] Es ist die Stimme von Theognis. Man weiß, daß er in Megara geboren wurde, zur Zeit der Perserkriege, d. h. um die Wende des 5. Jahrhunderts vor unserer Zeitrechnung. Er war Mitglied der Aristokratie, verlor bei einem Volksaufstand seine Güter und mußte ins Exil flüchten. Ein erbitterter Feind der Macht des *demos,* der seinen Verdruß jedoch nur in Versen hinausschreien kann, um von den Göttern Rechenschaft zu fordern, das heißt, er ist zur Ohnmacht verurteilt.

Der Sammlung seiner Gedichte haben die Griechen zahlreiche »erbauliche« Maximen entnommen: aus dem mit Ärger, Zorn, Wut und Verzweiflung erfüllten *Elegien* machte man ein Handbuch für den Moralunterricht (wobei man freilich sein Lob der Trunkenheit und der geschlechtlichen Freuden geflissentlich ausklammerte und es den Banketten der Erwachsenen vorbehielt). Ironie der Geschichte! Wenn Theognis erklärt: »*Wer Wohltaten den Schlechten erzeigt, hat zum Lohne den Undank, wie wenn Samen er streuen wollte in die schäumende Flut*«, weiß man nicht mehr, wer für ihn die Schlechten sind. Die Schlechten sind nun aber die *kakoi,* jene, die eine schwarze Seele haben. Und warum haben sie eine schwarze Seele? Weil sie ein mittelmäßiges, dunkles, kleinliches Dasein fristen, weil sie furchtsam und feige sind, dicht am Boden leben, flüchtige Schatten, die niemals die Augen zu den Herrlichkeiten des Himmels erheben, weil sie zählen, rechnen, aus Eigennutz handeln, weil sie Angst vor dem Tod haben, vor dem, was sie im Hades erwartet, ohne zu sehen, daß sie sich bereits dort befinden, weil sie keine Ehre haben, weil für sie nur die Reichtümer zählen und weil sie keinen anderen Gott haben als Pluto, den schwärzesten aller Götter, den Gott des Reichtums. Pluto ist der Gott der Reichen, derer, die Vater und Mutter verkaufen, um ihre Gier nach Gold zu befriedigen, die zu jedem Verbrechen, zu jeder Korruption bereit sind, sofern es ihnen etwas einbringt: die Antithese der *aristoi,* der »Guten«, mehr noch, der »Besten«. Es ist verlorene

Mühe, aus den »Schlechten« Gute machen zu wollen, denn sie sind vom Gold geblendet.

Die Würfel sind indes gefallen. Theognis wird den Prozeß nicht gewinnen. Die gute alte Zeit wird nicht wiederkehren. Die Söhne der Götter werden ihre Macht verlieren. Und wer bestimmt es so, wenn nicht die Götter? Werden die »Guten« nicht für die Fehler ihrer Vorfahren bestraft? Haben sie nicht selbst ihre Kaste verraten und sich von Pluton verführen lassen? Haben nicht viele von ihnen eine schwarze Seele? Wenn Fortuna anderen lächelt, liegt das nicht daran, daß Zeus es so will? Wer weiß im Grunde, was Zeus will? Kommen auf einen Theognis, der sich beklagt, nicht viele Weise, die sich freuen? So soll Solon persönlich einst eine Hymne auf die neuen Dinge verfaßt haben. Der Überlieferung zufolge hat er damit begonnen, die Gesellschaftsordnung umzukehren. Aber wie hätte er das ohne die Hilfe einer göttlichen Macht bewerkstelligen können? »*Mit Gottes Hilfe vollbracht ich, was ich einst versprach*«, ruft er aus. »*Das zeuge du, erhabene Mutter aller Götter, o dunkle Erde, der ich viel der Steine, Male der Verschuldung einst ausgrub; die du geknechtest warst, du atmest wieder frei.*« Wenn sich die Adligen mit der Ausbreitung des Handels vom Gold verlocken lassen und ihre Privilegien verlieren, wenn die Bauern sich befreien und Herren ihres Bodens werden, den sie bebauen, wenn der Boden zur Ware wird und in die Hände derer fällt, die ihn kaufen, wenn der Markt zum Mittelpunkt der Bewohner Griechenlands wird – geschieht dies alles dann nicht deshalb, weil Zeus es will?

Zumindest ist die Frage gestellt. Hier stößt das Epos an seine Grenzen. Seine Beschwörungskraft erschöpft sich. Dem Dichter der alten Ordnung geruht kein Gott mehr zu antworten. Vielleicht muß man anders zu ihnen sprechen. Oder vielleicht haben sie ihre Macht eingebüßt. Oder vielleicht haben sie nie welche gehabt. Vielleicht existieren sie gar nicht. Aus einer einzigen Frage erwachsen tausend andere. Und aus diesen Fragen tausend Zweifel. Aus diesen Zweifeln entsteht der *logos* – die Vernunft. Es geht in der Geschichte um die Beschaffenheit der Welt, um die Kraft, die sie bestimmt, um die Möglichkeit, sich ihr engegenzustemmen. Also um die Ordnung des Universums, um die Natur ihrer Elemente sowie um deren Hierarchie, um das Prinzip, das sie alle beseelt, sowohl die Menschen als auch die Tiere, den Wind, das Meer, die Himmelskörper. Die Zeit ist gekommen, nicht länger von den Göttern die Antwort auf alle diese Fragen zu erwarten. Von nun an gilt es, aus eigener Kraft zu denken. Selber auf die Fragen zu antworten, die die Götter nicht mehr beantworten.

Und bald wimmelt es von Antworten. Es ist die Zeit der »Denker« Griechenlands. Auf dem Archipel, auf dem Kontinent ergreifen sie nacheinander das Wort, um ihre Version der Tatsachen vorzulegen. Für den einen ist das Urprinzip das Wasser, für den anderen dagegen das Feuer. Ein anderer sieht allenthalben das Gesetz der Zahl, wieder ein anderer hält ihm den Zusammenprall der Atome entgegen. Man ist in das Zeitalter der »Wissenschaft« eingetreten, die sich über die religiösen Glaubensvorstellungen erhebt. Den mythischen Berichten über die Ursprünge, welche die Priester dem Volk übermittelten, indem sie alle möglichen Traditionen zusammenfügten, die sie schlecht und recht unter die einigende Ägide von Zeus zu stellen versuchten, diesen Berichten stehen die »rationalen Erklärungen« gegenüber: der zuerst von den Sängern, dann von den Priestern der Stadt übermittelte *mythos* wird durch den *logos* ersetzt; die Dunkelheit der mythischen Erzählungen durch das »Licht« der Vernunft. Da die Götter sich taub stellen, entsteht die *Urteilskraft*. Von Solon bis Thales ist es nur ein Schritt, aber es ist der Schritt, der die Menschen von den Göttern befreit. Solon behauptete, er habe Zeus zum Bürgen; Thales dagegen behauptet, auf ihn verzichten zu können. Auf diesem Weg folgen ihm alle anderen mit Begeisterung: da ist Parmenides und die Idee des Einen; da ist Heraklit und die Idee des Vielen; Empedokles mit seiner Zwietracht (die mit der Eintracht rivalisiert); Pythagoras, für den es allein auf die Zahl ankommt; Demokrit, für den sich alles auf Materieteilchen reduziert, und schließlich Anaxagoras, der allein dem *Nus*, dem Geist, den ersten Anstoß für die Entstehung der Welt zuschreibt… Eine unerhörte Plejade von »Denkern« wetteifert an Einfallsreichtum, aber alle verzichten auf die Götter. Denn das menschliche Denken kann ihren Platz einnehmen.

Aus zweitausendfünfhundert Jahren Abstand ist es gewiß nicht leicht, das Auftauchen der griechischen Aufklärung zu durchschauen. Eine beachtliche Zahl von Spezialisten bemüht sich noch immer darum, und man kann bei der Rekonstruktion ihrer Entfaltung gar nicht vorsichtig genug sein. Vor allem, weil von den Autoren nur sehr wenig erhalten geblieben ist, weil die meisten ihrer Werke nur in Form von Fragmenten überliefert sind und weil wir von ihnen im allgemeinen nur über die Werke von Autoren Kenntnis haben, die oft viele Jahrhunderte später lebten – falls sie nicht gar entstellt oder verfälscht worden sind.[14] Und weil schließlich alle Denker jener Epoche mehr oder weniger die Erben von Erkenntnissen sind, die von anderswoher stammen. So verdankt Anaxagoras die Unterscheidung zwischen Planeten und Sternen, die Bestimmung der Umlaufzeit der Himmelskörper, d.h. sein astronomisches Wissen, den Chaldäern, und die Idee, daß die Intelligenz im gesamten Weltall verbreitet ist, der ägyptischen Kosmogonie von Heliopolis. Und weil sich andererseits jeder der Neuankömmlinge nicht damit begnügt, ein System zu erarbeiten, das dem der anderen in nichts nachsteht, sondern sich vielmehr jeweils gegen alle anderen wendet, wie Demokrit, der die unvergängliche Einheit des Seins von Parmenides auf eine Wolke unendlich vieler Atome reduziert.

Aber daran soll es nicht liegen! Wenn das Auftauchen der griechischen »Wissenschaft« unserer Aufklärung ähnelt, sollten wir die Analogie pflegen. Nehmen wir Demokrit! Er stammt aus Thrakien, ist ein Bürger von Abdera im Norden der Ägäis. Wahrscheinlich wurde er zwischen 500 und 450 v. Chr. geboren, d. h. zur Zeit der Perserkriege oder kurz vor dem Peloponnesischen Krieg. Man weiß lediglich, oder glaubt zu wissen, daß seine Lehre derjenigen der Eleaten entgegensteht, welche die Bewegungen der Welt neutralisieren, um sie denken zu können. Parmenides, deren Anführer, sah voller Verachtung auf die gewöhnlichen Leute herab, die dem, was ihre Sinne ihnen wahrzunehmen erlauben, Glauben schenken: »*Wohlan, so will ich denn sagen (nimm du dich aber des Wortes an, das du hörtest), welche Wege der Forschung allein zu denken sind: der eine Weg, das IST ist und daß Nichtsein nicht ist, das ist die Bahn der Überzeugung (denn diese folgt der Wahrheit), der andere aber, daß NICHT IST ist und daß Nichtsein erforderlich ist, dieser Pfad ist, so künde ich dir, gänzlich unerkundbar ...«*[15] Die gewöhnlichen Leute glauben, was sie sehen, was sie hören, was sie berühren, selbst wenn sich das, was sie wahrnehmen, von einem Augenblick zum andern völlig verändert; kurz, sie sind Opfer des »Vor-Urteils«. Um Ordnung in das Chaos der Wahrnehmungen zu bringen, muß man die Widersprüche aufspüren und darf infolgedessen nicht gleichzeitig eine Sache und ihr Gegenteil annehmen. Am Ende dieses Verfahrens, die Widersprüche auszutreiben, gelingt es Parmenides, das Sein als eine einzige, unbewegliche, ewige und »fertige« Sphäre zu erkennen.

Aber diese Sphäre, so wunderbar sie ist, erklärt nichts von dem, was erklärt werden muß. Ich sehe von weitem eine Akropolis, und wenn ich mich ihr nähere, stellt sich heraus, daß es eine Stadt ist; oder es erfaßt mich Schrecken, wenn ich einen lärmenden Wagen höre, der von einem sehr großen und furchterregenden Mann gelenkt und von mächtigen Pferden gezogen wird, bis er, weiterfahrend, immer kleiner wird und schließlich in einer Staubwolke verschwindet. Habe ich geträumt? Bin ich Halluzinationen zum Opfer gefallen? Mag sein, daß ich geträumt habe. Aber wenn alle dasselbe sehen und hören wie ich? Doch genau dies ist in Griechenland geschehen. Zwischen dem, was die Dichtungen erzählen, wovon noch immer zahlreiche Sänger berichten und was viele Bürger von einer noch recht nahen Vergangenheit mitteilen, und dem, was heute jedermann sehen kann, bestehen große Unterschiede. Die Veränderung ist so gewaltig, daß man nicht von Täuschung sprechen kann. Früher hing man von einem Einen ab, und nur dieses war mächtig: es allein zählte und enthielt alles und es fehlte ihm nichts, kurz, es war die Sphäre des Parmenides. Das ist heute nicht mehr der Fall: diese Abhängigkeit existiert nicht mehr, und jeder kann nur noch auf sich selbst bauen: *»Ein Wirbel sei von dem All abgesondert worden aus mannigfaltigen Formen.«*[16]

An die Stelle der schönen Ordnung der Vergangenheit tritt eine ununterbrochene Folge von Zusammenstößen winziger Elemente. Oh, das Atom ist nichts im Vergleich zum All, aber das All ist nichts ohne Atome. Ohne Atome gäbe es nur Leere und Nichts. Die Bewegungsfreiheit der Atome schafft alle möglichen Anhäufungen, und diese Atomhäufungen lassen neue Welten entstehen.

Wo würde die Stadt sonst herkommen? Die Herren wohnten früher auf den Hügeln, die man »Akropolen« nennt. Es waren Adlernester, häufig uneinnehmbar. Dorthin flüchteten sich ihre Hörigen im Fall einer Invasion des Lehens. Wo sind sie denn, diese einstigen Herren? Von weitem sieht man noch immer diese Hügel, die noch immer denselben Eindruck erwecken, aber heute sind sie verödet. Nur einige Priester gehen dort umher; das Leben spielt sich an ihrem Fuß ab, innerhalb einer sehr viel umfassenderen Mauer, und rings um den Marktplatz tummelt sich die geschäftige Menge. Soll man diese Wirklichkeit leugnen? Soll man sie für eine Täuschung halten? Wer hat die Stirn zu behaupten, das alles sei nichts? Diese Verachtung mag auch einer aristokratischen, über den Lauf der Dinge verärgerten Seele entspringen, doch wie zuverlässig kann in diesem Fall seine »Wissenschaft« sein? *»Wir aber erfassen in Wahrheit nichts Untrügliches, sondern nur was wechselt entsprechend der Verfassung unseres Körpers und der ihm zuströmenden oder entgegenwirkenden Atome.«*[17] Die Eleaten behaupten, zur absoluten Wahrheit zu gelangen, indem sie die Wirklichkeit der Stadt leugnen und den Vorgang, der sie hervorgerufen hat, als Täuschung bezeichnen. Sie sehen nicht, daß diese Behauptung, weit davon entfernt, die von den meisten Menschen dankbar gemachte Erfahrung zu entkräften, sich ihrerseits als Ergebnis des Laufs der Geschichte betrachten läßt, des Zusammenpralls der Atome einer Welt, die zugunsten einer anderen zerfallen ist. Letztlich beweist ihre Arroganz nur eines: ihre Ohnmacht.

In dieser Polemik über die Natur des Seins trifft sich Demokrit mit einem »Denker«, der ihm geographisch zwar näher stand, aber höchstwahrscheinlich die Begeisterung der Plebs für die Atomisierung der griechischen Welt nicht teilte. Ich meine Heraklit. Aus einer Priesterfamilie aus Ephesos stammend, an jener Küste Kleinasiens, die der Insel Samos gegenüberliegt, nannte man ihn den »Dunklen« ... Was die Arroganz betrifft, so hatte es Heraklit zur Meisterschaft gebracht. Er verachtete die Menge so sehr, daß er sich nicht scheute, auszurufen: »*Einer gilt mir als zehntausend, falls er der Beste ist*«[18] – womit er vorbehaltlos jedes demokratische, auf dem Gesetz der Zahl beruhende Regime verwarf. In einer Demokratie hat jeder Mann eine Stimme, und keine Stimme gilt mehr als eine andere: folglich macht die Mehrheit das Gesetz, auch wenn die Mehrheit sich irrt. Heraklit verwirft diese Nivellierung unwiderruflich. Dennoch kehrt er der Realität nicht den Rücken, er tritt ihr entgegen. Statt den Lauf der Dinge zu *leugnen, denkt* er sie. Bei Wahrung einer hochmütigen Distanz denkt er das Auftauchen des *demos:* »*Eins gibt es, was die Besten allem anderen vorziehen: den ewigen Ruhm den vergänglichen Dingen; die Vielen freilich liegen da vollgefressen wie das Vieh.*«[19] Die Besten, das sind die *aristoi,* was uns geradewegs in die homerische Welt zurückführt, zu den Heldentaten des Achilles, des Lieblings der Götter. Aber diese Welt ist nicht mehr, und zwar deshalb nicht, weil am Ende das Gold sie verseucht und zugrunde gerichtet hat. Ruinen zeugen von der vergangenen Macht der Besten! Und eben diese unerbittliche Absurdität gilt es zu begreifen. Gibt es etwas Absurderes, als die Herrschaft der Besten versinken zu sehen? Die Besten hätten niemals versinken dürfen, da sie die Besten waren. Oder soll man etwa zugeben, daß die Kaufleute besser sind als die Besten? Das ergibt keinen Sinn! Die Kaufleute entstammen der Plebs, nicht den *aristoi.* Es steckt also etwas anderes dahinter.

Da ist die Macht des Feuers. Das Feuer hat die Macht der Krieger zerstört. Zumindest sein Wiedererscheinen: »*Diese Weltordnung, dieselbige für alle Wesen, schuf weder einer der Götter noch der Menschen, sondern sie war immerdar und ist und wird sein ewig lebendiges Feuer, erglimmend nach Maßen und erlöschend nach Maßen.*«[20] Dieser Punkt ist entscheidend. Die Welt hat weder Anfang noch Ende, aber sie durchläuft Phasen, in denen das Feuer bald verschwindet, bald wieder auftaucht, in einem Wechsel ohne Ende. Dieses Modell entnimmt Heraklit nicht seiner Phantasie, sondern dem, was er vor Augen hat. Einst vor seinen glühenden und zerstörerischen Strahlen geschützt, konnte der Kriegeradel dem Auftauchen des Goldes nicht widerstehen. Des Goldes als des höchsten Wertes, des Mittels, das besser als jedes andere geeignet war, sich die Güter der anderen anzueignen und alle vorhandenen Reichtümer durch Schaffung neuer zu übertreffen. »*Wechselweiser Umsatz: des Alls gegen das Feuer und des Feuers gegen das All, so wie der Waren gegen Gold und des Goldes gegen Waren.*«[21] Daß der Boden unter die Macht des Goldes geriet, liefert Heraklit den Schlüssel zu der Frage, warum das Verschwinden der Herrschaft der Besten so wenig Sinn ergibt. Das Feuer steht im Mittelpunkt der Welt wie das Gold im Mittelpunkt der menschlichen Angelegenheiten.

Die Sieger haben indes keinen Grund zu frohlocken. Denn es ist keine Vernunft in dieser Geschichte. Sie bleibt absurd. Nichts garantiert dem heute Glücklichen, daß sein Glück ewig währt: »*Die Lebenszeit ist ein Knabe, der spielt, hin und her die Brettsteine setzt: Knabenregiment!*«[22] Was er aufgebaut hat, kann er nach Gutdünken zerstören. Zum Spaß, wie ein Knabe. Hier spricht ein Priester. Er kann sowohl den Verlust der vergangenen Zeit beklagen als auch die künftige Zeit vorhersagen: »*Denn alles wird das Feuer, herangekommen, richten und verurteilen.*«[23] Wenn die Götter taub geworden sind für die Not derer, die von den Besten abstammen, so werden sie für die Not der derzeitigen Herren ebenso taub werden. Dieses Gold, das alles seinem Gesetz unterwirft, wird bald denen, die es bereichert, die Finger verbrennen. Dazu braucht sich das Fieber nur der Menge zu bemächtigen, sobald diese begriffen hat, daß sie von den neuen Reichen getäuscht wird ...

Diese Prophezeiung rechtfertigte zweifellos den Beinamen, den man Heraklit gab. In der Euphorie des Sieges der Tauschwirtschaft meinten viele, klarer zu sehen als er. Wie Demokrit, aber weit erfolgreicher, entwickelt Anaxagoras eine Entstehung der Welt, die Heraklits Fatalität ausschließt. Er ist fast sein Nachbar, denn er wurde in Klazomenai geboren. Aber er nimmt die Herausforderung an. Der Geist ist stärker als das Feuer, versichert er, denn er ist stärker als alles: »*Denn er ist das feinste aller Dinge und das reinste, und er besitzt von allem alle Kenntnis und hat die größte Kraft. Und was nur Seele hat, die größeren wie die kleineren Wesen, über alle hat der Geist die Herrschaft.«*[24] Das Gold ist weniger leicht und weniger subtil als das Feuer, aber das Feuer ist weniger leicht und weniger subtil als der Geist. Weniger subtil! Also kann der Geist das Feuer überwinden – und erst recht das Gold, auch wenn die Zeit sich weiter dreht. Über den Priester aus Ephesos hinausgehend, läßt sich Anaxagoras von den Priestern aus Heliopolis inspirieren, wenn er behauptet, daß nicht das Feuer die Dinge bewegt, sondern der Geist: *»Auch über die gesamte Umdrehung hat der Geist die Herrschaft angetreten, so daß er dieser Umdrehung den Anstoß gab. Und zuerst fing diese Umdrehung von einem gewissen kleinen Punkte an, die Umdrehung greift aber weiter und wird noch weiter greifen.«* Optimistischer kann man nicht sein. Und Anaxagoras hat einen guten Grund, optimistisch zu sein: er verbringt sein Leben in Athen, in Gesellschaft eines gewissen Perikles zur Zeit seines höchsten Ruhms.

Die Hellsicht des Sophokles

Kam das Volk bei den Spekulationen seiner Denker auf seine Kosten? Das ist wenig wahrscheinlich. Was das Schicksal, den »Fortschritt« hin zu Freiheit, die Zustimmung oder den Zorn der Götter anging, so hatte es seine eigene Art, die Dinge zu sehen. Und wenn die Priester es nicht zufriedenstellten, fand es Mittel und Wege, sie zu Neuerungen zu bewegen. Vielleicht ist dies die Erklärung für den beispiellosen Erfolg, den im 5. Jahrhundert einer ganz besonderen Form religiöser Zeremonie beschieden war: der attischen Tragödie.

Der Ursprung der griechischen Tragödie bleibt in Dunkel gehüllt. Ihr Höhepunkt fällt mit dem der Demokratie in Athen zusammen, nach den Perserkriegen. Aber wie ist sie entstanden? An ihrer religiösen sowie populären Natur besteht kein Zweifel. »Tragödie« bedeutet »Bocksgesang« und weist auf eine direkte Abstammung von den Zeremonien hin, mit denen man dem Dionysos bei den Festen zu seinen Ehren einen Kult weihte. Dionysos, der Gott des Weins, bringt den Menschen soviel Lebensfreude, versetzt sie in einen solchen Rausch, wird mit soviel Elend fertig, daß man ihn gar nicht genug preisen kann... Daher feierte man in langen fröhlichen Umzügen die unwiderstehliche Macht dieses Gottes, wobei man Dithyramben sang und bis zum Selbstvergessen tanzte. Begleitet von den Dienern des Dionysos, den Silenen und den bocksfüßigen Satyrn, bekräftigte das Volk seine Überzeugung, gegen den Schmerz gefeit zu sein. Der Unterschied zwischen diesen Festlichkeiten und der Tragödie in ihrer klassischen Form scheint auf den ersten Blick sehr gering zu sein, wenn man bedenkt, daß sie Gelegenheit zu einem Schauspiel bietet, das während des Festes der »Großen Dionysien« aufgeführt wird. Immer läßt sie einen »Chor« auftreten, der singt und tanzt... Das Problem ist nur, daß dieser Chor überhaupt nicht frohlockt: er bringt vielmehr seine Zeit damit zu, sich zu beklagen. Und dazu hat er allen Grund. Denn was sich vor seinen Augen abspielt, ist nicht erfreulich: die Helden hören nicht auf, einander umzubringen, Eide zu brechen, furchtbare Schändlichkeiten zu begehen. Schlimmer noch, meist werden die Verbrechen innerhalb ein und derselben Familie verübt: ob bei Aischylos, Sophokles oder Euripides, überall sieht man Morde, Inzeste, Torturen unter Vätern, Müttern und Kindern. Alles verläuft so schlecht, daß die Tragödie wahrhaft zu tragisch ist, um eine natürliche Fortsetzung des dionysischen Dithyrambus zu sein.

Man kommt der Lösung wohl näher, wenn man das Wesen des Dionysos ergründet. Er scheint ein »später« Gott des Olymps zu sein, eine Art Anhängsel der Götterfamilie. Zum Vater gab man ihm zwar Zeus persönlich und ließ ihn eine nicht unwichtige Rolle im Widerstand der Götter gegen die Titanen spielen. Im übrigen aber hatte Dionysos in der Schlacht das Leben verloren, die Titanen hatten ihn zerfleischt: an diese schreckliche Prüfung, diese »Passion«, an deren Ende seine Glieder herausgerissen und verstreut worden waren, erinnerte sein Name: Zagreus. Aber in Wahrheit stand Dionysos den Göttern der Erde näher als denen des Himmels. Wie der ägyptische Gott Osiris, der Gott der Toten, dessen Körper ebenfalls »zerstükkelt«, dann von Isis, seiner Gemahlin und Schwester, geduldig wieder zusammengesetzt worden war, fügte sich Dionysos ohne weiteres in den Zyklus der Vegetation, die im Winter stirbt, um im Frühling wiedergeboren zu werden. Neben der Göttin Demeter, der Göttin der Ernten, war er verantwortlich für das üppige Wachstum der Lebensformen, für das Ansteigen des Safts in den Stämmen – allen Stämmen –, und man verehrte in ihm das Mysterium der Fortpflanzung der Lebewesen. Es war also nicht verwunderlich, daß der Jubel, der bei den Festen zu seinen Ehren ausbrach, sich anläßlich der Großen Dionysien in den Klagen eines feierlichen Chors und der mimetischen Erinnerung an namenlose Grausamkeiten äußern konnte. Diesen Grausamkeiten gab man nun Namen, wobei man die Legendenzyklen über die alten Helden heranzog, wie um all den Leiden des Daseins einen Sinn zu geben: sie erhielten einen Platz im »Zyklus« des Daseins, dank dem sie dem Jubel weichen mußten, denn wie der

Tod des Gottes waren sie Vorboten eines neuen Lebens, einer Regeneration der Körper und der Herzen.

Man kann noch einen Schritt weitergehen. Denn Dionysos, der eng mit dem Demeterkult verbunden ist und als solcher bei den »Mysterien« wie denen von Eleusis eine entscheidende Rolle spielte, hat eine lange Vergangenheit. Als Gott des Weins und der Trunkenheit, als Gott des Sexus und der Fortpflanzung scheint dieser Dionysos nicht etwa ein »später«, sondern ein besonders archaischer Gott zu sein. Nur als Gast des Olymps und Sohn des Zeus ist er spät gekommen. Doch man findet seine Spur in Kulten, die deutlich älter sind als derjenige der berühmten »olympischen Welt«. Sollte dies der Fall sein, so heißt das, daß dem Dionysos das Schicksal der Populationen widerfuhr, die vor der Zeit der Völkerwanderung auf dem Boden Griechenlands lebten. Häufig bezeichnet man diese Völker als Pelasger. Sie sollen eine gemeinschaftliche Lebensweise gehabt haben, ähnlich jener der keltischen Stämme in Europa vor dem Eindringen der Germanen: Ackerbau und Viehzucht wurden gemeinsam betrieben, es gab kein Privateigentum an Grund und Boden. Daher hatten sie allen Grund, den Gott zu ehren, der ihre Lebenskräfte immer wieder erneuerte. Aber nehmen wir an, daß diese Pelasger jahrhundertelang die Wellen arischer Eroberer aus Zentralasien über sich ergehen lassen mußten, daß auf ihrem Boden das Chaos herrschte und die schöne Einheit der Gemeinschaft zerstörte: dann wäre ihnen dieselbe Marter widerfahren wie Dionysos ... Nehmen wir an, diese Barbaren wären ihnen unter dem Namen »Titanen« im Gedächtnis geblieben. Dem Volksglauben zufolge war es die Aufgabe der Götter des Olymps, Ordnung in das von den Titanen geschaffene Chaos zu bringen. In der Geschichte nun aber haben die dorischen Eroberer diese Rolle gespielt, mit Hilfe ihrer eigenen Götter. Nachdem die Titanen von den neuen Göttern besiegt worden waren, fand das Volk bei diesen letzteren Schutz. Aber es fand nicht zu seiner Einheit zurück. Sein einst freies und gemeinschaftliches Leben mußte es dem Unterhalt seiner Herren widmen, denen es das Ende seines Alptraums verdankte. Es ist also denkbar, daß das Volk der Bauern, das überlebt hat, wenn auch von den Barbaren zerstückelt, dann von den Siegern geteilt und leibeigen geworden, sich nach und nach danach sehnte, seine Einheit, sein ungezwungenes Leben, seine Handlungsfreiheit zurückzuerlangen, daß es davon träumte, die Grenzen zwischen den Ländereien, auf denen sie verstreut waren, zu beseitigen, die Grenzsteine herauszureißen, die ihre Qual verewigten und die jetzt, da die Barbaren seit langem zurückgedrängt waren, keine Daseinsberechtigung mehr hatten. Durch die Kraft der Sehnsucht nach einer fernen (und deshalb um so schöneren) Vergangenheit konnte sich der Dionysoskult mit einem subversiven Inhalt anreichern.

Es ist oft darauf hingewiesen worden, daß der Dionysoskult Sache der Frauen war. Um seinen erstaunlichen Sieg mitten im griechischen Volk zur Zeit der Demokratie und die Begeisterung, die dieser Kult in den Städten weckte, zu verstehen, ist diese Verbindung tatsächlich entscheidend. Schon Johann Jakob Bachofen, ein Zeitgenosse von Fustel de Coulanges, schrieb in einer großen Studie über das Matriarchat kurz und bündig: *»Dionysos ist im vollsten Sinne des Wortes der Frauen-Gott, die Quelle aller ihrer sinnlichen und übersinnlichen Hoffnungen, der Mittelpunkt ihres ganzen Daseins, daher von ihnen zuerst in seiner Herrlichkeit erkannt, ihnen geoffenbart, von ihnen verbreitet, durch sie zum Siege geführt.«*[25] Als guter Jurist erkennt Bachofen in diesem weiblichen Einverständnis eine aufgrund der Unterwerfung unter das »starke Geschlecht« hervorgerufene Nostalgie: *»Der Erdmutter Demeter sterbliches Bild wird jedes Weibes Schoß den Geburten des andern Geschwister schenken, das Heimatland nur Brüder und Schwestern, und dies so lange bis mit der Ausbildung der Paternität die Einheitlichkeit der Masse aufgelöst und das Ununterschiedene durch das Prinzip der Gliederung überwunden wird.«*[26] Dieser weibliche Aspekt des Dionysoskults ist der Motor nicht nur des Kampfs um die Befreiung der Frau, sondern auch des Kampfs aller Opfer der bestehenden Ordnung. Indem die Frauen die fromme Erinnerung an den zerfleischten Gott bewahren, nähren sie die moralische Kraft, die alle Unterdrückten, nicht nur die Frauen, brauchen, um die herrschende Macht zu brechen. Denn das

Patriarchat hat das Todesurteil des gemeinschaftlichen Lebens, des freien Lebens, in dem Gleichheit unter den Menschen herrschte, besiegelt: »*Wie in dem väterlichen Prinzip die Beschränkung, so liegt in dem mütterlichen das der Allgemeinheit; wie jenes die Einschränkung auf engere Kreise mit sich bringt, so kennt dieses keine Schranken, so wenig als das Naturleben. Aus dem gebärenden Muttertum stammt die allgemeine Brüderlichkeit aller Menschen. (...) Die auf das Vaterrecht gegründete Familie schließt sich zu einem individuellen Organismus ab.*«[27] Die dionysische Religion wird auf ganz natürliche Weise zu einer Religion des dienenden Standes, der bestrebt ist, die Vielfalt der Kasten durch die Einförmigkeit der Demokratie zu ersetzen. Dies ist im übrigen Bachofens These. Man braucht sich also nicht zu wundern, daß der lange Kampf der den Dorern unterworfenen Bauern zusammenfällt mit der machtvollen Wiederkehr des Dionysoskults, auf dem Weg des dionysischen Dithyrambus.

Ebensowenig verwunderlich ist, daß die Geburt der Demokratie zeitlich mit derjenigen der Tragödie zusammenfällt. Die Stunde der Wahrheit dieser jahrhundertelangen Konfrontation kommt in dem Augenblick, wo Persien zur Bedrohung wird. Anfang des 5. Jahrhunderts bekundet Xerxes, der König der Könige, unverhohlen die Absicht, seine Hände nach Griechenland auszustrecken, und er fällt in Attika ein. Und da geschieht das Unglaubliche: Dort, wo man die Kriegeraristokratie erwartet, deren Handwerk der Krieg ist, dort greift als erstes die Plebs zu den Waffen und wirft den Eindringling zurück. Marathon und Salamis sind die Höhepunkte dieser unerhörten Heldentat. Das Volk hat den Staat verteidigt! Von nun an hat die alte Ordnung keine Daseinsberechtigung mehr, und die Privilegien müssen abgeschafft werden. Da das bewaffnete Volk den Eindringling zurückgeworfen hat, ist der Beweis erbracht, daß die Eupatriden überflüssig sind, daß sie zumindest nicht wichtiger sind als die anderen Bewohner der Stadt. Alle Griechen sind Bürger! Der *demos* hat den äußeren Feind besiegt, folglich muß das Volk im Innern das Gesetz machen.

Daß dem so ist, rührt daher, daß die Götter selbst entschieden haben. Mit ihrer Hilfe hat die Plebs gesiegt. Zumindest mit Hilfe des Dionysos. Man muß ihn feiern! *Evohe!* Er war es (zusammen mit Demeter), der einst Solon half, die Grenzsteine aus den Feldern zu reißen; ohne jeden Zweifel war er es, der dem Volk die Kraft gab, Xerxes, den entarteten Sprößling der Titanen, zu vertreiben; er war es, der es dem *demos* ermöglichte, der Herrschaft der Eupatriden ein Ende zu bereiten. Doch wie kann man dessen sicher sein, wenn nicht in der Feierlichkeit? Das Theater bestätigt der Plebs von Athen diesen gewaltigen Umsturz. Die erste der großen Tragödien (deren Text uns erhalten blieb) erfüllt diese Funktions aufs wunderbarste. Ihr Autor ist Aischylos, und sie heißt – ein Zufall? – *Die Perser.* Und Aischylos macht keinen Hehl daraus, welche Rolle sein Stück spielen soll. Er singt den Ruhm des Volkes von Athen. Die Szene spielt am Hof des Großen Königs, wo man auf den Ausgang der Schlacht wartet, bis ein Bote die Niederlage verkündet. Der (persische) Chor bricht in Tränen aus: »*Athen, ja furchtbar den Feinden! Ich muß jetzt ewig seiner gedenken: so viele persische Frauen hat es – für nichts! – der Söhne und Gatten beraubt!*« Die Königin fragt: »*Wer ist Lenker dieses Volkes und erteilt dem Heer Befehl?*« Und der Chorführer antwortet: »*Sie sind keines Menschen Sklaven, sind auch keinem untertan.*«[28] Bürger, die einander gleich sind! Genau das sind jene, die den König der Könige und sein riesiges Heer besiegt haben! Der Schauer an Stolz und Jubel, der sich der Zuschauer auf den Stufen des Theaters von Athen bemächtigt, besiegelt das Ende der Herrschaft der Aristokratie in Griechenland.

In seiner Kühnheit von Dichtern wie Aischylos, dessen Zunft früher im Dienst der Aristokratie stand, bestärkt, brauchte das Volk von Athen die Lichter der »Denker« nicht mehr, um den Lauf der Dinge und die Ordnung der Welt zu verstehen. Wenn es bei den Großen Dionysien ins Theater ging und sich auf den Stufen des Halbkreises am Hang der Akropolis verteilte, erfuhr es mehr darüber, als wenn es den Spekulationen der Anhänger des *logos* lauschte. Und auf weit vergnüglichere Weise. Denn in den allerersten Augenblicken, als die Trunkenheit des Siegs noch wirkte, konnten wohl auch die Feierlichkeit der tragischen Zeremonie, die Würde des Chors, der Aufzug der Schauspieler mit ihren hohen Kothurnen an den Füßen und ihren hinter imposanten Masken verborgenen Gesichtern, die Frömmigkeit, die unter den zahlreichen Zuschauern herrschte, nicht verhindern, daß die Mitglieder des *demos* ein starkes inneres Glück empfanden.

Vor allem durch die bloße Tatsache, daß sie von neuem vereint waren: die Anordnung der Stätten erlaubte es dem ganzen Volk, eins zu sein. Was der Rebensaft in der ersten Zeit seines Konsums bewirken mochte, jenes Gefühl der Brüderlichkeit, das der Mensch im Zustand eines leichten Rauschs empfindet, ein Gefühl, das den Gedanken weckt, daß alle Menschen frei und gleich sind, daß sie zu einer einzigen Familie gehören, dieses Gefühl mochten die Athener wohl in den ersten Zeiten der Tragödie empfinden. Und welches Gefühl mußten sie darüber hinaus beim Anblick der Leiden ihrer Feinde empfinden! Das gilt natürlich für die Perser, aber ebenso, wenn nicht noch mehr für die Eupatriden. Denn die meisten Helden der Stücke, die damals aufgeführt werden, sind Könige, Königinnen, Prinzen und Prinzessinnen. Eben jene, von deren Heldentaten die Sänger erzählten, bringen die tragischen Dichter auf die Bühne. Und sie zeigen deren Leiden, denn sie haben sich auch ständig selbst Böses zugefügt. Nun handelt es sich aber um eben jene Vorfahren, von denen die Eupatriden in mehr oder weniger direkter Linie abzustammen vorgaben. Wenn man bedenkt, wie lange die Unterdrückten brauchten, um die Macht ihrer Herren zu brechen, wieviel Schweiß, Blut und Tränen der Sturz der Hierarchie gekostet hat, dann kann man sich vorstellen, wie sehr sich die Plebs an dem tragischen Schauspiel ergötzte.

Nehmen wir Agamemnon. Man weiß, welche Prüfung ihm die Götter auf dem Höhepunkt seiner Macht auferlegt haben. Dies wird in der *Ilias* sehr gut erzählt. Aber die *Ilias* sagt nicht, daß er auch später noch zahlen mußte. Das Gedicht erzählt seine Rückkehr nicht. Und bekanntlich nimmt sie ein schlimmes Ende. Es erwartet ihn ein schändlicher Tod: kaum hat er den Fuß auf den Boden seiner Heimat gesetzt, tötet ihn seine Frau eigenhändig mit Hilfe ihres Geliebten. Klytämnestra hat einen guten Grund, das Blut ihres Gatten zu vergießen: sie will den Tod ihrer

Tochter rächen. Seit zehn Jahren wartet sie auf ihre Stunde! Die Geschichte geht auf den Beginn der Expedition nach Troja zurück: als die Flotte in Aulis versammelt war, versagten ihr die Götter den für die Überfahrt nötigen Wind. Um sie günstig zu stimmen und seine Truppen zu beruhigen, hatte Agamemnon seine Tochter Iphigenie holen lassen und sie auf dem Altar des Sehers Kalchas geopfert. Dieses Verbrechen durfte nicht ungesühnt bleiben. Das zumindest bringt Klytämnestra als Rechtfertigung ihrer Tat vor, denn bei näherem Hinsehen gewahrt man, daß sie wohl auch den Mord an ihrem Vater rächte. Denn Agamemnon verdankt sein Zepter einer Usurpation: sein Königreich hatte er erobert, nachdem er den König getötet hatte, dessen Tochter Klytämnestra war. Ein frischer Mord verbarg einen anderen, sehr alten Mord, und der Schuldige war ein und derselbe Mann, jener, der sie zur Gemahlin genommen hatte. Indem sie ihrerseits Agamemnon tötete, traf sie zwei Fliegen auf einen Schlag. Ein erlesenes Thema für die Tragödiendichter. Und eine Quelle unerhörten Genusses für die neuen Herren. Zumal Agamemnon von seiner Gattin noch drei andere Kinder hat, die ihren Vater rächen wollen …

Diese Art der Freude dauerte nur kurze Zeit. Kaum ein paar Jahrzehnte. Gewiß, Athen befindet sich damals auf dem Höhepunkt und kann seine Oberhoheit sogar auf alle anderen Städte ausdehnen. An seiner Spitze steht der beste und klügste Stratege, Perikles. In ihm hat der *demos* den Anführer gefunden, den er brauchte, um all seinen Feinden zu trotzen, den äußeren wie den inneren. Man errichtet die Langen Mauern, die die Straße von Athen nach Piräus, seinen wichtigsten Hafen, und sein Waffenlager schützen; man errichtet den Parthenon mit seiner herrlichen Säulenhalle; man umgibt die Agora mit prächtigen Galerien für die Kaufleute; unter dem Meißel des Phidias nehmen Athene, Zeus, Apollo, Dionysos menschliche Form an und lassen sich dauerhaft nieder! Aber diesen von den Göttern gesegneten Augenblick müssen die Athener teuer bezahlen. Ein endloser Krieg gegen die anderen Städte, der immer wieder aufs neue entfacht wird von der uralten Rivalin Sparta, sowie ein erneuter Krieg im Innern zwischen Aristokraten und Demokraten. Es naht die Stunde der Bitternis. Die Scheußlichkeiten, an denen die Athener sich im Theater ergötzen, werden bald von ihnen selbst begangen werden.

So daß Sophokles, auf dem Höhepunkt seiner Karriere als Dramatiker, sich der Bühne als eines Spiegels bedienen kann, den er den Zuschauern vorhält. So zumindest verstehe ich eine seiner berühmtesten Tragödien, *König Ödipus.* Mir scheint nämlich, daß Sophokles kein anderes Ziel verfolgt, als er Ödipus auf die Bühne bringt. Darauf wurde noch nie geachtet: bisher konzentrierte man sich auf die von Ödipus begangenen Verbrechen, auf den Vatermord und den Inzest, und sieht darin im allgemeinen, was Freud entdeckt hat, nämlich den Ausdruck individueller »Phantasien« unseres Unbewußten. Diese Phantasien sind ohne Zweifel universell, sie betreffen alle Menschen, aber rein persönlich: jedes Kind will seine Mutter besitzen und die Stelle des Vaters einnehmen. Ein Stadium, das es durchlaufen muß, um erwachsen zu werden. Freilich muß es auf den angemessenen Widerstand treffen, insbesondere beim Vater und bei der Mutter, damit es nicht auf die eine oder andere Weise zur Tat kommt, da sonst zu befürchten sei, daß das betreffende Individuum niemals ein normales Leben führen werde.[29]
Zuweilen wurde diese Deutung verworfen, weil es noch andere Versionen des Mythos gibt, in denen alles sehr gut verläuft, was die Universalität des Inzestverbots und des Vatermords in Frage stellt. Man versucht es daher mit einer *anthropologischen* Lesart, wobei man der Frage des Königsmords größere Bedeutung beimißt und die Ersetzung eines archaischen Rechts durch ein bürgerliches Recht in den Vordergrund rückt.[30] Diese Herangehensweise, die dem analytischen Ansatz kritisch gegenübersteht, hat zumindest das Verdienst, die Sache unter einem kollektiven und nicht mehr rein individuellen Blickwinkel zu betrachten. Zudem ermöglicht sie eine historisch-juristische Reflexion, die nicht ohne Interesse ist. Allerdings weist sie denselben Fehler auf wie die Freudsche Tradition: sie trägt nämlich in keiner Weise der Spannung auf der Ebene der Ereignisse Rechnung, der Tatsache, daß die Ereignisse, die in der Stadt, und jene, die auf der Bühne stattfinden, einander entsprechen. Niemand hat

z. B. auf die »Pest« geachtet, die dem ganzen Drama vorausgeht, jenes Unheil, das die Stadt so sehr verheert, daß sie nach und nach ihr Oberhaupt zwingt, seiner Verantwortung ins Auge zu sehen. Noch nie hat man bemerkt, daß das Bühnengeschehen vollkommen mit dem übereinstimmte, was die Zuschauer außerhalb des Theaters, inmitten ihrer Stadt, unter der Ägide des Perikles erlebten. Noch nie hat man wahrgenommen, daß Sophokles den Athenern das Bild ihrer eigenen Schandtaten vor Augen hielt, indem er auf dem erleuchteten Halbrund der Bühne das Übel widerspiegelte, das die Stadt zerfraß.

Man erinnere sich! Ödipus hat Theben von der Sphinx befreit, die ihre Zukunft bedrohte. Unter seiner Herrschaft beginnt nun eine lange Zeit des Wohlstands. Dann bricht die Pest aus: *»Denn wie du selber auch erkennst: es schwankt die Stadt so schwer schon, daß sie nicht imstand' ist, noch ihr Haupt zu heben aus den Tiefen mörderischer Flut: sie schwindet hier im fruchtbarn Keim des Ackerlands; sie schwindet dort in Rinderherden und der Fraun fruchtloser Schwangerschaft; der feuersprüh'nde Gott stürmt her und trifft, wütender Pesthauch, unsre Stadt. Durch ihn verödet Kadmos' Haus; das schwarze Land des Hades wird an Klagelaut und Stöhnen reich.«*[31] Wie die Herrschaft des Ödipus hatte nun aber auch die des Perikles unter ausgezeichneten Auspizien begonnen. Mit ihm erhebt sich Athen, nachdem es die Perser besiegt hat, über die anderen Städte und gelangt zu größtem Wohlstand. Doch worauf gründet er? Auf dem Vatermord und dem Inzest.

Vatermord? Dies ist Hauptgegenstand dieser Enthüllung. Derjenige, der herrscht, herrscht im Namen der Plebs, der Menge, der Masse, denn man lebt in einer Demokratie. Er hat also den Platz des legitimen Herrschers eingenommen, dem einst die Götter die Aufgabe übertragen hatten, für Ordnung zu sorgen: der König, oberster Repräsentant des Kriegeradels, wurde mit Gewalt seiner Privilegien beraubt. Es gab also einen Königsmord. Das Volk hat sich einen neuen Herrscher gegeben, den Strategen, der bekanntlich meist aus den Reihen der Eupatriden hervorging, der Nachfahren des Geburtsadels. Auch wenn er es nicht weiß, an Perikles' Händen klebt das Blut seiner »Väter«.

Was den Inzest betrifft, so ist er offenkundig: denn der Tyrann hat die Sache des Volks zu der seinen gemacht. Früher hatte sich das Volk den dorischen Eroberern hingegeben; vor kurzem hat sich die Plebs einen neuen Herrn zugelegt, den sie unlängst zur Welt brachte und der heute ihr Lager teilt.

Niemand, es sei denn Sophokles, scheint zu sehen, daß der Wohlstand Athens auf solchen Freveln beruht. Daher ruft er den Athenern eine Geschichte in Erinnerung, die wie alle anderen dem epischen Fundus entstammt. Diese hier findet sich in der *Odyssee,* die die Tradition Homer zuschreibt. Es ist eine besonders eindrucksvolle Episode, denn sie ist mit einer Beschwörung der Geister der Verstorbenen verbunden Als Odysseus die Zauberin Kirke verläßt, fährt er ins Land der Kimmerier, um den Seher Teiresias zu befragen. Doch dazu muß er mit dem Reich des Hades in Verbindung treten, wo dieser sich aufhält, zusammen mit zahllosen Toten, darunter Achilles und Agamemnon. Auch Ödipus befindet sich unter den flüchtigen Schatten, und der Dichter erinnert an seine Geschichte. Freilich führt Sophokles in seine Version einige Neuerungen ein: in der *Odyssee* brach die Pest nicht über Theben herein, und Ödipus zog sich nicht schlecht aus der Affäre. Diesmal aber stößt der Retter Thebens an die Grenzen seiner Herrschaft. Seine Stadt ist vom Tod bedroht: wenn er will, daß die Pest verschwindet, muß er begreifen, daß er schuldig ist, und die Macht abgeben – und er sticht sich die Augen aus.

Die Müdigkeit des Sokrates

Als Sophokles die Mißgeschicke des *König Ödipus* auf die Bühne brachte, warnte er seine Mitbürger vor der Morbidität ihrer Lage. Freudetrunken nach den Perserkriegen, stolz auf ihre Vormacht über alle Griechen, sahen die Athener nicht, daß das Unglück über ihren Häuptern schwebte. Sie waren *Blinde*... Attikas Erde war frei! Die Athener waren auf dem Boden ihrer Vorfahren rechtlich gleich. Aber zu welchem Preis! Denn Sophokles zufolge kam die Einführung der Demokratie einem Vatermord und einem Inzest gleich. Ja, sie waren zu unerhörtem Wohlstand gekommen, der sich in der Pracht ihrer Gebäude widerspiegelte! Doch für wie lange? Bis die Zeit der Pest anbricht... Und diese Zeit war gekommen! Die Hegemonie der Athener über die anderen Städte ließ erneut tödlichen Haß unter den Griechen aufbrechen, und ein dunkles Übel zerfraß die Stadt von innen her. Jetzt mußten die Athener ihren Irrtum einsehen und ihre schändlichen Verbrechen sühnen, denen sie ihren Wohlstand verdankten – wollten sie nicht untergehen.

Blieb die Frage, ob der Dichter recht hatte, im Inhalt wie in der Form. In der Form hatte Sophokles großes Geschick bewiesen, indem er das ganze Volk im günstigen Augenblick am Ort seiner Lustbarkeit in der Schlinge fing. Statt des erwarteten Vergnügens, jener Freude, die der Anblick des Unglücks der anderen ihnen bisher bereitete, war in seinem Stück von ihrer eigenen Schändlichkeit die Rede. Ödipus war zwar der legendäre König von Theben, aber er war eine Maske ihrer aufeinanderfolgenden Anführer, vom »weisen« Solon bis hin zum großen Perikles. Die Bestürzung des Chors war die ihre. Und an sie wandte sich Teiresias, um ihnen den Sinn des Unheils zu verkünden, das über die Stadt hereinbrach. Als sie sich eine derartige Herrschaft gaben, glaubten sie, die Zustimmung der Götter zu haben. Sophokles zeigte, daß sie sich gröblich täuschten und daß sie im Gegenteil ihren Zorn hervorgerufen hatten. Zwar nicht den des Gottes Dionysos, der in der Zerstörung frohlockte, aber den von Apollo, dem Gott der verhöhnten Eupatriden. Wenn Apollo zürnte, durchbohrte er seine Opfer mit Pfeilen. In seinem Rachedurst traf er natürlich auch Unschuldige. Aber nie geschah es ohne Grund, man mußte ihn erraten. Man erinnere sich an den Anfang der *Ilias*. Der erzürnte Gott verlangte Wiedergutmachung. Es bedurfte des Eingreifens des Sehers Kalchas. Auch diesmal obliegt es dem Seher, den Grund für Apollos Zorn zu enthüllen. Zur Zeit des Königs Laios, des Vaters des Ödipus und des Gatten der Jokaste, war Teiresias blind geworden, aber er sah besser als jeder andere, denn er lebte nicht in der Täuschung, die der Glanz des Goldes, der Reichtümer, der Kostbarkeiten hervorruft. Ihm fiel die Aufgabe zu, den Athenern Bescheid zu geben.

Mitten im Fest! Scheinbar kehrte Sophokles die Funktion der Tragödie um. Sie lief allem zuwider, was die glühenden Anhänger der Großen Dionysien von dem tragischen Schauspiel erwarteten. Aber er tat es deshalb, damit es eine tiefere Wirkung ausübe, in Einklang mit einer Dimension, die seine Anhänger nutzten, ohne es zu wissen. Denn unabhängig von dem Jubel, den das tragische Schauspiel auslöst, wurzelt es in der sehr archaischen Technik der Totenbeschwörung. Dem Kult des Weins und der Feier der Trunkenheit entspricht ein sehr alter Glaube, der die Lebenden mit den Toten verbindet. Aus dem Tod ersteht von neuem das Leben, aus dem Boden, mehr noch, aus dessen Tiefen. Dort keimen die in die Scholle eingepflügten Körner, dort hinab senken sich die Wurzeln der Pflanzen und der Bäume. Von dort steigt der Saft empor. Der Boden birgt also die Zukunft. Das Leben ist potentiell im Tod enthalten. Dies ist der Sinn der Mysterien, an denen Dionysos teilnimmt und deren Geheimnisse die Priester von Eleusis besaßen. Seit das Volk an der Macht ist, werden diese Mysterien am hellen Tag gefeiert, vor aller Augen. Das tragische Schauspiel bringt die ganze Stadt mit den Verstorbenen in Berührung. Und manche kennen die Zukunft. Es sind die Manen der Seher.

Die Wahl jener Episode der *Odyssee*, in der Odysseus den Schatten des Teiresias aufsucht, versetzt Sophokles also in die optimale Lage, seiner Botschaft all ihre Kraft und all ihr Pathos zu geben. Denn gerade diese Passage des Epos mußte das Volk im tiefsten Innern berühren, es auf dem Grund seiner Seele erschauern lassen. Zumal das, was der Held wissen will, genau mit dem zusammenfällt, wonach das Volk von Athen undeutlich sucht. Der Held Odysseus hat einen ganz präzisen Grund, mit dem Reich des Hades in Kontakt zu treten. Er will mit dem Geist des Teiresias sprechen, weil allein der Seher ihm den Heimweg nach Ithaka weisen kann. Zehn Jahre ist es nun schon her, daß der Krieg vorbei ist, zehn Jahre, daß Troja eingenommen – und verwüstet – worden ist, und er, statt unverzüglich zu seiner Gattin Penelope, seinem Sohn Telemachos, zu seinem Haus, seinem Gesinde, seinen Herden zurückzukehren, irrt seitdem auf den Meeren umher, fern seines Vaterlands, ein Opfer des Gottes Poseidon. Zwar hat ihm hin und wieder das Glück gelächelt, er hat sehr angenehme Augenblicke verbracht. Aber er sehnt sich nach Ithaka zurück. Fast alle seine Gefährten sind umgekommen. Er will so schnell wie möglich heimkehren. Daher die Begegnung mit dem verstorbenen Seher. Eine Suche, welche die Masse der Zuschauer teilt. Denn wie Odysseus sehnen sich die Bürger Athens nach ihrer Heimaterde. Meist von bäuerlicher Herkunft, lebten ihre Vorfahren von der Erde, und zur Erde möchten sie zurückkehren. Aber sie haben den Weg verloren. Nunmehr muß die Erde gekauft werden, und nur wenige haben die Mittel dazu. Es gab eine Zeit, wo alles Gemeingut war, wo nicht einmal das Geld existierte. Warum sollte diese Zeit nicht wiederkehren? Dionysos hat es ihnen versprochen: eines Tages wird die Einheit wiederhergestellt werden. Nur wie? Auch hier kann Dionysos vermitteln. Er ist im Reich der Toten gewesen. Er muß wissen, wie man die Schatten zum Sprechen bringt. Und ist nicht eben dies die Rolle der Tragödie? Wie Odysseus bringt das Volk bei den Festen zu Ehren des Gottes ein Opfer, um die Geister der Verstorbenen zu beschwören. Die Menge beugt sich über eine Grube ähnlich jener, die Odysseus ausgehoben hat, und wie Odysseus versucht es, den wissenden Schatten zum Sprechen zu bewegen. Bei dieser kollektiven Totenbeschwörung hat das Volk alles zu gewinnen: es genießt die Freude, als heldenhaft anerkannt zu werden, da es sich in der Lage des Odysseus befindet, was seinen Wunsch nach Anerkennung seitens der Götter befriedigt, aber auch seinen Rachedurst gegenüber ihren Lieblingen stillt; vor allem aber verschafft sie ihm das Mittel, den richtigen Weg wiederzufinden, den der Vergangenheit.

Eine bemerkenswerte Intuition! Sophokles traf genau ins Schwarze, als er Ödipus aus dem Reich der Schatten holte, denn als »Königreich« genoß allein der Hades beim Volk von Athen noch Ansehen. Und was für ein Ansehen! Seit jeher war das Volk von Athen dem Totenkult verhaftet. Die kleinen Leute lebten dicht am Boden. Und vom Boden erwarteten sie das Leben, im Gegensatz zur Aristokratie, die, dem Himmel nahe, dem Adler gleich, ihre Beute von oben herab erspäht. Deshalb waren die einen den anderen unterworfen worden. Auch deshalb vielleicht beerdigten die Bauern ihre Leichen, während die Krieger sie verbrannten. Achilles errichtete für Patroklos einen Scheiterhaufen: er verwandelte ihn in Licht und Asche, die in alle vier Winde verstreut wurde; so hatte er mehr Aussichten, zum Firmament zu gelangen. Für sie aber, die den Boden bebauten, war der Platz der Toten ganz selbstverständlich in dem Boden, auf den sie den Fuß gesetzt hatten. Daher der Gedanke, sie könnten darin überleben und man könnte sie noch immer zum Sprechen bringen ... Die Plebs hätte es würdigen müssen. Dieses Verhältnis der Lebenden zu den Toten war das ihre. Sie räumte ein, daß es den Verstorbenen möglich war, die Zukunft zu kennen. Sie hätte den Worten des Sehers Teiresias, so wie Sophokles sie in Verse setzte, aufmerksam lauschen müssen ...

War das der Fall? Konnten die Athener eine solche Botschaft vernehmen? Gewiß, sie versanken in den Schrecken eines ungerechten Kriegs mit den anderen Städten, von denen sie eine regelrechte Steuer forderten. Aber konnten sie auf ihre so teuer erkaufte Freiheit und Gleichheit verzichten? Konnten sie auf die Einkommensquelle verzichten, die ihnen ihre Hegemonie sicherte? Konnten sie akzeptieren, die Einführung der Demokratie mit den von Sophokles beschworenen Monstrositäten in Zusammenhang zu bringen? Und hatte der Dichter überhaupt recht? Athen versank im Unglück, soviel war sicher: etwas Krankhaftes war in der Stadt am Werke. Aber was? Die poetische Sprache blieb dunkel. Genügte es wirklich, an Apollos Zorn zu erinnern, um die sich verschärfenden Drohungen zu erklären, die auf Athen lasteten? Indem sich Sokrates genau diese Fragen stellte, hat er, so scheint mir, die *Philosophie* erfunden.

Im Jahre 468 v. Chr. geboren, war Sokrates zehn Jahre alt, als Perikles im Dienst der Demokraten seine Politikerkarriere begann, kaum zwanzig, als Athen die Insel Euböa unterwarf, und noch keine dreißig, als seine Stadt sich in den Peloponnesischen Krieg stürzte (an einem Tag, an dem er wohl, wie alle Athener, der Aufführung des *Ödipus* beiwohnte). Sokrates war also Zeuge des ganzen Krieges, von Anfang bis zur Kapitulation im Jahre 404 v. Chr. Mehrfach nahm er daran teil, um seine Bürgerpflicht zu erfüllen, so an dem Feldzug gegen die Stadt Poteidaia, die sich weigerte, den Tribut zu zahlen, den Athen von seinen »Verbündeten« verlangte. Er war plebeischer Herkunft, sein Vater war Steinmetz. Der junge Sokrates beteiligte sich am Wachstum seiner Stadt, in ihrem Urbanisierungsdrang sowie in ihrem Expansionshunger – ohne im geringsten zu protestieren.

Erst als sich Athen im Krieg einrichtet, beginnt man von ihm zu sprechen. Und zwar deshalb, weil er zu sprechen beginnt. Statt seine Steine zu behauen, geht er von morgens bis abends auf der Agora herum und spricht die Leute an. Was ist plötzlich in ihn gefahren? Woher kommt dieser rhetorische Eifer? Dieser unstillbare Durst nach dem Dialog? Dieser Wunsch, die anderen zu plagen? In seiner *Apologie* läßt Platon ihn sagen, ein *Orakel* habe ihn dazu genötigt, denn es habe erklärt, er sei der weiseste aller Griechen.[32] Also wollte Sokrates ergründen, was ihm diese Ehre eintrug, und fand nichts Besseres, als unablässig seine Mitbürger sowie alle Leute auszufragen, die sich vorübergehend in der Stadt aufhielten, um herauszufinden, was ihn vor den anderen auszeichne. Doch er mochte die Kontakte noch so sehr ausdehnen und seine Untersuchungen täglich erneuern, er fand in seiner Person keine augenfällige Überlegenheit. Das einzige, was ihn auszeichnete (sagt Platon), war, daß er sich über sein eigenes Wissen keiner Täuschung hingab. Das war kein Plus, sondern ein Minus: er machte sich weniger Illusionen als die anderen über das, was er zu wissen meinte, da er sich über gar nichts sicher war, während die anderen glaubten, über ein Thema, ein Gebiet, eine Frage des Rechts, der Moral, der Politik oder der Religion etwas zu wissen.[33]

Leider muß man gegen diese Art, die Sache zu erzählen, einige Vorbehalte anmelden. Zum einen, weil man sie nicht bei Xenophon findet, einem anderen »Schüler« das Sokrates, der so alt war wie Platon und ebenfalls viel über seinen Lehrer schrieb; bei Xenophon nimmt die Berufung des Sokrates eine weit intimere Wendung und scheint für die Fremden weniger lästig zu sein. Zum anderen, weil ein drittes Zeugnis den beiden vorherigen radikal widerspricht: das Zeugnis des Aristophanes.

Xenophon zufolge war Sokrates vor allem ein Moralist. Er neigte wenig zur Rhetorik und gefiel sich darin, in den Handlungen, die er beobachtete, das Gerechte und das Ungerechte zu erkennen, so daß man sich angewöhnte, ihm schwierige »Fälle« zu unterbreiten, und sei es nur, um sich an der Art und Weise, wie er sie löste, zu ergötzen. Auf den Banketten der Reichen, zu denen er oft eingeladen wurde, verstand er es, in der Rede wie im Trinken Mäßigung an den Tag zu legen. Freilich durfte man ihn nicht provozieren, denn dann erwies er sich – in beidem – als furchterregend. Niemals betrunken, immer selbstbeherrscht, fiel Sokrates vor allem durch seine Lebensweise auf. Nichts im Verlauf seines Daseins deutete auf jene Unruhe hin, die man bei Platon entdeckt, auf jene beharrliche Suche nach dem »Wahren«: Xenophon zufolge lebte Sokrates für das »Gute«, gab selbst das erste Beispiel für das Leben eines Gerechten. Außerdem war dies das einzige Mittel, in der Stadt den Sinn für die so oft geschmähte Tugend wiedererstehen zu lassen.[34]

Xenophon bringt uns in Verlegenheit, denn wenn sein Porträt stimmt, ist wirklich nicht einzusehen, was den Zorn einer ganzen Stadt gegen einen solchen Weisen hätte entfachen können – es sei denn ihre eigene Bosheit. Wenn man jedoch Aristophanes heranzieht, bemerkt man, daß die Klagen knistern wie Flammen auf trockenem Holz. Als Autor von Satiren ist Aristophanes natürlich etwas »boshaft«. Doch welchen Glauben hätte man seinen Angriffen geschenkt, wären sie völlig unbegründet gewesen? In den *Wolken* läßt er Sokrates in einer Hängematte hoch über der Situation schweben. Ein Schüler, Chairephon (eben jener, der bei Platon der Bote des Sokrates betreffenden Orakels ist), steckt seinen Kopf in den Boden, um dessen Tiefe zu messen, während sich sein Hintern in der besten Position befindet, den Lauf der Gestirne zu untersuchen. Aber was er ihm vorwirft, ist nicht ohne Belang: es geht nicht mehr und nicht weniger um den inneren Zusammenhalt der Stadt und um die Dauer des Schutzes, den sie seitens der Götter genießt. Aristophanes zufolge verdiente Sokrates den Tadel, weil er die Kunst lehrte, Verpflichtungen nicht einzuhalten. Mit Hilfe von ad hoc-Argumenten konnte man lernen, schwarz für weiß auszugeben, jede Behauptung zu neutralisieren und nach Belieben Unsicherheit zu erzeugen, was bei Gelegenheit insbesondere den Vorteil bot, Gläubiger abzuwimmeln, infolgedessen niemals seine Schulden zu zahlen und gleichzeitig neue zu machen.[35]

Eine böse Anschuldigung! Denn wenn das Schule macht, wenn niemand mehr seine Schulden bezahlt, wenn niemand mehr seine Pflicht erfüllt – der Bürger gegenüber seinesgleichen, der Vater gegenüber seinen Kindern (und die Kinder gegenüber ihren Eltern, die Ehegatten gegenüber den Ehegatten), die Athener gegenüber den Göttern des Olymps –, dann schwindet das Vertrauen zwischen den Bürgern, zwischen den Generationen, zwischen Menschen und Göttern. Sokrates übt also einen kriminellen Beruf aus: einen Beruf, denn er gibt Unterrichtsstunden, für die er Geld bekommt. Deshalb muß er beseitigt werden. Im übrigen endet das Stück auf diese Weise: das Haus des Sokrates wird angezündet... *»Diese Anschuldigung ist ungerechtfertigt«*, wird man wahrscheinlich sagen. *»Zwischen einem Aristophanes, der vor allem die Leute zum Lachen bringen wollte und dazu alle Hebel in Bewegung setzte, und einem Xenophon oder Platon kann die Wahl doch nicht schwerfallen!«* Nun, das ist gar nicht so sicher. Denn zwanzig Jahre später tauchen derartige Anklagepunkte in dem Prozeß auf, der Sokrates gemacht wird: man wirft ihm Gotteslästerung und Verführung der Jugend vor! Das sind (in andere Worte gekleidet) genau die Vergehen, die *Die Wolken* Sokrates zur Last legten.

Müssen wir überhaupt wählen? Daß Sokrates die Kunst des

Sophismus gelehrt habe, daß er sich seinen Unterricht bezahlen ließ, ist kaum mit dem Bild vereinbar, das seine Schüler von ihm zeichnen. Aber daß er dazu beigetragen hat, die Demokratie zu destabilisieren, indem er seine Mitbürger belästigte, *zu einer Zeit, als Athen besonders verwundbar war,* darin nähern sich alle Standpunkte. Xenophon will uns einreden, daß Sokrates ein Weiser war, aber dazu muß er jeden Wunsch nach *Wissen* ausschließen. Aristophanes und Platon hingegen zeigen uns Sokrates als jemanden, der zu verstehen sucht. In der Hängematte der *Wolken* ruft Sokrates Gottheiten an, die sehr stark den Kräften ähneln, die in der *Apologie* erwähnt werden, unter der Ägide des Anaxagoras, dessen Schüler Sokrates geworden war. Wann? Wie? Wie lange? Das wissen wir nicht, aber es gilt als erwiesen, daß sich Sokrates die Theorie zu eigen machte, der zufolge die Welt aus dem *Nus* entstanden sei, das den Wirbel flüchtiger Materie des Chaos in Bewegung gesetzt habe, um den Kosmos zu bilden, wie wir ihn sich »drehen« sehen. Zwischen den »Wolken« und dem Himmel ist die Entfernung nicht groß. Und das Ganze spart die Götter aus.

Auch zwischen diesem Wunsch, die Ordnung der Dinge zu verstehen, und der Suche nach Gerechtigkeit unter den Menschen ist die Entfernung nicht sehr groß. Spekulieren wir also noch ein wenig... Indem sich Sokrates die von Anaxagoras aufgestellte »wissenschaftliche« Theorie zu eigen machte, konnte er sich der Macht des menschlichen Geistes erfreuen, der fähig ist, die Welt zu rekonstruieren, ohne sich der Erpressung der Priester zu beugen: endlich obsiegte der *logos* über das *pathos*! Aber wozu eigentlich? Warum fehlte die schöne Ordnung der himmlischen Welt auf der Erde? Warum zerfleischten sich die griechischen Städte gegenseitig? Warum dieser endlose Krieg? Und was vermochte Anaxagoras mit seiner schönen Theorie, um die Unordnung der Dinge zu verändern? Perikles war sein Freund. Sein Regierungssystem mochte ihm als Modell dienen, das Bild des Kosmos zu erarbeiten. Doch war es nicht Perikles, der die Athener auf den Weg des permanenten Kriegs geführt hatte? Sokrates war vierzig Jahre alt, als Perikles starb und Athen in einem tödlichen Strudel endloser Wirren zurückließ. Ein Alter – um Philosoph zu werden.

Natürlich hatte Perikles seiner Stadt zu unvergleichlichem Glanz verholfen, aber zu diesem Zweck hatte er den Schatz des Attischen Seebunds aus Delos entwenden müssen. Dieser Schatz war seit Anfang des Jahrhunderts dazu bestimmt, im Notfall die Verteidigung aller griechischen Städte zu gewährleisten. Unter Berufung auf die entscheidende Rolle, die die Hopliten und die Kriegsschiffe Athens beim Sieg über die Perser gespielt hatten, hatte Perikles' Strategie darin bestanden, sich immer offener die Tribute anzueignen, die alle Städte in die Kriegskasse zahlten. Das war zwar logisch, für die anderen Städte jedoch unannehmbar. Sokrates hatte es in Poteidaia aus nächster Nähe gesehen. Er hatte die grimmige Entschlossenheit der Tributpflichtigen gesehen. Die Demokratie Athens nahm sich also heraus, den Schwesterstädten genau das anzutun, was sie bei sich bekämpft hatte: im absoluten Widerspruch zu ihren eigenen Prinzipien zog sie Profit aus ihrer Beschützerrolle! Wozu also das System des Anaxagoras?

In diesem Bruch mit dem »wissenschaftlichen« Herangehen an das Dasein aus moralischer Enttäuschung kann man den Augenblick sehen, wo Sokrates aus Scham über den offenkundigen Imperialismus Athens seinen Stand als Steinmetz verläßt und die Karriere eines Philosophen einschlägt. Als Sohn eines Steinmetzen, der selber Steinmetz war, konnte er einer Theorie der Welt zustimmen, in welcher der Begriff der Form vorausgeht, die die Materie annimmt; aber als Soldat hat er aus nächster Nähe gesehen, auf welche Weise die Verschönerung der Stadt vor sich ging. Und dieser Preis war nicht gerecht. Sophokles hatte recht: im Wohlstand Athens lag etwas Kriminelles. Es galt herauszufinden, was genau es war, und vor allem, was man tun mußte, um auf den Weg der Gerechtigkeit zurückzufinden. Die Stadt war von einem Vergehen besudelt, doch von welchem genau? Die Erschleichung des Schatzes von Delos folgte einer Logik, deren Grundlage es zu erkennen galt: wer kannte sie? Sie befleckte die Schönheit der Linien des Parthenon, des Tempels der neuen Vormacht. Wer könnte den Steinen der Akropolis ihre Reinheit zurückgeben?

Vielleicht erklärte das Orakel von Delphi zu diesem Zeitpunkt, daß Sokrates der weiseste aller Griechen sei? Sokrates ahnte die

Tücke des Regimes von Athen: in Delphi sprach der Gott Apollo, der Gott der dorischen Eroberer, deren Nachfahren die Macht in Sparta bewahrten, aus Athen jedoch vertrieben worden waren. Wer weiß, ob Chairephon nicht all dies durch den Kopf ging, als er die Pythia befragte? Wie dem auch sei, Sokrates war aufgescheucht: er mußte herausfinden, was schiefging, was seine Mitbürger in die falsche Richtung trieb. Er mußte sie alle ausfragen, sie alle warnen, mit ihnen nach einer Lösung suchen. Er mußte sich nach den Motiven der einen wie der anderen erkundigen, bei den Händlern, den Generälen, den Soldaten, den Matrosen, den Priestern, den Dichtern, den Lehrern, den Sophisten, den Reichen, den Armen, den Demokraten, den Aristokraten, und wenn sie nichts davon hören wollten, befleißigte er sich, ihnen jedesmals die Leviten zu lesen. Denn das Schicksal der Stadt stand auf dem Spiel. Die Katastrophe stand kurz bevor...

Sie trat ein, noch bevor Sokrates die Lösung fand, wie mir scheint. Das Debakel fand im Jahre 404 v. Chr. statt; die Partei der Demokraten wurde von den Spartanern so gedemütigt, daß sie sich wenig später an dem Philosophen abreagierte. In einem ersten Schritt mußten sich die Athener den Entscheidungen der von den Siegern eingesetzten dreißig Tyrannen beugen. Das währte zwar nur ein Jahr, aber das Trauma verflog nicht so schnell. Die Demokratie trat wieder in ihre Rechte ein, war jedoch in höchstem Maße gereizt. Da Sokrates aber fortfuhr, seinen Mitbürgern in den Ohren zu liegen, suchte man nach einem Mittel, ihn mit einem Schlag zu zertreten, und fand ihn. Er wurde angeklagt und dazu verurteilt, den Schierling zu trinken – und er trank ihn. Weder auf der Agora noch auf den Banketten hörte man seine Stimme mehr, die Stimme des ersten Philosophen, desjenigen, der als erster aufgebrochen war, die Wahrheit zu suchen und nicht nur das Wissen oder die Tugend.

Freilich müssen wir uns ein weiteres Mal vor eilfertigen Urteilen hüten. In seiner (von Platon wiedergegebenen) Verteidigungsrede erwähnt Sokrates den Spruch des Orakels. Aber mit ein klein wenig »Weisheit« hätte er erkennen müssen, daß er die Athener in einer Zeit großer Empfindlichkeit irritiert hatte. Es konnte ihm nicht entgehen, daß er sich Todfeinde schuf, insbesondere in den Reihen der Demokraten. Er mußte darauf gefaßt sein, daß sich der Argwohn, den er gegenüber den anderen zeigte, gegen ihn selbst kehren würde. Nichts einfacher, als ihm vorzuwerfen, das Spiel der Lakedämonier zu spielen, die seit jeher versuchten, ihre Rivalen niederzuschlagen und, nach dem Sieg, dafür zu sorgen, daß sie nie mehr das Haupt erheben. Daher wäre es viel zu einfach, die Schuld allein den Anklägern und den Richtern anzulasten.[36]

Ein solcher Mangel an Urteilsfähigkeit seitens eines Mannes wie Sokrates, vor allem während seines Prozesses, ist mehr als verwunderlich. Xenophon wie Platon zeigen uns, wenn sie von seinen letzten Stunden berichten, einen verantwortungsvollen Sokrates, einen freundlichen Sokrates, einen glücklichen Sokrates. Es kommt für ihn nicht in Frage, auf die Vorschläge seiner Freunde einzugehen und aus dem Gefängnis zu fliehen: das verbietet ihm seine Achtung vor dem Gesetz. Es kommt auch nicht in Frage, sich angesichts der Aussicht auf den nahen Tod zu grämen: erstens verbietet ihm das seine Würde; zweitens erlaubt ihm seine Charakterstärke, gelassen zu bleiben; drittens sorgt die Lehre, die ihm am meisten am Herzen liegt, für das übrige, denn er ist von der Unsterblichkeit der Seele überzeugt. Ich bin nicht ganz davon überzeugt, daß diese Gründe ausreichen, seine Haltung vor, in und nach seinem Prozeß zu erklären. Wenn Sokrates wußte, daß er nichts wußte, wie konnte er sich dann des ewigen Lebens seiner Seele sicher sein? Daher fällt mir eine andere, weit einfachere Erklärung ein. Sie entkräftet die vorhergehenden zwar nicht, kann sie jedoch erneut in Frage stellen, wie Sokrates selbst es so gern zu tun pflegte. Als man ihn beschuldigt, seiner Stadt Schaden zuzufügen, ist Sokrates ein Greis. Er hat das Alter von siebzig Jahren erreicht. Seit seinem dreißigsten Lebensjahr hat der Krieg sein Land zerrissen. In diesen vierzig Jahren hat er vergeblich zu ergründen versucht, warum. Wenn Sokrates nach der Niederlage nicht die Waffen streckt, wenn er soweit geht, die Richter der Heliäa zu provozieren, so deshalb, weil er sich von seinen Mitbürgern nichts mehr erhofft. Könnte nicht einfach Müdigkeit der Grund dafür sein, daß er sich weigert, sein Gefängnis zu verlassen, und sich darauf freut zu sterben?

Die Revanche Platons

Um das menschliche Dasein zu definieren, fand Platon nichts Besseres, als die Menschen mit Gefangenen zu vergleichen, die tief in einer Höhle angekettet sind. Man findet diese Allegorie am Anfang des Siebenten Buchs der *Polteia*. Ein trauriges Los, dessen sich die Opfer jedoch nicht bewußt sind, denn sie leben in der Täuschung: ihr Anhaltspunkt sind lediglich die Schatten, die sie in ihrer Höhle wahrnehmen! Das heißt, daß die Lebenden den Toten kaum überlegen sind, zumindest in der Auffassung der meisten Griechen. Platon zufolge hat der Mensch, der sein Dasein der Befriedigung seiner Gelüste unterordnet, keine Möglichkeit, das Reich der Schatten zu verlassen, und auch sein Leben in Gemeinschaft befreit ihn nicht davon, sondern schließt ihn immer mehr darin ein. Es gibt nur einen einzigen Ausweg: die Höhle zu verlassen, was bedeutet, der Menge den Rücken zu kehren.

Man kann schwerlich eine größere Verachtung gegenüber seinen Mitbürgern zum Ausdruck bringen. Räumen wir jedoch ein, daß Platon gute Gründe dafür hatte. Er war zwanzig Jahre alt, als Athen vor dem Bündnis der rivalisierenden Städte kapitulierte. Er sah, wie die Athener gezwungen wurden, die Langen Mauern zu schleifen und die demokratische Staatsform aufzugeben: sie mußten sich damit abfinden, von dreißig Bürgern regiert zu werden, die die Vertreter Spartas dazu befugt hatten, das heißt von Aristokraten, die Rache nehmen wollten. Die »Dreißig Tyrannen« wurden zwar schnell gestürzt, aber Athen blieb lange, wenn nicht für immer niedergeschlagen, und zur Sühnung seiner Vergehen war ihm nichts Wirksameres eingefallen, als Sokrates verantwortlich zu machen und ihn zu opfern, einen Unschuldigen, dessen Tod den Zorn der Götter zu besänftigen vermag.

Sicherlich war Platon von alledem sehr betroffen. Doch auf welche Weise? Das Abenteuer des Peloponnesischen Kriegs hatte ihn schnell die Grenzen der Demokratie erkennen lassen. Aristokratischer Herkunft, kostete es ihn wenig Mühe, die Macht der Plebs zu verabscheuen. Man kann sich leicht vorstellen, daß er im Kampf zwischen Athen und Sparta in seinem Innersten für die Lakedämonier Partei ergriff, die eine stark hierarchisierte Verfassung bewahrt hatten und daher allen Rebellionen der unteren Klassen zu widerstehen vermochten. Dionysos hatte dort kein Bürgerrecht. Sparta hatte sich an die Gesetze Lykurgs geklammert: nur die Kaste der Adligen trug Waffen, und nur sie beratschlagte, wie zur Zeit der dorischen Eroberer. Es ist nicht absurd zu vermuten, daß sich Platon von Kindheit an nach der Vormacht seiner Vorfahren sehnte. War er nicht ein paar Jahrhundert zu spät oder in der falschen Stadt geboren? Was mochte er empfinden, als Sparta Athen in die Knie zwang und als sein Onkel, Kritias, in den Rat der Dreißig aufgenommen wurde? Vielleicht hegte er, wie dieser, bisweilen den Traum, die »Herrschaft der Besten« wiederherzustellen.

Träumen reichte indes nicht aus. Sicher war es nicht einfach, die Athener, die so verbissen an ihrer Demokratie hingen, zur Umkehr zu bewegen. War das überhaupt möglich? Ebensogut konnte man hoffen, einen Fluß zu seiner Quelle zurückkehren zu lassen oder den Lauf der Zeit umzukehren! Im übrigen hielten sich die Dreißig nicht lange. Athen war gedemütigt, besiegt, niedergeschlagen, ruiniert, aber noch immer demokratisch. Man durfte es nicht noch mehr demütigen. Sokrates hatte seine Kräfte umsonst verbraucht. Selbst ihm, einem Mann aus dem Volk, waren die Athener nicht gefolgt. Unermüdlich hatte dieser bescheidene und dennoch außerordentlich geschickte Mann versucht, die Seinen zu etwas mehr Einsicht zu bewegen. Er war gescheitert. Was also tun?

Verstehen! Sokrates hatte vermutet, daß die von Sophokles seinerzeit gestellte Diagnose einen großen Teil an Wahrheit barg. Aber es war ihm nicht gelungen, die Wahrheit seiner Botschaft in aller Klarheit zu definieren. Dennoch war es der richtige Weg. Man mußte versuchen, die Gesänge des Sophokles in Prosa zu übersetzen, um eine Antwort auf Sokrates' Fragen zu finden: Welche Kraft treibt die florierende Stadt in ihren Untergang? Als Heranwachsender fühlte sich Platon zum Dramatiker berufen. Leider ist uns von seinem dramatischen Werk nichts überliefert. Man erzählt, er habe, als er zum erstenmal Sokrates begegnete, alle seine Stücke verbrannt. Ich bin nicht sicher, ob allein die beißende Ironie des Greises ihn zu dieser Tat veranlaßte. Vermutlich wußte er selbst seit einiger Zeit, daß diese Berufung in eine Sackgasse führte. Konnte er Besseres tun als Sophokles? Wie konnte er hoffen, seinen Mitbürgern einen besseren Spiegel vorzuhalten als das Abenteuer des Ödipus?

Sophokles' Warnung war indes ignoriert worden. Die Stimme von Teiresias war nicht gehört worden. Athen war in den Abgrund gerannt. Wozu neue Tragödien schreiben, den Klagen weitere Klagen hinzufügen? War es nicht besser, die Poesie fahren zu lassen? Die Tragödie war der Aufgabe nicht gewachsen. Sie verweichlichte die Herzen. Sie legitimierte die Feigheit und die Schwäche. Wenn man sie bewahren wollte, mußte man sie von allem reinigen, was der Preisgabe der männlichen Tugenden Vorschub leistete: *»Mit Recht also schaffen wir die Klagen ansehnlicher Männer ab und überlassen das den Weibern, jedoch auch unter diesen nicht einmal den besseren, und solchen Männern, die nichts taugen«*[37], läßt Platon in der *Politeia* Sokrates sagen. Den poetischen Fundus Homers unverändert übernehmen und sich mittels des tragischen Schauspiels an das Volk wenden hieß, Dionysos Ehre zu erweisen, dem Gott des Pathos, demjenigen, den es vor allem aus der Stadt zu vertreiben galt, demjenigen, der die Trunkenheit der Athener verursacht, sie zu den schlimmsten Torheiten verleitet, die Marksteine des Eigentums verschoben hatte und den Frauen die Macht zurückgab: indem der Gott die Menschen wollüstig machte, ließ er sie ihre Pflichten vergessen; die bacchische Ausschweifung bedeutete letztlich das Ende des Patriarchats. Und das konnte Apollo nicht ertragen.

Man mußte im Namen Apollos sprechen. Man durfte nicht mehr auf die Tragödie setzen, nicht immer und ewig bei den kulturellen Grundlagen des Epos stehenbleiben. Darauf mußte man ein für allemal verzichten und eine neue Sprache sprechen, auch wenn man eine dramatische Form bewahrte. Es war möglich, die feierliche Form des Dialogs beizubehalten, den Kontroversen der Tragödie folgend, wo die Helden aufeinandertreffen und ihre Taten rechtfertigen, aber dabei mußte man auf den *logos* und nicht mehr auf das *pathos* setzen. Die Zeit war gekommen, Bilanz zu ziehen. Als erstes sagen, warum die Dinge sich schlecht entwickelt hatten, warum es fatal war. Es sagen, ohne Verse zu schreiben, auch wenn man die des Sophokles übersetzte. Schonungslos das Übel beschreiben, das die Stadt ins Verderben gestürzt hatte. Die Freude, die der Sieg über die Perser ihnen bereitet, und die Rache, die sie an der Aristokratie genommen hatte, waren von kurzer Dauer gewesen: es galt, den Grund dafür anzugeben. Das völlig neue Prinzip der Gleichheit aller Bürger, die aus derselben Stadt stammten, verschleierte ein neues und namenloses Unglück, das bereits, ohne daß jemand es wußte, sein Werk getan hatte und in den folgenden Jahrzehnten seine Macht und Grausamkeit offenbarte: es galt, seine Ursache zu offenbaren.

Genau darum geht es in der *Politeia*. Indem Platon seine Mitbürger mit Gefangenen vergleicht, die angekettet in einer Höhle leben und einen, der sie von ihrer Betäubung, ihren Täuschungen und ihren Bruderkämpfen befreien will, lieber töten, statt ihm zu folgen, übersetzt er die erhabene Poesie des Sophokles in Prosa: »*Wenn aber Hungerleider und Arme an eigenem Gut an die öffentlichen Angelegenheiten gehen, in der Meinung, von dort her Gutes an sich reißen zu müssen: so geht es nicht. Denn wird die Verwaltung etwas, worum man sich reißt und schlägt: so muß ein solcher einheimischer und innerer Krieg die Kriegführenden selbst und den übrigen Staat verderben.*«[38] Ein zwingender Grund treibe die dem Gesetz nach gleichen Bürger dazu, sich gegenseitig umzubringen, eine unwiderstehliche, unerbittliche Kraft, die das Schicksal der Menschen seit langem besiegelt. Eben jene, die Sokrates vergeblich zu bestimmen versucht hatte. Um welche furchtbare Kraft handelt es sich? Im Achten und Neunten Buch seines Werks liefert uns Platon den Schlüssel des Geheimnisses.

Ihm zufolge beginnt das Übel in dem Augenblick, wo die Aristokratie ihre Privilegien zugunsten der reichen Kaufleute verliert: das ist der Übergang zur Oligarchie. Aber diese Staatsform hält sich nicht lange, denn sie führt rasch zu einer Verarmung der Plebs, was diese unausweichlich dazu treibt, die Aufteilung der Güter zu fordern. Der Fehler ist, *»daß ein solcher Staat notwendig nicht einer ist, sondern zwei; den einen bilden die Armen, den andern die Reichen, welche beide, sich immer gegenseitig auflauernd, zusammenwohnen«.*[39] Und da die Reichen geblendet sind von ihrem Wunsch, sich zu bereichern, leisten sie Widerstand und fordern den Aufstand der Armen heraus, was zur Demokratie führt. Diese aber heilt das Übel nicht, sondern verschärft es, denn sie setzt im Prinzip die völlige Freiheit jedes einzelnen voraus, was es den Reichen erlaubt, sich noch mehr zu bereichern, und die Armen immer ärmer macht. Und der Untergang des Staates rührt daher, *»daß einer das Seinige alles vertun kann und ein anderer es erwerben, und der es vertan hat, in der Stadt wohnen, ohne irgendeinem von ihren Teilen anzugehören, denn er ist weder Gewerbsmann noch Handwerker, weder Reiter noch Fußknecht, sondern heißt schlechthin der Arme und der Unbemittelte.«*[40] Solange Athen seine Hegemonie über die anderen Staaten ausnutzt, läßt sich diese wachsende Zahl Unbemittelter noch auf Kosten des Staats unterhalten, aber damit exportiert es seine Krankheit in die anderen Städte und erweckt zudem ihren Zorn, was zum Krieg aller gegen alle führt ...

Nun dehnt sich natürlich die Sklaverei immer weiter aus, und die mittellosen Bürger sind mehr denn je von der Produktion ausgeschlossen. Was tun? Wenn noch Zeit wäre, müßte man mit der Handelswirtschaft Schluß machen und zu einer Arbeitsteilung zurückfinden, bei der jeder seinen Platz hätte. Aber ist noch Zeit dazu? In seinem Entwurf eines idealen Staats schlägt Platon ein Modell vor, in dem die meisten Bürger *arbeiten.* Das zeigt, wie sehr er die Sklaverei verwirft. So erstaunlich es scheinen mag, Platon schließt, so »griechisch« und »antik« er ist, Sklavenarbeit aus. Man lese das Zweite Buch: dort findet man den Ackersmann, den Baumeister, den Weber, den Schuhmacher, und sie alle sind Bürger! Man findet Holzarbeiter, Schmiede, Rinderhirten, Schäfer (lauter Berufe, die auch nicht die kleinste Spur Verachtung trifft), man sieht hier auch Handelsleute, die sich auf dem Markt niederlassen, und viele, »*die dessen kundig sind, was zum Seewesen gehört*«, sowie Dienstleistende, die »*hinreichende körperliche Stärke haben zu allerlei schweren Arbeiten, welche denn den Gebrauch ihrer Kräfte verkaufen*« –[41] nur keine Sklaven!

Man mag der Meinung sein, daß diese Unterlassung von der offenkundigen Notwendigkeit der Sklavenarbeit herrühre. Aber dies ist nicht der Fall. Platon sagt ausdrücklich, daß man sie vermeiden müsse. Für ihn kann der Staat nur gesund bleiben, wenn er die Menge der hergestellten Güter streng begrenzt und dem Wunsch nach Luxus nicht nachgibt. Andernfalls wird er von einer *Aufschwemmung* erfaßt, die den Prozeß einleitet, durch den er früher oder später im äußeren oder inneren Krieg versinkt. Im Idealfall müßte Sokrates zufolge (zu dessen Wortführer sich Platon macht) vermieden werden, der Faulheit die Zügel schießen zu lassen, da sie zur Vermehrung der Diener führe, was die Eroberung immer größerer und entfernterer Märkte rechtfertige und es der Klasse der Krämer gestatte, aus der Arbeit anderer persönlichen Profit zu schlagen. Ob man seinem Heilmittel nun zustimmt oder nicht, so täuscht man sich doch völlig in ihm, wenn man außer acht läßt, daß sein Hauptziel darin besteht, das Fortschreiten der Handelswirtschaft aufzuhalten und die Sklavenarbeit abzuschaffen.

Fahren wir fort. Die Errichtung der Demokratie beruht, in Griechenland wie in Europa, auf dem Sturz des Adels. Doch zu diesem Sturz kam es durch das Aufblühen des Handels, die Intensivierung des Warenaustauschs und das Anwachsen der Geldmenge. Eine neue Klasse, die der Kaufleute, akkumuliert die Gewinne dieser gewaltigen Revolution, die dafür sorgt, daß sich der Schwerpunkt der gesellschaftlichen Beziehungen vom Land in die Stadt, von der Akropolis auf die Agora, von den befestigten Hügeln der Aristokratie mit ihren Verteidigungswerken und ihren Fallen auf den Markt mit seinen Auslagen und Banken verlagert. Und hier braut sich das Unheil zusammen. Denn gegenüber dieser Klasse reicher Kaufleute entsteht eine Klasse zwar freier, aber armer Bürger. Warum? Sie sind ihrer Subsistenzmittel beraubt. Sich selbst überlassen, seit sie das Joch des Herrn abgeschüttelt haben, konnten sie Bauern oder Handwerker werden. Aber nur wenige halten der Konkurrenz einer weit rentableren Arbeitsform stand: der Sklavenarbeit. Denn unter den Waren, die auf der Agora feilgeboten werden, gibt es eine, die denen, die Werkstätten besitzen, besonders gelegen kommt: die Sklaven.

Hat man sie einmal gekauft, dann kann man die Sklaven soviel arbeiten lassen, wie man will. Ihr Unterhalt ist billig: sie kosten nur das, was für die bloße Reproduktion ihrer Arbeitskraft nötig ist. Da sie keine Familie haben, sind ihre Bedürfnisse auf sie selber beschränkt, und sie sind schon froh, wenn sie am Leben bleiben. Daher wird die Arbeit der freien Bürger durch die Arbeit der auf dem Markt verkauften Sklaven ernsthaft gefährdet: *»Man weiß, daß der Reiche in Athen (...) in seinem Hause Werkstätten für Weber, Ziseleure und Waffenschmiede hatte, die alle Sklaven waren. Selbst die freieren Gewerbe waren dem Bürger so ziemlich verwehrt. Der Arzt war oft nur ein Sklave, der die Kranken heilte, und der Herr hatte den Gewinn. Bankbeamte, viele Architekten, die Erbauer von Fahrzeugen, die niederen Staatsbeamten, sie alle waren Sklaven.«*[42] Im 5. Jahrhundert untergrub also ein schreckliches Übel die griechische Gesellschaft: sie hatte sich vom Joch der dorischen Eroberer befreit, spaltete sich jedoch unwiderruflich in zwei feindliche Lager: die Reichen und die Armen, was unausweichlich zum Bürgerkrieg führte.

Eine solche Interpretation, das räume ich ein, versteht sich nicht von selbst. Es fällt uns schwer, das Überhandnehmen der Sklaverei in Griechenland als das Hauptübel zu betrachten, das die Demokratie zugrunde richtete, weil unser Bild vom Leben der Griechen impliziert, daß die Sklaverei für sie ebenso natürlich war wie ihre »Verachtung der Arbeit«. Doch bei näherem Hinsehen gewahrt man, daß das nicht stimmt. Jedenfalls nicht für die Masse des Volks. Erstens gibt es eine alte Tradition, der zufolge die Arbeit, insbesondere die Bearbeitung des Bodens, als eine höchst ehrenvolle Tätigkeit gilt: so scheute sich Hesiod weder in seinem Leben noch in seinen Gedichten, das Lob der Landarbeit zu singen. Zweitens stellt man bei näherer Betrachtung fest, daß die Menschen aus dem Volk, gerade zur Zeit der

Demokratie, nicht aus Vergnügen, sondern eher notgedrungen dem Müßiggang frönen. Daß das Volk nicht arbeitet, liegt nicht daran, daß es die Arbeit verachtet, sondern daran, daß die Sklaven ihm die Arbeit wegnehmen. Im Produktionsprozeß tritt die Sklavenarbeit an die Stelle der freien Arbeit, in der Stadt wie auf dem Land. Das blinde Gesetz des Marktes drängt die Fabrikanten, eher Sklaven als Freie zu beschäftigen, und unter dem Eindruck dieses Ausschlusses aus dem Produktionsprozeß verändert der *demos* seine Anschauungen. Fustel schreibt: *»Die Sklaverei war eine Plage, unter der die freie Gesellschaft selber litt. Der Bürger fand wenig Verwendung, wenig Arbeit mehr. Der Mangel an Beschäftigung machte ihn bald faul. Da er nur mehr Sklaven arbeiten sah, so verachtete er die Arbeit.«* Aber es handelt sich hier um einen Prozeß und nicht um einen den Griechen eigentümlichen Charakterzug.

Platon bestätigt es. Er weiß, daß das Volk in diesem Stadium gar nicht anders kann, als den Kampf zwischen Reichen und Armen zu schüren. Denn in der Plebs macht schnell eine Frage die Runde: Da der Reichtum von den Sklaven produziert wird, ist es dann nicht angebracht, die Sklaven für alle und nicht nur für einige wenige arbeiten zu lassen? Ist es nicht gerecht, die Produkte ihrer Arbeit gleichmäßig unter alle Bürger aufzuteilen, statt zuzulassen, daß eine kleine Minderheit sie sich aneignet? Wenn niemand eingreift, um diesen Konflikt zu schlichten und die einen wie die anderen zur Vernunft zu bringen, ist die Stadt verloren. Bestenfalls führt die Demokratie also zur Tyrannei: ein Tyrann stellt den Frieden wieder her – indem er die Bürger ihrer Entscheidungskraft und ihrer Handlungsfreiheit beraubt. Die auf der Liebe zur Freiheit, Gleichheit und Brüderlichkeit gegründete Herrschaft des *demos* erzeugt am Ende also immer ihr Gegenteil – zwangsläufig.

Daß Platon diese Analyse, die Sophokles als erster angedeutet hatte, Sokrates in den Mund legte, bot mehrere Vorteile. Zum einen rehabilitierte er damit das Wirken dieses Philosophen in der Stadt, indem er sein Denken in solch strahlendem Licht erscheinen ließ, daß alle Angriffe gegen ihn für immer aufhören mußten. Zum anderen erteilte er den Komödiendichtern eine Lektion, indem er eine Person, die man früher verspottet hatte, als wahrhaften Seher vorstellte. Und drittens bot er damit den Athenern die Möglichkeit, sich selbst erneut in Frage zu stellen.

Das Höhlengleichnis bildet in dieser Hinsicht eine symbolische Waffe von ungewöhnlicher Tragweite. Aristophanes hatte Sokrates zwischen Himmel und Erde in eine Hängematte gesetzt, von wo aus er zu den Wolken sprach. Damit verschaffte er dem Athener Publikum einen schönen Moment der Entspannung, was zur Zeit, da das Stück aufgeführt wurde, d. h. mitten im Peloponnesischen Krieg, ein nicht zu unterschätzendes Vergnügen war. Aber der Grund für dieses Lachen war die Überzeugung der Zuschauer, daß sie selbst mit beiden Füßen auf der Erde standen und daher jenem angeblichen Denker weit überlegen waren. Der Mechanismus der Heiterkeit bestärkte folglich das Publikum in seinem Glauben an eine reale Welt, die aus greifbaren Dingen bestand und einer irrealen Welt, der Welt der Ideen, Argumente und Beweisführungen, weit überlegen war. Daher Platons Revanche. Indem sie die Menschen wieder unter die Erde verbannte, fing die *Politeia* die Lustspieldichter in ihrer eigenen Falle. Da das Publikum den Reden des Sokrates nicht zuhörte, konnte es die richtige Hierarchie der Welten nicht erkennen. Denn sie waren Gefangene ihrer Sinne.

Die meisten Menschen merken nicht, daß sie im Reich der Schatten leben, weil sie sich den Bedürfnissen ihrer Körper unterwerfen. Und daß sie immer tiefer hineingeraten, rührt daher, daß sie die Gesetze der Geschichte nicht kennen. Das Volk meint, seine Gelüste befriedigen zu können, wenn es die Macht hat, sich selbst zu regieren. Es versteht nicht, daß es sich in einer Situation befindet, die das Ziel, das es sich steckt, untergräbt. Während es frei zu sein wähnt, ist es mehr denn je Gefangener eines Verhängnisses. Die Gier nach Reichtum ist bei manchen so stark, daß nichts ihre Begehrlichkeit aufhält, sobald die »Freiheit« herrscht. Für die große Masse schließen sich die Ketten der Notwendigkeit daher so eng zusammen wie noch nie, ohne daß es hell wird: eine Zeitlang von denen manipuliert, die sich auf ihre Kosten bereichern, wird sie später von denen manipuliert, die ihr versprechen, alles zu teilen. Und wenn diese Versprechungen nicht mehr gelten, kann man die Leute immer noch zerstreuen. Daher die Gaukler, zu denen auch die Komödiendichter gehören. So schwer es fällt, es zuzugeben: das menschliche Dasein ist so beschaffen, daß die meisten Menschen die Höhle niemals verlassen werden. In dieser Hinsicht ist ihr Los nicht beneidenswerter als das der Toten. Zumindest der Mehrheit der Toten. Denn auch hier liegt ein Mißverständnis vor. Im allgemeinen herrscht die Vorstellung, daß das Leben aus der Erde komme. Aber das ist nur der Standpunkt des Ackerbauern. Diese Überzeugung beruht auf einer jahrtausendealten bäuerlichen Praxis. Es gibt jedoch eine andere Praxis, eine andere Lebensweise, die darauf hindeutet, daß das Leben vom Himmel kommt. Dies ist die Praxis der Krieger, die Lebensweise der Räuber, der Menschen, die sich von der Höhe ihres Horstes oder ihres Wagens auf den Feind oder auf die Beute stürzen. Diese Leute wohnen immer über dem Boden, den die gemeinen Sterblichen betreten. Es sind die Oberen, die Adligen, die Aristokraten. Ihre Sicht des Todes ist eine andere. Wenn sie sterben und ihr Körper zu Boden fällt, fällt ihre Seele nicht mit ihm: sie folgt ihm nicht, sondern erhebt sich in die Höhe. Sie erhebt sich so weit wie irgend möglich, weit über die feuchten Wolken hinaus. Vom Himmel gekommen, kehrt sie zu ihm zurück. Verläßt sie die Materie, die sie beseelt, dann dringt sie nicht in die Erde ein, sondern schwingt sich in die Lüfte.

Sie kann sich nicht in der Erde vergraben. Ihre Natur verbietet es ihr. Schon im Körper strebt sie danach, sich zu erheben. Sicherlich gibt es niedere Seelen, kalte Seelen, feuchte Seelen, und sicher haben die meisten Menschen eine solche Seele. Vielleicht sinken diese Seelen – mehr Materie als Geist, mehr Begierde als Willen, mehr Begehrlichkeit als Kühnheit, mehr List als Mut – tatsächlich in die unterirdischen Wasser hinab, wo ein trauriges Los ihrer harrt. Aber die anderen, die auserlesenen Seelen, steigen ohne jeden Zweifel empor. Daher dürfen ihre »Nachfahren« nicht glauben, daß ihnen das Reich der Schatten bestimmt ist. Wenn ein Mensch dieser Rasse erlischt, fährt seine Seele nicht in den Hades, sie schreibt sich ins Firmament ein, in den Staub der Sterne, die ihr vorausgegangen sind.

Der Verrat des Aristoteles

Wir glauben, unsere Epoche unterscheide sich völlig von der des Sokrates, weil unsere Demokratie nicht auf der Sklaverei beruht und die Geschichte nicht mehr im Maßstab der Städte verläuft. Wir glauben, wir seien vor einem Niedergang ähnlich dem der griechischen Zivilisation geschützt, weil der Produktionsprozeß seit der industriellen Revolution einen sehr großen Teil mechanischer Arbeit einschließt, während in Griechenland die Hauptarbeit von Menschen geleistet wurde, was es uns ermöglicht, technische Lösungen ins Auge zu fassen, die ihnen versagt waren. Doch was ändert das in Wirklichkeit? Haben wir tatsächlich so gute Gründe zu glauben, daß die Geschichte sich nicht wiederholt und die modernen Demokratien nicht von denselben Plagen heimgesucht werden wie die griechischen Städte?

Ich fürchte, wir irren uns. Wir Modernen können unsere Zukunft in der Vergangenheit der Alten lesen. Denn was der griechischen Demokratie, insbesondere in Athen, widerfahren ist, das beginnen wir heute zu erleben. Der Wohlstand der modernen Demokratien rührt von dem Tribut her, den sie von den Nationen erheben, die sie »beschützen«. Und was die Verarmung innerhalb der reichen Länder betrifft, so hängt sie nicht mit der Unterordnung des Menschen unter die Maschine zusammen, sondern mit seiner *Ersetzung* durch die Maschine. Genau dieses Szenario hat aber auch das antike Griechenland gekannt: die skandalöse Hegemonie einer verallgemeinerten Ersetzung der freien Arbeit durch die Sklavenarbeit hat die griechische Demokratie nach Jahrzehnten des Bürgerkriegs in den Untergang getrieben.

Allem Anschein zum Trotz ging die griechische Demokratie, wie wir sahen, aus einem ähnlichen Prozeß hervor wie die moderne Demokratie: wie die unsere entstand sie aus dem Zerfall eines feudalistischen Gebäudes, das auf der Aneignung der Produktivkräfte durch Kriegerhorden indogermanischer Herkunft nach jahrhundertelangen Invasionen beruhte. Dieser Zerfall ist selbst Ergebnis einer Umkehrung der Dienstverhältnisse zwischen Herr und Knecht in Handelsbeziehungen zwischen Verkäufer und Käufer. Dieser revolutionäre Prozeß ermöglichte es, daß neue »Lichter« auf das Universum und den Platz fielen, den die Menschen darin einnehmen. Er veranlaßte eine Fülle von »Denkern«, mit der mythologischen Erklärung der Wirklichkeit zu brechen (wie in Europa ab der Renaissance), auch wenn die Masse selbst, der *demos*, es vorzog, zu den Mythen ihrer ehemaligen Herren zurückzukehren, um den mit der Heraufkunft der Demokratie verbundenen Versprechen auf Wohlstand einen gemeinschaftlichen Sinn zu verleihen.

Weshalb könnte die moderne Demokratie, in ihrer Entstehung der griechischen analog, nicht auch deren Schicksal teilen? Seit sie siegreich die Drohungen überwunden hat, durch die barbarische Mächte sie vor einigen Jahrzehnten einschüchterten, hat sie es sich zur Aufgabe gemacht, für die Einheit aller Nationen zu sorgen, und erlaubt es sich daher, den gemeinsamen Schatz zu ihrem Vorteil auszubeuten. Wie Athen unter Perikles erheben die Westmächte einen Tribut von den Völkern, die zu beschützen sie vorgeben. Dieser Tribut heißt heute »Entwicklungshilfe«, und unter dieser Bezeichnung hat er sie eine Zeitlang hinters Licht geführt. Doch diese Entnahme erweist sich als unerträglich, da sie diese Völker pönalisiert und den offiziellen Begründungen zuwiderläuft. Unaufhörlich vertieft sich der Graben zwischen den reichen Ländern und den Ländern, denen sie angeblich helfen, indem sie ihnen die technischen und finanziellen Mittel gewähren, um auf dem Weltmarkt bestehen zu können. Im übrigen sind die Zahlen niederschmetternd: der Kapitalfluß, der allein aus den Zinszahlungen der Schulden der »Entwicklungsländer« stammt, übersteigt bei weitem die immer geringeren Summen, die den umgekehrten Weg nehmen. Die armen Länder helfen also den reichen Ländern!

Man täusche sich nicht: diese »Hilfe« der Armen gegenüber den Reichen ist nicht überflüssig. Der Wohlstand hat seine Grenzen. So wie die Pest, die die Stadt des Ödipus heimsuchte, ist nämlich eine seltsame Plage über die Länder des »Nordens« hereingebrochen. Ein unerbittliches Übel befällt die modernsten Nationen, plagt sie mit betrüblicher Sterilität! Sokrates hat vergeblich versucht, seine Natur zu ergründen. Platon hat ihm den Namen seiner Zeit gegeben: die Vermehrung der Zahl der Sklaven unter dem Einfluß der freien Warenzirkulation. Demokrits herrlicher Atomwirbel, die wunderbare Intelligenz des *Nus* von Anaxagoras waren mit einer Phase der »Revolution« konfrontiert, die der große Stratege Perikles wohl beherrschen zu können meinte. Aber er verlor die Schlacht: die wunderbare »Ware«, die die Arbeitskraft der Sklaven bildete, deren wachsende Zahl ihren Besitzern wachsenden Wohlstand bescherte, trat unerbittlich an die Stelle der weit unrentableren Arbeitskraft der Bürger, so daß die meisten von ihnen aus dem Produktionsprozeß vertrieben wurden und verarmten. Dieses Stadium erreichen wir heute in den modernen »Demokratien« – so daß es unseren Periklessen nicht widerstrebt, in die Banktresore genügend zurückfließen zu sehen, um die Opfer in Schach zu halten.

Rechtlich sind die Menschen heute weltweit gleich, tatsächlich jedoch haben sich unsere Demokratien auf ihre emanzipatorische Rolle berufen, um ihre Hegemonie über die Völker zu begründen, denen sie sich als Beispiel hinstellten. Außerdem zeigen sie auf ihrem eigenen Territorium die Tendenz, sich in einer Weise zu spalten, die seltsam an die Dichotomie erinnert, die sich in den griechischen Städten zwischen den Reichen und den Armen vollzogen hat. Wir meinten, die Griechen seit langem überwunden zu haben, und nun treten wir in ihre Fußstapfen, indem wir ihre Irrtümer wiederholen.

Noch sind wir nicht ganz an dem Punkt, wo nahezu alle Bürger durch Sklaven ersetzt sind. Aber die Tendenz dazu ist stark. Zwar sind es nicht Sklaven, Menschen, die den Platz der freien Arbeiter einnehmen, sondern Maschinen, *Roboter,* Automaten. Aber der Prozeß ist der gleiche: die freie, bezahlte Arbeitskraft wird massiv durch den Einsatz von Automaten beseitigt, die alle bisher von den Arbeitern bewältigte Aufgaben übernehmen. Ob es sich nun um Aufgaben handelt, bei denen die Körperkraft vorherrscht, um solche, die Fingerspitzengefühl, Präzision, Aufmerksamkeit erfordern, oder um solche, bei denen man »nachdenken« muß – überall ersetzen Maschinen die Menschen. Die Roboter sind unsere Sklaven. Sie machen den modernen Lohnempfängern mit dem gleichen Erfolg Konkurrenz, wie die Sklaven den freien Bürgern in Griechenland Konkurrenz machten. Sind wir, da das Gesetz des Profits auch heute noch vorherrscht und da die gleiche Ursache die gleichen Wirkungen hervorruft, wirklich so weit von dem Beispiel entfernt, das Platon im Neunten Buch der *Politeia* so gut beschrieben hat?

Daß wir Platon nicht richtig zu lesen vermögen, liegt daran, daß wir glauben, die Sklaverei sei für die Griechen kein Problem gewesen, weil sie sie für natürlich hielten. Dieser Punkt ist jedoch äußerst anfechtbar. Wer außer Aristoteles vertrat die Idee des *natürlichen* Charakters der Sklaverei? Obwohl er Platons Schüler war, und sicherlich sein Lieblingsschüler, hat Aristoteles dieser Idee die ganze Kraft seiner Autorität gegeben. Oder besser gesagt, auf Aristoteles gestützt, hat sich der Gedanke eingebürgert, daß die Griechen die Sklaverei für etwas Natürliches hielten. Und man muß zugeben, daß sich Aristoteles, als er sich mit der politischen Frage befaßte, eindeutig äußerte. Ihm zufolge gehört der Sklave ganz seinem Herrn, und er ist von Natur ein Sklave: *»Der Mensch, der seiner Natur nach nicht sich selbst, sondern einem anderen gehört, ist von Natur ein Sklave.«*[43] Der ganze Anfang seiner unter dem Titel *Politik* berühmt gewordenen Abhandlung ist dem Nachweis gewidmet, daß die Existenz der Sklaven für die Stadt von grundlegender Bedeutung ist. Aber was man im allgemeinen nicht hervorhebt oder vergißt, ist, daß Aristoteles nur einen Gedanken entwickelt und daß folglich nichts beweist, daß sein Standpunkt geteilt wird.

Lassen wir einmal die Schwierigkeit beiseite, Aristoteles die Abhandlung zuzuschreiben, die seinen Namen trägt. Es könnte sich um Notizen der Schüler seines Lykeions handeln, die später zusammengetragen wurden, so kläglich und chaotisch ist der Stil und so oft wiederholen sich bestimmte Seiten. Weisen wir als erstes darauf hin, daß der Meister in keiner Weise eine Lehre über die Sklaverei vorbringt, die sich von selbst versteht, sondern sich einer These widersetzt, der zufolge die Sklaverei *nicht* natürlich ist. Zwar nennt er diejenigen nicht, die dieser Meinung sind, aber man darf an Platon denken, an dessen Unterricht in der Akademie er lange teilnahm. Hier verrät er seinen Lehrer. Die Gegner der Sklaverei behaupten, kommentiert Aristoteles, *»nur durch Konvention sei der eine ein Sklave, der andere ein Freier, der Natur nach bestünde dagegen kein Unterschied«.*[44] Damit ein Mensch Herr und Besitzer des anderen sei, behaupten sie, müsse er »Gewalt« angewandt haben, und darum sei die Sklaverei auch nicht gerecht. Gegen diese Idee der Ungerechtigkeit entwickelt Aristoteles seine Argumentation.

Es handelt sich weniger um eine These als um eine Antithese. Und wie muß er sich winden, um sie zu verfechten! Die Natur mache den Menschen in zweierlei Hinsicht zum Sklaven: hinsichtlich der Seele und hinsichtlich des Körpers. *»Von Natur ist also jener ein Sklave, der einem andern zu gehören vermag und ihm darum auch gehört, und der so weit an der Vernunft teilhat, daß er sie annimmt, aber nicht selbständig besitzt.«*[45] Anders gesagt, Sklave ist, wer gerade soviel Urteilsfähigkeit hat, um zu wissen, daß es für ihn besser ist, Sklave zu sein. Besser, weil er nicht genügend Vernunft besitzt, um kein Sklave zu sein, so daß er bei seinem Sklavenstand seinen Vorteil findet. Soviel zur Seele! Und nun zum Körper: *»Die Natur hat die Tendenz, auch die Körper der Freien und der Sklaven verschieden zu gestalten, die einen kräftig für die Beschaffung des Notwendigen, die anderen aufgerichtet und ungeeignet für derartige Verrichtungen, doch brauchbar für das politische Leben (das seinerseits aufgeteilt wird in die Bedürfnisse des Krieges und diejenigen des Friedens).«* Der einer hinlänglichen Vernunft ermangelnden Seele entspricht ein kräftiger Körper, ähnlich dem der Haustiere, deren Alter ego der Sklave ist. Eine höchst logische Aussage, die jedoch Gefahr läuft, von der Beobachtung widerlegt zu werden, ob man nun die körperliche Feinheit der gebildeten Sklaven vor Augen hat, die in Einrichtungen wie Schulen Dienst tun, oder ob man feststellt, welch bestialisches Äußere viele »freie« Bürger aufweisen. So daß Aristoteles das Bedürfnis verspürt, sofort hinzufügen: *»Immerhin kommt oft das Gegenteil vor...«* Man merkt, wie unwohl Aristoteles sich fühlt. Wer weiß, ob Aristoteles' Unbehagen nicht von dem Gefühl des Schülers herrührt, seinen Lehrer zu verraten und damit feige für die »Werte« einzustehen, die dieser am meisten haßte, die Werte der handeltreibenden Gesellschaft?

Dennoch hieße es, wiederum Aristoteles verraten, ließe man es bei dieser Verwirrung bewenden. Denn im Kern ist seine Analyse von bemerkenswerter Prägnanz. Was von der Tradition verdunkelt wird, verdient nämlich eine Betrachtung, die zu dem Wirrwar »klassisch« gewordener Argumente in umgekehrtem Verhältnis steht. Zur Bezeichnung des Sklaven verwendet Aristoteles den Ausdruck *»beseeltes Werkzeug«*.[46] Dieser Ausdruck hat, wie mir scheint, ein besseres Los verdient. Er ermöglicht es uns nämlich, seinen Standpunkt besser zu verstehen und gleichzeitig ein wenig Abstand zu gewinnen, um die Situation, mit der *wir* heute konfrontiert sind, besser zu durchdenken, denn letztlich *mechanisiert* sie den Sklaven, statt ihn zu animalisieren. Wir sind versucht, den Griechen die Idee zuzuschreiben, daß der Sklave nur ein Packesel sei, dem Tier näher als dem Menschen. Und es stimmt, daß Aristoteles' Text dieser Überzeugung Vorschub leistet. Aber der Text geht sehr viel weiter. Aristoteles zufolge ist der Sklave ein Gut, das der Herr zu seinem Gebrauch erworben hat: folglich ist er ein ebensolches Werkzeug wie ein »Steuer«, da er eine instrumentelle Funktion hat; das Steuer ist jedoch »unbeseelt«: es braucht einen Steuergehilfen, der es handhabt. Dieser Steuergehilfe aber ist beseelt: gehört er einem Herrn, so ist er Sklave, ein Werkzeug zwar, aber ein *beseeltes* Werkzeug.

Diese Definition kann von großer Tragweite sein. Wenn das, worauf es bei der Sklavenarbeit ankommt, nicht die »Natur« desjenigen ist, der diesen Dienst leistet, sondern seine instrumentelle »Natur«, d. h. seine Funktion, dann ist es unwichtig, ob es sich um Menschen handelt oder um Maschinen. Sklave wird genannt, wer seine Aufgabe erfüllt. Die modernen Maschinen erfüllen nun aber die Aufgaben der Menschen, die früher (oder unlängst) als Sklaven verkauft wurden. Während einer langen Zeit sind sie nicht über das Stadium unbeseelter Werkzeuge hinausgelangt, wie das Steuer des Schiffs oder die Flügel der Mühle, die einer äußeren Kraft oder einer Intelligenz bedürfen, um ihre Rolle spielen zu können. Aber heute? Haben wir nicht das Stadium erreicht, wo das Steuer gleichzeitig Steuergehilfe ist? Alle Navigatoren (ob zur See oder in der Luft) haben Geräte, die sich selbst steuern. Zwar sind unsere modernen Roboter noch nicht im gewöhnlichen Sinne »beseelt«, d. h. lebendig, fähig, sich selbst zu ernähren und fortzupflanzen; aber einerseits ist das nicht Aristoteles' Thema (er sagt »beseelt« und nicht »lebendig«), und andererseits hatte der Sklave, der die Arbeit der Bürger Athens ersetzte, keine Ehefrau und durfte keine Nachkommen haben. Das heißt, daß sich die Analogie eher verstärkt, statt sich abzuschwächen.

Solange es keine Roboter gab, war ein solcher Vergleich müßig. Solange die Maschine die Anwesenheit des Menschen erforderte, um ihre produktive Aufgabe erfüllen zu können, mochte jede Bezugnahme auf Griechenland fruchtlos erscheinen; solange die Hauptarbeit auf den Feldern, in den Fabriken, im Transportwesen, in den Büros, an den Bankschaltern von Lohnempfängern geleistet wurde, konnte der griechische Stadtstaat einer »wahren« Demokratie, die Sklavenarbeit ausschließt, nur als abschreckendes Beispiel dienen. Heute dagegen sticht es in die Augen: allenthalben nimmt das Werkzeug den Platz des freien Menschen ein! Unter der Ägide des Marktgesetzes verschwindet die menschliche Arbeit nicht nur bei den manuellen Tätigkeiten und der Bedienung von Maschinen, sondern auch bei der Warenverwaltung, der Kundenbetreuung usw. Eben dies ist ein Roboter: eine Maschine, die ohne Arbeiter auskommt, ein Werkzeug, das ganz allein arbeitet, also ein beseeltes Werkzeug. Und wie in der griechischen Antike erfaßt der Prozeß auch die kleinsten Bereiche: Weit davon entfernt, nur diejenigen zu ersetzen, die nicht *»hinreichende körperliche Stärke haben zu allerlei schweren Arbeiten«*[47], wurden die Sklaven Athens bekanntlich Ärzte, Bankgehilfen, Architekten, Schiffbauer, Aufseher, Pädagogen, Beamte ... Sie konnten nachdenken, rechnen, erfinden, Modelle zeichnen, vorausdenken, urteilen und, schließlich, Entscheidungen treffen. Wie unsere Roboter! Dank der Informatik laufen sie den meisten menschlichen Gehirnen den Rang ab. Wen werden sie verschonen? Sagt man nicht, daß bestimmte Computerprogramme bereits andere Computerprogramme erfinden? Wo werden sie haltmachen, diese Sklaven, die unter dem Gesetz der Konkurrenz sich unausweichlich vermehren? Welchen Sektor werden sie dem »Menschen«, der menschlichen Arbeit, übriglassen?

Ziehen wir es vor, weiterhin die Augen vor dem Lauf der Dinge zu verschließen, bis wir das letzte Stadium dieses Prozesses erreichen? Wollen wir es auf die Konfrontation ankommen lassen, die sich daraus ergibt? Diese Konfrontation wird diesmal den ganzen Planeten betreffen, da der Markt heute ein Weltmarkt ist, aber ihre Ursache wird dieselbe sein wie einst: die Weigerung der armen Nationen, noch länger einen ungerechten Tribut an den Wohlstand der reichen Nationen zu entrichten, wie die Städte des Bundes von Delos, die sich gegen Athen auflehnten. Sie wird hervorgerufen werden von den Forderungen, welche die reichen Nationen an sie stellen, von den Strafexpeditionen, die sie gleich den Athenern führen, um die Zahlungsunwilligen in die Knie zu zwingen; wie eine Feuersbrunst von starkem Wind, wird der Neid irgendeiner rivalisierenden Macht sie schüren, die trotz ihrer Hinfälligkeit, trotz ihres Anachronismus ihre militärische Stärke bewahrt hat und auf ihre Stunde wartet, so wie Sparta auf das schwelende Feuer blies ...

Dann aber wird es zu spät sein. Das Unglück wird geschehen sein. Mit welchen Konsequenzen? Schwierig, die Verwüstungen im einzelnen zu benennen. Doch wenn das Vorstehende irgendeine Gültigkeit hat, muß man der Tatsache Rechnung tragen, daß die Konfrontation die »Stadt« selbst ergreifen wird, wie einst Athen. Die reichen Nationen werden einem inneren Krieg zwischen Reichen und Armen nicht entrinnen. Ob man die einen nun »Aristokraten« und die anderen »Demokraten« nennt wie in Athen oder ob die beiden Lager andere Namen tragen, wird an dem Konflikt nicht das geringste ändern. Denn die Verarmung der Masse der Bürger führt zum Bürgerkrieg. Der Verfassung nach »rechtlich gleich«, werden sich die Bürger der modernen Nationen nicht ewig nur deshalb gängeln lassen, weil sie stolz darauf sind, zur Elite der Nationen zu gehören. Ihre Passivität wird nicht länger dauern als die der Bürger Athens: nachdem sich der *demos* eine Zeitlang mit den Brosamen des athenischen Imperialismus begnügt und seine Verachtung und seinen Haß gegen die Sklaven gekehrt hatte, begriff er am Ende, daß man ihn täuschte, als er einsehen mußte, daß er auf Kosten der Bürger anderer Städte lebte und sie bekämpfen sollte, um seine Privilegien zu bewahren. Und in den Wirren erwachte erneut der schlummernde Instinkt der Vorfahren: der Haß auf die Reichen und der unwiderstehliche Wunsch, sie zahlen zu lassen. Auch das werden wir erleben.

Bei dieser schändlichen Auseinandersetzung und ihrem fatalen Ausgang werden einige vielleicht mit heiler Haut davonkommen. Aber wer? Will man den Vergleich mit Griechenland weitertreiben, dann kann man sich vorstellen, daß eine neue Macht auftauchen und den ständig wieder auflebenden Brand ersticken wird. In der Antike war diese Macht Makedonien mit seinem Herrscher Philipp. Philipp war König. Die Griechen verachteten ihn, da er zu den »barbarisch« gebliebenen Regionen des Nordens gehörte, doch als der Barbar kam, um sich ganz Griechenlands zu bemächtigen, war es das Ende der Demokratie. Denn Athen war nicht das einzige Opfer: keine Stadt entrann ihm. Und Griechenland verlor für immer seinen Glanz: es wurde eine einfache Provinz des Königreichs Makedonien. Zwar konnte ein jäh aufflammender Stolz den Monarchen beseitigen, aber vergebens: sofort nahm sein Sohn Alexander seine Stelle ein und zwang die griechischen Städte unter ein noch härteres Joch, bevor er ein wahres Weltreich errichtete, indem er sein Heer immer weiter nach Osten trieb.

Der Lehrer Alexanders freilich war ein berühmter Philosoph, der 384 v. Chr. in Stagira in Makedonien geboren wurde. Bevor ihm König Philipp diese Aufgabe übertrug, hatte er seine Jugend in Athen verbracht, in der Akademie Platons. Hier konnte er in aller Ruhe beobachten, wie die griechischen Städte und besonders Athen sich herumschlugen. Wie sein Lehrer hatte er eine ganz bestimmte Vorstellung vom Ursprung der Krise der Demokratie. Und es war derselbe, nur daß er ihn »Chrematistik« nannte, ein Wort, das damals sehr modern war. Es handelte sich um die Kunst, unbegrenzten Reichtum zu erwerben. Diese

Kunst beruhte auf dem üblichen Gebrauch des Geldes bei Handelsgeschäften, doch statt das Geld nur eine Mittlerrolle spielen zu lassen, sorgte man dafür, daß es am Anfang und am Ende des Austauschs stand. Anders gesagt, man kehrte den üblichen Gebrauch um. In dieser Praxis ist *»das Geld das Element und die Grenze des Umsatzes«*, sagte der Stagirit. Denn in ihr findet *»das Ziel keine Grenze; Ziel ist aber eben dieser Reichtum und der Erwerb von Geld«*.[48] Diese völlig widernatürliche Art, sich zu bereichern um der Bereicherung willen, war auf der Agora bestimmend, was Griechenland geradewegs in den kollektiven Wahnsinn trieb. Dieser kluge Beobachter hatte also keine allzu großen Bedenken, seine Wahlheimat zugunsten seines Herkunftslandes zu verraten, indem er Alexanders Erzieher wurde. Dennoch galt er als Verräter. Er hieß Aristoteles.

Die beseelten Werkzeuge

Wenn man sich der Geschichte der griechischen Demokratie von dieser Seite her nähert, erscheint sie als eine Zusammenfassung unseres gemeinsamen Schicksals. Der Hoffnung auf grenzenlosen Wohlstand folgt die Wirklichkeit: die massive Verarmung der Bürger, die, durch die Sklavenarbeit vom Markt verdrängt und zu Parasiten anderer Völker geworden, schließlich versuchen, aus dieser Sackgasse herauszukommen, indem sie die reichen Sklavenbesitzer zahlen lassen. Sollte dieses Modell stimmig sein, dann täuschen wir uns gewaltig, wenn wir die Kämpfe zwischen Reichen und Armen für überholt halten.

Die Philosophie entstand aus dem Wunsch, das Geheimnis dieser fatalen Tendenz zu ergründen, solange noch Zeit dazu war. So verstehe ich das Auftauchen einer Gestalt wie Sokrates. Aber alles ist sehr schnell gegangen. Zu schnell! Für die folgende Generation sind die Würfel bereits gefallen. Platon muß die Schäden feststellen, die das freie Spiel des Profits verursacht hat: Was kann man noch tun? Umkehren und die Sklaverei abschaffen? Nach einer weiteren Generation ist kein Zweifel mehr möglich, Aristoteles gibt sich keinen Illusionen mehr hin. Das Unheil ist geschehen, und man muß sich der Vernunft beugen. Man kann nicht zur Lohnarbeit zurückkehren. Bleibt die Frage, wie die Stadt ihr Schicksal meistern kann. Ganz offensichtlich ist der Mensch ein »politisches Tier«, aber die Demokratie ist kaum mehr geeignet, Frieden in der Herde zu stiften. Die Fakten sprechen zugunsten der Monarchie …

An dieser Stelle wäre darauf hinzuweisen, daß Aristoteles große Mühe hatte, seine Mitbürger zu überzeugen. Zum einen, weil er natürlich zu einer politischen Lösung neigte, die für die meisten Athener undenkbar war, weshalb er im übrigen für einen Agenten Philipps gehalten wurde. Zum anderen, weil er nicht der einzige war, der die Situation durchdachte. Als er sein Lykeion eröffnete, hatte er zwar einen nicht unerheblichen Erfolg, der es ihm erlaubte, sehr gut zu leben, wie Platon von seiner Akademie, ohne auf makedonische Unterstützung angewiesen zu sein.

Doch auf dem Markt der Ideen herrschte große Konkurrenz. Hier wären die Sophisten zu erwähnen, deren Ruf nach zweitausendfünfhundert Jahren zwar erbärmlich geworden ist, die aber vermutlich Opfer von Mißverständnissen sind. Als Aristoteles diejenigen angriff, die die Sklaverei als widernatürliche Einrichtung bezeichneten, hatte er höchstwahrscheinlich neben Platon auch die Sophisten im Auge. Doch dieser Punkt verdient eine längere Erörterung, denn er stellt die herkömmliche Herangehensweise an diese Leute auf den Kopf. Die Sache ist heikel, da von ihnen nichts Schriftliches überliefert ist und man sie nur durch Platon oder spätere Quellen kennt; außerdem traten sie so häufig gegeneinander auf, daß sich nur schwer ermitteln läßt, wer von ihnen diese Meinung vertrat. Doch konnte ihre Lehre – von der man im allgemeinen nur den demagogischen und lukrativen Aspekt hervorhebt, wobei man sich sowohl auf Platon als auch auf Aristophanes stützt – auf einen Widerstand gegen den Kauf und Verkauf von Sklaven hinauslaufen. Wer weiß, ob nicht auch die Sophisten die Gefahr erkannt hatten?

Es gehört zum guten Ton, sie des Zynismus zu bezichtigen. Damit begeht man gleich zwei Irrtümer. Die Schüler des Protagoras zum Beispiel lehrten, wenn man Platon glauben darf, daß *der Mensch das Maß aller Dinge ist.* Bald hörte sich das so an: Es gibt keinen transzendenten Wert; allein der Mensch entscheidet, was gültig ist und was nicht, und da auch der Mensch ein transzendenter Begriff ist, hat er selbst keinerlei Wert. Wert hat letztlich nur das, was jeder einzelne als solchen anzunehmen beschließt. »*Ein schöner Sophismus*«, entrüstet man sich, »*der im Keim die Zerstörung aller moralischen Werte birgt! Kein Wunder, daß Sokrates …*« Von diesem »Sophismus« bis zum »Zynismus« ist es indes mehr als nur ein Schritt. Man darf im Gegenteil vermuten, daß Protagoras und seine Schüler etwas ganz anderes im Sinn hatten als eine ebenso nihilistische wie lukrative Widerlegung jeder Form von Ethik. Die Behauptung, daß der Mensch *das* Maß, das einige Maß aller Dinge sei, kann nämlich heißen, daß allein der wertvolle Mensch wertvolle Dinge tut (man denke an Achilles), und in diesem Fall kann man die Sophisten als Nostalgiker der alten Ordnung ansehen, deren Glanz das homerische Epos bewahrt hat und die Sparta schlecht und recht Widerstand leistet. Genausogut aber kann es heißen, daß, allem Anschein zum Trotz, nicht das Geld das Maß aller Dinge ist, sondern *die menschliche Arbeit.* Wer weiß, ob die Sophisten nicht ahnten, daß das allgemeine Äquivalent, das es ermöglicht, die Waren auszutauschen und ihnen einen Handelswert verleiht, nicht eine bestimmte Geldmenge ist, sondern die zu ihrer Produktion aufgewendete Arbeitszeit ...

Natürlich läßt sich eine solche Behauptung nicht beweisen. Ich stelle sie lediglich als Anregung auf. Erwiesen dagegen ist, daß man den Zynismus völlig falsch versteht, wenn man ihn mit der verschrieenen Kunst der Sophisten verbindet. Der Zynismus hat schlicht und einfach seinen Platz im griechischen Abenteuer. Doch zu welchem Zeitpunkt? Bestimmt zur Zeit Platons und Aristoteles'. Aber warum? Wenn Aristoteles den Raum der Agora den Sophisten überlassen mußte, dann mußte er mit seinen Schülern an einen anderen Ort gehen, vielleicht auf den Hügel der Musen oder ins Tal des Ilissos. Doch wenn er in die Stadt zurückkehrte, mußte er dem vor seiner Tonne sitzenden Diogenes begegnen. Diogenes lebte, so heißt es, wie ein Hund. Und dennoch! Welchen Ärger mußte er empfinden, wenn er den ehemaligen Schüler Platons, nun selbst von Schülern umringt, vorübergehen sah! In der Stadt fand man sich mit der makedonischen Vorherrschaft ab: keiner war kühn genug, bis zuletzt den Geist der Demokratie zu verteidigen. Er dagegen hatte den Mut, Alexander, den neuen Herrn Griechenlands, zu bitten, ihm aus der Sonne zu gehen[49] ...

Überflüssig zu spekulieren, woher in der modernen Welt ein neuer Alexander auftauchen könnte. Denn bevor es so weit kommt, müßten wir die Schrecken der unausweichlichen Konfrontation schon hinter uns haben. Will man sie? Will man es wirklich so weit kommen lassen? Die sokratische Philosophie war berufen, die Stadt zu alarmieren, damit sie suche, woher das Übel kommt. Mir scheint, daß es heute noch Zeit ist, ihr von neuem diese Rolle zu übertragen, daß die Würfel noch nicht gefallen sind, daß die Revanche eines Platon oder der Verrat eines Aristoteles noch nicht angebracht sind. Ebensowenig die Verzweiflung eines Diogenes.

Vielleicht aber scheint diese »Fatalität« noch nicht hinreichend begründet zu sein. Vielleicht stößt die Idee, die modernen Roboter mit den Sklaven der Antike zu vergleichen, noch auf Vorbehalte. Zweifellos berechtigt der Unterschied zwischen den beiden »Märkten« noch zu der Hoffnung, der Pest zu entgehen. Haben die Übel und die Heilmittel im Weltmaßstab nicht zwangsläufig eine ganz andere Dimension? Wird es nicht immer Aufgaben geben, die Menschen übernehmen müssen? Und ist im übrigen die »Verlagerung« der Unternehmen nicht eine ebenso schwerwiegende Tendenz wie die Mechanisierung? Kauft man heute etwa nicht menschliche Arbeit, auch wenn der Ort wechselt? Diese geographische Verschiebung läßt dort entstehen, was sie hier zerstört, doch nimmt die Menge der Lohnabhängigen insgesamt nicht zu? Kehren wir daher zur heutigen Welt und zu ihren Optimisten zurück und fragen wir sie, ob sie, wenn sie von Maschinen sprechen, wirklich wissen, was sie zu wissen glauben.

Sie stimmen darin überein, daß sich Ende des 18. Jahrhunderts die Botschaft von Smith in ganz Europa verbreitete, im Rhythmus der Mechanisierung der Arbeit, der Abschaffung der Subventionen für exportierte Waren. Die ersten Dampfmaschinen drangen allmählich in die Werkstätten ein und verzehnfachten die Kraft der Arbeiter; infolgedessen verringerte sich die zur Herstellung der Güter notwendige Arbeitszeit ständig, und man durfte hoffen, daß dieser Fortschritt es jedem einzelnen ermöglichen würde, seinen Vorteil dabei zu finden: War der »Händler«, der immer mehr verkaufte, etwa nicht in der Lage, immer mehr Arbeit zu kaufen und folglich dem Arbeiter zu nutzen? Die englische Nation merkte bald, daß die freie Zirkulation des Getreides die meisten Bauern ruinierte, da die Produktion der jungen Kolonien ihnen Konkurrenz machte, aber die Stadt brauchte Arbeitskräfte: War das Kapital etwa nicht in der Lage, die Arbeit der proletarisierten Bauernmassen zu kaufen? Die Dampfmaschine machte die Produktion von der Kraft des Wassers und der

Pferde unabhängig; die Konzentration der Städte stürzte die neuen Armen zwar in finsteres Elend – aber war diese Verarmung nicht eine vorübergehende Erscheinung?

Ein halbes Jahrhundert nach der Veröffentlichung von Smith' *Untersuchungen* zieht einer seiner Schüler, der durch Spekulationen zu Vermögen gekommen war, Bilanz: David Ricardo. Seine Antwort ist negativ! Wohin die Geschichte steuert, was die Menschheit erwartet, was der Kapitalismus produzieren wird, was die Mechanisierung der Arbeit zur Folge hat – das alles werde nicht zur Harmonie führen, sondern zum Reichtum auf der einen Seite und zum Elend auf der anderen. Natürlich ist seine Antwort nicht ganz so simpel. Als Schüler von Malthus plädiert Ricardo zunächst für den Liberalismus. Seine erste Zielscheibe sind die Gesetze zugunsten der Armen. Der englische Staat hatte sie dreißig Jahre zuvor erlassen, um den schlimmsten Folgen der Modernisierung der Wirtschaft entgegenzuwirken: diese Gesetze sahen insbesondere eine finanzielle Unterstützung der Arbeiter vor, die ihre Arbeitskraft nicht anbieten konnten, aber viele Kinder hatten. Pitt hatte diese Väter verherrlicht und für sie Mittel für den Erhalt ihrer Familie gefordert. Aber Malthus hatte nicht gezögert, gegen diese unverantwortliche Philanthropie, die die Erde rasch zu übervölkern drohe, zu Felde zu ziehen. Ricardo schlug in dieselbe Kerbe und versuchte zu zeigen, daß dieser Fond für den Unterhalt der Armen die gesamte Nettorevenue des Landes verschlingen würde, sobald sich das Wachstum der Industrie verlangsame.[50]

Wir wollen darauf hinweisen, daß er durchaus in der Linie der »Kopernikaner« steht. Denn Ricardo spricht seine Warnung im Namen des »Gravitationsgesetzes«[51] aus! Er warnt seine Zeitgenossen zu Beginn seiner Karriere (und am Anfang der *Grundsätze*) vor der »*Tendenz*« (und der Kraft) derartiger Gesetze, »*Reichtum und Macht in Elend und Schwäche zu verwandeln*«. Also gewissermaßen im Namen der offenkundigsten und verderblichsten Form des Trägheitsprinzips (das die Menschen zur Faulheit hinzieht). Trotzdem hatte Ricardo Angst. Angst davor, das Kapital könne durch die Armengesetze gelähmt werden, Angst vor einer Verlangsamung des Wachstums. Und um dieser

Situation vorzubeugen, empfahl er, die Unterstützung der Armen und die »Mildtätigkeit« abzuschaffen. Damit meinte er indes keineswegs das Wohlergehen der Arbeiter zu gefährden. Im Gegenteil, denn die Dinge ließen sich anders regeln. Wenn man dem Markt eine bestimmte Anzahl von Arbeitskräften entzog, die, infolge der Konkurrenz, die Löhne drückten, konnte man meinen, die Lage der restlichen Arbeiter zu verbessern, da damit das Lohnniveau angehoben und der Profit derer gesenkt werde, die Arbeitskräfte kauften. Aber das war schiere Illusion. Denn in Wahrheit bestrafte man damit die Arbeitskraft selbst, da die Erhöhung der Löhne zu einer Erhöhung der Nahrungsmittel führte. Daher sei es besser, der Konkurrenz freies Spiel zu lassen.

Ricardo, der die *»Eingriffe der Gesetzgebung«* ablehnte, plädierte für *»die gerechte und freie Konkurrenz des Marktes«.*[52] Wie jede andere Ware solle die Arbeit *»geliefert«* und nicht vom Staat protegiert werden. Man solle nicht einmal Angst haben, daß die Löhne fallen! Dies liege am *»natürlichen Fortschritt der Gesellschaft«*, wie er von *»Angebot und Nachfrage«* bestimmt wird[53], und zu diesem natürlichen Fortschritt der Dinge gelte es zurückzukehren. Unsere heutigen Liberalen würden also schwerlich einen überzeugteren Apostel des »wilden Kapitalismus« finden, und bisher ist nicht einzusehen, warum sie ihn verleugnen sollten. Gewiß befürchtete Ricardo, daß die »Armen« es nicht zu würdigen wissen, daß man sie jeder Unterstützung beraubt und sie für *»die Wertschätzung ihrer Unabhängigkeit«*[54] auf so herbe Weise zahlen läßt, d. h. für die Revolution der gesellschaftlichen Verhältnisse, für den Sturz des Adels und die Aufhebung der Sklaverei ... Er weiß, daß man *»behutsam«* vorgehen muß. Doch im Kern bleibt er hart: der Staat müsse sich sofort und endgültig aus den Handelsverträgen zurückziehen.

Dennoch sollte diese Position einer gründlicheren Überlegung nicht standhalten. Am Ende kam Ricardo zu der Auffassung, daß unter der Herrschaft des Profits *»die große Mehrheit«* nicht ins irdische Paradies kommen werde. Der Grund? Er ist nicht leicht zu verstehen, aber auch nicht zu widerlegen. Unter der Herrschaft des Profits kann *»der natürliche Fortschritt der*

Gesellschaft« den Arbeitern nicht den gleichen Vorteil bringen wie den Eigentümern des Kapitals, weil die *»Mechanisierung der Arbeit«* dazu neigt, die Arbeiter aus dem Produktionsprozeß zu vertreiben. Die Mechanisierung wäre für die Arbeiter nur dann von Vorteil, wenn die Erhöhung der Produktion und die daraus resultierende Verminderung ihres Werts zwangsläufig eine erhöhte Nachfrage nach *menschlicher* Arbeit nach sich zöge. Das ist aber nicht notwendig der Fall, wie Ricardo in dem Kapitel »Über die Maschinerie« am Ende seiner *Grundsätze* einräumt. Das Gegenteil ist sehr viel wahrscheinlicher.

Auf den ersten Blick könnte man meinen, die Verwendung von Maschinen sei den Arbeitern nützlicher als den Bürgerlichen: indem die Dampfmaschine die zur Herstellung der Waren notwendige Arbeitszeit verkürzt, vermindert sie ihren Tauschwert. Auf der einen Seite sinkt die Profitrate des Kapitalisten, da die Spanne zwischen dem investierten Kapital und dem daraus erzielten Profit kleiner wird; auf der anderen Seite steigt der Lohn der Arbeiter, da das Verhältnis zwischen dem, was sie an Geld erhalten, und dem, was sie mit diesem Geld kaufen können, größer ist. Doch diese Feststellung trügt. Denn einerseits kann sich der Kapitalist am Verkauf einer größeren Warenmenge schadlos halten und ebenfalls, als Konsument, vom gesunkenen Preis der Waren profitieren; während der Arbeiter sich nicht sehr lang freuen kann, da das freie Spiel von Angebot und Nachfrage auf dem Weltmarkt den Kapitalisten dazu zwingt, unablässig neue Maschinen einzuführen. Diese verallgemeinerte Konkurrenz in allen Produktionszweigen zwingt nun aber die Kapitalisten, ihre Kosten zu senken, und auch wenn die *»Nachfrage nach Arbeit«*[55] wachsen würde, so wäre es doch immer weniger eine Nachfrage nach *menschlicher* Arbeit und mehr und mehr eine Nachfrage nach maschineller Arbeit. Wenn man also dem Gesetz der Konkurrenz, von dem sich Adam Smith so viel versprach, freies Spiel läßt, ist es sehr wahrscheinlich, daß am Ende »Maschinen« die menschliche Arbeit ersetzen werden.

Ricardo sah weit voraus. Man kann sich ohne weiteres die Sarkasmen vorstellen, mit denen seine Kollegen, als gute und rechtschaffene Smith-Schüler, den Renegaten überschütteten.

Damals kam es häufig zu Aufständen unter den Arbeitern, die sich gegen die Einführung neuer Maschinen wehrten, und da kam Ricardo und machte sich zu ihrem Wortführer, indem er zeigte, daß sie durch die *»ständige Konkurrenz«*[56] der Maschinen alles zu verlieren hatten! War das nicht schiere Dummheit? Angesichts der systematischen Verallgemeinerung der maschinellen Arbeit, die sich heutzutage allenthalben, sogar in den geistigen Tätigkeiten, durchsetzt, sprechen die Schüler, die Adam Smith noch immer hat, dieselbe Sprache. Was sagen die Liberalen? Man solle sich nicht aufregen, dürfe nicht bei neuen Armengesetzen Zuflucht suchen, solle aufhören, die Arbeiter und die verarmten Nationen für nichts und wieder nichts zu unterstützen, die Verschuldung sei der Besteuerung vorzuziehen, der Kapitalismus sei noch jung, der Weltmarkt neu, und man dürfe sich vor allem nicht auf die alten Grenzen zurückziehen, die Herausforderungen seien dazu da, angenommen zu werden. Diese Reden mögen in die Irre führen, doch werden sie ihrem Anpruch gerecht? Weiß man, daß auch Ricardo sie hielt, bevor er Selbstkritik übte?

Denn diejenigen, die in Ricardo lediglich einen schlechten Propheten sähen, würden zu billig davonkommen. Ebensogut könnte man bestreiten, daß Kepler die reale Bahn der Planeten entdeckt hat. Falls man nicht annehmen will, daß Ricardo in Trance war, als er ahnte, welches Los der menschlichen Arbeit durch das Kapital droht, muß man zugeben, daß er das vor ihm erarbeitete Modell verfeinert, dem zufolge der Wert einer Ware nur von der zu ihrer Herstellung notwendigen Arbeitszeit abhängt. Dieses Modell sieht natürlich hervorragend aus: unter dem Druck der Konkurrenz verringert sich die notwendige Zeit durch die Einführung immer leistungsfähigerer Maschinen, wodurch sich auch der Tauschwert der Güter verringert. Es herrscht die Harmonie der Sphären! Leider trügt dieser äußere Schein, und alle Berechnungen sind falsch. Denn was für jede einzelne Ware gilt, gilt für die Gesamtheit der Waren, und somit tendiert der »natürliche Fortschritt« des Handelskapitalismus dahin, daß der Tauschwert der Gesamtheit der Waren sinkt. Diese Verminderung nutzt zwar eine Weile dem, der im richtigen Moment eine Neuerung einführt, so daß seine Produktionskosten niedriger sind als die seiner Konkurrenten, doch am Ende bringt sie den gesamten Markt dazu, den Menschen zu beseitigen.

Ricardo hatte Smith zunächst vorgeworfen, er glaube, die Bodenrente, die der Pächter dem Grundeigentümer zahlt, füge den erzeugten Nahrungsmitteln Wert hinzu, und betrachte außerdem den Profit des Kapitalisten als einen Lohn. Und so nahm Ricardo die Berichtigung des liberalen Modells in Angriff, die es Marx ermöglichen sollte, das Geheimnis des Kapitals zu »entdecken«, so wie Kepler es Newton ermöglicht hatte, das Geheimnis des heliozentrischen Systems zu entdecken. Damit beschritt Ricardo einen Weg, der dafür sorgte, daß seine Kollegen ihn für einen Schwärmer, einen Astrologen, einen Renegaten hielten: indem er den tendenziellen Fall der Profitrate (infolge der in bezug auf die Zahl der Arbeiter wachsenden Zahl von Maschinen, was dahin tendiert, das Quantum menschlicher Mehrarbeit zu senken) in eine strenge Formel faßte, unterstützte er die Einführung von Leerlauf in das von Smith verfochtene System. Auch wenn er so weit nicht ging, räumte er am Ende doch ein, daß er sich hinsichtlich der Maschinen geirrt habe. Denn das Kapitel, das nunmehr am Ende seiner *Grundsätze* steht, ist ein Nachtrag zur dritten Auflage von 1821, worauf das Vorwort hinweist: *»Ich habe mich bei dieser Auflage bemüht, meine Ansicht über das schwierige Problem des Wertes vollständiger als früher darzulegen, und ich habe deswegen dem ersten Kapitel einiges hinzugefügt. Ich habe auch ein neues Kapitel über Maschinerie und über die Auswirkungen ihrer Verbesserungen auf die Interessen der verschiedenen Klassen des Landes eingeschoben.«*[57] Der Wert und die Maschinerie – genau dies revidiert Ricardo. Seine Ansichten *»über dieses bedeutende Thema«* der Maschinerie haben, wie er zu Beginn dieses Kapitels gesteht, *»durch weitere Überlegungen einen beträchtlichen Wandel erfahren«*.[58] Und er legt seine erste Auffassung dar: *»Seitdem ich meine Aufmerksamkeit erstmalig Fragen der politischen Ökonomie zugewandt habe, war ich stets der Auffassung, daß eine Anwendung von Maschinerie in einem beliebigen Produktionszweig, soweit sie arbeitssparend wirkt, das allge-*

meine Wohl fördert und nur von jenen Nachteilen begleitet wird, die sich in den meisten Fällen bei der Überführung von Kapital und Arbeit von einem Zweig in einen anderen einstellen.« Damals war er also noch optimistisch! »*Ich dachte, daß sich auch für die Klasse der Arbeiter gleicherweise durch die Verwendung von Maschinen Vorteile ergeben, da sie die Mittel haben, mehr Waren mit den gleichen Geldlöhnen zu kaufen.*« Da die vorübergehenden Nachteile (Krise, Entlassungen) später (theoretisch) Vorteile sind (erhöhter Konsum, also Wohlstand für alle), hatte David Ricardo anfangs nichts gegen die systematische Mechanisierung der Arbeit einzuwenden.

Was seinen Optimismus dämpfte, war nicht »*die bei der arbeitenden Klasse herrschende Meinung, daß die Anwendung von Maschinen häufig ihren Interessen zuwiderläuft*«[59], sondern die Überprüfung der von seinen fortschrittlichsten Kollegen anerkannten Hypothese: »*Mein Fehler entstand aus der Annahme, daß immer dann, wenn sich das Nettoeinkommen der Gesellschaft vergrößert, sich auch ihr Bruttoeinkommen erhöht. Ich habe nunmehr genügend Grund, um überzeugt zu sein, daß jener Fonds wachsen kann, aus dem Grundeigentümer und Kapitalisten ihre Revenue beziehen, während der andere, von dem die arbeitende Klasse hauptsächlich abhängig ist, sich verkleinern kann.*«[60] Für die Reichen besteht also nur vorübergehend Anlaß zur Sorge! Für die Arbeiter dagegen gibt es keine Garantie dafür, daß sie den erworbenen Lebensstandard beibehalten. Gewiß kann er sich erhöhen, aber auch das Gegenteil ist durchaus möglich. Denn zu der Konkurrenz, die die Arbeiter sich gegenseitig machen, kommt die unausweichlich immer stärker werdende Konkurrenz der Maschine hinzu.

Die Fatalität

Wurde Ricardos Selbstkritik in ihrer ganzen Tragweite erkannt? Zu seiner Zeit bestimmt nicht, denn die Situation, die er ins Auge faßte, die *völlige Ersetzung der menschlichen Arbeit durch die mechanisierte Arbeit*, konnte nur als fixe Idee gelten. Auch nach seinem Tod nicht, denn der Vorsprung, den England in der industriellen Revolution gewonnen hatte, sicherte dieser Nation einen Wohlstand, der es ihr erlaubte, alle schwierigen Momente zu überwinden und gleichzeitig den Wohlstand *ihrer* Arbeiterklasse zu erhöhen. So daß diese Arbeiterklasse, die anfangs an der Spitze der Revolte gegen die Maschinen stand, nach und nach für sie Partei ergriff und den Prophezeiungen dieses wohlhabenden Grüblers, der doch ihre Interessen gegen die seiner eigenen Klasse verfochten hatte, keine Aufmerksamkeit mehr schenkte. Für die Mitglieder der Klasse, zu der er gehörte, für die *Grundeigentümer und die Kapitalisten*, nach seinen eigenen Worten, war es also allenfalls eine Warnung, die nichts kostete.

Doch seither? Die jüngste Metamorphose des Produktionsprozesses bestätigt Ricardos Prognose voll und ganz. Wir sehen mit eigenen Augen, daß sich seine Prophezeiung erfüllt. Unter dem Druck der Konkurrenz kaufen diejenigen, die Arbeit kaufen, in immer stärkerem Maße maschinelle Arbeit statt menschlicher Arbeit. Nicht nur gibt es noch mehr beseelte Werkzeuge in den Fabriken, die immer »ausgeklügeltere« Funktionen übernehmen, sondern auch außerhalb der Fabriken, in den Büros und den Dienstleistungsbetrieben, in jenem berühmten »tertiären Sektor«, auf den die Regierungen jedweder Couleur setzen, um neue Arbeitsplätze zu schaffen, übernehmen diese modernen Sklaven Aufgaben, die bisher von Lohnabhängigen erfüllt wurden. Und zwar alle Aufgaben.

Man sage nicht, die Globalisierung des Handels verändere das Szenario. Denn gerade auf die internationale Dimension der

Revolution des Handels gründete Ricardo die Unerbittlichkeit des »Fortschritts« der Mechanisierung der menschlichen Arbeit. Auch wenn er deren Nachteile für die Arbeiter beklagte, meinte er doch weiterhin, daß es keine Alternative gebe. Und zwar deshalb nicht, weil die englischen Fabrikanten, wenn sie keine Maschinen verwenden würden, »Marktanteile«, wie man es heute nennt, an andere Nationen verlieren würden. *»Die Produktionskosten werden durch die Verwendung verbesserter Maschinen gesenkt, und es ist infolgedessen möglich, sie auf ausländischen Märkten zu einem niedrigeren Preis zu verkaufen.«*[61] Auf den *ausländischen* Märkten! Ricardo zweifelte nicht daran, daß die Produktionskapazitäten der englischen Fabriken die Aufnahmekapazitäten des Binnenmarkts weit überstiegen. Aus dieser Sicht war es für die englischen Fabrikanten kein Drama, wenn die Kaufkraft der englischen Arbeiter sank oder gar gegen Null tendierte. Wichtig war allein, auf dem Weltmarkt Güter anzubieten, deren *Produktionskosten* niedriger waren als die der anderen. Wichtig war der Export.

In dieser Hinsicht bleibt Ricardo bis zum Schluß optimistisch. Er vertraut auf die Fähigkeit der englischen Nation, ihren Vorsprung zu halten. Das jedoch bedeutet, daß man auf die Mechanisierung des Produktionsapparats nicht verzichten kann. Welche Folgen sie für die Arbeiter auch haben mag, man muß diese Richtung weiterverfolgen: *»Wenn man jedoch die Verwendung von Maschinen ablehnt, während alle anderen sie fördern, ist man gezwungen, das eigene Geld im Austausch gegen ausländische Waren so lange zu exportieren, bis man die natürlichen Preise der eigenen Waren auf die Preise anderer Länder herabgedrückt hat.«* Was zwar das Gleichgewicht scheinbar wiederherstellt, aber keineswegs eine gute Sache ist, denn der »Preis« einer Ware darf nicht mit ihrem Wert verwechselt werden. Der Preis fluktuiert je nach Angebot und Nachfrage, nicht jedoch der Wert. Der Wert einer Ware hängt von der für ihre Produktion notwendigen Arbeitszeit ab: *»Bei der Durchführung des Austausches mit diesen Ländern gibt man vielleicht eine Ware, die hier zwei Tage Arbeit kostet, für eine solche, die im Ausland einen Tag kostet, und dieser unvorteilhafte Tausch ist die Folge* *des eigenen Handelns, denn die exportierte Ware, die zwei Tage Arbeit kostet, hätte nur einen gekostet, wenn die Verwendung von Maschinen nicht abgelehnt worden wäre, deren Dienste sich die Nachbarn, die klüger waren, zunutze gemacht haben.«* Was ist augenfälliger? Und was unwiderruflicher?

Ricardo wäre vielleicht enttäuscht, wenn er sähe, daß die englische Nation in der Konkurrenz mit den anderen modernen Nationen ihrer Zeit den Vorsprung nicht zu halten vermochte. Doch nichts würde ihn weniger überraschen, als zu sehen, daß heute alle Industriestaaten die Produktion automatisieren, denn eben dies ist die Logik der Modernisierung, die keinen Beruf verschont. Die Alternative ist simpel: entweder man setzt den Mechanisierungsprozeß fort, oder man wird von der Konkurrenz überrollt und infolgedessen ruiniert: *»Die Verwendung von Maschinen kann man in einem Staat nicht gefahrlos unterbinden«*, warnte er zu seiner Zeit, *»da das Kapital ins Ausland gebracht wird, wenn ihm nicht gestattet wird, die höchsten Nettorevenue zu erzielen, die der Gebrauch von Maschinen im Inland einbringt. Das muß zu einem viel stärkeren Rückschlag in der Nachfrage nach Arbeit führen als die verbreitetste Anwendung von Maschinerie ...«*[62] Wenn man keine Maschinen einsetzt, behält der Lohnabhängige zwar vorübergehend seine Arbeit, verliert jedoch jede Möglichkeit, sie auf lange Sicht zu behalten. Setzt man dagegen Maschinen ein, dann verliert der Lohnabhängige zwar kurzfristig seine Arbeit, bewahrt jedoch seine Chancen für die Zukunft, *»da das Kapital eine Nachfrage nach einer gewissen Menge Arbeit erzeugen muß, solange es im Inland angelegt ist. Maschinen können nicht ohne die Mitwirkung von Menschen arbeiten, sie können nur mit Hilfe ihrer Arbeit hergestellt werden. Durch die Anlage eines Teils des Kapitals in verbesserter Maschinerie wird sich eine Verminderung der sich aufwärts entwickelnden Nachfrage nach Arbeit ergeben, durch seinen Export ins Ausland wird die Nachfrage völlig vernichtet.«* Der Arbeiter muß wissen, daß ihm nichts anderes übrigbleibt, als die Mechanisierung zu akzeptieren, da er sonst das Kapital in die Flucht schlägt und sein eigenes Unglück heraufbeschwört.

Kein Zweifel, daß diese Erpressung mehrfach dazu beigetragen hat, die Auflehnung der Arbeiter gegen die Einführung immer verbesserter Maschinen zu dämpfen. Und heute tut sie es mehr denn je. So erklärt Ricardo nicht nur den unausweichlichen Verlust von Arbeitsplätzen, sondern liefert den Unternehmern auch das Argument, mit dem sich der Zorn ihrer Opfer beschwichtigen läßt, indem sie ihnen neue Aufgaben, die durch die Verbesserung der Maschinen geschaffen werden, in Aussicht stellen. Doch dieser Rechtfertigung sind Grenzen gesetzt. Die Logik der Modernisierung enthält im Keim das Todesurteil jeder langfristigen Hoffnung für die Lohnabhängigen der reichen Länder. Solange auf dem Weltmarkt der Wettbewerb herrscht, wird in diesen Ländern immer mehr menschliche Arbeit aus dem Produktionsprozeß verdrängt. Denn die Maschinen sind derart verbessert worden, daß sie von alleine arbeiten. Das von Ricardo auf lange Frist betrachtete Szenario einer Mehrheit völlig überflüssig gewordener Bürger steht auf der Tagesordnung. Gewiß, es gibt noch einige Aufgaben der Überwachung, der Wartung, der Reparatur, die neuen Maschinen müssen erfunden, konzipiert und getestet werden, man muß das entsprechende Personal ausbilden, schulen, ernähren und pflegen. Aber wer kann sich noch etwas vormachen? Die Zahl der neuen Aufgaben vermag in keiner Weise die Zahl der beseitigten Aufgaben wettzumachen. Schlimmer noch, die meisten dieser Funktionen unterliegen selbst dem Mechanisierungsprozeß, da sie sich auf Berechnungen beschränken, die neue Maschinen, die Computer, weit besser bewältigen als die Hand und das Gehirn des Menschen.[63] Am Ende gibt es daher für die große Mehrheit derer, die heute noch arbeiten, auf dem Arbeitsmarkt keinen Platz mehr. In den Fabriken wie in den Dienstleistungssektoren, am Fuß wie an der Spitze der Hierarchie richten die »Chips« solche Verheerungen an, daß die Realität die Fiktion übertrifft.

Für die »Grundeigentümer und die Kapitalisten« ist die Tatsache, daß sich das Stadium der vollständigen Mechanisierung der Arbeit absehen läßt, nicht unbedingt ein Drama. Solange der Weltmarkt in ausreichender Menge absorbiert, was ihre Chips produzieren, dürfen sie optimistisch bleiben. Daß das Künstliche natürlich wird, daß die Maschinen zu fühlen, ja zu denken beginnen, ist zwar verwirrend, aber es ist der Fortschritt, der Anbruch eines neuen Zeitalters! Daß die Lohnabhängigen der reichen Länder ihre Kaufkraft einbüßen, ist zwar unangenehm, aber nur dann wirklich katastrophal, wenn weltweit niemand diesen Mangel ausgleichen kann. Unser Planet ist nun aber sehr groß, und es muß möglich sein, in den dicht bevölkerten Zonen, z. B. in vielen südlichen Ländern, neue »Absatzmärkte« zu finden. Wenn man in diesen Ländern *menschliche* Arbeitskräfte billiger kaufen kann als in den reichen Ländern, muß es möglich sein, das Schema zu reproduzieren, das früher in den Industrienationen so gut funktionierte: eine Nachfrage nach Konsumgütern zu wecken. Auf die Gefahr hin, Unternehmen zu verlagern, für welche die Beschäftigung billiger Arbeitskräfte noch rentabler ist als die Mechanisierung, wird man am Ende auf seine Kosten kommen – was den Optimismus derer nährt, die aufgrund der internationalen Konkurrenz »gezwungen« sind, im eigenen Land auf menschliche Arbeitskraft zu verzichten.

Was dagegen die Lohnabhängigen der »reichen« Länder betrifft, so ist es für sie die totale Sackgasse. Früher unentbehrlich, in der Position, mit ihren Arbeitgebern von gleich zu gleich zu verhandeln, sind sie nun überflüssig geworden. Ihre Arbeitskraft ist nutzlos, und auf ihre Fähigkeit, die produzierten Waren zu konsumieren, kommt es immer weniger an. Sie können nur noch hoffen, ihre Dienste zu herabgesetzten Preisen zu verkaufen: darauf, daß ein Arbeitgeber sie gnädig zu ähnlichen Tarifen beschäftigt wie die Arbeiter der armen Länder. Genau das ist ihr Schicksal! Werden sie sich damit zufrieden geben? Werden sie einfach zusehen, wie auch noch der kleinste Schimmer einer Hoffnung auf Umstellung dahinschwindet? Werden sie in Hoffnungslosigkeit versinken, ohne sich aufzulehnen, die Vergeblichkeit früherer Revolutionen vor Augen? In der Geschichte fehlt es nicht an guten Gründen, um die Besiegten in die Resignation zu treiben. In Hülle und Fülle sind sie auf dem Markt der Ideen zu haben, wo die ältesten religiösen Lehren, die archaischsten Techniken der Erforschung der Zukunft sie den modernsten streitig machen, um das Privileg zu bewahren, auch die Entschlossensten zum Nichtstun zu bewegen, was es den Herren des Spiels ermöglicht, kostbare Zeit zu gewinnen.

Im Augenblick ist Trägheit tatsächlich nicht ausgeschlossen. Wenn ich mir das Beispiel Athens vor Augen halte, so ist der Spielraum der Strategen von heute zwar gering, aber doch nicht völlig belanglos. Die Bestürzung über den fatalen Prozeß, dem die Arbeiter zum Opfer fallen, gewährt der freien Zirkulation von Waren, Kapitalien und Menschen einen gewissen Aufschub. Wenn die moderne Plebs in dieser oder jener Form über Mittel verfügt, an ihrer Situation Gefallen zu finden, wenn man ihr etwas bietet, wovon sie träumen kann, wenn man sie narkotisiert, für den Schmerz unempfindlich macht, ihr die Illusion gibt, daß ihre Macht ungebrochen sei, sich sogar verzehnfacht habe, dann wird sie den Sinn für die Realität, das Bewußtsein ihres Untergangs verlieren. Es würde genügen, daß sie am Dahinvegetieren Vergnügen findet.

Und dieses Mittel gibt es. Zunächst in pflanzlicher Form: man nennt es die »sanften Drogen«, und es scheint nicht schädlich zu sein, da es weder organische Folgen hat noch zur Gewöhnung führt. Sodann in chemischer Form: hier sind die Risiken größer, aber die Erfolge oft besser. Der Nachteil ist der oft exorbitante Preis, was sich schlecht mit der betroffenen Klientel verträgt; der Vorteil besteht darin, die Bevölkerung der armen Länder arbeiten zu lassen, ein Prozeß, der zur Strategie der Schaffung neuer Kunden gehört, die für den Absatz der Fertigfabrikate erforderlich sind. Außerdem werden auf dem Gebiet des Selbstkostenpreises Fortschritte erzielt, da immer neue »Produkte« aus den Taschen der Dealer kommen... Schließlich, als dritte Form massiver Narkotisierung, die merkwürdig an eine Innovation Athens erinnert: das elektronische Schauspiel.

Wie immer das griechische Theater tatsächlich entstanden sein mag, so muß man doch der These einige Beweiskraft zubilligen, die Nietzsche zu Beginn seines Werks aufstellt, wenn er in *Die Geburt der Tragödie* ihre narkotische Funktion aufzuzeigen versucht. Ihm zufolge ist das tragische Schauspiel das Mittel, das die Griechen sich gaben, um die Unerträglichkeit des Daseins zu mildern – ihres eigenen Daseins im besonderen und des Daseins im allgemeinen: »*Der Grieche kannte und empfand die Schrekken und Entsetzlichkeiten des Daseins: um überhaupt leben zu können, mußte er vor sie hin die glänzende Traumgeburt der Olympischen stellen.*«[64] Nicht weil es zu jubeln verstand, kannte das griechische Volk keinen Schmerz. Ganz im Gegenteil, es litt zu sehr, versichert Nietzsche, und bei diesem Übermaß an Leiden bestand unaufhörlich die Gefahr, daß es für das Dasein nur Ekel empfand und es nur noch eines wünschte: zu sterben. Mit der Sphäre der Schönheit »*kämpfte der hellenische ›Wille‹ gegen das dem künstlerischen korrelative Talent zum Leiden und zur Weisheit des Leidens: und als Denkmal seines Sieges steht Homer vor uns ...*« Die griechische Tragödie, die über den Wunsch siegt, auf das Leben zu verzichten, über den Wunsch, das Leiden zu beenden, liefert das einmalige Beispiel einer Versöhnung mit dem Leben der ganzen Stadt durch ästhetische Vermittlung.

Wenn man Nietzsches Ausführungen folgt, könnte man meinen, es handle sich um eine theoretische Konstruktion, deren Fundament rein metaphysisch sei. Denn seine Erklärung stützt sich auf die Lehre Schopenhauers, der zufolge leben soviel heißt wie leiden. Es ist dies insofern eine Fatalität, als das Individuum ständig dem Wunsch ausgesetzt ist und infolgedessen unaufhörlich Mangel leidet: kaum hat es einen Augenblick lang Befriedigung gefunden, kehrt derselbe Wunsch zurück oder gebiert einen neuen. Gelingt es einem Menschen ausnahmsweise, alle seine Wünsche zu erfüllen, dann überkommt ihn bald Überdruß – was kaum besser ist, denn dann sehnt er sich nach dem Tod. Für Schopenhauer fällt der Mensch, wie alle anderen Lebewesen, einer Täuschung zum Opfer, wenn er glaubt, seine Leiden könnten ein Ende finden. Denn er weiß nicht, daß er nur lebt, um seine Art zu reproduzieren, die selber in ständigem Kampf mit allen anderen liegt. Wenn er (nach abertausend Prüfungen) seine Aufgabe erfüllt hat, läßt die Natur ihn skrupellos verschwinden. So ist das Dasein ohne jeden Zweifel eine sehr schlechte Sache. Besser, man wäre nie geboren ...[65]

Nietzsche übernimmt die Prämissen dieser Lehre, verwirft jedoch ihre Schlußfolgerungen. Er meint beweisen zu können, daß die Griechen einen Weg gefunden hatten, den Schmerz des Lebens zu rechtfertigen. Denn auch wenn es stimmt, daß leben leiden heißt, so gibt es trotzdem den Wunsch, und dieser Wunsch kennt Augenblicke der Erfüllung. So in der ästhetischen Kontemplation. Schopenhauers Schlußfolgerung gilt nur dann, wenn es uns nicht gelingt, alle an dieser Erfüllung teilnehmen zu lassen und sie zu verewigen. Aber wenn es gelingt? Wenn dieses Vergnügen nicht nur einer Elite vorbehalten ist, sondern das Gemeinwesen erfaßt? Wenn die Befriedigung, die man aus der Kontemplation gewinnt, nicht flüchtig ist, sondern andauern kann? Oder wenn man ein Mittel findet, es zu erneuern? Dann wird das Leiden nicht als Unglück erscheinen, sondern eine Quelle der Freude sein, denn es ist deren Vorspiel, Ankündigung, Verheißung. Statt zu leiden, ohne zu wissen warum, könnte der moderne Mensch also gleich den Griechen aus einem solchen Mittel ein ähnliches Vergnügen schöpfen.

Aufmerksam betrachtet, ist diese Historisierung nicht unbedeutend. So metaphysisch Nietzsches Rede anmuten mag, sie schöpft unmittelbar aus dem Fluß der griechischen Geschichte. Ihm zufolge hatte schon die olympische Welt dem griechischen Volk eine erste Form des Trostes beschert: die Schönheit seiner Götter rettete es vor dem Lebensüberdruß. Man erkennt hierin das gelungene Werk des damaligen dorischen Adels. Doch dieser Erfolg war prekär, denn jener Adel ging unter. Erst in der Zeit der Perserkriege wurde das Volk Herr über seine Schrecken. *»Wenn wir aber fragen, mit welchem Heilmittel es den Griechen ermöglicht war, in ihrer großen Zeit, bei der außerordentlichen Stärke ihrer dionysischen und politischen Triebe, weder durch ein ekstatisches Brüten, noch durch ein verzehrendes Haschen nach Weltmacht und Weltehre sich zu erschöpfen, sondern jene herrliche Mischung zu erreichen, wie sie ein edler, zugleich befeuernder und beschaulich stimmender Wein hat, so müssen wir der ungeheuren, das ganze Volksleben erregenden, reinigenden und entladenden Gewalt der Tragödie eingedenk sein.«*[66] Aus dem Kult des Dionysos, des Gottes des Weins, erwachsen, ist die Tragödie eine besondere Form der Trunkenheit. Sie entgeht der Regel des gewöhnlichen Rausches, dessen Wirkung nichts anderes als Stumpfsinn ist. Sie ist eine subtile Form, die, gleich einem edlen Wein, die Wünsche dämpft, die Enttäuschungen mildert, Trost spendet und die Lebenslust wiedererweckt.

Wenn man diese These genau verfolgt, gewahrt man, daß Nietzsche die Entstehung der Tragödie mit der Alternative verbindet, vor der Athen stand: auf der einen Seite die entfesselten Triebe des Volkes, das Gleichheit forderte in der reinen dionysischen Tradition, d. h. in der Gewalt der Revolte, der völlige Apathie folgte, eine Lethargie, die sich mit dem derben Rausch vergleichen läßt, der alles zu zerstören vermag, einschließlich den Trunkenen selbst; auf der anderen Seite der Anspruch, die ganze Welt in grenzenloser Raserei mit Waffengewalt zu erobern. Ihm zufolge bildete das tragische Schauspiel den idealen Kompromiß zwischen diesen beiden Versuchungen, die die Stadt sehr rasch in den Untergang zu treiben drohten. Dieser Kompromiß wurde durch die »Versöhnung« der beiden Mächte erreicht, die Nietzsche von vornherein als Dionysos und Apollo bezeichnet. Apollo wird als der Gott des Traums dargestellt, aber auch als der Gott der Ordnung, der Grenze, des Eigentums; er ist der Gott, der die Grenzen zieht, aber auch der Gott, der die Schritte der dorischen Eroberer lenkte. Dionysos dagegen ist der Gott, der die Grenzen zwischen den Individuen, den Geschlechtern und den Klassen aufhebt; der also die von den Eroberern aufgestellten Grenzsteine umstößt und die Menschen in ihrer Trunkenheit zur Verbrüderung drängt, wie zur Zeit der Urgesellschaft – bis zum Ekel, der unabwendbar auf das Scheitern folgt... Ohne Tragödie hätte sich das Volk von Athen sicherlich dieser brutalen Trunkenheit hingegeben. Ihr ist es zu verdanken, daß es anders kam. Dadurch, daß das fiktive Drama das reale Drama »abbildete«, schob es die Kämpfe auf. Statt sogleich im Bürgerkrieg zu versinken, fuhr Athen fort zu jubeln: die Zeit hielt ein in ihrem Flug wie in einem Wachtraum.

So wie es um uns steht, ist diese Analyse nicht ohne Interesse. Sie bringt uns zu der Rolle, die in letzter Zeit wohl die Fernsehschirme spielten. Als höchstes Stadium des Dionysoskults, Augenblick kollektiver Ekstase am Ende der Perserkriege, Feier der anbrechenden Demokratie, Verehrung der Toten, bewirkte das tragische Schauspiel zum Schluß die Hypnotisierung des *demos* von Athen vor seinem eigenen Bild. Man kann von Narkotisierung durch Selbsthypnose sprechen! Und diese Art von Anästhesie sorgte dafür, daß der Prozeß, der die freie Arbeit durch Sklavenarbeit ersetzte, sich schmerzlos vollziehen konnte, ohne daß jemand es merkte, obwohl aller Augen weit geöffnet waren. Mehr noch, es bereitete Vergnügen. Große Kunst! Das gleiche läßt sich vom Fernsehen sagen. Als würdiger Nachfahre der dionysischen Ekstase versetzt das Fernsehen die Masse der Bürger in einen hypnotischen Traum. Dieser ferngelenkte Traum ist nicht ohne Kraft, da er mit Leistungen aufwartet, die dem normalen Sterblichen im Prinzip nicht beschieden sind. Anfänglich wohl gerechtfertigt als eine Feier des Siegs über die Barbarei nach dem Alptraum der dreißiger und vierziger Jahre des Jahrhunderts, sicherte es überdies, als unvergleichliches Instrument zur Verbreitung der Massenkultur, den Sieg der Werte des Volks über die der Elite. Jubel! Was aber ist inzwischen geschehen? Hinter dem Bildschirm haben die Maschinen die Menschen verdrängt.

Fragt sich nun noch, was geschehen wird. Wird der *demos* der reichen Länder aufwachen oder noch tiefer in seinen Traum versinken? In Athen kam es zur Zeit des Sokrates zu einem späten und grausamen Erwachen. Es hat die Leute aus dem Volk ihre Arbeit und ganz Griechenland seine Freiheit gekostet. Mit ihren unzähligen Derivaten ist die narkotisierende Macht des Fernsehschauspiels verheißungsvoller denn je. Es ist die Rede davon, Telefon, Computer und Fernsehen zu koppeln (was man »Multimedia« nennt), so daß der Zuschauer nicht nur nach Belieben sein Programm wählen, sondern sich auch in das Schauspiel einschalten kann (was man »Interaktion« nennt). Man stellt bereits auf »digitale« Weise noch unbekannte Räume und Gegenstände her (was man die »virtuellen Welten« nennt). Man schafft Netze, die Bürger aus allen Punkten des Planeten »vernetzen« ... Das alles mag die Konfrontation der Bürger der reichen Länder mit der Realität hinauszögern. Um so härter wird das Erwachen sein. Denn auch dieses ist unabwendbar.

Die Wiederholung

Nietzsche hätte dieses Erwachen wohl nicht gewünscht. Wie Heraklit beklagte er den Umsturz der edlen Werte zugunsten derer der Herde mittels der fatalen Unterordnung der modernen Welt unter die Gesetze des Marktes. Eine Generation nach Marx geboren, war er unmittelbar mit dem Kampf zwischen den modernen Klassen konfrontiert. Zwar gab es in Deutschland den Grundadel noch, aber er war unwiderruflich durch seine Verbindungen zur Hochfinanz kompromittiert, während auf der unteren Stufe der Gesellschaft das Proletariat stark zunahm. Nietzsche war unmittelbarer Zeuge des machtvollen Anschwellens der Arbeiterforderungen, und es wurde ihm schnell klar, daß der Sieg der Arbeiter unvermeidbar war. Doch anders als Marx erschreckte ihn diese Perspektive, denn in seinen Augen stellte sie für die Zivilisation eine tödliche Gefahr dar: *»Es gibt nichts Furchtbareres als einen barbarischen Sklavenstand, der seine Existenz als ein Unrecht zu betrachten gelernt hat und sich anschickt, nicht nur für sich, sondern für alle Generationen Rache zu nehmen«*[67], schreibt er 1871 zur Zeit der Pariser Kommune. Es war seine tiefe Überzeugung – als es ihm gelang, sie ohne zu erschauern auszusprechen –, daß die Versklavung der Masse zum Wesen jeder Kultur gehört, die diesen Namen verdient. Das Problem ist nur, daß seit der Renaissance die Herrschaft des Menschen über den Menschen nach und nach jede Legitimität verloren und daß die Aufklärung die Befreiung der »Untertanen« gerechtfertigt hat, während das Gesetz des Marktes unaufhörlich die Verheißung des Wohlstands für alle Lügen straft, was die unteren Klassen veranlaßt, ihre neuen Herren zu stürzen, die außerstande sind, ihr Wort zu halten und ihre Herrschaft durchzusetzen: *»Aus der Verzärtelung des neueren Menschen sind die ungeheuren sozialen Notstände der Gegenwart geboren, nicht aus dem wahren und tiefen Erbarmen mit jenem Elende; und wenn es wahr sein sollte, daß die Griechen an* *ihrem Sklaventum zu Grunde gegangen sind, so ist das Andere viel gewisser, daß wir an dem Mangel des Sklaventums zu Grunde gehen werden.«*[68] Die Negation des Fluchs, der auf den Menschen lastete, zeitigte lediglich das Ergebnis, den Ausgebeuteten einzureden, daß ihr Elend nicht unausweichlich sei, und nun wendet sie sich gegen ihre Verfechter, als Negation der Negation. Was das Reich des Bösen besiegelt...

Schon in seinem zwanzigsten Lebensjahr meinte Nietzsche, es hätte eines Wunders bedurft, um diese »Rache« der Arbeiter zu vermeiden. Und als er im Alter von fünfundzwanzig Jahren Richard Wagner kennenlernte, glaubte er einen Augenblick lang an das Wunder. Genau dies ist der Sinn seines ersten Buchs, *Die Geburt der Tragödie,* das kurz nach dem Krieg von 1870 und der Kommune erschien. Er sah in Wagner einen neuen Aischylos, imstande, auf der einen Seite die Eroberungsgelüste des preußischen Lagers und auf der anderen die revolutionäre Trunkenheit des Proletatriats einzudämmen. Indem Wagners Kunst die beiden einander widersprechenden Tendenzen mit Hilfe des dramatischen Schauspiels auffinge, müßte sie auf das Deutschland Bismarcks dieselbe Wirkung haben wie die griechische Tragödie auf die Stadt Perikles'. Zum Schaden seiner schönen ästhetisch-metaphysisch-historischen Konstruktion war das leider nicht der Fall. Infolge der schrecklichen Krise nach dem Wiener Finanzkrach wuchs die Spannung sowohl zwischen den Nationen als auch zwischen den Klassen. Nietzsche hatte das Nachsehen. Zwar gelang es Wagner, seine *Tetralogie* (die die Aufgliederung der dramatischen Feste der Griechen aufgriff), den *Ring des Nibelungen,* in Bayreuth aufzuführen und die Elite der Gesellschaft zu den Festpielen zu locken. Aber genau im Augenblick ihrer Eröffnung, im Juli 1876, als er den Besuch des Kaisers erhielt, sprachen auf dem Balkan die Kanonen: es war das Signal für den von allen erwarteten Konflikt zwischen Rußland und England, der ganz Europa in den Krieg zu stürzen drohte – und die Arbeiter aller Länder in die Revolution.[69]

Nietzsche, damals zweiunddreißig Jahre alt, zog die Lehre daraus: er brach mit Wagner, dessen Kunst keinerlei therapeutische »Wirkung« im geforderten Maß haben konnte, verzichtete für lange Zeit auf jedwede »Künstler-Metaphysik« und versuchte, seine Ruhe wiederzufinden. Er beschloß, nicht länger alles Unglück der Welt auf seinen Schultern zu tragen, und versuchte, sich von seinem eigenen Bedürfnis nach einem seiner Angst entsprechenden Narkotikum zu heilen. Er begab sich in Kur, wurde sein eigener Therapeut und fand schließlich in der Einsamkeit seinen besten Gefährten: seinen Schatten. Dieser Schatten folgte ihm überallhin. Notgedrungen gab er ihm einen Namen: Zarathustra. Wie Nietzsche blieb Zarathustra lange einsam: er wollte sich nicht länger wie ein *Kamel* verhalten, das die Wüste der modernen Welt durchquert und sich krümmt unter der Last, die seine Herren ihm aufgebürdet haben. Er wollte keine Herren mehr. Er wollte sein eigener Herr werden – *Löwe* werden. Und er wurde es. Er wurde stark genug, um niemandem mehr zu Diensten zu sein, um kein Mitleid mehr mit den Menschen zu empfinden, um nur die Natur in sich sprechen zu lassen, die Grausamkeit der Natur ebenso wie ihre Sanftmut. Sich nicht »schuldig« für das Übel zu fühlen, das seine Instinkte anrichten könnten. Sich unschuldig zu fühlen. Kein schlechtes Gewissen mehr zu haben, wie ein spielendes Kind. Auch das gelang ihm. Er wurde also zum *Kind*. Und da trat er aus seiner Höhle und wandte sich an die Menschen, um durch seinen Mund in aller Unschuld die Natur sprechen zu lassen. Zarathustra begann zu sprechen.

Zuerst sprach er zu der Menge, die sich in der nächsten Stadt auf dem Markt versammelt hatte. Vergeblich. Er sprach vom *»Übermenschen«*, von der Notwendigkeit des Menschen, über sich hinauszuwachsen, eine Brücke zwischen dem Menschen und etwas über dem Menschen zu schlagen, sich nicht mit dem Mittelmaß abzufinden, nicht der Versuchung zu erliegen, der *»letzte Mensch«* zu werden, nicht zu weit zurückzufallen, sich nicht wie ein Erdfloh in Bequemlichkeit zu verkriechen, den Schmerz, die Mühe, die Grausamkeit der Dinge abzulehnen, sich in die Wärme eines dunklen, aber sicheren Lochs zurückzuziehen. Er wurde nicht gehört. Oder vielmehr die Menge *»zwinkerte«*, als sie Zarathustra vom letzten Menschen sprechen hörte, und fragte ihn eifrig, wie man dieses Stadium erreichen, wie man der letzte Mensch werden könne …

Dies war Zarthustras erster und letzter Versuch, zu einer Menge, zu einer Herde, zum Volk zu sprechen. Von nun an sprach er nur noch zu einigen wenigen auserwählten Schülern. Denn er hatte ein Geheimnis mitzuteilen, das Geheimnis seines Erfolgs, das Geheimnis seines Sieges über das schlechte Gewissen, wie er zur Unschuld des Kindes gelangte, zu jener Macht, die Heraklit zufolge aus dem Kind einen König macht.[70]

Wenn ich diese Geschichte erzähle, wenn ich in großen Zügen den erstaunlichen Weg Nietzsches skizziere, so deshalb, weil er uns zwingt, in aller Ruhe über die Ereignisse, *unsere* Ereignisse nachzudenken. Gewiß war Nietzsche kein besserer Prophet als Marx, da er die Umwandlung der Handelsrevolution in eine Arbeiterrevolution, obwohl er sie fürchtete, für unumgänglich hielt. Nebenbei gesagt: In dieser Hinsicht wußte Nietzsche über alles Bescheid, auch wenn immer wieder das Gegenteil behauptet wurde. Seit einigen Jahrzehnten gehört es zum guten Ton, seine Verherrlichung der Sklaverei nicht »wörtlich« zu nehmen, da er angeblich nicht gewußt habe, wovon er sprach, von den gesellschaftlichen Realitäten seiner Zeit keine Ahnung gehabt habe und den Vorurteilen seiner Kaste bürgerlicher Intellektueller zum Opfer gefallen sei.[71] Damit glaubt man, ihm eine Ehre zu erweisen, aber in Wahrheit beleidigt man ihn. Die These der »Ahnungslosigkeit« mag geeignet sein, Nietzsche von dem Verdacht, der auf dem Denken des Übermenschen lag, reinzuwaschen, als der Nationalsozialismus sich seiner bediente, aber sie widerspricht der Realität so sehr, daß sie unhaltbar ist. Sein Briefwechsel sowie seine Lektüre beweisen das Gegenteil. Nietzsche wußte sehr genau, woran er war. Und eben dies erklärt am besten die Entstehung seines Werks sowie seine Meinungsumschwünge, das, was er selbst seine Verrätereien nannte.

Und gerade darin ist er für uns wichtig. Denn wie Heraklit, der Hohepriester des Artemistempels zu Ephesos, der für die Menge nichts als Verachtung empfand, fordert Nietzsche das demokratische System heraus. Ihm zufolge drängt die ganze Geschichte der modernen Welt das Volk dazu, die Macht zu ergreifen, doch damit führt sie es ins Nichts. Der letzte Mensch ist das Ende der Kultur, der Augenblick, wo die *»Sklavenmoral«* den mit der

Renaissance eingeleiteten Umsturz vollendet und den Untergang beschleunigt. Unter Sklavenmoral ist der Wille zu verstehen, nicht mehr zu leiden, im Gegensatz zum Willen der Besten, der *aristoi,* die die Konfrontation lieben, mitsamt ihren Gefahren: Verletzungen und Tod. Die edlen Werte sind nicht mehr im Kurs, seit das Kapital gesiegt hat, doch was bedeutet ihr Verschwinden? Das Verschwinden des Glücks. Nietzsche zufolge ist es ein Irrtum zu glauben, aus der Abschaffung des Schmerzes werde das Glück erwachsen. Denn ohne Schmerz gibt es keine Lust und ohne Lust kein Glück. Indem das Volk seine Leiden immer mehr zu verringern trachtet, läßt es unwissentlich die Quelle seiner Freuden versiegen. Friede zwischen den Menschen, Gleichheit unter den Bürgern, Überfluß für die Produzenten – das ist ein schönes Programm, das auf dem Marktplatz sehr gut klingt. Aber sobald es Wirklichkeit wird, ist es aus mit dem Leben, zumindest mit einem Leben, das diesen Namen verdient.

Wenn Nietzsche recht hat, wozu sich dann gegen das Bestehende auflehnen? Wozu sollte der *demos* aus seiner derzeitigen Lethargie erwachen, wenn der Übergang von der Fiktion seiner Macht zur Realität ihn nur noch stärker narkotisiert? Schon für seine Zeit sah Nietzsche schwarz und spottete über die »naive« Hoffnung der Arbeiter, in der Enteignung ihrer Herren das Glück zu finden. So daß seine Rede, wie die Heraklits zur Zeit der Geburt des griechischen *demos,* der Anmaßung der Plebs, es besser zu machen als die Besten, eine Absage erteilte. Diese Verweigerung gilt noch immer. Und sogar mehr denn je. Denn es bleibt die Frage: Wird die Beseitigung der Reichen den Armen das Glück bescheren? Nietzsches zentrale These lautet, daß der Sturz des Herren durch den Knecht nicht zwangsläufig einen *Fortschritt* bedeutet. Was in Zeit und Raum »fortschreitet«, kann durchaus in tiefste Dekadenz zurückfallen. Die Bewegung braucht nur kreisförmig (oder auch elliptisch) zu sein, und der »Fortschritt« verkehrt sich in sein Gegenteil, und eine strahlende Zivilisation findet sich in der Dunkelheit wieder, ganz einfach weil dieselbe Ursache immer weiter wirkt. Das gilt, wie es scheint, für die griechische Zivilisation, da sie am Ende der Untergang erwartete: nachdem sie in unvergleichlichem Glanz erstrahlt war, versank sie von neuem in der Nacht, indem sie ihre Drehung fortsetzte und somit die Sonne von ihrem Horizont vertrieb. Und wenn wir dem Auftauchen der handeltreibenden Gesellschaft in der modernen Welt den Namen »Aufklärung« geben, erwartet uns eben dieses Schicksal ... Indem der moderne *demos* die Revolution des Handels vollendet, wird sein Erwachen lediglich zur Folge haben, seine Dekadenz weiterzutreiben.

Nehmen wir uns also die Zeit, darüber nachzudenken. Weisen wir zunächst darauf hin, daß für Nietzsche diese »Dekadenz« nicht nur ein Unglück wäre. Denn indem die moderne Welt in der Nacht versänke, würde sie auch hierin dem Beispiel der Antike folgen und langfristig die Wiederkehr dessen ermöglichen, was Nietzsche als eine Kultur ansah, die diesen Namen verdiente. Darunter verstehe ich eine aristokratische Kultur, in der die Kaste der Besten über eine Masse herrscht, die deren Überlegenheit anerkennt: als Gegenleistung für ihren Schutz profitiert diese Kaste von der »Mehrarbeit« der kleinen Leute, derer, die ihr Leben nicht aufs Spiel zu setzen wagen und dem Tod die Knechtschaft vorziehen. Dies ist keine pure Spekulation, wenn man bedenkt, was zwischen dem Augenblick, wo Griechenland in die Dekadenz eintrat, und dem Augenblick, wo in Europa der Markt auftauchte, geschehen ist. *»Der Weg hinauf und hinab ist ein und derselbe«*, sagte Heraklit.[72] Er hatte recht. Es brauchte zwar Zeit, aber der dorische Adel fand schließlich unter den Zügen des germanischen Adels zu seiner vorherrschenden Stellung zurück. Gleich dem Mond, der im Westen verschwindet, wenn die Sonne aufgeht, nahm sie den Weg hinab, um den Weg hinauf wiederzufinden. Bei diesem Spiel ist gewiß viel Geduld vonnöten. In diesem Fall brauchte es etwa zweitausend Jahre, bis Apollo erneut am Horizont erschien. Doch was sind zweitausend Jahre für einen Gott? Zuerst galt es auch, neuen Titanen entgegenzutreten, d. h. den von überallher gekommenen Barbarenhorden, die jahrhundertelang das Abendland verwüsteten. Aber ist es nicht gerade das, wonach ein Krieger am meisten trachtet? Die Ungeheuer zu bekämpfen, die die Nacht der Völker zu einem entsetzlichen Alptraum machen, sie unter Einsatz seines Lebens niederzuringen, Ordnung in dieses Chaos zu bringen, es zu einem *Kosmos* zu machen, in dem ein Kriegshäuptling seine »Satelliten«, d. h. seine Vasallen, seine Untergebenen aufstellt, damit sie Taten vollbringen, die in Erinnerung bleiben und von den Sängern über Jahrhunderte hinweg erzählt werden ...

Diese Wiederholung der griechischen Geschichte hat zwanzig Jahrhunderte in Anspruch genommen, aber sie hat stattgefunden. Für Nietzsche ist dies das Wesentliche. Und deshalb ist es im übrigen müßig, sein Denken zu entpolitisieren, um ihn von den Naziverbrechen freizusprechen. Das hat er in keiner Weise nötig. Die Wiederkehr des Übermenschen hat in dieser Hinsicht nichts mit der Einsetzung des Hitler-Regimes gemein. Das war nicht sein Kampf (wie es der von Heidegger und vielen anderen sein sollte). Auch wenn es vorkam, daß er die Geduld verlor, sah Nietzsche keine kurzfristige Lösung. Es bedarf vieler Jahrtausende, bis der Herr über Grund und Boden, den er sich wünschte, sich von neuem durchsetzen kann und die von ihrem Alptraum erschöpfte Plebs von neuem in ihrer Knechtschaft ein unsägliches Glück erfährt, bis sie sich von neuem einem Herrn hingibt: von ihrem Gleichheitskult abgestumpft und von ihren paradiesischen Träumen gelähmt, betäubt, leblos, bedarf es ungeheuer viel Leids, wie der Lauf der Dinge es mit sich bringt, damit sie auf den Weg der wahren Freude zurückfindet. Wer Nietzsches Denken »entpolitisiert«, beraubt es seiner Grundlage. Als hätte er sich rein zufällig mit dem Schicksal der *polis* befaßt und als wäre das ohne jede Bedeutung! Gibt es etwas Widersinnigeres? Was er von Wagner erwartete, enthielt bereits im Keim den Wunsch nach einer solchen Wiederholung. Das Mittel war nicht das richtige, aber auch Heraklit unterlief zuweilen ein Irrtum.

Dennoch versagt sein Denken über die *polis* zumindest in einem Punkt. Und dieser Punkt kann entscheidend sein. Nietzsche sah nicht, daß der *demos* unter der Herrschaft von Perikles, die man gemeinhin »die große Epoche« der griechischen Kultur nennt, systematisch ihrer Subsistenzmittel beraubt wurde. Er sah nicht, daß das Volk aus dem Produktionsprozeß verdrängt wurde und daß daher nicht der Aufstand der Sklaven die Stadt in den Untergang trieb, sondern der Aufstand der verarmten freien Bürger, der Masse der Bürger, die eben keine Sklaven waren. Er sah nicht, daß die Droge, der sich das ganze Volk mittels der Tragödie verschrieb, es über diesen fatalen Vorgang hinwegtröstete. Auch Heraklit hatte es nicht gesehen, jedenfalls finden wir keine Spur davon in seinen Fragmenten. Von Ephesos aus war es vielleicht nicht sehr deutlich zu sehen. Zwar wußte er, daß die Menge für ihr widernatürliches Bündnis mit den Neureichen früher oder später würde zahlen müssen und daß sie sich, wie die Jokaste des Sophokles, am Ende aufhängen würde; er wußte, daß die Neureichen selbst für ihren Frevel früher oder später würden zahlen müssen, daß Apollo die Legitimität ihres Siegs über den Geburtsadel niemals anerkennen würde und daß sie sich, den leblosen Körper des Volkes vor Augen, am Ende die Augen ausstechen und auf die Macht verzichten würden ... Aber selbst dann, wenn er verkündet, daß alles durch das Feuer untergehen werde, bleibt seine Rede, wie viele Orakel des Gottes in Delphi, *dunkel*.

Nietzsche sagt es nicht besser. Wahrscheinlich weil er nicht besser sieht. Und daß er die Geschichte des griechischen Staates in diesem Moment nicht besser durchschaut, rührt zweifellos daher, daß er ihn in dem, was er vor Augen hat, nicht sieht. Wer würde es ihm zum Vorwurf machen? Dieses Szenario ist so wenig wahrscheinlich! Ricardo hatte es ein halbes Jahrhundert vorher beschrieben. Er hatte gesehen, daß die Plebs, wenigstens in den industrialisierten Ländern, ihrer Subsistenzmittel verlustig gehen würde. Er hatte gesehen, wie das Proletariat aus dem Produktionsprozeß vertrieben wurde. Aber wer sonst? Ricardo war von den seriösen Ökonomen verspottet worden. Man räumte ein, daß das Kapital dahin tendierte, die ehemaligen herrschenden Klassen zu »expropriieren«, aber lediglich zum Vorteil der neuen arbeitenden Klassen, da dies die »Nachfrage nach Arbeit« beträchtlich erhöhe. Man sah zwar, daß diese Nachfrage die Dörfer entvölkerte, jedoch zum Wohl der Städte. Man sah also kaum, wie diese wachsende Nachfrage nach Lohnarbeit in der Stadt zu der von Ricardo vorhergesagten Dichotomie führen könnte! Dem gegenüber gab es ein anderes

Szenario, das von Marx, der die Arbeiterklasse mit der Mission beauftragt hatte, die Expropriateure zu exproriieren, aber keinen Augenblick lang damit rechnete, daß die Arbeiterklasse vor Erfüllung ihres Auftrags vom Markt vertrieben werden würde. Marx konnte nicht glauben, daß dem Proletariat ein solches Los zuteil werde, daß es sich in diesem Maß einlullen ließe und daß sich letztlich das von David Ricardo in Erwägung gezogene Szenario durchsetzen würde. Konnte Nietzsche es glauben? So ehrenwert seine Kenntnisse in politischer Ökonomie auch waren, sie gingen nicht in diese Richtung, sondern in die andere. Ganz abgesehen von den Veröffentlichungen des sozialdemokratischen Lagers deuteten alle seine »Handbücher«, alle seine Quellen darauf hin, daß das Proletariat kurzfristig über die Mittel verfügen würde, das Gesetz des Kapitals zu brechen und sich der Produktionsmittel zu bemächtigen, um ein für allemal diese Arbeiterfrage zu lösen, über die seit seiner frühesten Jugend schon soviel Tinte verspritzt worden war. Und auch als diese Frage 1878 infolge der Attentate auf den Kaiser, die den Sozialisten angelastet wurden, im Reichstag zur Sprache kam, als Bismarck sein Sozialistengesetz vorlegte und der Autor des *Kapital*, der sich in seiner Jugend Carl Moor nennen ließ, in den Mittelpunkt aller Diskussionen und Polemiken rückte, wurde niemals der Gedanke geäußert, daß die Dinge diesen Verlauf nehmen könnten.[73]

Was würde heute das Ende der Tendenz zum Sturz der edlen Werte durch die Sklavenmoral bedeuten? Der Sklave ist die Maschine! Es würde also nicht den Sturz der reichen Bürger durch die enteigneten Bürger bedeuten, sondern den Sturz der Maschinenbesitzer durch die Maschinen, denn diesmal sind die Maschinen die Sklaven und nicht die Bürger, die ja gerade durch die Roboter ihrer Subsistenzmittel beraubt werden, wie der griechische *demos* durch die Sklaven. Sind wir schon soweit?

In Griechenland haben die Sklaven nicht die Macht ergriffen, und nicht ihr Aufstand war Griechenlands Untergang, sondern die Verarmung der Masse der freien Bürger. Die Sklaven waren daran unbeteiligt, zumindest als Akteure. Gewiß hat es hier und dort einige Aufstände gegeben, besonders in den Silberbergwerken von Laureion, wo die Konzentration an Sklaven sehr hoch war. Und einige von ihnen nahmen den Konflikt zum Anlaß, die Flucht zu ergreifen oder sich zu befreien. Dennoch scheint mir, daß es ein grober Irrtum wäre, ihnen die Dekadenz Griechenlands anzulasten. Das Ende der griechischen Demokratie ist einem anderen Kampf geschuldet: dem Kampf der Armen gegen die Reichen und der Reichen gegen die Armen. Die Armen, gleichberechtigte Bürger wie die Reichen, wollten sich nicht länger alles gefallen lassen und verlangten von den Reichen, diese Situation zu beenden. Von ihrem Wohlstand verblendet (wie Sophokles zeigt), durch ihre unstillbare Gier nach Reichtum wahnsinnig geworden (wie Platon verrät), fasziniert von der Fähigkeit des Profits, Profit zu machen (wie Aristoteles erklärt), blieben die Reichen taub gegen die Klage der Armen. Indem sie auf eine Solidarität der Not setzten, die über die Grenzen ihrer Stadt hinausginge, entschieden sie sich für den Krieg, da sie den Schiedsspruch lieber den Waffen als der Vernunft überließen. Von diesem Schauspiel amüsiert, fanden zweifellos viele Aristokraten von Geblüt wieder Interesse am Dasein in der unhaltbaren Verschärfung der Spannung, und der Kampf begann.

Und genau dies erwartet uns, sobald die Armen der reichen Länder aus ihrer Erstarrung erwachen werden.

Statt einer Schlußfolgerung

Es kann sein, daß die Sklaven die Macht ergreifen. In Griechenland begannen sie unter Alexander Rache zu nehmen an den freien Bürgern, an denen, die sich gegenseitig bekämpften, ohne die Entscheidung herbeizuführen, und so nach und nach die Kontrolle über die Situation verloren. Die Sklaven fingen an, sich untereinander fortzupflanzen. Aber erst mit der römischen Hegemonie erreichte diese Tendenz ihren Höhepunkt unter der Ägide einer neuen Religion, des Christentums. Was immerhin einige Jahrhunderte dauerte...

Nur wenige glauben heute an die Fähigkeit der »Maschinen«, autonom zu werden, intelligent zu sein, zu fühlen, zu entscheiden und eines Tages über die Möglichkeit zu verfügen, sich, gleich ihrem Erfinder, dem Menschen, selbst zu reproduzieren. Es stünde mir schlecht an zu behaupten, daß es bereits soweit sei. Dieses Buch zeugt davon. Es wurde nicht von einem Computer geschrieben. Ich habe mich einer Maschine bedient, die meine Gedanken »erfaßte«, wie ich mich früher eines Stifts und Papiers bediente. Sie war meine bescheidene Dienerin, welche die undankbaren Aufgaben der Ausführung übernahm, aber sie hat nicht an meiner Stelle gedacht. Im großen und ganzen gilt das für die meisten Aufgaben, die wir den Maschinen anvertrauen.

Dennoch fürchte ich, daß diese Phase der Beziehung zwischen unserer Gattung und der ihren nur vorläufig ist. Was mußte ich mir schon alles von meinem Computer gefallen lassen, damit er tat, was früher meine Hand ohne aufzumucken tat: seine Inbetriebnahme, seine Funktionsweise, seine Launen. Im übrigen hat er noch immer nicht aufgehört, mir Befehle zu erteilen. Und wie oft hat er »nein« gesagt! Wie oft hat er mich gezwungen, von vorn anzufangen! Im übrigen muß ich gestehen, daß ich nur einen winzigen Teil seiner Möglichkeiten ausschöpfe. Dabei ist es ein ganz gewöhnlicher Computer. Es gibt weit leistungsfähigere. Meiner ist bereits ein tragbarer. Andere verfügen über eine

»fuzzy logic« und über Programme, die Programme erfinden, die kein menschliches Gehirn mehr zu kontrollieren vermag. Diese oder die der nächsten Generation brauchen nicht getragen zu werden, denn sie werden sich selbst tragen. Sie werden sich überwachen, sich reparieren, sich gegenseitig warten. Und bald werden sie, daran besteht kein Zweifel, sich untereinander reproduzieren. Dann wird das Problem nicht mehr darin bestehen, wie wir uns ihnen gegenüber verhalten müssen, sondern wie sie sich uns gegenüber verhalten werden.

Gewiß, noch ist es nicht soweit! Wenn meine Analogie stimmt, entspricht der Augenblick, in dem wir heute leben, dem Augenblick, als Sokrates sich aufmachte, nach der Wahrheit zu suchen, dem Augenblick, als er Sophokles' Warnung an die Athener zu entschlüsseln versuchte; wir befinden uns also erst in der Phase, in der die Sklaven die Stelle der freien Bürger auf dem Arbeitsmarkt einnehmen. Noch sind die Würfel nicht gefallen. Folglich muß es noch möglich sein, das Schlimmste zu verhindern und wenn nicht den Bürgerkrieg selbst, so doch seinen fatalen Ausgang zu vermeiden.

Dieser Punkt verdient Beachtung. Worum ging es im Grunde in dem Krieg, der das alte Griechenland verwüstete? Sicherlich darum, daß sich Athen den Tribut aneignete, der für den Schutz aller Städte und nicht nur einer einzigen bestimmt war. Vor allem aber um die *Aneignung der Arbeit der Sklaven.* Eben dies zerreißt die Nation und stürzt sie ins Verderben. Daß die Bürger aus dem Produktionsprozeß verdrängt werden, ist eine Sache; daß sie von der Arbeit der Sklaven nicht profitieren können, eine andere. Denn wonach trachteten die verarmten Bürger in Wirklichkeit? Danach, sich ihrerseits die damaligen Produktionsmittel, die Arbeitskräfte der Sklaven, anzueignen, um sie für sich arbeiten zu lassen. Das war nicht absurd. Bis zum Schluß haben sich die Eigentümer dagegen gesperrt und auf die Demoralisierung des Volkes gesetzt. Genau das erwartet uns also, wenn der größte Teil der Bürger in den reichen Ländern durch Maschinen ersetzt sein wird: ein Kampf um den Besitz der modernen Sklaven, der sich vermehrenden Maschinen aller Art.

Bleibt die Frage, was wir wollen. Wenn die Besitzer unserer

heutigen Sklaven es ablehnen, die beseelten Werkzeuge für die gesamte Gemeinschaft arbeiten zu lassen – was binnen kurzem die arbeitslosen Bürger logischerweise fordern werden –, dann werden sie die reichen Nationen in eine für die Demokratie fatale Konfrontation stürzen. Vielleicht meinen sie schon jetzt, daß es nicht anders gehen kann, da die Konkurrenz sie dazu zwingen werde, nicht nachzugeben. Aber es fragt sich, ob diese Argumentation einen Sinn hat. Denn wie die Sklaven der Antike produzieren die Roboter weit mehr Reichtümer, als für ihren Unterhalt und den ihrer Besitzer nötig sind. Mag sein, daß damals die Arbeit der Sklaven nicht ausreichte, für das Wohl jedes einzelnen Bürgers zu sorgen. Doch ist dies heute der Fall? Es scheint, als sei dies ein beträchtlicher Unterschied zwischen der modernen Welt und den griechischen Städten, der einzige, der zählt: die Produktivität der beseelten Werkzeuge von heute scheint derjenigen der beseelten Werkzeuge von damals so sehr überlegen zu sein, daß es durchaus denkbar wäre, daß die Mehrheit der modernen Bürger nicht zu arbeiten bräuchte, ohne deshalb im Elend zu leben.

Wie steht es damit? Sollte die Produktionskraft unserer Sklaven tatsächlich so groß sein, wie man behauptet, dann haben wir einigen Grund, auf unsere Überlegenheit über die Griechen stolz zu sein, da wir über das Mittel verfügen, die Demokratie nicht in einen ausweglosen Konflikt zu stürzen. Das hieße natürlich, daß der *demos* es weiß und daß die modernen Sklavenbesitzer einräumen, daß sie keinen Grund haben, den Konflikt bis zum Ende auszufechten. Alles ließe sich aufs beste regeln. Die Sklaven stünden dem Staat zur Verfügung, und jede ihrer Verbesserungen würde zur Verbesserung des Lebens aller beitragen. Wenn die heutigen Besitzer auf ihr Monopol über die Arbeitskräfte der Sklaven verzichteten und sie der Gemeinschaft übertrügen, würden sie auf ihre Kosten kommen, denn damit würden sie sich die grausamen Rückschläge ersparen, die jeder Bürgerkrieg mit sich bringt, wie damals der Peloponnesische Krieg.

Ich halte es daher für angebracht, einige Anregungen zu geben. Die erste betrifft die Sklavenbesitzer: sie sollten sich die Zeit nehmen, sich über ihre Rechte und Pflichten klarzuwerden;

Platon wiederzulesen, könnte ihnen dabei helfen. Die zweite betrifft ihre Opfer: jene, die keine Arbeit mehr haben, und jene, die noch Arbeit haben; sie sollten sich fragen, ob sie ihre Lage wirklich besser kennen als die Mehrheit der Gefangenen in der Höhle. Die dritte betrifft meine Kollegen, besonders diejenigen, die beabsichtigen, die Philosophie zu ihrem Beruf zu machen: statt sich auf ihre Karriere zurückzuziehen, statt ihre Praxis auf die Übermittlung eines autonomen Korpus zu beschränken und zuzusehen, wie die Nationen im Haß und die Völker im Elend versinken, sollten sie sich mitten in der Stadt niederlassen, dazu beitragen, diese Disziplin aus ihrem Selbstgespräch zu befreien, und lernen, sie allen Bürgern zugänglich zu machen, indem sie die allerwichtigste Frage stellen: Sind unsere Sklaven nicht unendlich »leistungsfähiger« als die Sklaven der Griechen? Sie sollten sie im privaten Kreis wie in der Öffentlichkeit stellen, in den Institutionen und im Unternehmen, bei der Beratung, in der öffentlichen Debatte, im Seminar, bei einem Abendessen, auf Reisen, auf einer Kreuzfahrt. Sie sollten sie den Erwachsenen, den Greisen, den Kindern, den Experten, den Verantwortlichen und den Nichtverantwortlichen stellen.

Sicher scheint mir zu sein, daß diese Frage Zukunft hat. Die Zeit der Bilanz ist gekommen. Und sie ist schwer. Der Fortschritt der handeltreibenden Gesellschaft hat einen sehr hohen Preis. Nichts garantiert, daß sie weiterhin zum Nutzen aller fortschreitet, ganz im Gegenteil. Je mehr die Dinge »fortschreiten«, desto deutlicher werden die Bedrohungen: unnötig, sie hier erneut aufzuzählen. Wie zur Zeit des Wohlstands der alten Griechen ist ein Übel am Werk, das auf schreckliche Weise der unsichtbaren Plage ähnelt, die über sie hereingebrochen war. Gerührt von den Klagen, die sich allenthalben erheben, versprechen die Staatsoberhäupter der reichen Länder, die das Schicksal ihrer Völker zu verantworten haben, die gebotenen Maßnahmen zu ergreifen, sobald sie sich über die Hauptursache des Übels klargeworden seien. Aber es sieht so aus, als fiele es ihnen schwer, das richtige Orakel zu finden. Daher meine letzte Anregung an ihre Adresse: Wenn sie keine Zeit haben, Platon zu lesen, sollten sie ihre Emissäre nach Delphi schicken – um dort die Pythia zu befragen!

Anmerkungen

Wo sind wir?

1 Siehe seine kleine Schrift von 1783 *Was ist Aufklärung?*
2 Siehe das Kapitel »Selbständigkeit und Unselbständigkeit des Selbstbewußtseins«, *Werke in zwanzig Bänden*, Frankfurt 1970, Bd. 3, S. 145–155.
3 *Le Journal du Dimanche*, 2. Mai 1993, Michèle Stouvenot.
4 *Le Point*, 8. Januar 1994, unter dem Titel: »Les nouveaux salons où l'on cause«, Émilie Lanez.
5 Über Epiktet überlieferte Anekdote.
6 *Le Point*, a.a.O.
7 Nr. 28, Oktober 1992, Bertrand Vaintrop.
8 In der Nacht vom 13. auf den 14. Oktober 1992, Michel Field.
9 21. Oktober 1992, André Masse-Stanberger, »La philosophie a aussi son Cabinet«.
10 Dieser Slogan wurde in letzter Minute aus dem veröffentlichten Text herausgenommen, wie mir der Journalist am Telefon versicherte.
11 Ganz zu schweigen von den Nebentätigkeiten, Kolloquien und sonstigen Vorlesungen, deren Vergütung bisweilen so erstaunliche Kreise zieht, daß manche sich lieber ein Pseudonym zulegen, um in ihren Genuß zu kommen!
12 Die meisten befinden sich in Deutschland, Österreich und den Niederlanden; es gibt aber auch einige in Italien, Spanien, Skandinavien, den Vereinigten Staaten, Kanada, eines in Israel und eines in Südafrika. In Frankreich sind, neben der meinen, inzwischen noch mindestens zwei weitere eröffnet worden, eine in Nizza und eine in Straßburg.
13 Platon, *Phaidon*, 61 c.
14 Ebd., 70 a.
15 Ebd., 70 c.
16 Ebd., 73 c.
17 Ebd., 76 c.
18 Ebd., 80 d.
19 *Versuch über die Ungleichheit der Menschenrassen*, 1853–1855.
20 »Es ist überall nichts in der Welt, ja überhaupt auch außer derselben zu denken möglich, was ohne Einschränkung für gut könnte gehalten werden, als allein ein *guter Wille*«, *Werke in zwölf Bänden*, Frankfurt 1956, Bd. VII, S. 18.
21 Descartes, *Meditationen*, Anfang der zweiten Meditation.
22 Platon, *Politeia*, VII, 516 b (nach der Übersetzung von Friedrich Schleiermacher).

Woher kommen wir?

1 »Die Zeit ist gekommen, das Wort Philosophie aufzugeben«, Jean-François Revel, *Pourquoi des philosophes?*, Paris 1958, S. 162.

2 So Alain Finkielkraut in *La Défaite de la pensée*, Paris 1987 [dt.: *Die Niederlage des Denkens,* übers. v. Nicola Volland, Reinbek 1989].
3 *Was ist Aufklärung?* Diese provozierende Frage wurde von dem Berliner Pfarrer Johann Friedrich Zöllner im Dezember 1783 in der »Berlinischen Monatsschrift« gestellt (vgl. den kleinen Sammelband *Was ist Aufklärung?*, Stuttgart 1974).
4 Kant, »Beantwortung der Frage: Was ist Aufklärung?«, in a.a.O., S. 9.
5 Kant, in *Vorkritische Schriften bis 1768,* Werke in zwölf Bänden, Frankfurt 1968, Bd. I.
6 Ebd., Vorrede, a.a.O., S. 236.
7 Ebd., S. 227.
8 Voltaire, *Lettres philosophiques* (1733), Paris 1986, S. 102 [dt.: *Philosophische Briefe,* übers. v. Rudolf von Bitter, Frankfurt 1992].
9 Voltaire, *Éléments de la philosophie de Newton,* Amsterdam 1738, S. 12.
10 Ebd.
11 Ebd.
12 Ebd.
13 Kopernikus, *De revolutionibus orbium coelestium* (1543) [*Über die Kreisbewegungen der Himmelskörper*, Hg. von G. Klaus, Berlin 1959].
14 Ptolemäus, *Almagestum.*
15 Ihrer Bahn hinzugefügte Nebenkreise, die es ermöglichten, insbesondere der auf ihrem Weg sichtbaren Rückläufigkeit Rechnung zu tragen.
16 Galileo Galilei, *Sidereus Nuncius* (1610) [dt.: *Sternenbotschaft,* aus dem Lateinischen von Christian Wagner, in *Schriften, Briefe, Dokumente,* 2. Bde., Berlin 1987].
17 Siehe die Widmung an Papst Paul III., a.a.O., Bd. I, S. 95.
18 1. Moses, 1, 16 f.
19 Johannes Kepler, *Astronomia nova* (1609).
20 Johannes Kepler, *Harmonices mundi* (1619).
21 Isaac Newton, *Die mathematischen Grundlagen der Naturphilosophie,* Hamburg 1988, S. 53.
22 Voltaire, *Éléments . . .*, a.a.O., S. 5.
23 An dieser Abhandlung arbeitete Descartes 1633, dem Jahr, in dem Galilei (zum zweiten Mal) verurteilt wurde. Als er es im November erfährt, unterbricht er seine Arbeit – aus Vorsicht. Vgl. die Briefe an Mersenne Ende November 1633 und Februar 1634, in *Œuvres philosophiques* (1618–1637), Paris 1963, S. 487–493.
24 Isaac Newton, a.a.O., S. 229 ff.
25 Tycho Brahe war schließlich zu der Auffassung gelangt, daß sich alle Planeten um die Sonne drehten. Nur die Erde machte eine Ausnahme, und er blieb aufgrund seiner Beobachtungen hartnäckig dabei, sie im Mittelpunkt des Systems anzusiedeln. Vgl. sein Werk *De mundi aetheri recentioribus phenomenis* (1588).
26 Siehe Roland Barthes in seinem schönen Vorwort zu den *Romans et contes de Voltaire,* Paris 1972.
27 So der Titel eines Werks, das Galilei nach seinem Prozeß verfaßte, um gewissermaßen »Berufung einzulegen«.
28 So Émile Namer in seiner Ausgabe des *Sidereus Nuncius,* Paris 1964, S. 47.
29 Galileo Galilei, *Schriften . . .*, a.a.O., Bd. 2, S. 9.
30 Ebd., Bd. 1, S. 103–110.
31 Ebd., S. 122.
32 Ebd., S. 117.
33 Ebd., S. 123.

34 Ebd., S. 143.
35 Alle Schüler »wissen« zum Beispiel, daß Galilei-bewiesen-hat-daß-die-Erde-rund-ist; es wäre daher interessant zu erfahren, was ihre Lehrer »wissen«.
36 Kopernikus wurde 1473 geboren, Luther 1483; Kopernikus starb 1543, Luther 1546.
37 Kopernikus, *De monete cudende ratio* (1526), insbesondere veröffentlicht nach dem *Traictie de la première invention des monnaies* von Nicolas Oresme, Paris 1864, S. 49–79.
38 Kopernikus, *De revolutionibus orbium coelestium,* Buch I, Kap. 10.
39 William Petty wurde 1623 geboren, drei Jahre vor Cromwell, der 1653 zum »Protektor der Republik« ernannt wurde. Er tritt 1658 zurück. 1671 schreibt Petty seine berühmte *Political Arithmetic.* Er stirbt 1687 kurz vor der Veröffentlichung von Newtons *Grundlagen.*
40 William Petty, *Treatise of Taxes and Contributions,* in *The Economic Writings of Sir William Petty,* New York 1963, Bd. 1, Kap. XIV, S. 84.
41 Ebd., Kap. IV, S. 42.
42 Ebd., S. 44.
43 *Verbum Sapienti,* in a.a.O., Kap. X, S. 119.
44 *Political Arithmetic,* in a.a.O., Kap. I, S. 249.
45 Ebd., S. 256.
46 Ebd., S. 240.
47 Adam Smith wurde 1723 in Karkcaldy, Schottland, geboren, kurz bevor Voltaire in London eintraf. Er lehrte Philosophie. Er starb 1790.
48 Adam Smith, *Untersuchung über das Wesen und die Ursachen des Reichtums der Nationen,* übers. v. Peter Tal, Berlin ²1976, Bd. II (Buch III, Kap. I), S. 129–135.
49 Ebd., Bd. I (Buch I, Kap. V), S. 40.
50 Ebd., Bd. II (Buch III, Kap. IV, »Wie der Handel der Städte zu Verbesserungen auf dem Lande beigetragen hat), S. 172.
51 Ebd., S. 167.
52 Ebd., S. 174.
53 Ebd., S. 175.
54 Ebd., S. 176.
55 Ebd., Bd. I (Buch I, Kap. VIII, »Von den Arbeitslöhnen«), S. 86.
56 Ebd., S. 88.
57 *Differenz der demokritischen und epikureischen Naturphilosophie* (1841).
58 Brief von Moses Heß an Berthold Auerbach vom 2. September 1841, in *Gespräche mit Marx und Engels,* Frankfurt 1981, S. 3.
59 Die drei ersten Abschnitte des *Kapital* sind der Darlegung dieser These gewidmet. Wenn man von der »klassischen« Ökonomie ausgeht, wird sie also durch Marx' Vorgehensweise »gekrönt«.
60 Marx/Engels, *Manifest der Kommunistischen Partei,* »Bourgeois und Proletarier«, in *Marx Engels Werke (MEW),* Berlin 1972, Bd. 4, S. 468.
61 Vgl. zum Beispiel die Berliner *National-Zeitung* vom 8. und 9. Mai 1873 (Abendausgabe).
62 *Deutsche Zeitung* vom 9. Mai 1873.
63 *Das Kapital,* Nachwort zur zweiten Auflage, in *MEW,* Bd. 23, S. 28.
64 Diese Reichstagsdebatten befinden sich im *Stenographischen Bericht der Verhandlungen des deutschen Reichstags,* erste Legislaturperiode, vierte Sitzungsperiode. Die Sitzung vom 4. April 1873 war besonders stürmisch. Vgl. S. 214–223 für Lasker.

65 *Manifest der Kommunistischen Partei,* a.a.O., S. 468.
66 *Das Kapital,* VII. Abschnitt, *MEW,* Bd. 23, S. 662 Anm.
67 Ebd., S. 462.
68 Siehe den Brief vom 18. Juni 1875 an Lawrow, *MEW,* Bd. 34, S. 145.
69 Eines der wenigen Komplimente Alain Finkielkrauts an Marx in *La Défaite de la pensée,* a.a.O., S. 91.
70 *Manifest der Kommunistischen Partei,* a.a.O., S. 466, 467.
71 Ebd., S. 467.
72 Unterzeichnet am 1. Mai 1834.
73 Nennen wir immerhin die Texte, die jede Blindheit ausschließen: die »Adressen des Generalrats über den Deutsch-Französischen Krieg«, die im Juli und im September 1870 (!) verfaßt wurden; in *MEW,* Bd. 17, S. 3 ff. und 271 ff.
74 »Zweite Adresse des Generalrats über den Deutsch-Französischen Krieg«, a.a.O., S. 275.
75 Um sich davon zu überzeugen, studiere man den Sammelband *La Russie,* Paris 1974.
76 Friedrich Engels, »Soziales aus Rußland«, *MEW,* Bd. 18, S. 584 ff.
77 Marx an F. A. Sorge, 27. September 1877, in *MEW,* Bd. 34, S. 296.
78 Es ist die berühmte Episode des *Krieg-in-Sicht* im Jahre 1875.
79 »Das Reichs-Militärgesetz«, *MEW,* Bd. 18, S. 502–508.
80 Den Kaisern von Rußland, Österreich und Deutschland. Die Begegnung fand im September 1872 in Berlin statt. Natürlich verfolgt Engels auch die Truppenverschiebungen und andere Vorbereitungsmaßnahmen, wie die Zeitungen sie berichten.
81 Vgl. Leo Trotzki, *Krieg und Revolution.*
82 Brief an Bignani in »La Plebe«, Nr. 7, vom 26. Februar 1877, in *MEW,* Bd. 19, S. 90.
83 Vgl. *Das Sozialistengesetz* sowie die Reichstagsdebatten (insbesondere des Jahres 1878).
84 Brief vom 1. Februar 1879 an die Kaiserin Friedrich [sic] von Deutschland, in *Gespräche mit Marx und Engels,* a.a.O., S. 505.
85 Ebd., S. 507.
86 Vgl. Pierre Broué, *La Révolution en Allemagne,* Paris 1971.
87 Vgl. Leo Trotzki, *Verratene Revolution,* Antwerpen-Zürich-Prag 1936. Siehe besonders das Kapitel »Sowjetthermidor« sowie im Anhang »Sozialismus in einem Lande«.
88 Alain Finkielkraut, *La Défaite de la pensée,* a.a.O., S. 91.
89 In *Mein Kampf* wird dieses Programm schon 1924 vorgestellt.

Wohin gehen wir?

1 Miguel de Cervantes Saavedra, *Don Quijote von der Mancha,* Buch I, Kap. 3.
2 Nämlich daß seine Dulcinea die schönste Dame der Welt sei.
3 Brief aus Jamaica an König Ferdinand und Königin Isabella, 7. Juli 1503. Marx zitiert ihn im Ersten Buch des *Kapital, MEW,* Bd. 23, S. 145.
4 Friedrich Schiller, *Die Räuber* (1781), 1. Akt, 3. Szene.
5 4. Akt, 5. Szene.
6 5. Akt, 2. Szene.
7 Fustel de Coulanges, *La cité antique* (1864), Paris 1874, S. 308 f. [dt.: *Der antike Staat,* übers. v. Paul Weiß, Graz 1961].

8. Ebd., S. 312 f.
9 *Ilias,* Erster Gesang, 122–165 f. (nach der Übersetzung von Hans Rupé).
10 Ebd., 176–178.
11 Ebd., 207–214.
12 Fustel de Coulanges, a.a.O., S. 306.
13 Theognis, *Elegien,* 54–58 (nach der Übersetzung von Wilhelm Binder).
14 Siehe die ausgezeichnete Publikation von Jean-Paul Dumont, *Les Ecoles présocratiques,* Paris 1991.
15 Parmenides, Fr. 2, in *Die Fragmente der Vorsokratiker* von Hermann Diels, Reinbek 1957, S. 44.
16 Demokrit, Denkspruch Nr. 167, a.a.O., S. 108.
17 Ders., Denkspruch Nr. 9, a.a.O., S. 101.
18 Heraklit, Fr. 49, a.a.O., S. 26.
19 Ders., Fr. 29., a.a.O., S. 25.
20 Ders., Fr. 30, a.a.O., S. 25.
21 Ders., Fr. 90, a.a.O., S. 29.
22 Ders., Fr. 52, a.a.O., S. 27.
23 Ders., Fr. 66, a.a.O., S. 27.
24 Anaxagoras, Fr. 12, a.a.O., S. 88.
25 Johann Jakob Bachofen, *Das Mutterrecht* (1861), Basel [3]1948, Vorrede und Einleitung, S. 45 f.
26 Ebd., S. 21.
27 Ebd.
28 Aischylos, *Die Perser,* 286 ff. (nach der Übersetzung von Dietrich Ebener).
29 Sigmund Freud, *Die Traumdeutung* (1900); *Fünf Vorlesungen über Psychoanalyse* (1909).
30 Jean-Pierre Vernant und Pierre Vidal-Naquet, *Mythe et tragédie en Grèce ancienne,* Paris 1972.
31 Sophokles, *König Oidipus,* Prolog, 22–30 (nach der Übersetzung von Wilhelm Willinger und Karl Bayer).
32 Platon, *Apologie des Sokrates,* 21 a.
33 Ebd., 23 a.
34 Xenophon, *Memorabilien.*
35 Aristophanes, *Die Wolken.*
36 Ich verweise auf die Überlegungen, zu denen die philosophische Reise Anlaß gab (siehe oben, Kapitel »Auf Reisen«, S. 114 ff.).
37 Platon, *Politeia,* Buch III, 387 e (nach der Übersetzung von Friedrich Schleiermacher).
38 Ebd., VII, 521 a.
39 Ebd., VIII, 551 d.
40 Ebd., 552 a.
41 Ebd., II, 371.
42 Fustel de Coulanges, a.a.O.
43 Aristoteles, *Politik,* I, 4, 1254 a (nach der Übersetzung von Olof Gigon).
44 Ebd., I, 3, 1253 b.
45 Ebd., I, 5, 1254 b.
46 Ebd., I, 4, 1253 b.
47 Platon, *Politeia,* II, 371 b.
48 Aristoteles, *Politik,* I, 9 1257 b.
49 Diogenes Laertius, *Leben und Meinungen berühmter Philosophen,* Hamburg [2]1967, S. 313.

50 David Ricardo, *Über die Grundsätze der politischen Ökonomie und der Besteuerung,* übers. v. Gerhard Bondi, Marburg 1994, Kap. V, »Über den Lohn«, S. 93.
51 Ebd.
52 Ebd., S. 90.
53 Ebd., S. 86.
54 Ebd., S. 92.
55 Ebd., S. 330.
56 Ebd., S. 336.
57 Ebd., S. 3.
58 Ebd., S. 328.
59 Ebd., S. 333.
60 Ebd., S. 330.
61 Ebd., S. 338.
62 Ebd., S. 337 f.
63 Und das ist erst der Anfang! Auf einen Chip passen heute mehrere Millionen Transistoren gegenüber zweitausenddreihundert im Jahre 1971. Seit 1985 ist ihre Speicherkapazität von einer Million Bits auf 16 Megabits gestiegen, d. h. von dreißig auf fünfhundert Textseiten. Alle drei Jahre entsteht eine neue Generation von Mikroprozessoren mit jeweils viermal mehr Transistoren als in der vorangegangenen Generation. Bald wird ein einziger Chip zwei Ausgaben der *Encyclopaedia Britannica* speichern können. Quelle: *Courrier international* vom 22. September 1992, Sondernummer, »Dans 2000 jours, l'an 2000«; vgl. S. 32 f.: »Mit dem Gigachip wird das Künstliche natürlich.«
64 Friedrich Nietzsche, *Die Geburt der Tragödie* (1872), in *Kritische Studienausgabe (KS),* Bd. 1, S. 35.
65 Dies ist das Thema von Schopenhauers Hauptwerk *Die Welt als Wille und Vorstellung* (erste Ausgabe 1818, letzte Ausgabe 1859). Siehe insbesondere Buch IV, Kap. 46.
66 Nietzsche, *Die Geburt der Tragödie,* a.a.O., S. 133 f.
67 Ebd., S. 117.
68 Nietzsche, »Der griechische Staat«, Nachgelassene Schriften 1870–1873, in *KS,* Bd. 1, S. 769.
69 Siehe oben, Kapitel »Marx« und »Totalitarismen«, S. 184 ff. und S. 206 ff.
70 Zu diesen »Metamorphosen« siehe die Vorrede zu *Also sprach Zarathustra* (1883).
71 Diese Verteidigungsstrategie ist im wesentlichen die von Gilles Deleuze. Siehe besonders die Liste der »unbedingt zu vermeidenden Begriffsverwirrungen«, die er in seinem kleinen, bei PUF erschienenen Buch *Nietzsche* aufstellt, nach seinem hervorragenden Buch *Nietzsche et la philosophie* (Paris 1962).
72 Heraklit, Fr. 60, a.a.O., S. 27.
73 Siehe zum Beispiel die Debatte der Sitzung vom 16. September 1878: Wortmeldung des Innenministers, Graf Eulenburg, im *Stenographischen Bericht* der Reichstagsdebatten.

Richard von Weizsäcker

Vier Zeiten

Erinnerungen

Richard von Weizsäcker war als Bundespräsident ein Glücksfall für Deutschland. Damit ist nicht nur der Respekt gemeint, den er bei der politischen und intellektuellen Elite des Landes besaß, von der Popularität in der Bevölkerung ganz abgesehen. Er genoß Reputation und sogar Sympathie, in den europäischen Königshäusern ebenso wie im Kreml, wo sein Besuch half, das

480 Seiten
Abbildungen
Leinen

im
Siedler
Verlag

anfänglich gestörte Verhältnis zwischen Moskau und Bonn – also zwischen Gorbatschow und Kohl – wiederherzustellen. In der Reihe der nun sieben Präsidenten seit Wiedergründung eines deutschen Staates nimmt Weizsäcker deshalb eine Sonderrolle ein.

Sein nun vorliegendes, sehr persönliches Memoirenbuch ist in die Geschichte seiner Familie eingebettet. So sind seine »Erinnerungen« Lebensgeschichte, Familiengeschichte und Zeitgeschichte in einem.